中國經濟史學的
話語體系構建

第四屆全國經濟史學博士後論談論文精選集

魏明孔 主編

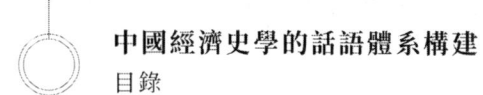

目錄

前言

國家政策與經濟發展專題

甲午戰後晚清軍事工業佈局之調整——以江南製造局遷建為例 17
 一、「移設堂奧之區」：甲午戰後初期軍事工業佈局調整 18
 二、「就原有局廠切實擴充」：庚子事變前後區位調整的中斷 22
 三、從分散到集中：清末軍事工業佈局新方案的提出 25
 四、晚清統籌軍事工業佈局方案之執行與調整 33
 五、結論 37

乾隆時期長江中游地區「豐年米貴」問題探析 40
 一、乾隆時期長江中游米價變動分析 41
 二、乾隆時期長江中游的「豐年米貴」問題 44
 三、乾隆前期清政府應對「豐年米貴」的政策調整 46
 四、地區農業結構變化 49
 五、結語 51

中華人民共和國成立前後東北人才工作的展開 51
 一、東北經濟恢復工作中，技術人才隊伍的加強 52
 二、抓好科學研究工作　培養科技人才 56
 三、工人階級積極主動性的發揮 58
 四、蘇聯專家的幫助加速東北經濟恢復 60

財政與貨幣史專題

金宣宗貞祐年間貨幣政策大討論探微 63
 一、政策背景及其必要性 64
 二、討論過程及主要主張 70
 三、結果及政策走向 75

由虛及實：宋代內藏庫借貸模式的流變 78

  一、習慣面相：內藏庫的借貸蠲免模式 79
  二、支借償還：內藏庫的潛在收入模式 81
  三、虛實相繼：內藏庫借貸的雙重模式 83
  四、結語 87
 近代寧波的洋銀流入與貨幣結構 88
  一、清中前期的貿易和洋銀流入情形 89
  二、埠際之間洋銀的流動與進出數量 91
  三、市面洋銀的使用情形 95
  四、清季浙省釐金中的貨幣結構 100
  五、洋銀在農村的使用情形 107
  六、結語 110

經濟制度史專題

 明清湘江河道社會管理制度及其演變 113
  一、引言 113
  二、湘江河道社會管理制度演變之原因與過程 116
  三、湘江河道社會管理新制度之落實與實效 123
  四、結論 127
 船鈔的收與支：近代關稅史的一個側面 130
  一、已有研究及存在問題分析 131
  二、近代海關船鈔的徵收 133
  三、近代海關船鈔的功能與分配 139
  四、結語 145

歷史經濟地理專題

 歷史空間數據可視化與經濟史研究——以近代中國糧食市場為例 147
  一、歷史數據可視化的發展歷程 147
  二、可視化在經濟史中的使用 154
  三、為何要對清代糧價進行可視化分析 159

四、基於 GIS 的清代南方糧食價格空間可視化 162
　　五、中國舊海關統計的糧食網絡可視化 168
　　六、總結 174
清代糧價的空間溢出效應及其演變研究（1738—1820） 175
　　一、問題的提出：清代糧價研究的空間視角 175
　　二、數據處理與研究方法 177
　　三、糧價空間溢出效應及其演變 183
　　四、小結 195

經濟思想史專題

論近代中國民族企業「事業集合」思想 197
　　一、對「事業集合」趨勢的認識 198
　　二、「事業集合」內涵及維度的理解 200
　　三、「事業集合」的利益分析 204
　　四、「事業集合」的弊端總結 209
　　五、結語 211
「耕者有其田」的繼承和發展——論中國土地市場化制度改革的思想解放 212
　　一、「耕者有其田」思想嬗變與發展 213
　　二、人民公社與耕者有其田思想的扭曲 215
　　三、「耕者有其田」思想本義 216
　　四、土地市場化改革中的思想解放 218

量化經濟史專題

結構、制度與農戶收入：生產隊的視角 223
　　一、引言 223
　　二、歷史背景與數據描述 225
　　三、生產大隊與生產隊層次核算的收入描述 227
　　四、分析工具與生產隊對農戶收入的影響程度 230

　　　　五、生產隊對農戶收入差異的影響途徑 233
　　　　六、結論 238

城市史專題

　　近代公共交通與南京城市道路評析：1894—1937 243
　　　　一、道路肇建與公共交通 243
　　　　二、道路拓展與公共交通 246
　　　　三、道路用費與公共交通 249
　　　　四、道路改養與公共交通 252

史料專題

　　西夏遊牧經濟探研 257
　　　　一、文獻中所見西夏的「遊牧」 258
　　　　二、西夏「遊牧」的季節移動模式 262
　　　　三、西夏遊牧「地界」的劃分 267
　　　　四、尾論 271
　　城鄉生活空間與明遺民生計——來自浙西地區的例證 272
　　　　一、「逃」與「窮」：遺民的避世與困頓 272
　　　　二、遺民的生計手段 280
　　　　三、城鄉生活空間與遺民生計 289
　　　　四、結語 301
　　中日民間經濟外交的博弈——以 1926 年中國實業代表團的赴日訪問為例 302
　　　　一、1926 年中國實業代表團的赴日訪問緣起 303
　　　　二、赴日訪問的經過 306
　　　　三、出訪日本的意義 318
　　　　四、中日民間經濟外交博弈的特點 322

參考文獻

前言

一

中國經濟史學作為一門嚴格意義的學科，其研究已經走過了一百多年的歷程。在西方，經濟史學作為一門獨立的學科，於 19 世紀晚期從歷史學中分野而來。之所以如此，一方面，是因為經濟學已經發展成為系統的理論，原來歷史學中有關經濟的內容，可以用經濟學的理論來加以分析和解釋了。另一方面，如果我們從以司馬遷《史記·貨殖列傳》《平準書》為標誌的「食貨之學」開始算起，中國傳統經濟史學已有兩千多年的歷史了，官修「正史」中幾乎都有「食貨志」。成書於唐代、被列為「十通」之首的《通典》，其內容分為九門，而以《食貨典》開其頭；宋代以來，地方志的編纂方興未艾，而「食貨」是其中最為重要的內容之一。經濟史在中國傳統史書中的重要地位由此可見一斑。這些史書中有關經濟的記載，無疑成為我們今天所能繼承的豐厚文化遺產。

近代以來，中國經濟史研究曾出現過兩個高潮。第一個高潮是 1927—1937 年，隨著馬克思主義傳入中國，仁人志士開始探索救國救民的道路，使得當時經濟史研究的實踐性和理論針對性非常強，產生了一批至今仍影響巨大的重要研究成果和重要人物；第二個高潮是自 20 世紀 70 年代末實行中國改革開放至今，雖然中國經濟史在這一時期經歷了曲折的發展歷程，甚至在經濟學院完全取消了經濟史課程，但從整體上看，仍然可以視為中國經濟史研究的黃金期，經濟史研究呈現出全方位和縱深發展的格局，研究成果無論從數量還是從質量上，均值得一提。

目前，中國經濟史越來越受到國際學術界的重視，其原因是多方面的，其中最重要的原因有兩個。

第一個原因是，自中國改革開放以來，中國經濟持續高速發展，已經成為世界第一大貿易體和第二大經濟體。隨著中國經濟實力的發展、政治力量的強大、科學技術的進步，中國逐漸成為世界關注的焦點。與此相應，對中國經濟包括中國經濟史的探討也越來越受到世界學術界的關注。

第二個原因是，經過數代經濟史學人的不懈努力，中國經濟史學界取得了令世人矚目的研究成果，形成了一批有一定影響力的研究團隊，發表了一系列標誌性的研究成果，也產生了一些稱譽國內外學林的著名經濟史學者。

二

近年來，中國經濟史研究取得重大進展，學科呈現出穩定發展和多方進步的局面。就整體情況而言，中國經濟史領域呈現出如下一些新的特點：

其一，在研究範圍不斷擴大、學術新作迭出的前提下，與現實中的社會經濟生活關係密切的學術問題愈來愈受到重視，在體現學術價值的同時更加關注科學研究的現實鏡鑒意義。舉凡現實中人們關注的問題，在經濟史研究中幾乎都能找到相應的研究課題，社會熱點問題尤其如此。諸如環境生態史、災荒史、海洋經濟史、絲綢之路經濟帶、區域經濟、「三農」問題、經濟轉型等研究，方興未艾，勢頭良好。

其二，在防止學術研究碎片化的同時，並不影響學者對經濟史問題研究的精細化和深入進行，以有助於整體性認識的精準和提升。細化研究，已經成為當下經濟史研究的一個非常明顯的特色。而這些微觀問題的深入研究，為中國經濟史研究的整體性推進，特別是理論方面的提升和長時段研究成果的落實，奠定了一定的基礎。

其三，理論方法方面，在堅持歷史唯物主義基本原則的前提下，學術界持續進行多樣化嘗試，計量研究、量化分析方法受到特別重視，而傳統的研究方法也顯示出了其特有的學術魅力，百花齊放的原則得到遵循。例如，著名經濟史專家吳承明先生倡導的「史無定法」已經成為經濟史學界普遍遵循的一個原則。這一原則要求學者們要立足於自己的學術背景和積累，根據所占有的材料、研究目的和內容，選擇一種或數種研究方法，以求最佳的研究效果。換句話說，經濟史研究方法只有最合適的，而沒有最完美的。

其四，在加強國際交流、引進國外理論方法的同時，中國經濟史學界在建立經濟史研究的中國自身的「科學範式」「話語體系」及學術主體性等方面的思考和探索正方興未艾，不少學者透過不懈的努力，已經取得了一定的

成績。2009年,中國經濟史學會成為世界經濟史學會的團體會員,中國經濟史學者在世界經濟史學會年會上越來越活躍,中國著名經濟史學者李伯重教授、馬敏教授先後擔任世界經濟史學會的執行委員,也從一個側面反映了中國經濟史學的國際地位。與此同時,世界著名大學和研究機構的經濟史學者,也主動與中國的經濟史學者加強了溝通交流,在中國的大學和研究機構中從事考察與研究工作。經濟史學界的這種國際聯繫與合作,已經成為一種常態。

其五,經濟史資料的發掘、整理和出版呈現出遍地開花的良好勢頭,其不僅為文獻數據化、專題數據庫的建立提供了更加堅實的基礎,也為一些課題進行量化研究創造了條件。由於經濟史研究的前提是資料的占有,而目前經濟史資料的大量發掘、整理和出版,為中國經濟史研究提供了千載難逢的發展機遇。

其六,經濟史教學和研究越來越受到重視,許多大學的經濟學院先後成立了經濟史學系。從2015年至今,每年都會在中國人民大學召開學術研討會,與會的專家和學者們就加強經濟史的科學研究和教學工作紛紛建言獻策,並大聲疾呼在經濟學院恢復經濟史課程的設置。與此同時,一些大學還成立了經濟史學教學機構,如上海財經大學經濟學院、中央財經大學經濟學院先後成立經濟史學系,在科學研究和教學方面取得了豐碩的成果。經濟史科學研究和教學並重,不僅成為經濟學院今後的發展趨勢,也日益得到了歷史學院的重視。經濟學中的歷史(理論經濟學的經濟史)與歷史學中的經濟(歷史學的經濟史)相得益彰,合力推動了中國經濟史學的發展。

其七,一些中青年經濟史學者脫穎而出,並在學術界嶄露頭角,特別是近年來在國外學有所成的年輕學者不斷補充到國內經濟史學界,為中國經濟史學界注入了新鮮的血液,帶來了新鮮的空氣。積極培養年輕學者,為其成長創造條件,是經濟史研究團隊的宗旨,碩士生、博士生的培養和博士後流動站工作的加強,為經濟史學的發展培養了後備人才。

其八,經濟史學越來越受到經濟學界的重視,不僅許多著名大學和研究機構在經費、人才引進等方面積極支持經濟史學的建設,許多德高望重的經

濟學家也將研究重點轉向了經濟史領域，全身心地投入中國經濟史研究的工作。而這些重量級學者的重視和推進，對於中國經濟史研究來說意義深遠。

其九，經濟史研究機構不斷增加。據不完全統計，目前，中國有各類經濟史研究所、研究院、研究中心以及研究室等不下40家。這些研究機構已經成為經濟史研究和人才培養的重要基地，其中一些研究機構還成為國內外經濟史研究的重鎮。在這些重要的研究機構中，也產生了一些具有一定影響力的經濟史研究學派。

其十，中國經濟史研究擁有了廣闊的學科平臺。《中國經濟史研究》《中國社會經濟史研究》以及人大複印資料《經濟史》雜誌的先後創刊，一些重要學術刊物所設的「經濟史研究」欄目，為經濟史學者發佈自己的研究成果提供了重要的陣地；中國經濟史學會、中國經濟思想史學會的相繼成立，則為經濟史學者的聯繫溝通提供了平臺；各類大學和科學研究機構定期或不定期舉辦的各種經濟史研討會，也為經濟史學者的學術交流提供了機會。

三

儘管近年來，中國經濟史研究取得了長足的進步，成果斐然，但也暴露出很多問題和不足。有些問題不僅影響到中國經濟史研究的健康發展，甚至影響到中國經濟史話語體系的構建。下面，筆者就中國經濟史研究領域中亟須解決的如下幾個問題展開簡要闡述。

一是經濟史批評或評論，是一個非常薄弱的環節。我們知道，學術評論或批評是學術進步必不可少的方面，透過評論或批評，可以使得研究更加深入，更加接近真實或真理。現在經濟史學界的現狀是，對論著的評價多系介紹性、吹捧性或炒作性的，從學理上認真討論者可謂鳳毛麟角。就筆者所見，現在的經濟史評論要麼是學生對老師的歌頌，要麼是老師對學生的延譽，要麼是同事或同行的相互吹捧，要麼是出版單位或媒體的炒作。一讀書評，滿眼全是「具有拓荒性質的專著」「填補了該領域的學術空白」「具有重要的學術創新價值」「堪稱該領域研究的里程碑式成果」等溢美之詞。可一讀原著，很是令人失望，書評與原著簡直是風馬牛不相及。學術界之所以對書評如此敷衍，其中一個很重要的原因就是，在現在的成果考核體系中，一般不

將書評作為科學研究成果。其實，一篇優秀的學科綜述或書評，不僅需要耗費作者大量的心血，其對學術的貢獻也是不容小覷的。在這裡，我們一方面呼籲專家學者積極撰寫學術性強的經濟史批評或評論文章，以推動經濟史研究的深入；另一方面，也呼籲有關部門為學術評論打造發展的平臺，尤其是給那些優秀的學術評論或批評提供發表平臺。我們提倡的是，評論、批評應是學理的評論和批評，應具有推動學術研究發展、鞭撻學術不正之風、淨化學術環境之功能。

二是對國際前沿理論和方法瞭解不夠，消化不良乃至囫圇吞棗的現像極為普遍。自20世紀90年代以來，源於西方的後現代史學思潮逐漸滲透到大陸的中國史研究領域，尤其是在青年學者群體中大有流行之勢。但從整體情況來看，大陸史學界對後現代思潮或全盤移植，或冷眼旁觀，缺乏全盤的瞭解。令人欣慰的是，近年來，中國經濟史學界已經開始轉向對傳統經濟史理論的深入思考以及對國際前沿分析方法的探索。需要指出的是，將國外經濟史理論和研究方法應用於研究中國經濟史問題時，切忌削足適履、囫圇吞棗，而應在真正消化吸收的基礎上，活學活用。同時，也要認真對待中國傳統經濟史資料，既不人雲亦雲，也不標新立異，而是對史料進行實事求是的解讀。

三是在提倡使用某些研究工具時，要注意其背離經濟史本質的傾向。我們知道，量化經濟史學在經濟史研究中方興未艾，其在活躍經濟史研究的同時，也存在著許多爭議。量化分析的優勢有很多，如擅長多變量分析；不僅能深入理解各種因素的變遷與彼此的關係，還能兼顧所有個體的影響與權重，避免選材時的疏漏與偏廢。但有些量化研究的學術成果，過分追求模型，對於數據背後的深層次原因關注不夠甚至熟視無睹，嚴重背離了經濟史研究的主旨，被一些學者批評為「為模型而模型」「為量化而量化」。還有一些量化研究的論著，運用複雜的數學模型，最終推導出一個非常淺顯的常識性結論。以上兩種傾向都是不可取的，經濟史研究方法應該百花齊放，即根據研究對象和史料占有的具體情況，來選取一種或數種比較適合的科學的研究方法。「史無定法」就是經濟史研究的基本方法。經濟史研究的方法主要囊括了三種層次的內容，即世界觀意義上的方法、認識論意義上的方法（包括解釋、求證和推理方法）以及專業和技術意義上的方法。因此，我們在鼓勵和

提倡某些研究方法的同時，也要時刻注意其可能產生的負面影響。而對於量化經濟史研究來說，我們既不能將其視為最重要的乃至唯一的經濟史研究方法，也不應對其持完全否定的態度。

四是對經濟現象背後的深層次原因關注不夠，甚至視若無睹。如一些學者無視經濟現象背後的社會背景，就事論事，僅僅根據資料和數據便輕率地做出結論，使得其結論與當時的實際情況相差甚遠甚至完全相反。因此，我們認為，唯有在讀最基本的書、關注最基本的史料的基礎上，充分發掘和利用史料，並選取適合研究對象的理論和方法，才能得出比較符合歷史實際的結論。經濟史料的發掘固然是深化經濟史研究的基礎和前提，但對經濟史料的甄別和利用卻更加重要。但在經濟史學界，「食古不化」的現象比比皆是，許多論著只止步於對史料或數據的簡單爬梳，不肯下苦功對史料或數據進行深挖和拓展，真正釐清史料或數據的內涵及其在經濟史研究中的價值。讀書固然貴在「得間」，但對於經濟史研究來說，「板凳要坐十年冷，文章不寫一句空」，才是其取得成功的不二法門。

五是對於新史料的甄別、消化吸收特別是利用不足。我們知道，經濟史研究的基礎是史料的占有和積累，因此對史料的甄別和消化就特別重要。個別論著僅僅根據一些新史料，就試圖推翻事關全局性的既定結論，甚至於叫囂著要改寫歷史。這種做法是根本站不住腳的，只會貽笑於大方之家。需要指出的是，並不是只要是新資料就有重要的學術價值，經濟史學界前輩提倡的占有幾分資料說幾分話的科學審慎的態度，值得我們繼承和發揚。

六是長時段研究相對匱乏，理論方面難以取得重大突破。經濟史資料的大量整理和出版，為個案研究提供了豐富的研究場域，再加上個案研究易於上手且較易取得成功，逐漸成為經濟史研究中的「香餑餑」，形成了碎片化、就事論事的不良傾向。而沒有大局觀和長時段的意識，經濟史研究是很難取得重大理論突破的，也就難以出現具有理論高度的經濟史通史著作和極具份量的學術專著。作為一門與現實經濟密不可分的學科，經濟研究固然需要對當下的一些經濟現象和問題進行研究，但更需要對歷史上的經濟決策過程、

經濟方向進行長時段、大背景的綜合探討，以為中國當下和未來的經濟發展提供歷史經驗。

七是個別研究成果缺乏嚴謹的學術規範，學術創新性嚴重不夠。當下的經濟史學界中，炒冷飯、抄襲、盲目跟風、拼湊的現象比比皆是。有學者在全面考察了經濟史學界的研究成果後，不無遺憾地說，雖然數量上是井噴式的增加，而有份量尤其可以傳世的精品論著卻難得一見。

需要指出的是，筆者對中國經濟史研究中存在的問題和不足的論述，雖然不夠全面和準確，但對它們保持清醒並努力克服，對於中國經濟史學科的健康發展是非常有意義的，特別是對於構建中國經濟史學的話語體系是頗有助益的。

四

學者們對經濟史學「史無定法」理論的弘揚，對計量方法、GDP 等研究方法的重視和前沿性探索，對中國傳統經濟史學優良學風的繼承，對國際前沿經濟史理論和方法的吸收和借鑑，對其他學科學研究究方法和研究工具的借用，均有助於構建經濟史研究的中國式學術範式和話語體系。經過中國改革開放 40 年的發展，中國的國際地位空前提高，一些學者於是提出要終結「中國人簡單化地學習西方的時代」，建立中國自己的學術標準，走上從「主權性的中國」邁向「主體性的中國」的學術發展道路。這一具有戰略眼光的學術構想，值得我們重視。今天，我們關於「話語體系」的討論，正是在「中國崛起」的時代背景下展開的。作為一門社會科學學科，中國經濟史學出現伊始，本身就是國際經濟史學的一個有機組成部分，其話語體系也與國際經濟史學保持一致。中國經濟史學在發展的過程中，逐漸形成了 1949 年以前，居於主流地位的實證主義（或考據）史學；1949 年以後，確立了馬克思主義經濟史學；中國改革開放以後，形成了以唯物史觀為基礎的多元史學，其內容愈來愈豐富。有學者強調，我們應該充分利用國際學術界提供的資源，發揚我們自己的學術傳統和學術優勢，大力推進中國經濟史學的建設，併力爭在國際經濟史學界獲得更多的話語權。而要想達到這個目標，一方面，中國經濟史研究必須要注重「三個結合」，即規範分析與實證分析的結合，短期

中國經濟史學的話語體系構建
前言

考察與中長期考察的結合，經濟突變因素與漸變因素的結合；另一方面，中國經濟史研究既要具有國際視野，又要植根於中國的肥沃土壤。

　　學術規範是經濟史研究的前提和基礎，學術創新則是經濟史研究的生命之所在。經濟史研究或者提出新問題，或者闡述新觀點，或者運用新方法，或者發掘新資料，必須要在學術規範的前提下實現學術創新。而不論是宏觀的通史研究，還是微觀研究、具體研究，均應當具有一定的史實依據和理論高度。因此，對於經濟史研究來說，學術規範和學術創新缺一不可。

　　「關注社會」「關注現實」，一直是中國經濟史研究的優良傳統，無論是對「五朵金花」的討論，還是對當下的經濟轉型的研究，都是其具體表現。經濟轉型是一個非常複雜的經濟現象或過程，對社會經濟的健康發展具有深遠且直接的影響，而其轉型的社會環境是否良好、轉型的條件是否具備、轉型的決策是否得當、配套措施是否完善等，均是不可或缺的關鍵環節。因此，對經濟轉型進行系統深入的研究，不僅具有重要的學術價值，更具有不可忽視的現實意義。中國經濟有其獨特的歷史起點，其發展進程也受到了所謂「路徑依賴」的影響，因此，中國道路的選擇具有一定的內在邏輯和歷史依據。具體而言，中國社會經濟一共經歷了四次重大變革，分別是商周變革、春秋戰國變革、唐宋變革以及近現代變革。其中，近現代變革既是中國由傳統社會向現代社會的轉變，更是中國社會性質的根本轉變，其也經歷了三場極其艱難的選擇，即傳統與現代之間的選擇、資本主義與社會主義之間的選擇、社會主義計劃經濟與社會主義市場經濟之間的選擇。而中國正是沿著自己的歷史軌道，透過一系列變革和選擇，走出了一條中國特色的社會主義道路。因此，中國歷史上的經驗教訓，既為中國經濟史研究提供了豐富的研究場域，也構成了其獨特的學科優勢。中國經濟史學者應該站在新的歷史起點上，緊扣時代的脈搏，瞄準中國社會經濟發展中的重大理論問題進行研究，考察現實的經濟問題，肩負起時代所賦予的新使命。

　　當下，中國學術界正在積極構建中國學術的話語體系，而中國學術的話語體系必須要建立在中國歷史的基礎上，不能數典忘祖，但也應該廣泛汲取借鑑國際上的先進理論、研究方法以及經驗教訓等，唯有如此，中國的學術

界才能建立起自己的學術話語體系,從而自立於世界學術之林。此外,中國經濟學具有經世致用的優良學術傳統,所以,中國經濟史學要想構建自己的話語體系,必須要從中國的經濟實踐中吸收養分。目前,中國經濟已經被公認為世界經濟發展的引擎,而相對於中國經濟實踐所取得的巨大成就,中國經濟史學的學科發展卻嚴重滯後。造成這種現象的一個根本原因,就在於中國經濟史學界套用西方的理論和方法對中國的經濟現象和發展趨勢作出解釋時,往往顯得蒼白無力,甚至有隔靴搔癢之嫌。這既是缺乏民族自信和理論自信的表現,也是對中國經濟史缺乏瞭解的表現。中國經濟史對於中國經濟史學話語體系的構建,是必不可少的;對中國經濟發展現象和發展趨勢的理論闡述,更離不開對中國經濟史的瞭解。因此,要想改變中國經濟史學的學科發展嚴重滯後於中國經濟發展實踐的現象,深入系統研究中國經濟史是必不可少的途徑之一。

歷史早就證明並將繼續證明,越是民族的也越是世界的。經過中國經濟史學者數十年的不懈努力,中國經濟史學已經逐步擺脫了拷貝西方的模式,正在向構建中國自己的理論模式及中國經濟史學的話語體系過渡。在構建中國經濟史學話語體系的過程中,我們既要廣泛吸收國際前沿的理論和方法,也要繼續發揚中國傳統的理論和方法。只有構建起具有民族特色的經濟史學話語體系,中國經濟史學才能在國際經濟史學界占有一席之地。

五

構建中國經濟史學的話語體系,要涉及諸多方面的內容,而筆者認為,以下幾個方面的內容尤為重要:

一是要繼承中國經濟史研究的優良傳統,充分發掘經濟史料的豐富養分和經濟史研究的學理積累,為構建中國特色的經濟史研究理論做出積極的貢獻。中國是四大文明古國之一,創造了輝煌的歷史和燦爛的文化,積累了卷帙浩繁的文獻檔案,尤其是以「食貨」為代表的經濟史理論和史料極為豐富,構成了中國經濟史研究取之不盡、用之不竭的源泉。深入發掘和充分利用這些歷史遺產是加強經濟史研究、構建中國經濟史學話語體系的前提和基礎。

中國經濟史學的話語體系構建
前言

二是建立具有中國特色的經濟史研究典範。眾所周知，學術規範是學術研究的基礎，而對中國經濟史研究來說，遵循學術規範，建立中國經濟史研究的範式尤為重要。因為它既是該學科內在特點的需要，也是中國經濟史學科與其他學科的區別所在。而建立中國經濟史研究的範式，既要立足於中國經濟史學科的特點，又要借鑑其他學科的研究工具以及國外的經濟史理論和方法，使得中國經濟史研究的範式不僅為從事經濟史研究的專家學者所遵循，同時也得到其他學科的專家學者的認可。

三是建立中國經濟史研究的標準。建立中國經濟史研究的標準是構建中國經濟史學話語體系的核心內容之一，必須要建立在中國經濟史學科特殊的資料、理論、研究範式的基礎之上，並廣泛吸收國際相關領域專家學者的積極參與。這就要求中國經濟史學者具有深厚的理論素養，占有豐富的經濟史料，具有國際學術眼光，追蹤國際學術前沿，並最終得到國際學術界的認可。因此，我們應該努力創建中國經濟史學術批評和思想爭鳴的平臺，引領中國經濟史研究的潮流和發展方向。

中國經濟史學科作為一門交叉學科，其話語體系的構建不僅僅是經濟史學科的需要，而且對於經濟學、歷史學以及社會學的學科建設，均有一定的推動意義。需要指出的是，由於經濟史是一個愈久彌新的學科，所以中國經濟史學話語體系的構建絕非一勞永逸，而是需要不斷完善和創新，不斷與世界經濟史學界進行交流和對話的。換句話說，中國經濟史學話語體系的構建是一個開放的系統，而不是一個故步自封的系統。

我們之所以一再強調中國經濟史學研究的話語權，是因為它既是中國經濟史學界對經濟史理論和經濟發展規律認識的必然體現，也是中國經濟史學界提高國際學術地位的迫切要求。而要構建科學而有「中國氣派」的經濟史學理論，其基礎就在於經濟史的研究。古人雲：「求木之長者，必固其根本；欲流之遠者，必浚其泉源。」既然中國經濟史是中國經濟的源，那麼，中國經濟史研究對於探索中國經濟發展道路來說，其重要性也就不言而喻了。一言以蔽之，中國經濟史學科的話語權及中國特色的經濟史體系的構建，對提高中國的軟實力無疑是大有裨益的。

魏明孔

國家政策與經濟發展專題

甲午戰後晚清軍事工業佈局之調整——以江南製造局遷建為例

袁為鵬[1]

內容提要：甲午戰後，清政府對軍事工業區位的調整可分為三個階段：初期出於安全考慮，力主由沿海地區向內地遷移、擴散；庚子前後因軍情緊張，不得不繼續就各地已成之局擴充生產，保證供給；後期則力圖統籌全國，集中發展若干重點軍事工廠，以提高效率並強化中央集權。由地方督撫主導創辦的晚清軍事工業，雖存在諸多問題，但因清政府權威下降，財力有限，加之時局危殆，社會動盪，未能實現全國集中統籌。江南製造局遷建內地的計劃在甲午戰後一再提出，但卻多次遭到擱置，最終未能有效實行。

關鍵詞：軍事工業　佈局　江南製造局　晚清

建立近代軍事工業，既是晚清洋務運動的重要目標，也是洋務工業化建設的主要內容。迄今為止，學界對於晚清軍事工業的創辦與建設已有廣泛而深入的研究。[2]不過，專門從工業區位選擇與佈局的角度研究晚清軍事工業的成果尚不多見。向玉成、張忠民等學者從觀念與實踐兩個層面，揭示出中國早期軍事工業為便利引進西方技術設備及人員，主要集中於沿海通商口岸和地區，後因相繼遭受中法、中日戰爭的衝擊，國內安全意識增強，軍事工業佈局由沿海地區向內地轉移。[3]上述觀點，大致概括為「兩階段說」，即以甲午戰爭為界，晚清軍事工業大體經歷了由戰前集中於沿海通商口岸到戰後注重向內地擴散的佈局轉變。上海江南製造總局（以下簡稱「江南製造局」）由洋務派建立，是甲午戰前中國最具規模和影響力的近代軍事工廠，有關其區位問題的爭論，始終是時人及後世學者關注的焦點。向玉成、張忠民等學者在討論晚清軍事工業佈局問題時，毫無例外均以其作為重要的例案。筆者在閱讀相關檔案、文獻的過程中，特別是重點研讀晚清練兵處、陸軍部相關檔案時，一方面，贊同上述學者將甲午戰爭作為晚清軍事工業佈局由沿

海向內地轉移的重要節點的看法；另一方面，深感既有研究過於簡單、片面，對若干重要軍事工廠區位調整及其失敗的分析和解釋有欠深入。實際上，甲午戰後清政府對於軍事工業佈局的調整經歷了「大力向內地擴散」「就沿海已成之局繼續擴充生產」及「集權於中央，統籌發展南、北、中等重點軍事工廠」三個不同發展階段。本文將追溯甲午戰後，晚清軍事工業佈局調整的決策經過與執行結果，剖析影響中國近代軍事工業佈局的種種因素，進一步解釋江南製造局遷徙方案的提出及其擱置原因，以就正於方家。

一、「移設堂奧之區」：甲午戰後初期軍事工業佈局調整

晚清軍事工廠的建立，始於太平天國運動時期，主要由鎮壓太平軍的湘、淮軍首領曾國藩、李鴻章、左宗棠等奏準創辦。雖然這些軍事工廠的設立曾得到清政府批準，及部分中央大員，如奕訢、文祥、桂良等親貴的大力支持，但清政府並未正式發動或領導這場近代軍事工業運動。晚清軍事工業的建立既非清政府的統一決策，也不受其集中控制，帶有濃厚的地方色彩。[4]

這些由湘、淮軍首領創辦的軍事工廠，主要集中於東南沿海地區。這裡不僅是軍事爭奪的主要區域，也是列強早期在華活動的主要區域，中外貿易與交通便捷，在該地設立軍事工廠，既便於就近供應軍隊需要，又便於從西方引進人力、物力，獲取必要的物資裝備。因此，從地區分佈來看，自19世紀60年代至甲午戰前，這一時期是「沿海通商口岸佈局」（以下簡稱「海口佈局」）時代，大多數軍事工廠分佈於東南沿海地區。不過，隨著一些洋務派重要首領軍事活動與行政管轄區域的變化，在福建、陝西、甘肅等地也出現少數近代軍事工廠，[5] 但規模較小，成效不彰，地位並不重要。據吳承明先生統計，甲午戰前全國共有19家軍事工廠，雇工總數達一萬餘人，所耗經費總計約5000餘萬兩，[6] 相當於十九世紀七八十年代清政府一年的財政收入。[7] 晚清比較重要的軍事工廠有：江南製造局、南京金陵製造局、福州船政局、湖北槍炮廠、天津機器製造局五家，除了湖北槍炮廠居於內地，其他均位於沿海地區。

隨著外國勢力對華軍事威脅的進一步加深，朝野有識之士對軍事工業安全問題的關注程度亦隨之上升。實際上，如曾國藩、李鴻章等軍事工廠的創

辦者，對此也早有警覺。早在1875年，李鴻章在《籌議海防折》中就指出：「閩滬津各機器局逼近海口，原因取材外洋就便起見，設有警變，先須重兵守護，實非穩著。嗣後各省籌添製造機器，必須設局於腹地通水之處，海口若有戰事，後路自制，儲備可源源運濟。」[8] 但為便利引進西方機器設備與技術人員，清廷仍採取就近供應軍隊的部署。中法戰爭期間，位於福州馬尾的軍事工廠——福州船政局遭到法軍重創，主張在內地興辦軍事工業，並設法將沿海軍事工廠遷往內地的官員不斷增加。但甲午戰前，這些建議並未引起清政府的重視，除了出於國防安全考慮，創辦或擴充個別內地軍事工廠，如位於湖北的漢陽兵工廠之外，清政府大規模的軍事工業佈局調整併未訴諸行動。[9]

甲午戰爭爆發後，清政府苦心經營的北洋海軍全軍覆沒，沿海門戶洞開，激起朝野各方對軍事問題和軍工建設的進一步關注與反思。不少要員上奏朝廷，要求盡快在內地辦廠，製造槍砲彈藥。譬如，在《馬關條約》簽訂後不久，張之洞即上奏：「槍砲子彈，均非多設局廠速行自造不可。凡要沖之地、根本之區，均宜設局。」他特別指出，軍事工廠「尤宜設於內地，有事時方能接濟沿海沿邊。若設於海口，既嫌淺露，且海道梗阻，轉運亦難」。他明確表示軍事工廠的選址，內地要優於沿海海口地區。因此，張之洞建議，除進一步籌款擴充由其創辦並經營的湖北槍砲廠之外，對於「天津、江南、廣東、山東、四川原有製造局」，「應各就本省情形，量加擴充」；對於福建船政局，「現有大鍋爐機器及打鐵各廠，並多諳悉機器員司工匠，若添槍砲機，似乎費可較省，工亦易集」，也適合擴充發展。「其餘如奉天為根本重地，而道遠難於接濟，宜專設一廠。陝西為中原奧區，且可以接濟西路，亦宜專設一廠」。至於各廠「所制之器」，他建議「大率皆宜以小口徑快槍及行營快砲為主，或槍砲兼造，或槍砲分造一項，總之必宜擇定一式，各廠統歸一律，以免諸事參差」。[10]

此時張之洞關於軍事工業佈局調整的看法，並不激進。一方面，針對甲午戰前設廠偏於沿海地區所存在的安全隱患，他力主多在內地安全區域設立軍事工廠；另一方面，對於沿海已成之各廠，如上海、天津各廠及福建船政局，他並未主張停止生產並移往內地，而是希望充分利用既有機器設備及工匠等

有利條件加以擴充，以盡其所能生產武器彈藥。可見，這是一個主張沿海與內地共同發展軍事工業的佈局方案。

甲午戰敗後，晚清軍事權力逐步由慈禧太后親信榮祿具體掌控。[11] 光緒二十三年（1897）十月，榮祿上奏，對晚清軍事工業佈局與調整提出系統性意見：

戰艦凋零，海權全失，沿海之地易啟彼族窺伺之心……製造廠局多在濱海之區，設有疏虞，於軍事極有關係。查各省煤鐵礦產，以山西、河南、四川、湖南為最，又皆內地，與海疆情形不同。應請飭下各該省督撫，設法籌款，設立製造廠局；其已經設有廠局省份，規模未備，尤宜漸次擴充，自煉鋼以迄造快槍、快炮、造無煙藥彈各項機器，均須購辦，實力講求，從速開辦，以重軍需。至上海製造局購有煉鋼機器，因其地不產煤鐵，採買煉製所費不貲，以致開爐日少，似宜設法移赴湖南近礦之區，以便廣為製造。[12]

顯然，與張之洞相比，榮祿關於軍事工業佈局的主張更為激進，調整的力度也更大。他不僅主張要在內地大力設立軍事工廠，擴大生產規模，而且特別強調要將晚清規模最大的軍事工廠——江南製造局移至湖南近礦之處。

榮祿的上奏很快得到清政府認可，不久清廷發佈上諭，要求劉坤一等地方督撫大員「各就地方情形認真籌辦」。[13] 這標誌著晚清軍事工業生產與佈局進入一個新階段，即由甲午戰前偏重於沿海地區佈局轉向側重於內地佈局。這一決策具體包括兩個方面：一是興建與擴充內地軍事工廠；二是遷移江南製造局。

甲午戰後，隨著內地甚至邊遠地區一些軍事工廠的紛紛興辦，晚清軍事工業向內地遷移的步伐加快。表1為甲午戰後晚清軍事工廠設立情況。

表 1　甲午戰後晚清軍事工廠設立情況

軍事工廠名稱	地址	開辦年分
陝西機器製造局	西安	1894
奉天機器局	瀋陽	1896
湖北軍火所	武漢	1896
河南機器局	開封	1897
新疆機器局	烏魯木齊	1897
山西機器局	太原	1898
湖北鋼藥廠	漢陽	1898
廣西機器局	龍州	1899
貴州機器局	貴陽	1899
武昌保安火藥所	武昌	1900
黑龍江機器局	齊齊哈爾	1900
江西機器局	南昌	1901
北洋機器局	德縣	1902
安徽機器局	安慶	1907
伊犁槍子廠	伊犁	1908

資料來源：王爾敏：《清季兵工業的興起》，廣西師範大學出版社，2009年，第159—203頁；《中國近代兵器工業》編審委員會：《中國近代兵器工業——清末至民國的兵器工業》，國防工業出版社，1998年，第216—239頁。

由表1可見，內地軍事工廠的設立，以甲午戰後至庚子事變前最為集中。這一時期，不僅位於內地的開封、太原、西安等地紛紛建立軍事工廠，東北的奉天，西北的新疆，西南的廣西、貴州等邊遠地區也開始興建近代軍事工廠。儘管由於地勢僻遠、交通落後、人才匱乏等原因，內地和邊遠地區在建設近代軍事工業方面存在諸多困難，不少新建軍事工廠生產能力低下、產品質量低劣，但這些近代軍事工業的建立，在一定程度上促進了中國軍事事業的近代化。

除積極創辦新式軍事工廠外，清政府亦重視對內地已建成軍事工廠的改進和擴充。表1所列的位於中部湖北武漢地區的三家軍事工廠的建立情況，顯示出武漢地區軍事工業在甲午戰後積極擴張的勢頭。湖北槍炮廠在張之洞的主持下於1892年興建，1894年至1895年，該廠所屬槍廠、炮廠、槍彈廠、砲彈廠、槍架廠等相繼建成。其間於1894年6月雖遭受嚴重火災，但建設進度未受大的影響。[14] 作為一家創辦較晚的軍事工廠，其所進口的機器設備較江南製造局更加先進，產品質量也更為精良。該廠在甲午戰後充分利用清政府大力發展內地軍事工業的有利時機，積極發展擴充。到1904年張之洞奏請將其改名為湖北兵工廠時，該廠生產規模宏大，工人總數達4500人，如果連同張之洞於1898年奏請設立的湖北鋼藥廠（工人數約500人）在內，工人總數已遠超江南製造局（3843人），成為南方地區「第一雄廠」。[15]

二、「就原有局廠切實擴充」：庚子事變前後區位調整的中斷

甲午戰前，江南製造局內遷的方案雖已成為清政府之重要決策，但這一決策未能得到有力貫徹、執行。這一決定首先受到時任兩江總督劉坤一的強烈反對與抵制。甲午戰後，李鴻章淮系集團衰落，湘軍首領劉坤一在晚清政壇崛起。他堅決反對將江南製造局遷至湖南。光緒二十四年（1898）五月二十六日，他上奏不僅強調在上海開辦軍事工廠的諸多有利條件，認為遷廠於湖南未必具有優勢，還特別指出上海業已設局經營數十年，規模宏大，「蒂固根深，毀之重勞，更張不易」，遷廠重建「靡工既繁」「需款尤巨」，而現在時局緊迫，軍火生產不宜停頓，遷廠之舉「昧乎緩急輕重之序」。[16] 劉坤一的堅決反對，使得清政府不得不有所顧忌。不久，清廷認可了其意見，滬廠遷移的計劃被暫時擱置。[17]

儘管此後江南製造局仍然繼續開工生產，但與甲午戰前相比，其設備更新與擴充的勢頭，受到一定程度的抑制。甲午戰前，江南製造局作為南方最重要的軍事工廠，機器設備的更新與生產規模的擴充異常迅猛。1867年江南製造局移往高昌廟時，廠區面積不過70餘畝，至1894年，其占地面積達1100餘畝，員工人數已達3000人左右，無論是生產規模還是員工人數，均居當時全國軍事工廠之首。[18] 甲午戰後，該廠雖然仍維持原來的生產規模並

略有擴充，但其發展勢頭已明顯減緩。據魏允恭所編《江南製造局記》所錄該廠歷年收入與支出經費表可以看出，同光之際，該廠每年收入與支出經費約在 50 萬兩左右，甲午戰爭前後擴張至每年近 140 萬兩的規模，茲後 10 年左右一直在這一數字上下徘徊，未見增長。而從該廠歷年機器設備的採購費用來看，光緒初年，該廠每年所花機器設備費用不過 3 萬—5 萬兩之譜，其中有的年份甚至不足萬兩，茲後不斷擴充，到甲午戰爭前後，機器採購費用已達到 22 萬餘兩的規模，茲後除了庚子事變前後二三年曾達到這一規模之外，多數年份又重回前期 3 萬兩—5 萬兩的規模。[19]

光緒二十四年（1898）八月，戊戌維新運動失敗，慈禧太后再度垂簾聽政。次年，保守派官員策劃廢光緒帝，遭到西方列強及國內不少官僚士紳反對。不久義和團運動爆發，八國聯軍趁機入侵中國。國內政局動盪不安，時局空前緊張。

光緒二十四年（1898）九月初二日，清政府一份上諭中已悄然改變了江南製造局遷廠計劃，命令各廠在原地擴充生產。上諭指出：

製造槍炮為當今第一要著，惟各省財力不齊，自應就原有局廠切實擴充，以備鄰近各省就近購用。著裕祿、劉坤一、張之洞會籌酌核辦理，以重軍需……[20]

顯然，軍需緊迫使清政府不得不暫時放棄遷移江南製造局的計劃，轉而強調充分利用該廠原有生產能力，儘可能擴充生產，以解決軍隊武器彈藥需求。光緒二十四年（1898）十月下旬，榮祿再次奏請飭令南、北洋及湖北各省督撫趕造槍炮，令各督撫「速籌巨款，移緩就急」，「迅即製造」。[21]

光緒二十六年（1900）六月，八國聯軍侵入天津，攻占並毀壞天津機器製造局這一北方最大規模的軍事工廠。不久，俄國軍隊侵占中國東北地區的吉林機器局、盛京機器局。十月七日，各國駐上海領事禁止洋行出售製造軍火之物料給中國。[22]

光緒二十六年（1900）六月十八日，正值八國聯軍侵華之際，清政府再次諭令全國各地督撫，「現在中外交戰，外洋軍火既不能購，亟應用舊法自

造」，令其「迅即設局」，「廣為製造」。[23] 這一保守色彩濃厚的諭令，反映出在西方列強的武器禁運壓力之下，清政府對武器彈藥需求急迫，甚至一些廢棄已久的舊式武器，也要求各地方督撫迅速設局製造。但一些地方督撫並未執行中央命令，如兩江總督劉坤一，就以舊式武器「難於適用」，另設新局花費巨大且緩不濟急為由，向清廷奏準在江南毋庸另設。[24] 光緒二十六年（1900）九月初六日，出逃至西安的慈禧太后，再次緊急諭令劉坤一、張之洞及四川總督奎俊，「加工趕造」槍械子彈，「解赴行在（西安——引者注），以應急需」。[25]

光緒二十七年（1901）六月初五日，劉坤一、張之洞聯名上奏，「加功精究，籌款擴充」既有軍事工廠的生產能力，尤其是對實力雄厚的江南製造局和湖北槍炮廠進行擴充發展，及擴充辦理已有一定成效的廣東、山東、四川三省的機器局，修復遭八國聯軍破壞的天津機器製造局。即使是軍事工業薄弱的其他省份，亦須令其「設法籌款，量力各設一製造局」。[26] 光緒二十七年（1901）七月十二日，按照《辛丑條約》規定，清政府被迫諭令禁止將軍火暨專為製造軍火之各種器料運入境內。[27] 這一禁令有效期長達兩年。八國聯軍的軍事入侵雖因《辛丑條約》的簽訂告一段落，但《辛丑條約》對於中國進口軍火的禁令，使清政府保障國內軍需供應的壓力倍增。

與甲午戰後榮祿關於軍事工業佈局調整的觀點相比較，劉坤一、張之洞這一時期的見解有兩個方面值得關注：一是關於向內地擴散軍事工業以保障安全的觀點，三人見解大體相同，但榮祿此前只是提出在山西、河南、四川、湖南等煤鐵資源條件較好、地理位置安全的省份興辦軍事工業，表明其尚重視內地發展軍事工業的資源條件、地理位置等客觀條件。而劉坤一、張之洞此時極力主張「沿邊省份必須每省量力各設一局，瘠遠省份或兩省共設一局」，其主觀訴求更為急切。二是在對待各地既有軍事工廠，特別是江南製造局的態度上，榮祿著眼於長遠，力主將其遷移至湖南等安全地區進行生產，而劉坤一、張之洞則更注重於眼前，力主對江南製造局和湖北漢陽兵工廠這兩個大型軍事工廠「加功精究，籌款擴充」，並使之成為其他內地及邊遠省份學習製造兵器的基地，同時對於廣東、山東、四川等已經略具規模的軍事工廠也要大力進行整頓擴充。需要指明的是，劉坤一、張之洞這一奏摺並非

刻意標新立異。恰恰相反，有證據表明，這一時期張之洞與榮祿的關係相當密切，相互交流頻繁，張之洞不時用密電向榮祿報告南方軍事工業發展與軍火生產情形。[28] 他們的這一主張與清廷幾次上諭中的看法基本一致。這充分表明，庚子事變前後，清政府急於擴充軍事工業，特別是充分利用沿海地區既有的生產設備、產能來擴大軍需供應，以滿足迫在眉睫的軍事需求，而不得不暫時將調整沿海地區軍事工業佈局的計劃予以擱置。

綜上所述，由於地方督撫的反對，甲午戰後江南製造局的遷徙方案並未付諸實施。而受到戊戌至庚子以來時局變幻、軍需緊迫的影響，清政府改變計劃，決定充分利用江南製造局、湖北漢陽兵工廠及廣東、山東等地軍事工廠既有的生產設備和條件，盡快擴充生產。同時，由於受到戰爭影響，特別是海外軍事供應的斷絕，清政府竭力向內地及各邊遠省份擴充軍事工業。

從甲午戰後到庚子事變前後，清政府向內地擴張軍事工業的勢頭，隨著中外局勢的緊張而進一步加快。20世紀初期，中國的軍事工業佈局，呈現出全國各省普遍發展、極度分散的局面。不過，一方面，由於八國聯軍入侵，對東北和天津等地既有的軍事工業造成嚴重破壞；另一方面，由於內地特別是一些邊遠省份，交通條件落後，經濟社會發展條件不佳，在設備購置、資金、人才與管理等方面存在諸多掣肘，軍事工業建立與發展並不順利，這迫使清政府不得不依靠並擴充東南沿海及湖北等地區既有的軍事工業，來保障戰時軍需物資的供給。實際上，晚清的軍事工業生產重心仍集中於上海、武漢、南京、廣州等東南沿海、沿江地區。榮祿所倡導的軍事工業調整的戰略部署，並未得到有力執行。

三、從分散到集中：清末軍事工業佈局新方案的提出

有學者在將晚清中國與日本近代軍事改革上的差別及其成敗進行比較後指出：「中日兩國的軍事近代化的路徑不同。日本的軍事改革是自上而下進行的，國家政權的統一意志和權威保證了改革能夠主動、全面、深入和高效率的進行；而清政府的軍事改革是由地方勢力自下而上發起的，中央政府長期不能發揮應有的核心和領導作用，致使軍事改革過程步履維艱。」[29]

中國經濟史學的話語體系構建
國家政策與經濟發展專題

中國近代軍事工業系湘、淮將領及各省督撫,出於軍事鬥爭和政治統治的需要,獲准從當地原應上解中央(解餉)或協濟外地稅收款項(協餉)中截留,或者從海關稅收及厘金等收入中劃撥經費而自行創辦,清政府對此既無一定的政策方針,亦無統一的規劃與管理。在洋務運動初期,這種地方主導的工業化,對於衝破傳統統治秩序之藩籬,無疑有積極意義。但隨著全國各地,尤其是甲午戰後內地及邊遠省份在清政府號召之下紛紛設立軍事工廠,這種全國分散式發展模式的弊端日漸顯露。

首先,各地區武器彈藥生產各自為政,彼此間缺乏必要的分工與協作,武器型號、規格不一,質量參差,造成全國各地軍隊武器制式不統一,使得清政府無法對各地生產、儲備的武器彈藥進行統一調配,甚至影響到對各地軍隊的統一調度與使用。光緒二十九年(1903)二月十九日,張之洞上奏,「中國從前軍營所用火槍,種類紛雜,最為大病」,即便在「一省之中」甚至「一軍之中」,也會出現「此軍與彼軍異器」「此營與彼營亦復異器」的現象,因「藥、彈不能通用,一種彈缺即一種槍廢」,在軍事行動中一旦出現「配發子藥偶有歧誤」,就會造成災難性的後果。[30]

其次,經濟效益低下。由於內地許多地方交通不便,引進外國設備和洋匠十分困難。加之當地人才匱乏、官僚腐敗、工廠管理混亂不堪,造成不少地方生產的軍火不僅質量低劣,而且成本高昂。在一些邊遠省份,生產武器彈藥所花費的成本,要比託外省代為生產定購或者從國外進口價格還要高很多,且質量毫無保障。據四川總督劉秉璋稱,該省機器局所鑄洋槍「槍筒大小不能劃一,後門槍彈多有走火,又多不能合膛」,經過仔細考驗,其所鑄之槍「比較外洋所購實已遠遜」,而核計鑄槍工料,「其用費已昂於外洋購買價」,認為「以更貴之價,鑄無用之槍,殊不合算」。[31]

最後,分散佈局、各自為政的局面對於清政府集中控制與管理極為不便,在一定程度上加劇了晚清政權自太平天國運動以來「外重內輕」的局面。晚清各地方洋務工廠主要是當地督撫自行創辦,其日常經費則主要由督撫負責籌劃維持,軍事工廠的人事安排與日常管理也由督撫掌握,清政府無從干預。各省新式軍隊的編練亦由督撫操控,武器與彈藥供應由各地分別購買,或由

當地軍事工廠生產供給。由於各地方所購買及製造的槍炮和彈藥製式與規格不一，各地方軍隊如果調離所在防區後，很難及時獲得軍火供應。這無疑會影響到清政府對各地方軍隊及軍事物資的統一調遣與控制，進一步加劇了晚清軍事力量地方化、分散化的趨勢。

上述各種弊端，在甲午戰前既已存在，甲午戰後，隨著內地及邊遠地區軍事工業的發展，其嚴重程度進一步加劇。左宗棠較早指陳這種分散佈局的弊端。光緒十一年（1895）六月十八日，他奏請朝廷設立「海防全政大臣，或名海部大臣」，「凡一切有關海防之政，悉由該大臣統籌全局，奏明辦理，畀以選將、練兵、籌餉、制船、造炮之全權」，使其「權有專屬，責無旁貸」，從而避免傳統體制之「處處牽掣」。[32] 但其主張並未被清政府採納。光緒十一年（1895）九月，清政府成立總理海軍事務衙門（簡稱「海軍衙門」或「海署」），但其權力範圍有限，遠不足以統籌全國海防及軍事事務。[33]

光緒二十四年（1898）初，就在榮祿上奏及清政府令各省竭力辦廠的上諭發佈後不久，河南巡撫劉樹堂上奏提出異議，「局廠不必求多」，「與其設局廠於偏僻各省，異時之緩急難資，何如設巨廠於適中之區」，「與其捐數省之財力分設數小廠，實用少而靡費多，何如合數省之籌措經營一大廠，用力省而程功較易」。[34] 劉樹堂所指陳榮祿分散佈局戰略的失誤，可謂切中肯綮。但他呼籲各疆臣不分畛域，合力建設的大型軍事工廠之選址卻是自己轄區，即所謂「得天下之中」的河南省，這不免影響其建議的客觀性及說服力。他的這一主張遭到總理衙門的駁斥。[35]

庚子事變之前，反對分散佈局、主張集中國力辦好幾座大型軍事工廠者，仍不乏其人。譬如，光緒二十四年（1898）十二月初一日，山東巡撫袁世凱認為，「南北洋製造各局，濱海太近。我之海防，一無足恃，甚易資敵藉寇，尤慮絕我軍儲」，因此他主張「將南洋各局歸併於漢口一處」，「而於直隸、河南、山東居中產煤地方，並近運河、鐵路之處，擇地設一大廠，即以北洋各局酌量歸併」。[36] 其主張一方面認識到沿海地區存在軍事安全隱患，另一方面更加注重實效，反對分散佈局，主張分別在南北集中力量各設一大廠。

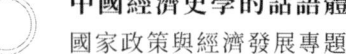

中國經濟史學的話語體系構建
國家政策與經濟發展專題

由於軍情緊急,清政府財力艱窘,急於保證軍隊的武器彈藥供應,並無能力對現有的軍事工廠佈局進行調整,他的主張並未受到應有重視。

庚子事變,八國聯軍侵華,晚清在中國北方最重要的軍事工廠——天津機器製造局被損毀,榮祿編練以鞏衛京師之武衛軍也大部潰散,僅右軍袁世凱部碩果尚存。1901年,淮系首領李鴻章去世,袁世凱升任直隸總督、北洋大臣。次年,湘軍宿將、兩江總督劉坤一去世。1903年,榮祿去世。1904年,慈禧太后詔命特設練兵處,加緊編練新軍。練兵處負責統一編練全國新軍,成為全國新軍編練總部。慶親王奕劻總理練兵事務,袁世凱因近在北洋,且有練兵經驗,被任命為會辦練兵大臣,滿族親貴、兵部尚書鐵良任襄辦練兵大臣。練兵處之人事、財務、訓練、指揮,完全獨立於兵部之外,清政府軍政、軍令原有系統,遂發生突破性的改變。[37] 因慶親王奕劻庸碌無為,練兵處前期實權操之於袁世凱和鐵良之手,後期因袁世凱失勢被黜,而由鐵良實際控制。[38]

鐵良竭力排斥漢族勢力,強化晚清中央集權的統治力量,以挽救皇權統治作為主要的政治抱負和追求。[39] 實際掌握北洋新軍編練實權的直隸總督袁世凱野心勃勃,力圖借助清政府權力,「吸全國之財以供北洋一區練兵之用」,極力擴充個人力量,以獲取更多的政治資本。[40]

練兵處所擬定的簡要章程之一,即欲將各省原設製造軍械各局廠,「統由臣處督飭妥辦,隨時委員考查、整頓,並明定賞罰,分別奏請懲勸」。[41] 這表明其重要使命,在於強化中央對全國新軍編練與武器裝備製造的控制與管理。在鐵良的推動之下,晚清軍事工業佈局進入一個以中央集權、全國統籌為特徵的新階段。這一時期,晚清軍事工業佈局開始向集中統一方向邁進。而練兵處在軍事工業佈局問題上的新政策,首先即體現在對江南製造局內遷的處理上。

甲午戰後,在榮祿主持軍務時期,清政府對江南製造局內遷的決策,因時任兩江總督劉坤一的反對而擱置。庚子事變後,軍事需求緊迫,該廠曾一度擴充,但清政府並未因此完全放棄這一計劃。劉坤一去世後不久,清廷調湖廣總督張之洞署理兩江。張之洞到任伊始,即「奏派道員鄭孝胥接辦製造

局，命節費儲款，備設新廠」。[42] 光緒二十九年（1903）二月十九日，張之洞上奏提出保存舊廠，從滬局中轉撥和節省經費，另在安徽省宣城縣屬灣沚鎮一帶設立新廠，統一製造新械新彈的系統主張。很快即奉硃批，「政務處議奏」。[43] 六月，已經奉旨入京的張之洞，致電新任兩江總督魏光燾，極力勸說魏光燾「勿為浮言所惑，萬勿添舊廠槍機」，放棄擴充江南製造局的計劃。[44] 光緒二十九年（1903）十二月二十三日，張之洞就江南製造局移遷之事，致電魏光燾及上海製造局沈道臺（敦和），告知二人自己已進京面聖，並得到慈禧太后當面「俞允」的情況，特別強調「聖意著重購新機、制新械，並深以移廠為要」。[45]

可見，江南製造局的遷移，實出於清政府最高統治者慈禧太后的旨意。光緒三十年（1904）四月，經過與魏光燾及沈敦和等人反覆會商，張之洞與魏光燾聯名會奏，張之洞放棄此前在安徽省宣城縣屬灣沚鎮建設新廠的主張，提出在江西萍鄉湘東鎮建廠更為有利的意見。張之洞、魏光燾的這一建議，一方面體現了清政府將江南製造局移至內地安全區域的意圖，一方面也充分尊重了兩江總督及江南製造局的意見，如採取另設分廠，老廠照舊開工生產的方案，且確保新設分廠仍由兩江總督管轄；同時也便於就近利用漢冶萍公司的鋼鐵和煤炭資源，擴大湖北新政的影響力，可以說這是一個充分照顧到各方意見與利益的方案。此折上達後，很快即奉硃批：「政務處、練兵處妥議具奏。」[46]

政務處的議奏對張之洞、魏光燾的意見幾乎完全贊同，主張「悉照原奏施行」。[47] 但出乎意料的是，新成立不久的練兵處卻橫生枝節，在議奏中對張之洞、魏光燾的建議大加批駁。練兵處認為，張之洞在湘東另辦新廠的方案不僅花費太多，經費難有保證，且所擇之地太過僻遠，交通不便，當地土匪出沒，安全亦甚堪虞。筆者以為練兵處的這次節外生枝，主要是主持該處日常工作的襄辦大臣鐵良的意圖。[48] 鐵良在批駁此方案時，雖然並未立即提出針鋒相對的方案，但顯然他有所考慮，並極有可能已說服並得到慈禧太后的支持或認可，否則很難想像清政府會突然叫停張之洞謀劃周密，且事先已得到清廷和多位要員同意的遷建計劃。不久，清政府諭令，由鐵良親自南下，考察江南製造局等洋務軍事工廠的搬遷、整頓事宜。

鐵良南巡是晚清政治史、軍事史、財政史上的一件大事,其所關涉的,不僅僅是一座軍事工廠的搬遷,而是涉及對地方財政的整頓與中央集權的強化,識者多有論及。[49]不過,導致鐵良南巡的直接觸發點,卻是江南製造局的遷建問題。

甲午戰爭、庚子事變後,時局危殆,清政府「以練兵為第一要務」,[50]而練兵須以籌餉為先。迭經戰亂與賠款,清廷中央財政「府庫一空,羅掘俱窮」,面臨嚴重危機。光緒二十九年(1903)十月,練兵處成立後不久,即擬定練兵章程9條,其中規定每年向各省攤派餉款996萬兩,結果卻遭到內外臣工的普遍反對,不得不收回此議。[51]財政問題成為練兵處所面對的首要難題。[52]不過,在論及清政府中央財政的窘境時,卻不能不提到這一時期南北各省不同的財政情形。北方由於受到義和團運動及庚子事變的影響,財政形勢嚴峻,直隸總督、北洋大臣袁世凱上任伊始,也面臨極為嚴峻的財政困難。[53]與中央和北方不同,南方各省,尤其東南沿海一帶,未經戰火蹂躪,各省透過鑄造銅元,開官錢局發行紙幣,徵收「土膏捐」(鴉片稅),獲利頗豐。目前雖找不到當時具體的地方財政數據,但卻不難從這一時期南方地方督撫的新政花費中窺見一斑。譬如這一時期,張之洞在湖北大量派遣留學生,大舉興辦新式學堂,用官款收回此前已招商承辦的湖北紗、布二局,每項所費不貲,均由地方財政負擔。[54]

張之洞為爭取清政府對江南製造局遷建方案的支持,在經費籌措問題上,一再堅稱不需中央財政撥款。如其奏摺中聲稱「就滬局原有經費,將各工廠裁節歸併,每歲約可提存銀一百萬兩」,後來經過與江南製造局方面妥協,江南製造局表示每年只能節存銀70萬兩,不足之款,經他本人與江蘇、安徽、江西三省巡撫協商,由南方三省「協款補足」。他在奏摺中進一步表示,茲後經費如有不足,亦不難從機器製造及鑄造銅元等各項所獲盈餘中劃補。[55]此奏摺中無意流露出來的訊息是,江南製造局及南方各省財力充裕。區區一個江南製造局,每年就可節省經費至少70萬兩,開設新廠所需多達650萬兩的經費籌措,在張之洞這位地方督撫看來,似乎毫無難處。可以推斷,這份奏摺會給當時正苦於籌款無門的練兵處帶來何種影響。宜乎當張之洞此折

交練兵處議奏時，練兵處會覬覦南方督撫的充裕財源，急切要到南方去「整理財政」，搜刮財富了。[56]

光緒三十一年（1905）正月，鐵良正式將考察江南製造局的結果及其對該廠遷建方案的意見上奏清政府。鐵良回顧了江南製造局四十年來不斷擴充壯大的歷史及其生產現狀，指出「如此巨廠歲糜經費一百四十萬金，而各械無一完善者，殊為可惜」，毫不掩飾地表達了其對江南製造局生產現狀的不滿；同時又指出上海地處「江海要衝，吳淞口內外各國兵輪不時萃集」，安全形勢堪憂，表示「該廠之移建自不容已」，他也認可張之洞所主張的「移舊廠不如設新廠」的遷建宗旨。但在新廠廠址的選擇問題上，他卻對張之洞所提出的「湘東方案」大加撻伐，並為其擱置「湘東方案」尋找理由。[57]

在否定張之洞方案的基礎之上，鐵良正式提出自己整頓全國軍事工業的兩個方案。

一、統籌全局辦法……非得南、北、中三廠源源製造，恐所出之械難期因應而不窮。擬請就湘東現勘之地設為南廠，再於直、豫等省擇其與山西煤鐵相近便者另設一處，作為北廠，而以鄂廠貫乎其中，以輔南北廠之所不及。應需款項，南廠於五年內，則取給於滬局節存之七十萬兩，江、皖、贛三省協濟之三十萬兩及銅元一半餘利；北廠則於奴才上年奏請試辦八省土膏統捐項下動支，得以各歸各用……此通盤籌劃之正計也。

一、變通辦法……如南北兩廠一時難以並舉，只能先務其急……另於江北一帶地方選擇深固利便之區，取其與南北各省均屬適中可以兼顧者，專設一廠……其款項即照原奏內籌款一條，將擬建湘東新廠之五年經費六百五十萬兩，盡數撥歸此項工需，當可敷用。[58]

鐵良提出的「統籌全局」方案，一方面力圖克服洋務運動前期，主要由各地方督撫主導的中國軍事工業建設過於分散、無統一規劃的缺點，在軍事工業佈局上，強調集中優勢，有重點地發展所謂南、北、中三大軍事工廠；另一方面，鐵良所計劃大力建設的南、北、中三大軍事工廠，均位於遠離沿海的「深固利便之區」，而且注重靠近國內的煤鐵等資源以便就地取材，節省成本。這表明其已充分吸收了洋務運動前期在軍事工業佈局上的經驗與教

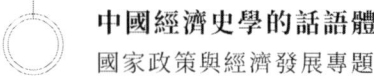

訓,清政府對於軍事工業佈局的認識,與甲午戰後初期榮祿等人的見解相比,已上升到一個新高度。

必須指出的是,鐵良奏摺中雖有所謂「正計」(即設南、北、中三大軍事工廠)與「變計」兩種方案,但其側重點或者真實意圖,則在所謂「變計」而非「正計」之上,即以當前財力不足,而編練新軍多集中在北方為由,將原定用於遷建江南製造局的經費(650萬兩白銀)轉用於建設北方軍事工廠,待日後條件成熟後再議建設南方和中部軍事工廠。這一主張雖以統籌安排全國軍事工業為藉口,實際上是從南方各省攫取財稅資源,力圖強化滿族貴族在京畿、華北一帶的軍事力量,並加強對全國的控制。鐵良在軍事工業佈局問題上,強調中央對全國軍事工業生產與佈局的統籌與管理,並不完全是出於工業或軍事發展考慮,而是有著深刻的政治圖謀:竭力維護清政府的統治與權威,力圖逆轉咸同以來晚清政治格局中,地方督撫權力日益加重,中央對地方的控制日趨削弱,地方勢力日漸尾大不掉的趨勢,重新確立中央對地方的控制。

鐵良此奏上達後,很快即奉硃批由政務處、練兵處再次商議。在由練兵處主稿,練兵處、政務處合奏的議復中,為平衡南方利益,不再提緩建南方大廠之事,而是主張將江南製造局擬節餘款項每年70萬兩,劃歸北廠開辦經費。中廠就湖北漢陽兵工廠已成之局進行建設,經費不變。南廠仍按張之洞等擬定的廠址在湘東開辦,但在經費方面,則要求江南製造局採取裁汰冗員、提取銅元餘利等辦法自行籌措,不足則由南方各省合力分擔。此外,還將鐵良南下時,整理南方各省「土膏捐」中所獲得的巨額稅費收入,明確劃歸清政府編練新軍的專項經費。這一議復意見上奏後,當日即奉硃批「依議。欽此」,確立為清政府的一項基本政策。[59] 光緒三十二年(1906)九月二十日,清政府設立陸軍部,仍由鐵良負責;宣統元年(1909)五月二十八日,設立軍咨處;宣統三年(1911)四月十日,設軍咨府,軍務先後由載濤、蔭昌等親貴主持,[60] 這一重大人事與機構的變動,並未影響此項政策之延續。

至此,我們可以對江南製造局遷廠未果之原因獲得新的認識:造成這一結局的根本原因,不能簡單歸因於清政府的腐敗無能,執行不力,而是其出

於新的統籌安排,將原先籌劃用於江南製造局遷建新廠的經費,劃撥給在華北地區籌備設立的所謂「北方大廠」之用,以鞏固清政府中央集權統治。這一釜底抽薪的政策,最終導致江南製造局遷建計劃成為泡影。

四、晚清統籌軍事工業佈局方案之執行與調整

清政府這一重北輕南、強幹弱枝的統籌軍事工業佈局方案,在實際執行過程中,遭到南方督撫的強烈不滿和抵制。

光緒三十年(1904)八月初七日,湖廣總督張之洞似已初步探知鐵良此次南來意圖,並且力圖挽回。在給端方的一份電文中,張之洞說,「傳聞袁慰帥意欲移至河南,此非計也」,表達了他對鐵良、袁世凱罔顧南方各省軍事需求,擱置江南製造局新廠的建設計劃,而將經費移至北方建廠的做法極為不滿。「無沿江沿海諸省,北洋能安枕乎」?希望同為滿族貴族的端方,能夠「相機婉言」,設法挽回。[61] 光緒三十年(1904)十二月,端方上奏清政府,建議「鄂、湘兩省合籌添建槍彈等廠,統辦土膏稅捐,以充經費」,[62] 這一建議顯然與鐵良意見針鋒相對。光緒三十一年(1905)三月下旬,即在鐵良已奏準實行所謂「變通辦法」,將南廠籌定經費移辦北廠之後,張之洞再次致電鐵良,據理力爭,堅決反對「輟南廠不辦,移款以供北廠之用」。[63] 但是清政府並沒有採納張之洞的建議,而是堅定支持鐵良的意見。練兵處在遵旨議復時,嚴詞駁回端方的主張,重申了集中全國力量辦廠的意見,反對地方各省擅自新建或擴建軍事工廠,並重申了鐵良南巡時將南部各省菸土稅(膏捐)收歸中央,「以此款專充練兵處經費」的做法。[64]

南方督撫等地方官員不願意放棄原有軍事工廠的建設,更不願意將原有的地方稅捐劃歸中央,紛紛尋找各種藉口,不顧練兵處的反對,堅持對當地軍事工廠進行擴充。其中表現最突出的,當屬四川總督錫良和兩廣總督岑春煊。

儘管錫良擴充四川機器局的方案,多次受到練兵處、陸軍部的反對,但同樣身為滿蒙親貴的錫良,卻以西南軍情緊急,亟須軍械供應,而四川省地

處僻遠，外地採購運送不便，無法保證供應為由，堅持擴充四川機器局。清政府不得不讓步，允許該省軍事工廠繼續開辦、擴充。[65]

光緒三十一年（1905）二月初七日，兩廣總督岑春煊奏請將廣東機器局進行擴充，並移址另建新的工廠。隨即被練兵處嚴詞駁回。但岑春煊並未放棄擴充軍事工廠的計劃，在隨後一份奏摺中，他首先對練兵處集中辦理南、北、中三大廠的方案大加讚許並極表贊同，然後筆鋒一轉，列舉歷史成案，指出廣東軍械曾因需求緊急，指望湖北和其他軍事工廠，供應並不可恃。他奏報清政府，為了改善廣東軍械製造，他已經與德商簽訂了合約，事先付款購買了各種機器設備，這些機器設備即將從海外運往廣東。經詢問練兵處，這些機器型號與即將興辦的南、北、中三大廠所擬採用的並不相同，不可轉用。因此，除非清政府同意用這批機器來擴充廣東機器局，否則這筆巨款就會付之東流。如此情形之下，練兵處只得同意岑春煊利用所購機器設備，對粵廠進行擴充。[66]

在四川總督錫良及其繼任者趙爾豐、兩廣總督岑春煊等地方督撫的主持之下，四川、廣東的軍事工業仍有很大的發展與進步，成為晚清兩個重要的軍事工業中心。

當時緊張的軍事形勢也不斷動搖清政府統籌與調整軍事工業佈局的決心。晚清時期，全國各地軍事工廠已有不少，一些地方的中小型軍事工廠經過長期經營，有的已經初具規模，並在保證當地新式軍隊的軍械、彈藥供應中發揮著重要作用。而鐵良所計劃集中力量建設的南、北、中三大廠，除中廠是湖北已成之局外，南、北二廠均屬新建。大型軍事工廠的建設頗費時日，而全國的軍事需求刻不容緩，在南、北二廠建成之前，全國各地的軍械與彈藥之需求如何保證供應？這顯然是清政府必須面對的一個難題。事實證明，這一問題不時動搖清政府的意志和決心，阻礙著其軍事工業佈局調整計劃的有力執行。這在清政府對於江南製造局及江蘇南京金陵製造局（以下簡稱「金陵製造局」）的處理上體現得尤為明顯。

練兵處一方面計劃將江南製造局搬遷，另設新廠；一方面又將其大部分經費強行移作所謂「北方大廠」的辦廠經費，這使得江南製造局陷於進退維

谷的境地。練兵處在給兩江總督周馥的咨文中,一方面要求江南製造局「應將不急工作、閒冗員司,核實刪減」,減少支出、縮小規模,以備今後歸併;一方面又要求其「於現時應需各件,如各項子彈及煉鋼、修船等事精求造法,暫應急需」。[67] 周馥並沒有因為這一比較模糊的政策而束縛自己,而是利用清政府急於保證新軍軍需供應的機會,以「精求造法」為名義,趁機進行擴張。光緒三十年(1904),周馥奏請,將江南製造局的銅元鑄造機器設備歸併於江寧銅元局,次年又將江南製造局內的船塢劃出商辦,從而完成練兵處要求刪減不急之務的任務。光緒三十一年(1905),他又上奏清廷,以江南製造局設備老舊、製造落後,為「精求造法」,派員赴日本及歐洲訪問學習,雇募洋匠,並在廠內設立工藝學堂。[68] 此後,江南製造局又相繼添購新機擴充炮廠、槍廠和槍子廠,並進一步擴充龍華分局之無菸藥廠。[69]

金陵製造局最初由李鴻章於1865年籌建於江寧(今江蘇省南京市),後迭經擴充,是當時長江下游地區規模僅次於江南製造局的重要軍工製造廠,[70] 但卻不在練兵處所擬的南、北、中三大廠計劃之列,按規定亦須進行關、停、並、轉。由於軍需供應緊迫,加之江南製造局又計劃搬遷,因此清政府對於金陵製造局的處置方案頗費斟酌。光緒三十二年(1906),兩江總督周馥為節省經費,奏請將金陵製造局交給江南製造局總辦張士珩統一管理。不久繼任兩江總督的端方又奏請,金陵製造局停造舊式槍子,添購機器設備製造新式槍子。[71] 宣統年間,兩江總督張人駿又一度計劃裁撤金陵製造局,將其機器設備及經費歸併江南製造局,[72] 因招致陸軍部的反對而未能如願。[73] 不無諷刺意味的是,地處沿海而安全形勢堪憂的江南製造局,在朝野上下甚至舉國一致的遷建聲浪中,其生產能力和規模實際上仍不時得到擴充,只不過其擴充的勢頭有所緩和而已。

相對而言,清政府對於建設「北方大廠」計劃的推行積極而有力。早在光緒二十八年(1902),為解決北洋新軍的彈藥供應,以恢復被八國聯軍損毀的天津機器局的名義,袁世凱奏請在山東德州建立機器製造局,生產軍火。1903年初動工興建,1904年秋即建成投產。該製造局占地800餘畝,花費庫平銀約69萬兩,共包括槍子廠、卷銅廠、無菸藥、機器、鑄鐵廠等12廠,[74] 重點生產新式槍彈,以供北洋新軍所需。不久即命名為北洋機器製造局,

此後進一步明確為計劃中的「北方大廠」而進行擴充。據統計，該局自1903年至1910年，共花費468萬餘兩，[75] 北洋機器製造局實際上成為袁世凱「北洋六鎮」新軍的重要軍火供應基地。

宣統元年（1909）五月，鐵良失勢之後，陸軍部開始在軍事方面籌備預備立憲，並提出軍械製造新辦法。奕劻在上奏中，指出鐵良方案的不足，奏請派遣一位熟悉軍械製造的官員，考察全國各主要軍事工廠，重新制定整頓計劃。旋得旨「朱恩紱著賞給三品卿銜，前往各省製造軍械各局廠切實考查，籌擬辦法，詳細覆奏」。[76] 宣統二年（1910）十二月，負責考察各省軍事工廠的朱恩紱上奏，提出用6年時間，滿足全國36鎮新軍軍械供應問題之計劃，並擬定整頓全國製造軍械局廠辦法6條：

一為規定全國軍事工廠；

二為劃一軍械制式；

三為統一各廠財政；

四為按鎮核計械數；

五為分撥佈置經費；

六為分年籌備進行。

其中第一條規定的全國軍事工廠事宜，與鐵良南、北、中三大廠的計劃不同，朱恩紱主張：

> 局廠規劃，首在交通。兼權並計，擬定為東、西、南、北、中五廠：在寧為東廠，在川為西廠，在粵為南廠，在鄂為中廠，而以德州之子藥廠設法擴充，作為北廠。再建武庫於京師，並滬廠於金陵。從此兼營並進，亦可及時補救。[77]

朱恩紱的方案，表面上似乎比鐵良的計劃更為宏大，但實際列入統籌的「東、西、南、北、中」五廠中，南廠、北廠、中廠、西廠分別計劃在廣東、直隸、湖北和四川等地方既有兵工廠的基礎之上進行改建或擴建，東廠也是以原有的金陵製造局為基礎，將江南製造局遷移歸併。這表明清政府重新調

整軍事工廠佈局的規模和力度已有所減弱，並不得不認可地方督撫既定的軍事工廠建設。可以推斷，這一方案在執行過程中將要遭遇到的阻力，理應比鐵良方案有所降低，其所需經費也會減少。不過，從總體上來看，朱恩紱方案在強化中央對全國軍械生產的統籌控制方面，與鐵良的方案並無二致。隨後，陸軍部提議將全國各省軍械工廠收歸陸軍部統一管理。[78] 這表明清政府加強中央集權的意圖日趨強化。

五、結論

甲午戰後，晚清軍事工業佈局的調整經歷了三個不同的發展階段：戰後初期，清廷決定將軍事工業佈局由沿海向內地遷移、擴散；不久即因內外情勢緊迫，不得不繼續就各地已成之局擴充生產；後期則力圖集權於中央，統籌全國軍事工業，集中發展若干重點軍事工廠。以甲午戰爭為界，晚清軍事工業佈局的演變呈現出兩個重要趨勢，一是軍事工廠由沿海地區向廣大內地遷移，二是從地方性、分散的工業佈局模式向全國統一、集中的分佈模式轉變。

姜魯鳴先生在論及國防生產力佈局時指出：「國防生產力合理與否，取決於三個原則：國防經濟資源的地域配置是否具有安全性，生產、流通諸環節的佈局是否具有經濟性，所提供的產品和勞務是否具有時效性。」[79] 如果借用國防經濟學的這三個原則來分析評價晚清軍事工業的佈局，則不難發現：晚清軍事工業佈局的決策及其演變，可以說是在不同時勢之下，在上述三個原則間的艱難權衡與取捨。不過，在不同的時代背景及軍事技術水平之下，所謂安全性、經濟性及時效性的評判標準會大不相同。

是利用沿海地區的有利經濟地理區位，加速發展軍事工業以保障供給，還是將沿海軍事工業遷建於內地以保障安全？是集中全國資源重點發展若干重要軍事工業以提高生產效率，還是將軍事工業大面積地分散於全國各地以保證安全與供給？這是清政府在面對經濟發展水平嚴重落後、軍事力量極為薄弱、國內外安全形勢相當嚴峻，而國土面積又極為遼闊的情形下，所必須考慮而又難以抉擇的問題。類似的難題與選擇不僅晚清政府不得不面對，而且在此後相當長時期之內，都是中國統治者或決策者要面對的問題。分析這

一時期中國軍事工業生產佈局所面臨的問題和挑戰及其經驗教訓，對於理解中國後世的軍事工業生產與佈局有著不容忽視的借鑑意義。

甲午戰前，中國軍事工業佈局側重於沿海地區，既便於引進西方設備、原料、技術與人才，又便於就近供應軍事需求，兼具經濟性和時效性，但沿海地區面對列強海上堅船利炮的威脅，安全性堪憂，洋務運動早期的決策者李鴻章等人，對此也深感憂慮。[80] 尤其是中法戰爭之後，國內有識之士對軍事工業安全性的擔心進一步上升。不過，由於早期中國軍事工業生產，主要仰給外來的煤炭與鋼鐵等原材料，沿海佈局在經濟上的優勢仍相當顯著。清政府為了獲得經濟利益，不得不犧牲軍事工業佈局的安全性。甲午戰後，中外關係形勢丕變，一方面，北洋海軍覆沒後中國海權盡失，國門洞開，沿海軍事工業安全性問題進一步上升。另一方面，自19世紀70年代以來，國內工礦業已有所發展，不少內地軍事工廠利用國內煤炭及鋼鐵資源，生產成本較諸購自外洋大為降低。即以江南製造局論，至十九世紀八九十年代，該廠因主要購用來自外洋的煤炭、鋼鐵等資源進行生產，生產成本較之於使用當地開平煤炭的天津機器局和中興煤礦資源的山東機器局偏高。[81] 1891年，該廠自行設立煉鋼廠，主要利用江西萍鄉煤炭和湖南湘鄉鐵礦進行冶煉。路遙途遠，運道艱難，成本昂貴，其靠近沿海的經濟優勢，實已不復存在。因此，甲午戰後，榮祿力主沿海軍事工廠內遷，在內地靠近煤鐵資源比較豐富的省份分散辦廠。

值得注意的是，國人對於沿海與內地佈局的選擇及其爭論非常關注，相對而言，對於軍事工業佈局的集中與分散問題，則較少留意。其實，集中與分散的問題，亦對軍事工業佈局的經濟性與安全性等影響深遠。集中佈局，對於近代機器製造工業來說，會帶來經濟上的規模效益，也便於監督與管理。晚清時期對於工業集中佈局的鼓吹，其著眼點主要是監督和管理方面的便利性，所謂集中人力、財力辦大廠，甚少有人從近代機器工業生產的規模效應上立論，這顯示出近代國人經濟學知識的匱乏。但軍事工業集中佈局就安全性而言，卻未必優於分散佈局，尤其是對於軍事上的弱國而言，一旦僅有的少數軍事工業為敵所毀或者淪入敵手，其後果不堪設想。甲午戰後，沿海、

沿江、沿鐵路地區均成為軍事工業佈局的禁區，但時人對於在內地集中辦大廠的安全性問題，似乎甚少關注，這恐怕與當時世界軍事技術發展有關。

內憂外患深重，國防能力低下，近代中國始終面臨著嚴酷的軍事威脅，這使得安全性成為近代中國軍事工業佈局的首要原則。不過，值得注意的是，在軍事安全形勢最為嚴酷的時候，往往並不是按照安全性原則進行軍事工業佈局與調整的良好時機。在這種情形下，保障軍需供應的任務往往會空前緊迫，這時候，出於時效性的考慮，清政府不得不暫時放棄沿海軍事工業的內遷政策，而是盡一切可能利用既有工廠擴充生產，保障供給。即以近代中國規模較大的沿海地區軍事工廠——江南製造局而論，是遷移到內地，還是仍就原廠進行擴充，從晚清政府、北洋政府到南京國民政府，決策者們隨著時局的變化幾經反覆，直到抗戰爆發前才最終實現遷移。

決策不易，執行更難。晚清軍事工業最初由地方督撫領導建立，因其投資規模巨大，一經建立便成為一個相當龐大的組織實體，與當地政治經濟與社會結成盤根錯節的利益關係，並不斷自我膨脹，很難輕易改變。晚清中央政府的財政日益窘迫和中央政府權力的下移，地方督撫勢力的擴張，又進一步加大了軍事工業統籌佈局與調整的困難。中央與地方政府財政與權力的此消彼長及變遷過程，成為影響晚清軍事工業佈局的重要因素。而軍事工業佈局調整的過程，對於我們深入認識清季中央與地方權力的演變，也提供了新視野。江南製造局內遷計劃的失敗，歸根結底是清政府「重北輕南」「強幹弱枝」，收攏分散的財政和軍事權力，主動調整軍事工業佈局的結果。晚清中央政府力圖對各省分散的軍事工業佈局進行統籌與集中，勢必嚴重打擊地方督撫業已獲得的權力和利益，因此受到地方勢力的重重阻撓、破壞，未能如願。南方的廣東、四川等省打破中央的制約，積極擴張，建立起頗具規模的近代軍事工業。所謂的「北方大廠」，雖然在中央極力扶持下得以建成，但最終卻落入袁世凱的掌握之中。他所統領的「北洋六鎮」，憑藉這一中央集權政策，獲得足夠的餉源與軍需供給，成為晚清最大的一支軍事力量，深刻影響著中國近代歷史進程。

不過，從軍事工業佈局調整的角度來觀察晚清中央與地方間權力的消長，則不難發現：近代以來，面對數千年未有之大變局，清政府決策能力不足，未能及時提出因應之策，地方各種新興事業、機構甚至新式軍事力量都是在地方督撫的領導下建立的，中央監管乏力，這造成了中央政府權威的下降與地方督撫權力的上升。但中央統一管理地方的合法權利仍然存在，這就是晚清軍事工業佈局調整能夠進行的原因。晚清中央政府權力下降，地方督撫權力上升，固然是事實，但也不宜過分強調晚清中央權力的式微。[82]

乾隆時期長江中游地區「豐年米貴」問題探析 [83]

趙偉洪 [84]

內容提要：乾隆時期，長江中游地區呈現出豐年米貴的新特點。米貴放大了民生問題，並促使清政府為應對米貴，以乾隆十三年（1748）為界，進行了以普免米豆稅銀為主的促流通政策轉向停止擴張常平倉儲、增加市場供給的政策調整。米價上漲也促使江廣三省出現廣開垸田、復作制度、推廣雜糧、發展經濟作物等農業經濟重要變革，保證了長江中游較平穩的米價變動與大規模的糧食輸出，促使長江中游進一步融入全國糧食市場。

關鍵詞：乾隆　長江中游　米貴　政策調整　農業經濟結構　市場一體化

自二十世紀七八十年代以來，清代糧食市場整合研究取得了突出進展，不斷論證和補充著王業鍵關於「十八世紀全國市場」的論斷。近年來對長江中游糧食市場的研究表明，這一重要糧食輸出區在乾隆時期已經融入了全國市場體系。[85]然而在市場一體化過程中區域內部的社會經濟變化仍然有諸多方面亟待深入研究。

早期，安部健夫指出長江中游作為重要產米區，因受到外省倉儲採買、商人購買的影響而容易引起價格暴漲的「根底淺」的性質。[86]隨後，羅友枝考察了清代米穀市場的擴張、米穀貿易對湖南地區農業經濟的促進。[87]岸本美緒分析了乾隆前期糧價驟漲時，各地爆發的「搶糧」「遏糴」等社會事件，

反映了清代中期穀物市場兼具開放性與不穩定性。[88] 乾隆十三年（1748）米貴問題曾被視為 18 世紀米價上漲的重要證據。[89] 諸多學者圍繞這一年的常平倉改革探討了清政府的經濟政策調整及其成效。[90] 區域經濟史領域的一些學者注意到，糧食貿易促進長江中游地區農業發展、市鎮繁榮的同時，米價上漲對農業生產、區域經濟結構帶來了積極與消極的雙重影響。[91]

本文在前人研究基礎上，從乾隆時期米貴問題入手，透過探討乾隆時期長江中游米貴問題與糧食貿易、農業經濟結構變化、政府政策變動之間的動態關係，以剖析 18 世紀長江中游區域社會經濟發展的一些面相。

一、乾隆時期長江中游米價變動分析

本文所探討的長江中游，特指清代湖南、湖北、江西三省所轄行政區域，清代常以「江廣」稱之。本文利用王業鍵清代糧價資料庫中的中米府級月度價格資料，整理出分省年度平均價格，首先透過分析米價變動來判斷乾隆時期是否確實存在米貴問題。

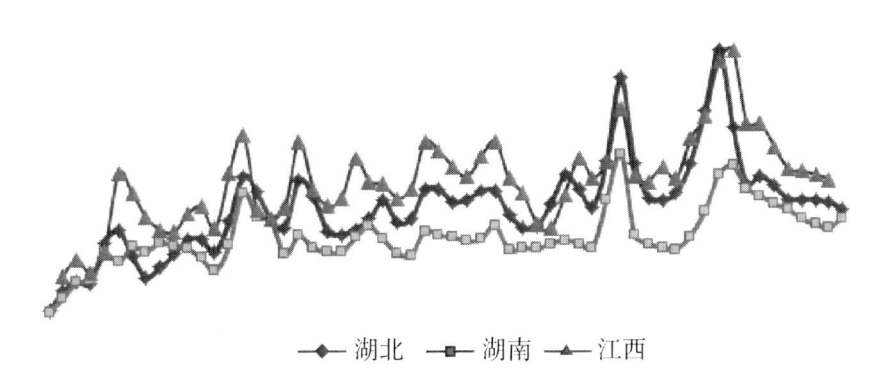

圖 1　長江中游三省米價變動趨勢圖（1738—1795）單位：兩 / 石

從圖 1 可見，乾隆時期長江中游三省米價具有階段性上漲的特點。乾隆前期三省米價上漲較為明顯，乾隆後期波動較為明顯，乾隆中期價格相對平穩。從表 1 中可以更為清晰地觀察到米價變動的階段性特徵：乾隆前期 20 年間，三省米價增長量皆在 0.2 兩 / 石以上，漲幅在 25% 左右。乾隆中期 20

年，三省價格變動相對穩定，湖南省漲幅僅為 4.34%，漲幅最高的湖北省為 14.2%。乾隆後期 20 年，雖有劇烈波動，但三省米價漲幅只在 10% 左右。

表 1　乾隆朝長江中游地區分段米價變動

單位：兩／石

	湖南省		湖北省		江西省	
	增長量	增長率	增長量	增長率	增長量	增長率
乾隆前期（1738—1755）	0.228	26%	0.252	28.64%	0.231	22.6%
乾隆中期（1756—1775）	0.048	4.34%	0.162	14.2%	0.148	11.81%
乾隆後期（1776—1795）	0.108	9.36%	0.149	11.52%	0.139	9.92%
合計（1738—1795）	0.372	42.4%	0.407	46.25%	0.381	37.28%

數據來源：王業鍵的「清代糧價資料庫」。江西省可供使用的數據時段為 1739—1794 年，乾隆前期、後期的起止年分相應有所調整。

長江中游地區地勢四周高、中間低：西、南、東三面有湘鄂西、湘南、贛南、贛東北幾片山區包圍；由外圍向腹心，逐漸由山地過渡到丘陵，形成湘中、贛中、鄂東三大塊丘陵盆地。長江自夔州東下，宛如一條腰帶，連接起漢江、洞庭湖、鄱陽湖諸水系，歷經無數次的泛濫沖積，形成廣闊的湖區平原——江漢平原、洞庭湖平原及鄱陽湖平原。從地形與農作條件來看，洞庭湖區、鄱陽湖區、湘中丘陵、鄂中東部以及贛中地區屬於主要的糧食生產區、輸出區；湘南、贛南、贛東北地區土壤條件雖不如前述區域，但局部地區也可列入重要產米區；鄂西南、鄂西北山區則難以有糧食輸出。

表2　長江中游地區米穀生產與米價增長

主輸出區	增長量	增幅	次輸出區	增長量	增幅	非輸出區	增長量	增幅
鄂中東部	0.546	66.42%	湘南	0.318	40.58%	湘西	0.316	30.78%
湘中	0.479	64.81%	贛南	0.322	31.51%	鄂西北	0.252	25.36%
洞庭湖區	0.458	56.7%	贛東北	0.353	32.65	鄂西南	0.175	21.27%
鄱陽湖區	0.408	39.92%						
贛中地區	0.404	40.6%						

數據來源：王業鍵的「清代糧價資料庫」。

　　從表2來看各區域米價變動，湘中地區、洞庭湖區、鄂中東部地區漲幅最大，在50%以上；其次為贛中地區、鄱陽湖區、湘南地區，漲幅在40%左右；再次為贛東北地區、贛南地區，漲幅在30%以上；鄂西北、鄂西南、湘西地區漲幅最小，在30%以內。顯然，米價漲幅在40%以上者基本屬於主要糧食輸出區，漲幅在30%～40%者屬於次要輸出區，漲幅在30%以內的區域基本屬於雜糧種植區。再從週期波動幅度來看：乾隆後期米價波動幅度最為劇烈，其中鄂中東部地區波幅曾達到0.4～0.5兩/石；其次為贛東北地區、贛中地區、鄱陽湖區與湘西地區，波幅曾達0.3～0.4兩/石；波動最為平緩的區域是鄂西南地區。綜合上述分析，乾隆時期產米區的米價上漲與波動幅度顯著高於非產米區，主要產米區的糧價變動又顯著高於次要產米區，這說明除去農業生產條件以外，市場因素是造成米價區際變動差異的重要原因。

　　再結合圖1進一步考察價格波動的峰值年，乾隆時期，江廣三省出現了乾隆八年（1743）、乾隆十七年（1752）、乾隆四十四年（1779）及乾隆五十一年至五十二年（1786—1787）這四次明顯的波峰，米價呈現逐次遞增的趨勢。由此看來，乾隆時期長江中游地區確實出現了米貴的問題。

二、乾隆時期長江中游的「豐年米貴」問題

米價波動往往與前一兩年的氣候、災荒有極大的關係。然而，透過對峰值年米貴問題的考察，筆者發現江廣三省並非只有災年才出現米貴，豐年同樣會有米貴的現象。

乾隆六年（1741），長江中游均獲豐收。[92]乾隆七年秋收前，江漢—洞庭湖區垸田及湘中、贛南等區域雖有局部地區遭水災，但總體收成尚可。[93]乾隆八年三省又獲豐收，[94]米價卻連續上漲，特別是江西省均價上漲了 0.31 兩／石。原因在於乾隆六年七月間，江淮地區連日暴雨，引發淮北水災。乾隆七年又因淮河上游暴雨，匯注洪湖引發水災，秋收受到嚴重影響，米價昂貴。[95]災情之重引起朝廷的高度重視，中央專門派大臣赴地方協理賑務，撥運江南各州縣倉谷 50 餘萬石，截漕 80 萬石，又撥運山東、河南漕糧、倉米運往江南賑濟。[96]江南大量人口離鄉背井，奔赴江西、湖廣、河南、山東等產糧區覓食。長江中游的米穀也源源不斷地販運至下游，致使米價上漲。「湖南巡撫許容奏，近日米價增貴，因商販源源搬運。鄰封官買，亦有咨會，理無禁遏。竊計湖廣雖熟，在湖廣且難以言足也」。[97]

乾隆八年（1743），江廣三省皆獲豐收，兩湖米價漸平穩，而江西省米價仍居高不下。乾隆八年五月江西巡撫折奏，「竊查江西上年止有數處偏災，其餘收成不過歉薄，原未至於災荒。實因楚閩江粵各省均值米價昂貴，鄰省之重價販運既多，本省之民貪價多賣，亦所不免。故自去冬及春，米價已昂，閏四月初旬則各處米價陡增，每石至三兩內外，實為前此所未有」。[98]米貴導致江西省內嚴重的饑荒。乾隆八年二月至八月間，廣信、饒州、贛州、袁州、吉安各地接連出現搶米事件百餘起，尖銳地暴露出江西省的困窘。[99]

乾隆八年（1743）米貴事件以乾隆六、七兩年江淮澇災為引子，在中國南方地區催生了一場長距離、牽涉眾多省份的米糧調運行動。中央、地方以及民間商人為平抑糧價所做的各種努力，最終導致江蘇、浙江、安徽、湖南、湖北、江西、福建、兩廣各地，無論豐歉，無論產米區與缺米區，米價皆明顯高於平時。乾隆八年四月，南部九省除江西以外，米價較上年同期大都增長了 0.2 兩／石—0.3 兩／石，上漲 13.75%—27.18%；江西省米價同比上漲

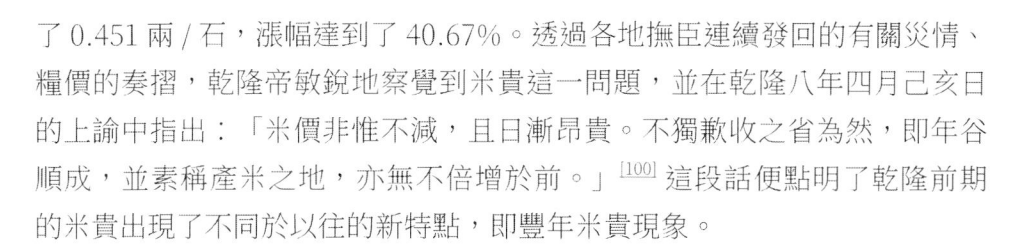

了 0.451 兩/石，漲幅達到了 40.67%。透過各地撫臣連續發回的有關災情、糧價的奏摺，乾隆帝敏銳地察覺到米貴這一問題，並在乾隆八年四月己亥日的上諭中指出：「米價非惟不減，且日漸昂貴。不獨歉收之省為然，即年谷順成，並素稱產米之地，亦無不倍增於前。」[100] 這段話便點明了乾隆前期的米貴出現了不同於以往的新特點，即豐年米貴現象。

乾隆十七年（1752），長江中游地區再次出現了米貴問題。乾隆十六年（1751）春夏，湘中遇旱，[101] 贛東北局部地區春夏連旱，但總體收成仍然算好：湖南早、中、晚三稻收成七分七厘至七分八厘；湖北收成八分以上；江西早稻收成七分，晚稻八分以上。[102] 然而從四五月起，三省米價便普遍上漲。究其原因，乃「自正月以來，因鄰省商販搬運日多，漸次增長」。[103] 湖北巡撫恆文亦指出，「總緣江浙等省歉收，官商采販絡繹不絕，湖北本年收成尚屬豐稔，而米價昂貴如故」。[104] 江西米價昂貴的情形更為嚴重。乾隆十六年（1751）早稻收割前，全省米價在一兩七八錢至二兩以外，局部災地達二兩五六錢。[105] 早晚稻收成之後價格仍居高不下。[106] 該年臘月，江西全省米價較上年同比上漲了 0.4 兩/石—0.5 兩/石，漲幅達 30% 以上。乾隆十七年（1752），三省雖獲豐收，但各省均價較上年又上漲了 0.2 兩/石左右。

從乾隆十七年（1752），滸墅關稅收情況可觀察到江廣米貴的原因。這一年滸墅關稅收銀 54.48 萬餘兩。安寧奏道：「因上年浙省歉收米貴，江廣各省販運赴浙者多，是以較之上屆多銀一十一萬有奇。」[107] 查這一年關期，長江中下游米價差達到 0.594 兩/石—0.855 兩/石，因此，正是下游米貴，江廣糧食大量外運導致了本地米價的上漲與豐年米貴問題的出現。

乾隆後期，長江中游三省又同時經歷了兩輪米價上漲。乾隆四十三年（1778），湖南遇旱，早稻收成六分有餘，中晚二禾收成七分有餘。「雖收成不及往年豐稔，新米入市，即為商販轉運出境，有去無來，糧價不無昂貴」。[108] 湖北省連遇夏旱秋澇，二麥收成八分，早稻收成五分，中晚二稻六分有餘。[109] 是年湖北米貴，各處紛紛招商買米。然而川東也因春夏災歉米貴，直到九月以後川西、川南米穀豐收，川米才源源東下。六月以來漢陽米價持

續高漲,至四十四年二月,漢陽米價達 2.65 兩 / 石。中游三省中,唯有江西省獲得了豐收,收成達九分。[110] 江西米價比湖南、湖北二省皆低,米穀大量運往鄰省及下游,使本省米價迅速上升,一度達到 2 兩 / 石。乾隆五十年(1785),四川、湖南、江西皆獲豐收。然而,湖北遭遇旱情更甚於四十三年,受災區域達 47 州縣;淮北及江寧、常州、鎮江等地旱情亦嚴重,收成歉薄。[111] 於是四川、湖南、江西米穀紛紛運往湖北、安徽等災地。[112] 大規模的糧食外運導致江西、湖南二省雖獲豐收米價亦高漲。

透過上述分析可知,米貴之緣由,主要不在於本地局部的春旱與歉收,而在於下游淮北、浙東、安徽、福建等省地米貴,大量糧食販運下游導致中游地區糧食供應緊張。[113] 乾隆時期長江中游地區出現的豐年米貴現象,反映了跨區域大宗糧食貿易的大發展,也是長江中游透過糧食貿易融入全國市場過程中呈現的一個明顯特徵。

三、乾隆前期清政府應對「豐年米貴」的政策調整

學界此前對乾隆米貴的研究主要集中於「乾隆十三年米貴」問題,然而,隨著更多糧價數據的系統整理,人們發現乾隆十三年(1748)的米價變動並不明顯。[114] 因此有學者指出,乾隆十三年(1748)發生的米貴問題討論的性質更像一個行政問題,而非經濟問題,[115] 相關政策的探討則多圍繞常平倉改革展開。筆者透過梳理文獻發現,自「豐年米貴」問題出現時起,清政府便開始了經濟政策的調整,而乾隆十三年(1748)對常平倉政策的檢討,是新一輪政策嘗試和調整的結果。下文便對這一調整過程進行探討。

(一)乾隆十三年以前:普免米豆稅銀

翻閱《清高宗實錄》中乾隆七、八兩年的記載,關於災歉、米貴的記錄非常密集。巫仁恕的研究發現:1561—1800 年間的米價變動與城市米糧暴動頻率變動呈現一致的變動趨勢,而 18 世紀的糧食暴動集中於乾隆前期。[116] 乾隆八年(1743),長江中下游及其他各處多發搶米事件,江西省情況尤為嚴重,「袁州一帶於二三月間,即有搶案一百六十餘起。南、吉、撫、饒各屬聞風傚尤,旋拿旋息,此息彼起,搶案不一而足」。[117] 除了搶米以外,

產米區還頻頻出現民間自發的遏糴、罷市等事件。豐年米貴以及多發的搶米等暴力事件，使清政府開始對米貴問題產生了以往不曾有過的注意與緊張，也促使乾隆帝思索米貴的原因，找尋平抑米價的手段。

首先提出的政策是普免米豆稅銀。乾隆七年（1742）四月，「將東省之韶關及西省之梧、潯等處，米船料稅豁免」。[118] 七月，將各關米麥豆稅銀悉行寬免。[119] 蠲免米稅並非乾隆時期初創，據鄧亦兵的研究，從順治開始，各朝已有間斷性的蠲免個別稅關米豆稅銀的政策。[120] 但是，乾隆七年（1742），將所有稅關米豆稅銀全部蠲免，卻是首度實行。施行普免米豆稅銀政策，旨在透過政府讓利的方式鼓勵糧食跨區域流通，讓市場機制發揮作用以促進各地米價的平衡。「免其輸稅，則百穀流通，糧價必減，民食可得充裕。恤商正所以惠民也」。[121]

那麼，這項政策是否達到了平抑米價效果呢？站在乾隆十三年（1748）這一時點看，免除稅關米麥豆稅已有七年。其間，除貴州價格相對穩定，廣東、廣西、甘肅略有下降之外，長江中下游等地仍然在平緩上升，平抑糧價的效果似乎並未達到。然而，普免米麥豆稅政策確實導致滸墅關等以糧稅為主的稅關收入出現明顯下降。乾隆十年（1745）三月戊戌，諭：「寬免各關米麥稅銀，所以紓商力而平糧價……近日以來，各省所報米糧過關之數，日見其多，而稅課交官之數，日見其少。即如臨清關，七年免過米麥稅一萬七千二百九十餘兩，八年即免過米麥稅四萬七千三百餘兩；淮安關，七年免過米豆稅十九萬三千四百餘兩。八年即免過米豆稅二十五萬六千八百餘兩；滸墅關，乾隆七年，一年免過米豆稅二十一萬二千餘兩，八年分四個月即免過米豆稅九萬六百九十餘兩。再臨清關，六年缺額八千四百餘兩，七年即缺額一萬五千二百六十餘兩；由閘，七年缺額一萬一百五十餘兩。其他關口，大率類此。夫年歲即有不齊，而每年過關米糧，其多寡之數，大約不甚懸殊。若果過關米豆遞年有加，則彼處米豆價即應大平。何以各督撫所奏糧價折中，又未有較往年大平之處」。[122]

從乾隆七年至十三年（1742—1748），米貴問題並未得以遏制，而普免米豆稅銀導致的弊病卻十分突出，這促使乾隆帝開始思考變更平抑糧價的手

段。乾隆十一年（1746）六月辛卯，諭：「朕思加惠商民，恩施特別，於乾隆七年四月內，特降諭旨，將各關向來例應徵收之米豆稅課，悉行蠲除。原因小民朝饔夕飧，惟穀是賴，免其輸稅，則百穀流通，糧價必減，民食可得充裕。恤商正所以惠民也。自免稅以後，各關所報過關之米，果日見較多於前，而價值並未平減，且反增加。朕細加咨訪，皆因商人唯利是圖，不知朕恩，並不肯因免稅之故，稍減價售賣與民。且過關之時，隱匿夾帶，種種偷漏。胥吏又乘勢為奸，刁蹬勒索，以致米價轉昂，百姓並未受益……是朕以國家之制賦，為無益之蠲除，轉不如照例徵收，使帑項有餘……」[123] 乾隆十三年（1748）十一月，停止米豆稅普免政策，各關恢復米豆稅銀的徵收。[124]

（二）乾隆十三年以後：停止常平倉擴張政策

清代前期，清政府一直致力於擴張常平倉儲量，乾隆初期尤其如此。[125] 乾隆三年（1738），重啟常平捐監事例，於常平倉額定穀數 2800 萬石外，增定穀數 3200 餘萬石。[126] 至乾隆八年（1743），常平倉已收捐穀 600 餘萬石。乾隆八年（1743）因豐年米貴，清政府一方面透過實施普免米豆稅銀來促進流通、平抑米價，另一方面對常平倉擴張政策也進行了調整。乾隆八年（1743）四月的上諭中，指出常平倉政導致米貴的兩個主要原因：

其一，常平倉定額以外，各省舉行納粟入監之例客觀減少了市面米穀通行量；

其二，眾多省份集中於產米地採買，共同抬高了產米地的米價。一言以蔽之，米貴「實係各省添補倉儲，爭先糴買之所致」。[127] 從乾隆八年開始，減去增定的常平倉額數 400 萬石，並暫停外省採買補倉及捐監收米之例。然而僅過一年，便又重新恢復了捐例及採買。[128] 此後各省常平倉仍在擴張，乾隆十三年（1748）全國常平倉穀額數已達 4800 餘萬石。[129]

乾隆十二年（1747）底，因蠲免米豆稅銀政策未達預期效果，乾隆帝再次轉向對常平倉政的關心，由此引發了皇帝與地方各省大員之間一場規格極高、持續近一年的大討論，最終形成當代學者所關注的「乾隆十三年米貴問題」。據清實錄，乾隆十三年（1748）正月至八月間，共 14 個省區、13 位督撫向皇帝奏報了個人關於米貴的看法，除對人口增長這一因素表示一致認

同外,皆將重點投注於對常平倉儲擴張以及官方採買的檢討。如湖南巡撫楊錫紱奏,「積貯當以足敷賑濟而止,不必過多」。湖北巡撫彭樹葵奏,「今欲價平,必酌減官買」。江西巡撫開泰奏,「特是辦理採買,略有不當,難保米價不昂」。兩廣總督策楞奏,「若不暫停採買,將豐年仍同歉歲,終無平減之時」。[130]

綜合各地督撫的「採買過多,米價益昂」之意見,乾隆帝改弦更張,正式停止了常平倉擴張政策。乾隆十三年(1748)七月辛丑,諭:「溯查康熙雍正年間,各省常平已有定額。朕以積貯為要,故準臣工奏請,以捐監穀石增入常平額。雖益倉儲,實礙民食。朕既知初意之失,不可不為改弦之圖。各省常平已有定額,直省常平貯穀之數,應悉準康熙雍正年間舊額。其加儲者,以次出糶,至原額而止。或鄰省原額不足,即就近撥運補足,所需運價,照例報銷。」[131] 乾隆十四年(1749)三月,議定倉儲定額穀3379萬餘石,較乾隆十三年額數減少1431萬餘石。[132] 當乾隆十七年(1752)再度發生米貴後,長江中游地區督撫向皇帝申訴米貴時,重點仍舊集中於對官方採買的檢討,強調民間自由流通的重要性。[133] 透過此次政策調整,可觀察到乾隆前期,政府雖實行積極乾預的經濟政策,但非常注重利用市場機制發揮作用,以達到穩定糧食市場的目的。

四、地區農業結構變化

在長江流域的糧食市場格局中,長江中游是重要糧食輸出區,米價上漲也促進了長江中游地區的農業經濟發展。乾隆前期,江廣地區為應對米貴問題,採用各種手段擴大糧食生產;加之長江下游地區經濟作物種植及手工業發展導致對商品糧的旺盛需求,[134] 共同推動了跨區域糧食貿易的進一步發展。反過來,糧食貿易的發展也推動了長江中游地區農業格局的變化。

其一,垸田開發。江漢平原、洞庭湖平原與鄱陽湖平原是長江中游地區重要的產米地。唐宋以來,圍墾堤垸逐漸成為湖區開發的主要形式。乾隆時期,湖區垸田開始急劇擴張,尤其是乾隆前期規模最盛,成為擴大糧食生產的重要手段之一。湖南省洞庭湖區,除華容、安鄉在明代已有開發外,其餘

地區的垸田大都是在清代前期的開發成果。[135] 以湖南湘陰縣為例，清代所築一百多處堤垸，絕大部分完成於乾隆前十數年間。[136]

其二，擴展雙季稻作、稻麥連作，提高土地複種率。在康熙時期，長江中游地區僅有個別地區實行雙季稻作，至乾隆時，雙季稻作幾乎覆蓋了江西全省。乾隆《會昌縣誌》載，「會邑三十年以前，田種翻稻者十之二，種麥者十之一，今則早稻之入不足以供口，於是有水之田至秋盡種翻稻」。[137] 湖北省的雙季稻作記載不多，但在乾隆中期，小麥種植迅速在江漢平原以及鄂東丘陵地帶普及，實現了稻麥連作制的推廣。[138]

其三，推廣雜糧種植。乾隆中期以來，玉米、甘薯種植在湖廣兩省迅速推廣，在湘鄂西、湘南山區甚至可替代稻穀，成為山民主食。[139] 乾隆前期的米貴對兩湖的雜糧推廣發揮了直接的促進作用。乾隆前期，玉米尚未成為湘鄂西、湘南山區的主要雜糧作物，但經歷乾隆前期的米貴事件以後，這一情形迅速被改變。乾隆十七年（1752），湖南按察使奏報：「至各屬上年米少價貴，是以今年民間多添種蕎麥、苞谷、雜糧之類。永順、辰沅及靖州等屬苗地，尤資雜糧餬口。今年所種亦較多於往年。」[140] 湖北省，據《房縣誌》載：「苞谷……自乾隆十七年大收，數歲山農恃以為命，家家種植。」[141] 乾隆十七年（1752）開始，湖北省常平倉新增了玉米這一品種。[142] 乾隆十九年（1754）二月湖廣總督開泰奏，在湖北通山縣、隨州、襄陽府、宜昌府及湖南澧州、常德等地購買二萬石玉米運往江南。[143] 這說明兩湖玉米種植已經頗具規模。雜糧的推廣以及主食替代等行為有助於緩解本地市場的米穀供求的緊張。

其四，菸草種植、加工業的發展。乾隆中期以來，蕃薯、玉米等雜糧在江西省贛南與贛東北山區也有所推廣，但種植規模遠不及湖南省。[144] 頗值得注意的是，贛南、贛東北山區的菸草種植加工業迅速發展。從清初開始，贛南山區已有部分地區種植菸草，乾隆以後種植面積繼續擴張。乾隆《贛州府志》載：「菸……贛屬邑遍植之，甚者改良田為蔫畲，致妨谷，收以獲利，閩賈爭挾貲覓取。」[145] 乾隆《廣信府志》載：「廣豐菸葉盛行於閩，或謂禁之，歲可增粟千萬。」[146] 乾隆時期，種菸區已經覆蓋整個贛南、贛東北

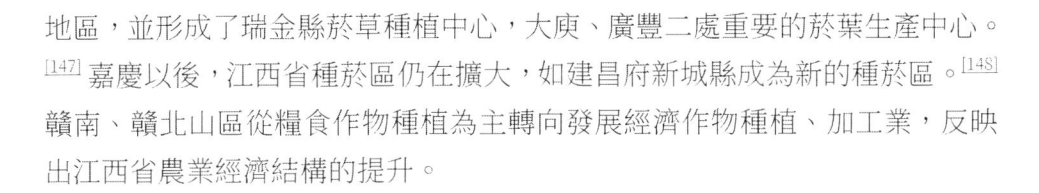

地區，並形成了瑞金縣菸草種植中心，大庾、廣豐二處重要的菸葉生產中心。[147] 嘉慶以後，江西省種菸區仍在擴大，如建昌府新城縣成為新的種菸區。[148] 贛南、贛北山區從糧食作物種植為主轉向發展經濟作物種植、加工業，反映出江西省農業經濟結構的提升。

五、結語

乾隆時期，長江中游的米價上漲往往發生於長江下游及東南諸省災歉米貴、本地糧食大量輸出的背景下，由此出現了「豐年米貴」的新現象。這一現象的產生，說明氣候、收成等因素以外，市場機制發揮著深層次的作用。因此，「豐年米貴」可視為18世紀跨區域糧食貿易迅速發展與全國糧食市場體系逐漸形成的一個重要表現特徵。

米貴直接影響民生，致使南方多地無論產米區還是缺米區均出現頻繁的搶米、遏糴等暴力事件，也促使清政府對其糧食政策進行調整：乾隆十三年（1748）前的調控手段以蠲免米豆稅銀為主，旨在促流通，實現跨區域米價平衡；乾隆十三年（1748）後轉向停止常平倉儲擴充政策，旨在減少行政干預，客觀增加糧食市場供給以平抑米價。這一政策變化說明乾隆時期，政府逐漸注重發揮市場的資源配置功能，透過結合行政手段、轉變方式來謀求糧食市場的穩定。

透過市場機制的作用，米價的上漲也引起長江中游地區的農業經濟格局出現重要變化：透過開發垸田，擴展雙季稻作、稻麥連作制，推廣雜糧種植等方法來擴大糧食生產，增加商品糧食供應量；江西贛南、贛北山區則由糧食作物種植轉向大力發展經濟作物種植、加工業，推動了產業升級。這些變化推動長江中游地區進一步融入全國糧食市場。乾隆中期，長江中游米價漲幅明顯放緩，而乾隆中後期，長江流域長距離米穀貿易進一步發展，達到鼎盛的規模。

中華人民共和國成立前後東北人才工作的展開

姜長青[149]

中國經濟史學的話語體系構建
國家政策與經濟發展專題

內容提要：中華人民共和國成立初期，中共中央做出東北經濟恢復發展先行一步的決策，並給予東北多方面的特殊政策。東北經濟恢復中大力加強人才隊伍建設，積極從關內招聘選調人才，發展教育培養人才，認真抓好科學研究；充分發揮工人階級的積極性和創造性；蘇聯專家中很大一部分安排在東北工作。人力資本要素對東北經濟恢復發展造成了重要作用。

關鍵詞：人才　招聘　蘇聯專家

人才是現代社會發展最重要的資源。在中共七大的政治報告中，毛澤東就指出：「為著建立新民主主義的國家，需要大批的人民的教育家和教師，人民的科學家、工程師、技師……和普通文化工作者。一切知識分子，只要是在為人民服務的工作中著有成績的，應受到尊重，把他們看作國家和社會的寶貴的財富。」[150]

一、東北經濟恢復工作中，技術人才隊伍的加強

東北是解放較早的地區，也是中華人民共和國成立前後重點建設的區域。新中國成立初期，東北延攬了大量的人才，這為東北的經濟恢復和發展造成了重要作用。恢復與發展工業生產，必須依靠科學技術，必須尊重知識，尊重人才。早在1948年6月，時任東北地區領導人的李富春在分析入城後面臨的困難時就指出，技術人員的流失將是恢復經濟中面臨的突出問題，「我們自己太土包子了，科學人才少，科學技術差」，[151]對於技術業務所知甚少，即令有些人過去是學技術的，但參加革命後當行政首長，結果以前學的技術丟了。

由於中國共產黨長期從事武裝鬥爭和農村工作，而管理城市和進行經濟建設的經驗和人才則嚴重缺乏。中國雖然人口眾多，然而有文化、懂技術的勞動力與技術人員則相對十分短缺，技術人員與勞動力的供求矛盾也很尖銳。建國初期，這個問題也嚴重困擾著中國，一方面，當時勞動力供給總量大大超過需求，另一方面，從供給結構來看，有文化和技術的勞動力又嚴重短缺，許多企事業單位招不到合適的職工。據統計，1949年平均每萬人中，僅有大學生2.2人，中學生23人，小學生50人；據1952年統計，在全中

國就業人口中,每萬人中有科技人員 7.4 人;每萬名職工中(尚不包括占就業人口 90% 以上的農民和個體經營勞動者)有科技人員 269 人。另據 1952 年全國幹部統計資料,在 247 萬多名幹部中,按文化程度分,大專以上文化者占 6.58%,高中文化者占 15.54%,初中文化者占 36.98%,小學文化者占 37.80%,文盲占 31%。以最大的鞍山鋼鐵企業為例,那裡的 70 名工程師中竟有 62 名是日本人,他們中有的在心理上仇視中國人,很難在經濟恢復中依靠他們。據中國有關統計資料,作為全國鋼鐵工業中心的東北,在日本人被遣送回國後,其技術人員占該行業人員總數的比例已經降至 0.24%。

中國共產黨各級組織透過多種方式為東北經濟恢復積聚人才,其中對教育工作的重視為工業生產的發展準備了高素質的人才和勞動力。「東北解放區的教育工作在土地改革基本完成的區域,不論數量或質量上均起了重大變化,廣大的翻身農民子弟在土改後紛紛入學」。[152]「另外,如東北大學、中國醫科大學、軍政大學及各地區、各部門設立之專門幹部學校、鐵路學校、藝術學校等亦有十餘處,學生達萬名以上。最近成立之東北科學院,專門招收科學、技術人才以應東北廣大建設部門之需」。[153]

1949 年 8 月,中共中央東北局常委林楓所作的《東北三年來的政府工作報告》指出:三年來,培養了大批的為人民服務的工農和新的知識分子幹部,東北行政委員會和各省都設立了行政幹部學校,各省各縣市共訓練了各種幹部約 11 萬人,這些幹部經過思想改造和實際鍛鍊以後,都有了很大的進步,其中有 183 名已被提拔為縣級幹部,8818 名被提拔為區級幹部。[154]

東北還從內地大量招聘人才。中華人民共和國成立前夕,東北人民政府就在《人民日報》等主要報刊上發佈招聘啟事,《東北人民政府招聘專家教授及工作人員簡章》中指出:「為適應東北經濟建設之需要,決定在京津招聘下列各種人員:(甲)各種專家教授,名額不限。(乙)專科以上及大學畢業生一千名(包括理化、工礦、財經、會計、統計、銀行、醫科、文科等。)」[155]當時關內的科技人員有 30 萬人左右,李富春指示東北工業部從關內招聘

中國經濟史學的話語體系構建
國家政策與經濟發展專題

科技人員到東北地區工作,1948 年 8 月 31 日,他給雍文濤寫信,提出 5 點優惠招聘條件:願來東北的專家,可照東北工薪提高 1/3(最高可達 1000 分);如有特別好的還可提高;冬衣費可以預支,有具體困難者,可全力幫助解決;家屬留關內者,可預支安家費,也可以匯款養家;工薪從動身來東北之日算起。只要是東北需要的專家、教授與科技人員,而思想又進步者,儘量吸收來。大學畢業生亦如此。[156] 此信經高崗、林楓等領導人簽字同意,作為東北局和東北人民政府決定的政策傳達貫徹下去。

東北局到全國招聘技術人員的工作得到中央的支持。新解放區的土改還在進行,暫時尚無法從事大規模的經濟建設,中共中央決定對東北給予特殊政策,從全國各地抽調科學技術人員,支援東北的經濟恢復與建設,進而創造條件,以東北為基地,支援全國的經濟建設。

根據中央指示精神,李富春決定讓武衡出任招聘團團長,去關內招聘科學技術人員。武衡帶領招聘團兵分四路,趕赴華北、華東、中南和西南,招聘有專長的人員。由於中央的支持,李富春的多方聯繫,華東局、華中局等各地領導都十分支持東北局招聘技術人員的工作,招聘團只用三四個月的時間就完成了任務,招聘到四千多名各方面的技術人員,其中既有科技人員,也有醫務人員和財務人員。他們到達東北後,大多被分配到各主要廠礦和高等院校。這四千多人對東北工礦的恢復和發展,對東北教育的開創和教育水平的提高做出了重要貢獻。就像武衡所說,這些愛國的知識分子就像當年奔赴革命聖地延安一樣,不畏東北氣候的寒冷、環境的艱苦,毅然離開繁華的城市、熟悉的家鄉,拋棄優裕的生活,投身到建設東北的洪流中。他們胼手胝足,夜以繼日地工作,比較迅速地解決了東北工業、農業、鐵路交通運輸以及醫藥衛生方面的各種技術問題,很快把經濟恢復起來了。

在派武衡到全國招聘技術人員時,李富春進一步指示,要結合東北經濟建設的需要招聘人才,並根據東北優先發展重工業而礦產資源的地質情況仍不清楚這一問題,專門要求武衡組織北平和南京的地質學家到東北參加地質礦產的調查勘探工作。隨後,李富春派武衡到關內聘請了約佔全國一半的地質專家到東北從事地質勘探工作。經過反覆磋商,組織了一支包括專家、學

生、工人在內的八百餘人的東北地質礦產調查隊。從 1950 年 4 月開始，他們進行了中國有史以來第一次有計劃、有組織的大規模地質礦產調查工作。歷時半年，對東北十多個煤、鐵、有色金屬及非金屬礦區進行了調查、勘察和測量。他們的研究成果，對東北的礦產開發、工業建設做出了巨大貢獻。他們當時撰寫的論文和工作報告，直到現在仍是東北工礦企業制定發展戰略時的重要參考文獻。

對一些行業發展所需人才，還透過組織抽調到東北幫助恢復生產。全國鋼鐵會議於 1949 年 12 月 16 日至 25 日召開，出席的有東北、華北、華中南、華東、西北各大行政區的有關負責人和專家。12 月 25 日，陳雲在會議上作總結講話，指出：現在國家財政困難，下決心在東北建設鋼鐵工業，這是國家大事，各地區要克服本位打算，動員專家去東北。東北方面對各地送去的人要妥善安排。技術人員是實現國家工業化不可缺少的力量，是我們的「國寶」，對他們要採取信任態度，在物質上也應有必要的保證。技術人員要正確對待物質待遇和地位問題，高高興興地去東北從事新的經濟建設工作。[157] 最後會議指出：「全國鋼鐵技術幹部非常缺乏，僅占鋼鐵業職工總人數的 0.71%，其中華北占其職工總數的 2%，太原占 2%，華東占 4.6%，華中南占 3.5%，而東北為恢復鋼鐵生產的重點，技術幹部卻最為缺乏，僅占其職工總數的 0.2%。因此會議決定從華北、華東、華中南地區抽調大批技術人員赴東北工作。」[158] 抽調技術人員去東北工作，對於東北地區鋼鐵工業的恢復發展發揮了非常重要的作用。

據《鞍鋼志》記載：「為了加強鞍鋼修復和建設的領導，黨和國家從 1949 年下半年起，陸續從東北、華北、華東調來 500 多名縣地級以上領導幹部支援鞍鋼；又從中南、華東招聘了 500 多名具有較高文化、專業知識的工程技術人員和管理人員。根據中蘇政府協議，幫助鞍鋼建設的蘇聯專家也陸續來到鞍鋼。」[159]

1950 年 3 月，毛澤東在瀋陽召開的東北高級幹部會議上指出：「東北是全國的工業基地，希望你們搞好這個工業基地，給全國出機器，給全國出專家。我們現在從關內搞一批知識分子來，以使將來給全國訓練專家。」[160] 4

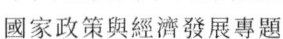

月14日，陳雲同薄一波致電毛澤東並中共中央，作關於全國鋼鐵、有色金屬、電機、化工、機器會議和重工業部第一季度工作的綜合報告，指出：鋼鐵會議確定，目前建設中心為東北，其次為華北。今年工作的重點是增加軋鋼和冶煉設備，從關內商調技術幹部。其他會議也都確定恢復和建設的重點在東北，並注意解決一部分人對此思想不通的問題。該月16日，中共中央轉發了這個報告。[161]

1952年4月，陳雲為中財委起草致各大區財委（計委）、中央各工業部中共黨組並報毛澤東、周恩來電，指出：鞍鋼改建的初步設計規定改建完成期限為7年，蘇聯已允按期供應鞍鋼的全部重要裝備和援助施工安裝，目前的關鍵在於我們能否調集足夠的幹部和技術員工適應改建工作的需要。集中全國力量首先完成鞍鋼的改建，是中國工業化的首要步驟。為此，除由東北自行配備者外，決定從全國各地和工業部門抽調技術人員到鞍鋼去，限於5月份調齊。[162] 根據毛澤東的批示，全國各地選派了大批有經驗的幹部到鞍鋼工作，有力地加強了鞍鋼生產建設的領導。東北老工業基地的每一歷史性進步都同發揮人才作用密切相關。新中國成立初期，國家從全國各地選派了一大批領導幹部、工程技術人員和大學畢業生，與東北的廣大建設者一道，為東北經濟恢復做出了歷史性貢獻。

二、抓好科學研究工作　培養科技人才

科學研究機構是知識分子和人才活動的主要人被遣送回國後場所，也是科技發展和人才建設的搖籃。東北地區原有的科學研究機構在日方人員被陸續遣送回國後受到嚴重損害，在解放戰爭期間又受到嚴重的破壞，幾個大的研究機構已喪失原來的作用。1949年夏天，為了使科學技術在恢復經濟中發揮更大作用，李富春提出在偽滿「大陸科學院」原址上，建立東北工業研究所（後更名為東北科學研究所），以解決東北工農業恢復和發展中的技術問題。

此外，李富春還十分關心科技工作，親自選派幹部去抓科學研究單位。經過反覆比較挑選，李富春通知中共黑龍江省委，調當時擔任省工業廳廳長、曾在清華大學地學系學習過的武衡去執掌東北工業研究所。1949年7月，武

衡接到東北局的調令。他回憶當時的情景時說：「我開始有點猶豫，一是由於我搞工業已多少摸到一點門路，不願驟然調離；二是由於在延安時期，對科學工作經常有爭論，我不想再繼續捲入爭論的漩渦。當我申述了個人『理由』之後，省委的同志說，這是富春同志決定的，而且非常堅決，我們本來也提出意見，但都被否決了。組織上既然已經決定，我便服從了。」李富春還明確指示武衡，科學技術要為經濟建設服務，囑他先到鞍山、撫順、本溪等大廠礦看看，再去研究所工作。

武衡到任後確定工作重點：（1）到關內招聘科學技術幹部，或請關內有關大學和研究單位派人到東北工作，為東北培養幹部；（2）向關內廣為收集、購買圖書資料、儀器設備、化學試劑等；（3）組織已有的科學技術人員，到東北各廠礦企業參觀、學習，瞭解他們需要解決的技術問題；（4）繼續修繕房舍，修復儀器設備等。

1949年8月1日，中共中央東北局、東北行政委員會發佈《關於整頓高等教育的決定》，指定東北工業研究所為全東北高級科學研究機關。9月，東北工業部規定該所任務是：「配合（東北）各工廠建設，進行資源的調查研究；培養科學技術研究幹部；檢驗各工廠產品的質量，聯係指導各工廠的技術研究工作；介紹蘇聯科學上的成就與先進經驗。」在當時百業待興的形勢下，東北工業研究所擔負了艱巨的任務。

為了支持東北工業經濟的恢復與發展，東北工業研究所的研究工作採取了從東北工農業的恢復工作中找研究課題的方法和道路，提出科學研究要為經濟建設服務，並且積極組織科學研究人員到各廠礦開展調查，以期對東北工業現狀和存在的有關問題進行全面瞭解，並立足於工業生產中急需解決的科學技術問題，確定研究項目。在此基礎上，他們對科學研究做出年度計劃。這種研究思路，使科學研究直接服務於經濟建設和工業發展，針對性和實踐性特別強，對於東北經濟的恢復和發展發揮了積極作用。

三、工人階級積極主動性的發揮

工人階級是東北工業恢復和建設的主力軍，他們中間有著各式各樣的人才。東北的全面解放，使得在過去壓抑已久的工人愛國熱忱得以充分的釋放。工作中他們視廠如家，積極奉獻、積極發明創造，促進了東北工業的恢復和建設。在東北工業恢復和發展的過程中，廣大工人創造性地做出了自己的貢獻，湧現出來一批傑出的工人階級的優秀代表。

1. 開展獻器材、修設備的群眾運動

由於東北大多廠礦百廢待興，廠礦設備毀壞、散失嚴重，為了盡快開工生產，東北的工人們自發地開展了獻納器材的運動。孟泰是鞍鋼的老工人，他以自己的主人翁精神和愛廠如家的實際行動為鞍鋼的工人們開了個好頭。他將撿到的千種材料、萬種零件儲存在「孟泰倉庫」裡，供恢復生產使用。在不到一個月的時間裡，鞍鋼的工人、技術人員就獻出各種設備和器材 21 萬多件。本鋼在獻納器材的運動中，幾千員工獻納出的各種器材約值十多億元東北幣。同時，各個廠礦的職工又將散失的各種設備收集起來，加以修理，加快了各個廠礦的復工速度。

2. 開展創造新紀錄和合理化建議運動

東北工業恢復工作正式啟動後，緊接著又開展了創造新紀錄和合理化建議的運動。1949 年 10 月，東北工業部就開展群眾性創造生產新紀錄運動作出一個《決定》，指出創造新紀錄運動的重大政治意義。東北第三機器廠勞動模範趙國有首先挑起了東北工礦業的生產大競賽，到 1950 年 10 月下旬，參加這一競賽的廠礦已有數百個之多。生產競賽在東北地區開展後不久，齊齊哈爾第二機床廠的工人們就將這一運動推向全國範圍：「1951 年 1 月 17 日，馬恆昌小組向全國職工發出的開展愛國主義勞動競賽的倡議，在《工人日報》上刊登出來。這個倡議在全國工人中引起了巨大的反響，從首都到邊疆，從大城市到縣城，全國共有 1.8 萬多個班組響應，愛國主義勞動競賽蓬蓬勃勃地開展起來了。」

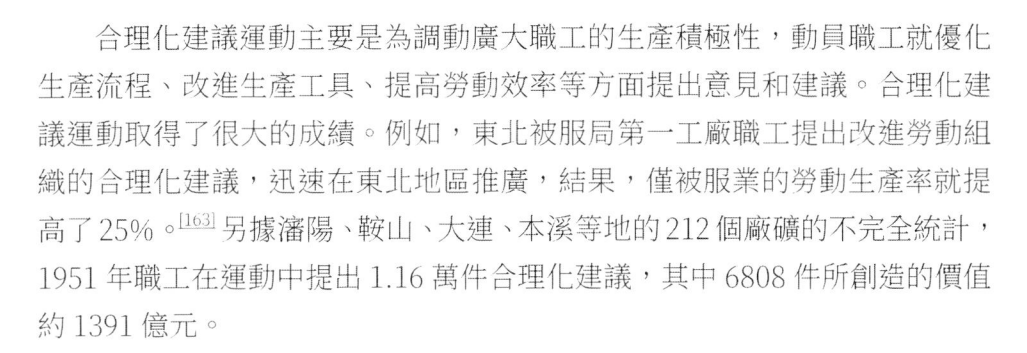

合理化建議運動主要是為調動廣大職工的生產積極性，動員職工就優化生產流程、改進生產工具、提高勞動效率等方面提出意見和建議。合理化建議運動取得了很大的成績。例如，東北被服局第一工廠職工提出改進勞動組織的合理化建議，迅速在東北地區推廣，結果，僅被服業的勞動生產率就提高了 25%。[163] 另據瀋陽、鞍山、大連、本溪等地的 212 個廠礦的不完全統計，1951 年職工在運動中提出 1.16 萬件合理化建議，其中 6808 件所創造的價值約 1391 億元。

3. 開展技術革新運動

中國舊工業基礎落後，工人的技術水平和文化水平都整體偏低，因此，加強工人的技術、文化及基本科學知識的學習是持久廣泛地開展技術革新運動不可缺少的條件。早在 1949 年 12 月，陳雲就指出：「要建設好我們的國家，提高廣大人民的生活水平，需要發展工業，這就需要技術。我們有勇敢戰鬥的精神，這很好，但還不夠，還要掌握科學技術，並且發揚中國的優秀文化。」[164] 技術革新就是生產設備、生產工具、技術過程、技術標準、操作方法以及勞動條件等方面的改進與提高。第二次世界大戰後，世界各國的經濟紛紛轉向以技術革新為主的擴大再生產，工業發達國家如日本、美國、德國、英國等都是如此。日本戰後的經濟恢復和經濟發展主要走的是技術革新道路。他們積極引進國外先進技術，結合實際加以消化吸收和創新，再利用新技術來發展工業，以技術革新實現其經濟的騰飛。早在 1952 年 9 月，鞍鋼小型軋鋼廠的張明山就在黨的領導和支持下，在蘇聯專家和許多同志的協助下創造了「反圍盤」。從此，鞍鋼以技術革新為主要內容的勞動競賽迅速開展起來，湧現出了王崇倫、黃德茂等一批先進人物。至 1954 年 4 月，有 1.7 萬多名職工提出合理化建議 3.86 萬多件，被採納的有 2.2 萬多件，其中運用到生產中去的有 1.3 萬多件。

這些技術革新提高了勞動生產率和產品質量，降低了生產成本，保證了國家計劃的完成和超額完成。「技術革新的目的就是要不斷提高勞動生產率，來保證全面完成並爭取超額完成國家計劃」。在技術革新運動中，廣大工人增強了科學意識，也提高了學科學、用科學的熱情。

四、蘇聯專家的幫助加速東北經濟恢復

新中國成立初期，外交上實行一邊倒的政策，倒向了社會主義陣營一邊。中華人民共和國與蘇維埃社會主義共和國聯盟（蘇聯）於1950年2月14日簽定了有效期為30年的《中蘇友好同盟互助條約》，這對於鞏固中蘇友好關係、加強社會主義陣營力量等都有著重要意義。而此時蘇聯經過幾個五年計劃的建設，工業較為發達，有相對成熟的發展現代工業的人才和技術。新中國成立初期，中國和蘇聯的特殊友好關係也使得得到蘇聯人力和技術等幫助成為可能。作為當時國家重點建設的地區，東北經濟恢復和發展，還需要外國專家特別是蘇聯專家的幫助。

1949年1月10日，陳雲覆電高崗指出：中國一向缺少五金方面的專家，據說翁文灝曾將全國2/3的鋼鐵專家集中在鞍山，但他們僅在國外實習過，並無實際經驗。留在鞍山的日本技師技術上既不精，政治上也不忠。因此，需要盡快聘請蘇聯專家前來。否則，不僅鞍山、本溪難以全面復工，而且究竟需要從國外訂購製作哪些設備都開不出清單。[165]

中國黨和政府對引進蘇聯專家進行了緊鑼密鼓的準備工作。1949年8月10日，中共中央致電劉少奇、王稼祥：同意關於蘇聯專家到中國工作的待遇條件協定全文，望即照此簽字。8月26日，劉少奇電告中共中央：與來華蘇聯專家的負責人柯瓦廖夫及蘇聯專家220人，已於25日抵瀋陽，擬於27日開歡迎會，於28日與柯及高級專家30人一道去北平。[166]8月28日，劉少奇在東北局幹部會議上的講話中強調，在國內，只要第三次世界大戰不爆發，我們的任務就一直是經濟建設，使中國工業化。建設國家就要有一套知識。蘇聯專家來，給了我們學習的好條件，但還要靠自己努力學習得快一些。如果沒有學好，不管工作職位高低，就要調動、撤職。[167]

1949年9月3日，劉少奇在北平召開的中共高級幹部會議上作關於中蘇關係的報告，指出全黨現在的任務就是集中全力恢復和發展國民經濟，這是中國人民的最高利益，需要蘇聯在這方面的幫助。蘇聯要派大批專家來，中國的同志要同他們搞好關係。要善於向他們學習，保證用最快的速度、最好的標準學習好。[168]

1950 年 3 月 2 日，毛澤東和周恩來看望了在瀋陽工作的蘇聯專家，聽取他們對經濟建設的意見和建議。3 月 3 日，周恩來在東北局幹部會議上講話，先是介紹了毛澤東訪蘇的情況，並說明李富春領導的代表團還在莫斯科繼續談判經濟問題，主要是貿易、經濟合作和聘請蘇聯專家問題；接著肯定了先解放的東北在支援全國解放戰爭中和在本地區經濟恢復工作中的成績；最後指出：這次蘇聯給中國貸款的絕大部分，中央給了東北，這是「因為東北經濟建設的發展，對於全國影響是很大的，有局部然後才能有全國」。[169]

工作中，中央要求多方徵求蘇聯專家的意見，多溝通，以便更好地發揮蘇聯專家的作用。1950 年 6 月 4 日，周恩來致函陳雲：今後凡有蘇聯專家工作的機關、企業的負責人，務必將本機關、企業的生產業務計劃扼要地告訴蘇聯專家，還要指定專人經常找蘇聯專家面談，並與他們密切聯繫，藉以更好地發揮專家們的作用。[170]

1950 年，中蘇兩國簽訂了由蘇聯援助中國建設和改造 50 個大型企業的協定（後來逐步增加到 156 項），鞍鋼列於榜首。1951 年 12 月 3 日，李富春給周恩來和毛澤東寫報告，請求動員全國有關方面的力量幫助鞍鋼建設「三大工程」。毛澤東於 17 日親筆批示：「完全同意，應大力組織實行。」1952 年 2 月 26 日，被稱為新中國工業建設史上「三大工程」的鞍鋼無縫鋼管廠、大型軋鋼廠和 7 號高爐正式開工。

對於以鞍鋼為代表的東北地區工業建設所取得的成就，黨和國家的領導人是高興的。1952 年 12 月 14 日，毛澤東覆信鞍山鋼鐵公司煉鋼廠全體職工：「我很高興地讀了你們十二月二日的來信。祝賀你們在平爐煉鋼生產上的最新成就。你們以高度的勞動熱情和創造精神，在蘇聯專家的幫助之下，創造了超過資本主義各國水平的煉鋼時間和爐底面積利用係數的新紀錄。這不僅是你們的光榮，而且是中國工業化道路上的一件大事。希望你們繼續努力，為完成一九五三年度煉好優質鋼的新任務而奮鬥。」[171]1953 年 12 月 21 日，周恩來為祝賀鞍鋼「三大工程」提前開工題詞：「大型軋鋼廠、無縫鋼管廠、七號煉鐵爐的開工生產，是中國社會主義工業化建設中的重大勝利。祝賀鞍

鋼職工同志們這一偉大的成就。希望你們在毛主席的教導下，繼續學習蘇聯的先進經驗，為實現社會主義工業化貢獻出更大的力量。」[172]

鞍鋼職工經過艱苦的努力，終於戰勝了重重困難，「三大工程」於1953年底全部建成投產。「三大工程」的建成投產，大大增強了以鞍鋼為中心的東北鋼鐵基地的實力，是新中國社會主義工業化起步的一個重要標誌。如1953年，鞍鋼完成了國家計劃的113.55%，完成增產節約計劃的105.1%，完成勞動生產率計劃的114.4%，比1952年提高了24%。[173]

中華人民共和國成立初期，東北經濟恢復發展的實踐充分證明：人才資源是第一資源，人力資本是第一資本。今天，我們在振興東北老工業基地的過程中，要充分發揮和重視人才和人力資本的作用，把引進人才和留住人才作為振興東北老工業基地的一項重要工作來抓。

財政與貨幣史專題

金宣宗貞祐年間貨幣政策大討論探微

王雷 [174] 趙少軍 [175]

內容提要：金宣宗貞祐年間，金朝政府在內憂外患，面臨經濟、軍事、政治等方面巨大壓力的背景下，圍繞財政開支與嚴重的通貨膨脹問題，進行了一次轟轟烈烈的大討論。討論分為三個階段完成：

第一階段，從貞祐三年七月改交鈔名為貞祐寶券到貞祐四年八月宣宗詔集百官討論之前，為零散討論階段；

第二階段，從宣宗詔集百官討論到討論結束，為集中討論階段；

第三階段，討論結束以後至興定元年二月，為實施討論結果階段。

這次討論的核心議題是實施何種貨幣政策，即以什麼樣的政策保障財政收支平衡。根據主張的不同，這次討論分為更造派和徵斂派兩大主流陣營。無論是更造派還是徵斂派，透過這次貨幣政策的大討論，對金末的貨幣政策的走向，乃至於對宣宗末年的政治都產生了深遠的影響。

關鍵詞：金代　貨幣政策　大討論　背景　主張　政策走向

金宣宗貞祐年間，金朝政府圍繞財政開支與嚴重的通貨膨脹問題，進行了一次轟轟烈烈的大討論。這次討論是一次思想火花的大碰撞，形成更造派和徵斂派兩大陣營，奠定了貞祐四年（1216）以後金代的貨幣政策走向，對於金代末期的貨幣政策走向，乃至於對宣宗末年的政治都產生了深遠的影響。

《金史·食貨志》對這次討論集中擇要記載，當今學術界已有多位學者意識到這次討論的重要史料價值，並予以探討。筆者結合相關文獻記載和學界已有研究成果，擬對這一事件的背景和發生過程進行梳理，並從貞祐四年以後貨幣政策走向的角度重新審視這一事件。不足之處，敬請方家指正。

一、政策背景及其必要性

這次討論是在宣宗貞祐年間內憂外患的大背景下提出的,其時金政權面臨著經濟、軍事、政治等方面的壓力,其中,經濟和軍事方面的壓力是顯見的,政治方面的壓力則是隱形的。

(一) 經濟壓力

在金朝國內,由於嚴重的通貨膨脹和財政收支的銳減,龐大的軍費開支給金朝政府帶來了極大的經濟壓力。

金末的嚴重通貨膨脹問題,可追溯到章宗時期的廢除七年厘革之制和施行交鈔不限分路流通政策,在此之前,為對交鈔的流通和發行環節進行控制,金朝規定交鈔「與錢並行,以七年為限,納舊易新」,[176]並推行黃河以南用鈔,黃河以北用錢的幣制政策。[177]直到章宗繼位以後,「遂罷七年厘革之限,交鈔字昏方換」。[178]取消厘革之限後,「交鈔字昏方換」,實現了從有限期流通到無限期流通。同時,也逐步放開交鈔的流通區域,「聖旨印造逐路交鈔,於某處庫納錢換鈔,更許於某處庫納鈔換錢,官私同見錢流轉」。[179]雖然流通收換仍有地域之別,[180]交鈔已經可於諸路流通,金朝國內市場更加統一,實現了從區域小範圍流通到境內大範圍流通的轉變。

廢除七年厘革之制和施行交鈔不限分路流通政策,在國力強盛、國家信用良好的章宗朝前中期,其取信於商民和促進貨幣流通等優勢比較明顯,且被認為在中國紙幣發展史上具有劃時代意義,得到學界的高度評價。[181]但章宗後期,國力由盛轉衰,政策弊端開始顯現,憑藉國家信用充當信用貨幣的交鈔逐步成為金朝政府解決財政危機的工具,透過透支國家信用、增發交鈔獲利,造成了交鈔持續貶值,為惡性通貨膨脹的出現以及金末貨幣政策的大討論埋下了伏筆。

由於交鈔完全憑藉國家信用充當信用貨幣,七年厘革之制廢除之後,交鈔的流通和發行,逐漸變得不可控,尤其是金朝政府為瞭解決財政危機,「收斂無術」,不斷增發交鈔的發行量,「出多入少,民浸輕之」,其後「其法屢更,而不能革」,[182]政策的弊端開始凸顯。金朝政府在貨幣發行上失去

了限制，造成通貨膨脹，交鈔貶值，經濟凋敝的嚴重後果。[183] 大量印發的交鈔不斷透支國家信用，造成交鈔持續貶值，為之後惡性通貨膨脹埋下伏筆，而交鈔流通區域的放開，造成通貨膨脹的蔓延不再受制於地域的限制。

從泰和二年（1202）開始，在國家經費支出的壓力下，金朝政府拋開之前嚴控交鈔發行量的政策，轉而「專以交鈔愚百姓」，交鈔徹底淪為金朝政府謀取利益的工具。「自是而後，國虛民貧，經用不足，專以交鈔愚百姓，而法又不常，世宗之業衰焉」。[184] 到宣宗貞祐四年（1216）更造新券之前，金朝政府先後實施了「收毀大鈔，行小鈔」[185]、頒行「限錢法」（章宗泰和七年至宣宗貞祐三年間先後三次頒行）[186]、更改鈔名（改名為貞祐寶券）[187] 等措施，不斷加強交鈔的發行和流通，其結果雖然迫使銅錢從金代貨幣流通領域中徹底退出，建立起以交鈔為本位的貨幣體系，但是，交鈔大量超發引起了貨幣流通市場的反彈和抵制，出現了「壅滯」「滯塞」的局面。

這一時期，南宋斷絕歲幣更使得金朝政府的財政雪上加霜，打開經濟上的困局成為嚴重困擾金朝政府的問題。金滅遼後，南宋原向遼朝交納的歲幣改為向金朝交納，金熙宗皇統二年（1142）二月，「辛卯，宋使曹勛來許歲幣銀、絹二十五萬兩、匹，畫淮為界，世世子孫，永守誓言」。[188] 自此以後直到宣宗南渡，近百年間，雖略有損益，但宋朝向金朝納歲幣的格局基本未有大的改變，豐厚的歲幣也成為金朝財政收入的穩定來源。金朝迫於蒙古的軍事壓力南渡後，這一格局發生了改變，按《宋史·蔡幼學傳》記載：

先是，朝廷既遣歲幣入金境，適值其有難，不果納，則遽以兵叩邊索之。中外洶洶，皆言當亟與。幼學請對，言：「玉帛之使未還，而侵軼之師奄至，且肆其侮慢，形之文辭。天怒人憤，可不伸大義以破其謀乎！」於是朝論奮然，始詔與金絕。[189]

以上材料表明，宋廷遣使入金境納歲幣，「適值其有難，不果納」，在金朝索要歲幣過程中，南宋「朝論奮然」。宋朝大臣賈涉更是提出：「金人所乏惟財與糧，若舉數年歲幣還之，是以肉啖餒虎，啖盡將反噬。」[190] 最終，「詔與金絕」。面對南宋遲遲不納歲幣的行為，財政緊張的金國首先行動了，寧宗嘉定七年（1214）三月，「庚辰，金國來督二年歲幣」。[191] 對此，宋

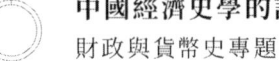

朝的反應則是：寧宗嘉定七年秋七月，「庚寅，以起居舍人真德秀奏，罷金國歲幣」。[192]

按《宋史》載，「季世金人乍和乍戰，戰則軍需浩繁，和則歲幣重大，國用常苦不繼」。[193] 對於南宋一方，由於要交納的歲幣數目重大，「以十年計之，其費無慮數千億」，[194] 以至於造成國用不繼局面，對國家的財政收入帶來了嚴重的影響；而不納歲幣，則大大緩解了本國的財政壓力。但對於金朝而言，失去了這一穩定的財政收入來源，經濟狀況無異於雪上加霜。

（二）軍事壓力

金宣宗時期，蒙金之間戰爭的天平已向蒙古一方傾斜，彼時在蒙古的蠶食之下，金朝統治範圍日益縮小。金宣宗貞祐元年（蒙古成吉思汗八年，1213），蒙古軍第三次攻金，先後奪取居庸關、襲破紫荊關、圍攻中都，山東、河北郡縣悉被其占領，對金朝造成了巨大的軍事壓力，迫使宣宗向元太祖鐵木真遣使求和，「奉衛紹王女岐國公主及金帛、童男女五百、馬三千以獻，仍遣其丞相完顏福興送帝出居庸」，[195] 才換來了成吉思汗的撤兵。

在蒙古的軍事重壓之下，貞祐二年（蒙古成吉思汗九年，1214）五月乙亥，宣宗害怕蒙古軍再圍國都中都，「決意南遷，詔告國內……壬午，車駕發中都」，[196] 正式遷都南京（開封），從此以後，直至滅亡，金朝偏安於一隅，在蒙宋雙重軍事壓力之下苟延殘喘。貞祐三年（蒙古成吉思汗十年，1215），蒙古軍攻破中都城，[197] 並攻掠河北、山東等地。蒙金之間的戰爭，消耗了金朝軍隊大量精銳兵力，破壞了金朝的經濟生產活動，同時還掠奪了大量的財物，金朝的經濟狀況由此進一步惡化，財政收入緊張的狀況進一步凸顯。

金宋和議以後，雙方畫淮為界，相持近百年，直到宣宗南渡，這一戰略平衡才被打破。《金史》記載，

初，宋人於國朝君之、伯之、叔之，納歲幣將百年。南渡以後，宋以我為不足慮，絕不往來。故宣宗南伐，士馬折耗十不一存，雖攻陷淮上數州，徒使驕將悍卒恣其殺虜、飽其私慾而已。[198]

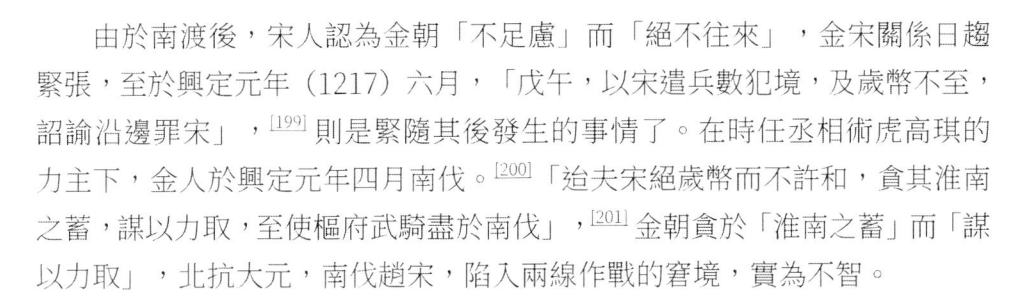

由於南渡後，宋人認為金朝「不足慮」而「絕不往來」，金宋關係日趨緊張，至於興定元年（1217）六月，「戊午，以宋遣兵數犯境，及歲幣不至，詔諭沿邊罪宋」，[199] 則是緊隨其後發生的事情了。在時任丞相術虎高琪的力主下，金人於興定元年四月南伐。[200]「迨夫宋絕歲幣而不許和，貪其淮南之蓄，謀以力取，至使樞府武騎盡於南伐」，[201] 金朝貪於「淮南之蓄」而「謀以力取」，北抗大元，南伐趙宋，陷入兩線作戰的窘境，實為不智。

（三）政治壓力

這一時期，金朝統治集團內部也面臨著胡沙虎、術虎高琪先後專權和宰執更換頻繁導致的施政政策不穩定所帶來的巨大政治壓力。

章宗末年，金朝由盛轉衰，至衛紹王時，「政亂於內，兵敗於外，其滅亡已有征矣」。[202] 至寧元年（1213）八月，叛臣胡沙虎「以兵入宮，盡逐衛士，代以其黨，自稱監國都元帥。癸巳，逼上出宮。以素車載至故邸，以武衛軍二百人錮守之」。後「使宦者李思中害上於邸」。[203]「至寧元年八月，衛紹王被弒，『身弒國蹙』之後，徒單鎰等迎（宣宗珣）於彰德府。既至京，親王、百官上表勸進」。宣宗就是在這種背景下被迎立為皇帝的，即位當月，「以紇石烈胡沙虎為太師、尚書令兼都元帥，封澤王」；「丙午，以駙馬雄名第賜胡沙虎」；「壬戌，授胡沙虎中都路和魯忽土世襲猛安」。[204] 而弒上的胡沙虎此時已經表現出專權跋扈的跡象，「戊申，御仁政殿視朝。賜胡沙虎坐，胡沙虎不辭」。[205] 其後，高琪「本無勛望，向以畏死擅殺胡沙虎，計出於無聊耳。妒賢能，樹黨與，竊弄威權，自作威福」，[206]「高琪自為宰相，專固權寵，擅作威福，與高汝礪相唱和。高琪主機務，高汝礪掌利權，附己者用，不附己者斥」。[207] 宣宗入承大統之後，胡沙虎、高琪相繼專權，對宣宗朝初期政治環境的破壞是巨大的。《金史》雲：「金自胡沙虎、高琪用事，風俗一變，朝廷矯寬厚之政，好為苛察，然為之不果，反成姑息。」[208]

這一時期，金朝的宰執職務變動頻繁，據不完全統計，自貞祐元年（1213）九月宣宗即位至貞祐四年（1216）十二月出現貨幣政策大討論，短短3年多的時間，大臣中有28人次的宰執職務發生變動（包括晉職、兼職、封爵、外放、罷免、死亡等），既有外官入京轉為宰執的情況，如橫海軍節

度使承暉、知大興府事胥鼎等；也有外系統的官員轉為宰執的情況，如御史中丞李㲋魯德裕、御史大夫僕散端、太常卿侯摯等。筆者據《金史·宣宗珣紀上》繪製了表1。

表1 金宣宗即位至貞祐四年底宰執職務變動情況統計表[209]

時間	月份	姓名	舊職務	新職務
貞祐元年	九月	胡沙虎		太師、尚書令兼都元帥，封澤王①
	九月	徒單鎰	尚書右丞相	進左丞相，封廣平郡王②
	十一月	完顏承暉	橫海軍節度使	為尚書右丞（都元帥定國公）
	十一月	耿端義	翰林侍講學士兼戶部侍郎③	為參知政事
	十二月	徒單公弼	平章政事	進尚書右丞相
	十二月	完顏承暉	尚書右丞	進都元帥兼平章政事
	十二月	朮虎高琪	左副元帥	進平章政事兼前職
貞祐二年	四月	胥鼎	知大興府事	為尚書右丞
	四月	完顏承暉	都元帥	為右丞相
	四月	徒單鎰	左丞相 監修國史廣平郡王	薨
	五月	完顏承暉	右丞相	加金紫光祿大夫，封定國公④
	五月	抹撚盡忠	尚書左丞	加崇進，封申國公
	六月	高汝礪	按察轉運使	為參知政事
	十月	抹撚盡忠	左副元帥兼尚書左丞	進平章政事⑤
	十月	李㲋魯德裕	御史中丞	為參知政事兼簽樞密院事⑥
	十一月	僕散端	御史大夫	為尚書左丞相
貞祐三年	八月	侯摯	太常卿	為參知政事
	十月	烏古論德升	翰林侍讀學士權參知政事	出為集慶軍節度使兼亳州管內觀察使
	十月	徒單思忠	御史中丞	為參知政事
	十月	僕散端	尚書左丞相	兼都元帥，行尚書省於陝西

②《金史·宣宗本紀上》記載，貞祐元年閏九月，「授尚書左丞相徒單鎰中都路迭魯猛安」。參見《金史》卷14《宣宗本紀上》，中華書局，1975年，第302頁。

③《金史·耿端義傳》記載：「宣宗即位，召見，訪問時事，遷翰林侍講學士兼戶部侍郎，未幾，拜參知政事。」參見《金史》卷 101《耿端義傳》，中華書局，1975 年，第 2234 頁。

④《金史·宣宗本紀上》記載，貞祐三年，「五月庚申，招撫山西軍民，仍降詔諭之。是日，中都破，尚書右丞相兼都元帥定國公承暉死之」。參見《金史》卷 14《宣宗本紀上》，中華書局，1975 年，第 309 頁。

⑤《金史·宣宗本紀上》記載，貞祐三年九月，「戊辰，遙授武寧軍節度副使徒單吾典告平章政事抹捻盡忠逆謀，詔有司鞫之」。又載，同年十月，「庚寅，遂誅盡忠」。參見《金史》卷 14《宣宗本紀上》，中華書局，1975 年，第 312、314 頁。

⑥《金史·宣宗本紀上》記載，貞祐二年十月，「乙卯，遣參知政事孛術魯德裕行尚書省於大名府」。參見《金史》卷 14《宣宗本紀上》，中華書局，1975 年，第 305 頁。

貞祐四年	正月	高汝礪	尚書右丞	進尚書左丞
	正月	侯摯	參知政事	進尚書右丞
	正月	完顏守純	樞密使濮王	為平章政事
	二月	完顏永錫	信武將軍、宣撫副使	簽樞密院事，權尚書右丞
	二月	胥鼎	河東南路宣撫使	為樞密副使，權尚書左丞，行省於平陽
	十一月	胥鼎		為尚書左丞間樞密副使
	十二月	朮虎高琪	平章政事	加崇進、尚書右丞向
	十二月	李革	參知政事	罷

金朝正隆官制確立了尚書省為唯一的最高政務機構，世宗以來，設置有尚書令、左右丞相、平章政事、左右丞、參知政事等，並成為定製，即所謂「人主有政事之臣，有議論之臣。政事之臣者宰相執政，和陰陽，遂萬物，鎮撫四夷，親附百姓，與天子經綸於廟堂之上者也。議論之臣者諫官御史，與天子辨曲直、正是非者也」。[210] 他們或總領紀綱、儀刑端揆，或掌丞天子、平章萬機，或佐治省事，是金代各項政治制度的頂層設計者和組織者。金末

頻繁的人員更迭，導致各項政策缺乏連貫性和穩定性。其中相當一部分官員成為宰執之前，為地方大員或六部之外的行政官員，缺乏執政經驗。因此，一旦出現胡沙虎和高琪這樣的強勢人物，極易出現宰執專權的情況，更加不利於金末政策的頂層設計和實施。在這種大背景下，這次大討論就顯得非常必要，具有非常強的現實意義。

二、討論過程及主要主張

（一）貨幣政策大討論的三個階段

這場大討論始於零散的議論，之後，參與討論的官吏各抒己見、暢所欲言，系統闡述了金代貨幣政策的制度設計、實施過程與階段性成果。（儘管這一成果慘不忍睹，幾乎等同於失敗。）其核心是貨幣政策的探討，討論的結果及其思想影響到了金末的貨幣政策走向乃至於政治格局。這次討論分為三個階段完成：

第一階段，從貞祐三年（1215）七月改交鈔名為貞祐寶券[211]到貞祐四年（1216年）八月宣宗詔集百官討論之前，為零散討論階段，又以平章高琪上奏為界，分為前後兩小段。

前段主要是圍繞貞祐寶券發行和流通中遇到的問題發表看法，徵斂主張也發軔於這一時期。貞祐三年（1215）七月交鈔更名為貞祐寶券，由此引發了一系列的通脹問題。當年九月，超量發行的貞祐寶券因通脹而貶值，京師物價日貴，御史臺有針對性地提出了「惟官和買計贓之類可用時估，餘宜從便」[212]的貨幣政策。十二月，宣宗又因近京郡縣多糴於京師，谷價翔踴，令尚書省集戶部、講議所、開封府、轉運司集議，其中開封府提出：

寶券初行時，民甚重之。但以河北、陝西諸路所支既多，人遂輕之。商賈爭收入京，以市金銀，銀價昂，穀亦隨之。若令寶券路各殊制，則不可復入河南，則河南金銀賤而穀自輕。若直閉京城粟不出，則外亦自守，不復入京，穀當益貴。宜諭郡縣小民，毋妄增價，官為定製，務從其便。[213]

開封府不但指出超量印發寶券是其從「民甚重之」到「人遂輕之」的原因，也預見了「若令寶券路各殊制，則不可復入河南，則河南金銀賤而穀自

輕」的結果。其後，貞祐四年（1216）正月，監察御史田迥秀提出貞祐寶券「行才數月，又復壅滯」，原因在於「出太多、入太少」，並提出瞭解決的辦法，「若隨時裁損所支，而增其所收，庶乎或可也」，「因條五事，一曰省冗官吏，二曰損酒使司，三曰節兵俸，四曰罷寄治官，五曰酒稅及納粟補官皆當用寶券」。最終，宣宗只採納了其中關於酒稅的建議。[214]貞祐四年（1216）三月，針對寶券流通滯塞的情況，翰林侍講學士趙秉文指出，「比者寶券滯塞，蓋朝廷將議更張，已而妄傳不用，因之抑遏，漸至廢絕，此乃權歸小民也」，提出應當復置遷汴以來廢除的回易務，「令職官通市道者掌之，給銀鈔粟麥縑帛之類，權其低昂而出納之」，他認為這對「券法通流」是有益的。[215]由於寶券滯塞，「商旅齎販繼踵南渡，遂致物價翔踴」，金朝政府不得不對寶券流通「權宜限以路分」，這又帶來了新問題，即「河北寶券以不許行於河南，由是愈滯」，故貞祐四年四月，河東行省胥鼎提出，「交鈔貴乎流通，今諸路所造不充所出，不以術收之，不無缺誤。宜量民力徵斂，以裨軍用」。又言，「河中宣撫司亦以寶券多出，民不之貴，乞驗民貧富征之。雖為陝西，若一體徵收，則彼中所有日湊於河東，與不斂何異」？胥鼎提出了「量民力徵斂，以裨軍用」的想法，宰臣也表示支持，「今鼎既以本路用度繁殷，欲征軍須錢，宜從所請」。[216]

應該說，這一時期的重點仍然集中在貞祐寶券的流通問題上，討論的核心議題是如何解決寶券流通滯塞的問題。這一時期末，胥鼎提出了徵斂的主張，雖然獲得了宰臣的支持，針對河東行省的實際情況實施了特定政策，卻未擴大到金境其他地區，「若陝西可征與否，詔令行省議定而後行」，[217]故並未引起巨大的反響。

後段則是更造和徵斂兩大主張的形成時期，代表性人物分別為平章政事術虎高琪和平章政事濮王完顏守純，他們各自表達了不同的主張。首先是貞祐四年八月，平章高琪奏：

軍興以來，用度不貲，惟賴寶券，然所入不敷所出，是以浸輕，今千錢之券僅直數錢，隨造隨盡，工物日增，不有以救之，弊將滋甚。宜更造新券，與舊券權為子母而兼行之，庶工物俱省，而用不乏。[218]

高琪的核心主張是「更造新券,與舊券權為子母而兼行之」,這引起了以濮王守純為代表的一批大臣的擔憂,於是守純向宣宗表達了自己的看法,

自古軍旅之費皆取於民,向朝廷以小鈔殊輕,權更寶券,而復禁用錢。小民淺慮,謂楮幣易壞,不若錢可久,於是得錢則珍藏,而券則亟用之,惟恐破裂而至於廢也。今朝廷知支而不知收,所以錢日貴而券日輕。然則券之輕非民輕之,國家致之然也。不若量其所支復斂於民,出入循環,則彼知為必用之物,而知愛重矣。今徒患輕而即欲更造,不惟信令不行,且恐新券之輕復同舊券也。[219]

守純將寶券貶值的原因歸結為國家,主張「量其所支復斂於民,出入循環」,他將更造和徵斂兩種主張進行對比,表達了對更造新券「復同舊券」的擔憂。其時,高琪和守純均已晉身為平章政事。金末政治中,尚書令一般虛設不授,連左丞相一職也不再輕易授人,平章政事成為宰相的主要成員。[220]因此,這兩位金廷重臣的言論,把金廷內部討論的重心從舊券(貞祐寶券)的流通問題轉移到更造新券或是計支徵斂上來,為集中討論奠定了基調和方向,繼起參與討論的官員多附議其中一人的主張。這一時期,參與討論的人員還有隴州防禦使完顏宇及陝西行省令史惠吉等。

第二階段,從宣宗詔集百官討論到討論結束,為集中討論階段。金朝文武百官集體參與,各抒己見,形成了分別以更造和徵斂為主張的兩大陣營以及其他多種主張,議論長達月餘之久,卻並未取得一致的看法。先是「戶部侍郎奧屯阿虎、禮部侍郎楊雲翼、郎中蘭芝、刑部侍郎馮鶚皆主更造」,繼而「戶部侍郎高夔、員外郎張師魯、兵部侍郎徒單歐裡白皆請徵斂」。官員們不憚於表達自己的主張,旗幟鮮明地分為兩大陣營,其後,戶部尚書蕭貢提出了維持現狀,「止當如舊」的主張;工部尚書李元輔贊同更造和徵斂並行;侍御史趙伯成、刑部主事王壽寧、轉運使王擴都主張徵斂,只是在徵斂的對像是農民或市肆商賈之家以及徵斂的時機等方面略有不同;太子少保張行信和吏部尚書溫迪罕思敬都主張以立法促寶券流通,區別在於思敬除與張行信不同意更造的主張一致外,亦不同意徵斂。個別還有偏離討論核心議題的主張。[221]

第三階段,從討論結束以後至興定元年(1217)二月,為實施討論結果階段。這場曠日持久的大討論議而不決,宣宗厭倦了無休止的爭執,「乃詔如舊,紓其徵斂之期」,[222]既未採納更造主張,亦未採納徵斂主張,而是先從政策執行角度予以延緩,選擇暫時維持現狀。不久,採用了更造派陣營中陝西行省令史惠吉的主張,發行了新券「貞祐通寶」,標誌著這場大討論的徹底結束。

(二) 貨幣政策大討論的幾種主張

根據討論中的不同主張,這次討論分為更造派和徵斂派兩大主流陣營,以及刑罰派等非主流陣營,各派官員均明確提出了自己的主張。下面,筆者結合陳瑞臺、張婧、黃澄等學者的相關研究成果,[223]擇要簡論如下:

更造派以平章政事術虎高琪、陝西行省令史惠吉為代表,基本主張是更造新券,與舊券兼行。持這一主張的還有戶部侍郎奧屯阿虎、禮部侍郎楊雲翼、郎中蘭芝、刑部侍郎馮鶚等人。對於交鈔,惠吉的言論很有代表性:「券者所以救弊一時,非可通流與見錢比,必欲通之,不過多斂少支爾。然斂多則傷民,支少則用不足,二者皆不可。」[224]他認識到發行紙幣只是權宜之計,紙幣流通要做到暢通無阻只能是多斂少支,但是「斂多則傷民,支少則用不足」,從眼前的利益著眼,更造新券是最好的選擇。對於更造新券的好處,高琪指出「更造新券,與舊券權為子母而兼行之,庶工物俱省,而用不乏」。高琪的出發點在於金朝的軍費支出都仰仗紙幣的印造,「軍興以來,用度不貲,惟賴寶券,然所入不敷所出,是以浸輕,今千錢之券僅直數錢,隨造隨盡,工物日增,不有以救之,弊將滋甚」。在這一慣性思維下,他認為更造新券,不但能夠保障軍旅用度,還能夠有效地規避寶券的通貨膨脹問題,於金代的財政和通貨膨脹問題的解決都有益處。而實際上,更造新券不過是在舊券貶值而難以流通之時,換一種方式的掠奪,完全是一種障眼法而已,從本質上說,國家透過發行紙幣謀取利益的實質並無任何改變。

徵斂派以平章政事完顏守純為代表,持這一主張的還有戶部侍郎高夔、員外郎張師魯、兵部侍郎徒單歐裡白等,侍御史趙伯成、刑部主事王壽寧、轉運使王擴也可歸入此派。徵斂派反對更造新券的原因,以守純的言論最有

代表性。他提出,「自古軍旅之費皆取於民,向朝廷以小鈔殊輕,權更寶券,而復禁用錢。小民淺慮,謂楮幣易壞,不若錢可久,於是得錢則珍藏,而券則亟用之,惟恐破裂而至於廢也。今朝廷知支而不知收,所以錢日貴而券日輕。然則券之輕非民輕之,國家致之然也」。在他看來,國家從民間斂取軍費用度自古以來就是合理的,金朝採取發行紙幣的方式斂取軍費,當朝紙幣日益貶值,這種貶值不是因為百姓的原因,而是因為國家知支而不知收的行為所致。因此他對更造新券持否定的態度,提出「今徒患輕而即欲更造,不惟信令不行,且恐新券之輕復同舊券也」。即僅僅因為「貞祐寶券」的貶值而更造,不只是信令不行的問題,恐怕新造紙幣仍然會走舊券貶值的老路。要想改變舊券貶值的狀況,「不若量其所支復斂於民,出入循環,則彼知為必用之物,而知愛重矣」。即按照國家財政支出的數量向民間徵斂,達到紙幣循環流通,舊券的信用自然就回歸了。理論上,這種國家計量支出進行徵斂獲得財政收入的方法,較之無限制印造紙幣要更加可控,更具有操作性。而實際上,誠如張婧所指出的,守純這種收支協調的論點,在理論上有一定的道理,至於如何收鈔,他卻沒有論及。[225]

大多數官員都圍繞更造和徵斂這一核心議題進行了討論,即使如戶部尚書蕭貢「止當如舊」和工部尚書李元輔「二者可並行」的主張,亦都在此範圍內。

還有以太子少保張行信和吏部尚書溫迪罕思敬等少數官員為代表的刑罰派,也對更造和徵斂問題進行了表態,並在此基礎上提出了透過嚴格法令來加強制度執行環節的監管,以確保貞祐寶券流通的主張。

其他主張,如權貨司楊貞提出「節無名之費,罷閒冗之官」,[226] 即是從節流的角度提出的透過節省開支、罷除冗官來變相增加財政收入,與主流的方案不符,自然孤掌難鳴,未受重視亦在意料之中。另有「或有請鑄大錢以當百,別造小鈔以省費。或謂縣官當擇人者」[227] 等主張,更是偏離了討論的核心議題,於《金史》中只是一筆帶過。

三、結果及政策走向

更造派和徵斂派激烈交鋒的實質，是以什麼樣的方式更好地保障財政收支平衡。實際上，早在貞祐三年（1215）九月，御史臺便提出：

自多故以來，全借交鈔以助軍需，然所入不及所出，則其價浸減，卒無法以禁，此必然之理也。近用「貞祐寶券」以革其弊，又慮既多而民輕，與舊鈔無異也，乃令民間市易悉從時估，嚴立罪賞，期於必行，遂使商旅不行，四方之物不敢入。夫京師百萬之眾，日費不貲，物價寧不日貴耶？且時估月再定之，而民間價旦暮不一，今有司強之，而市肆盡閉。復議搜括隱匿，必令如估鬻之，則京師之物指日盡，而百姓重困矣。臣等謂，惟官和買計贓之類可用時估，余宜從便。[228]

御史臺明確指出，伴隨蒙古攻金之後，金朝政府「全借交鈔以助軍需」，「所入不及所出」，造成了交鈔貶值，發行「貞祐寶券」的本意是割除弊端，卻又擔憂「既多而民輕」，與舊鈔無異。當年十二月，宣宗令尚書省集戶部、講議所、開封府、轉運司等集議京師穀價翔踊問題時，也曾提出「寶券初行時，民甚重之。但以河北、陝西諸路所支既多，人遂輕之」，[229] 深刻認識到「貞祐寶券」剛發行時，「民甚重之」，之後貶值是由於「所支既多」，超發貨幣造成的。

儘管金朝政府早就意識到新券與舊鈔在本質上是一樣的，新交鈔一旦超發，其結果「與舊鈔無異」，為了確保財政收支平衡，以解決燃眉之急，結果如《金史》所記載，更造派代表之一的陝西行省令史惠吉的建議最終被採納，新券「貞祐通寶」進入貨幣流通領域，表明更造派的主張得到了宣宗的採納，同時，也奠定了貞祐四年以後貨幣政策的基本走向，即以更造派主張為主導的貨幣政策，透過更造新券的手段來保障政府的財政收支。自此以後，興定五年（1221）的「興定寶泉」、元光二年（1223）的「元光珍貨」，以及天興二年（1233）的「天興寶會」銀鈔，在紙幣的一次次更造中，守純「新券之輕復同舊券」的判斷一次又一次地得到應驗。「貞祐通寶」及此後的數次紙幣更造，都是更造派的貨幣思想在貞祐四年以後貨幣政策上的反映。客觀而言，宣宗時實行的更換鈔名的措施不但對抑制通貨膨脹於事無補，反而

將金朝政府的眼光侷限在僅僅滿足於獲取眼前利益，解決燃眉之急，而不顧對經濟巨大危害的後果，這一政策措施無疑是非常失敗的，之後雖然屢次更換鈔名，通貨膨脹卻愈演愈烈，在以交鈔為本位的貨幣體系徹底崩潰後，金朝陷入嚴重通貨膨脹的泥沼中無法自拔。[230]

徵斂派雖然在這次討論中鎩羽而歸，但是在貞祐四年以後的貨幣政策中，仍然有徵斂派貨幣思想的影響，從興定元年五月開始計征桑皮故紙錢一事可以窺見。

五月，以鈔法屢變，隨出而隨壞，製紙之桑皮故紙皆取於民，至是又甚艱得，遂令計價，但征寶券、通寶，名曰「桑皮故紙錢」，謂可以免民輸挽之勞，而省工物之費也。[231]

計征桑皮故紙錢的原因有兩點，一是「鈔法屢變，隨出而隨壞」，二是「製紙之桑皮故紙皆取於民，至是又甚艱得」，於是「但征寶券、通寶」。表面上看，這種做法有兩點好處，一是「免民輸挽之勞」，二是「省工物之費」。仔細分辨，正如高汝礪所言：

河南調發繁重，所征租稅三倍於舊，僅可供億，如此其重也。而今年五月省部以歲收通寶不充所用，乃於民間斂桑皮故紙鈔七千萬貫以補之，又太甚矣。而近又以通寶稍滯，又增兩倍。河南人戶農居三之二，今年租稅征尚未足，而復令出此，民若不糶當納之租，則賣所食之粟，舍此將何得焉？今所急而難得者芻糧也，出於民而有限。可緩而易為者交鈔也，出於國而可變。以國家之所自行者而強求之民，將若之何？向者大鈔滯則更為小鈔，小鈔弊則改為寶券，寶券不行則易為通寶，變制在我，尚何煩民哉？民既悉力以奉軍而不足，又計口、計稅、計物、計生殖之業而加徵，若是其剝，彼不能給，則有亡而已矣。民逃田穢，兵食不給，是軍儲鈔法兩廢矣。臣非於鈔法不加意，非故與省部相違也，但以鈔滯物貴之害輕，民去軍饑之害重爾。[232]

高汝礪認為計征桑皮故紙錢是「以國家之所自行者而強求之民」，且「變制在我，尚何煩民」？並指出，隨意增加稅負，徵斂無度，會導致百姓「彼不能給，則有亡而已」，最終形成「民逃田穢，兵食不給，是軍儲鈔法兩廢

矣」的局面。但金朝政府只看眼前利益，為補軍用，既顧不得「鈔滯物貴」，也顧不得「民去軍饑」。

最後，值得一提的是，貞祐年間貨幣政策的大討論，是討論雙方的代表性人物術虎高琪和完顏守純分別於貞祐元年（1213）十二月和貞祐四年（1216）正月先後晉昇平章政事，躋身於宰執後在施政理念層面的第一次交鋒。興定年間，兩人有了第二次交鋒，這次則是政治方面的鬥爭，按《金史·完顏守純傳》記載：

四年九月，守純欲發丞相高琪罪，密召知案蒲鮮石魯剌、令史蒲察胡魯、員外郎王阿里謀之，且屬令勿泄，而石魯剌、胡魯輒以告都事僕散奴失不，奴失不白高琪。及高琪伏誅，守純劾三人者泄密事，奴失不免死，除名，石魯剌、胡魯各杖七十，勒停。[233]

相關記載也見於《金史·術虎高琪傳》，且對這一事件的細節有所補充，

平章政事英王守純欲發其罪，密召右司員外郎王阿里、知案蒲鮮石魯剌、令史蒲察胡魯謀之。石魯剌、胡魯以告尚書省都事僕散奴失不，僕散奴失不以告高琪。英王懼高琪黨與，遂不敢發。頃之，高琪使奴賽不殺其妻，乃歸罪於賽不，送開封府殺之以滅口。開封府畏高琪，不敢發其實，賽不論死。事覺，宣宗久聞高琪奸惡，遂因此事誅之，時興定三年十二月也。尚書省都事僕散奴失不以英王謀告高琪，論死。蒲鮮石魯剌、蒲察胡魯各杖七十，勒停。[234]

兩相參照，這一事件的經過如下：守純欲發丞相高琪罪，召人密謀—密謀者泄密—守純懼高琪黨與，遂不敢發—高琪報復，使奴賽不殺守純妻並借開封府之手滅口—宣宗以此事（高琪指使奴賽不殺守純妻一事）誅高琪—高琪伏誅，守純劾三位泄密者—處理泄密者（奴失不免死，除名；石魯剌、胡魯各杖七十，勒停）。結合《金史》中術虎高琪「專固權寵，擅作威福，附己者用，不附己者斥」，[235] 動輒打壓政見異己者（如完顏伯嘉、承暉等）的大量事例觀之，貞祐年間關於貨幣政策的大討論，形成了以平章政事高琪為代表的更造派和以平章政事守純為代表的徵斂派兩大陣營，表面上是堅持各自政策主張，實質上是高琪和守純兩位平章政事及其代表的兩大政治勢力

在治國施政層面的交鋒。數年後，守純一方對時任丞相的高琪發起了主動攻擊，「欲發其罪」，其間雖經歷密謀者泄密、高琪報復等意外，這場政治鬥爭最終以高琪被誅[236]而收場。可以說，高琪被誅雖源於指使奴賽不殺守純妻這一偶然事件，卻是高琪專權和金朝內部政治鬥爭的必然結果。高琪敗前，金人李純甫已有預見，《歸潛志》中記載：「時丞相術虎高琪擅權，擢（筆者註：李純甫）為左司都事。公審其必敗，以母老辭去。俄而高琪誅死，識者智之。再入翰林，連知貢舉。」[237]

綜上所論，無論是更造派還是徵斂派，透過這次貨幣政策的大討論，都對金末貨幣政策的走向，乃至於對宣宗末年的政治產生了深遠的影響。

由虛及實：宋代內藏庫借貸模式的流變

董春林 [238]

內容提要：宋代內藏庫借貸錢物給計司，這些錢物常常因為計司無力償還而被皇帝下詔蠲免，遂突顯出皇權主控下財權集中的面相。但這種傳統視域裡內藏庫錢物借出必蠲免的現象，並不完全反映宋代內藏財政實行的借貸模式。宋代內藏庫錢物借貸給計司，大致經歷了宋神宗朝之前的借貸蠲免、宋神宗朝至北宋末年的支借償還、南渡以後的雙重模式三個階段。內藏財政支出所體現出的財權集中路徑，既透露出天子期許聖德形象以提升皇權的主觀願望，亦折射出內藏庫支援國家財政背後無限私權對國家公權的侵奪。計司借貸內藏庫錢物的蠲免或償還，並不反映財權集中的此起彼伏，而深刻表明內藏庫財權集中手段的不斷成熟。

關鍵詞：宋代　內藏庫　借貸　財權集中

宋代內藏庫支援計司應對軍需及災害救助的外向性財政職能，是建立在天子私財的性質與侵奪計司財權的基礎上的，是實現皇權相對提升的一種財政手段。之所以這樣理解，是因為內藏庫名義上借貸給計司應對財政急需的錢物，大多時候計司都無力償還，皇帝為彰顯聖德常常將其任性蠲免，潛在實現財權集中。[239] 然而，內藏庫借貸的蠲免現象，只不過因為彰顯聖德而

被正史文獻普遍記載了下來,並不能遮蔽內藏庫借貸錢物必須償還或潛在收入的實例。縱觀史料記載,自宋神宗朝開始,內藏庫支借錢物給計司,皇帝不再盡數蠲免,內藏庫支借償還的借貸模式成為內藏庫支出錢物的重要模式。筆者此前曾對宋神宗朝內藏庫支借償還的借貸模式有過粗淺的探討,[240] 遺憾的是沒有對整個宋代內藏庫的借貸模式進行全面梳理,以至於內藏庫外向性財政職能構造了財權集中,只停留在我們對概念的淺層次理解上,而不能認識到財權集中過程的意義。筆者將借助對宋神宗朝之前、宋神宗朝至北宋亡、南渡以後這幾個時期的內藏借貸模式特徵的解讀,儘可能勾勒出宋代內藏庫財權集中過程中的動力或路徑。

一、習慣面相:內藏庫的借貸蠲免模式

就宋神宗朝以前的內藏財政支出情況來看,宋遼、宋金戰爭是造成內藏大額支出的主因,與這些戰爭相關的宋朝的邊防主要是河北、陝西、河東三路,頻繁的戰爭及邊防常規支出致使這三路的物質生產能力十分匱乏,一般性質的和糴軍儲在這些地區基本都行不通。[241] 儘管宋朝政府解決這些地區軍儲需求的主要方式是市儲軍儲,但實質上是透過便糴、博糴來完成的,也就是政府出錢物招引商人入中,來彌補地方生產能力之不足。那麼,宋代內藏庫在這方面的財政支出到底有多少呢?慶曆七年(1047),三司使張方平在疏奏陝西路近五年來財用情況時說道:

本道財賦支贍不足,募商人入中糧草,度支給還錢帛,加抬則例價率三倍,茶鹽蠻緣此法賤,貨利流散,弊悉歸官。又自慶曆三年以後,增添給送西北銀絹,內外文武冗官,日更增廣,以此三司經用不贍。慶曆二年六月,聖恩特賜內藏銀一百萬兩,絹二百萬匹,仍盡放免日前所貸內庫錢帛。慶曆二年八月,又蒙恩賜內藏紬絹三百萬匹。據此銀絹六百萬匹兩,為錢一千二百萬緡。慶曆五年,又賜江南所鑄到大銅錢十一萬,當小錢一百一十萬緡。及今未滿五年,相添費用已盡,乃是每年常將內藏銀絹近三百萬緡,供助三司經費,仍復調發諸路錢物應副,方始得足。即日外州府庫搜刮亡余,不知內藏蓄積幾何,可供今後支撥?天下山澤之利,茶鹽酒稅諸色課入,比之先朝以前,例皆大有增剩,可謂無遺利也。若據國家天下之廣,歲入之數,

自古無此之多者。然有司調度,交見匱乏,直以支費數廣,不量入以為出所致爾。[242]

這裡所謂「加抬」,是指「邊郡所入直十五六千至二十千者,即給茶直百千」。[243]陝西路財用不足顯然與商人入中關係密切,商人入中的利益訴求,以及長途運輸中的不確定因素,再加上京師蓄賈之家的無端謀利,[244]常常造成中央的財政補貼往往無濟於事。所以說,慶曆二年至慶曆七年間(1042—1047),內藏每年名義上借給三司銀絹近三百萬緡,調發應付諸路軍需,實質上都無力償還。

皇祐二年(1050)現錢法的推行,從商人入中角度來說,顯然會刺激商人入中的興趣,但地方尤其是三邊地區的現錢在此之前就已不足,包拯所言陝西路無現錢支付商人入中解決軍儲的話並非空穴來風,上奏請求宋仁宗出內藏錢援助更是整個北宋時期軍事財政的實際情況。內藏借貸錢物用於博糴及便糴的現錢支出,在現錢法推行之後,不僅導致內藏虧空,甚至還會挫傷商人入中的積極性,這主要緣於商人長途轉運糧草與內藏現錢兌換鈔引時間上的衝突。我們這裡需要弄清楚的是,內藏財政在支助三司及諸路軍需時,在表面上的借貸方式與實質上務必賜予之間,為何宋朝皇帝選擇了頻繁蠲免?要解決這個問題,我們還要回到歷史場域之中,去分析那些士大夫的政治論點或許才能找到答案的根源所在。前文已引慶曆年間三司使張方平的話說:「即日外州府庫搜刮亡余……不量入以為出所致爾。」這段話顯然是在為內藏儲備可能虧空而擔憂,把內藏蓄積與國家財政收支聯繫起來,甚至以量入為出的財政思想作為反面教材警示朝廷。我們是否可以認為,內藏財政收入或錢物儲備幾何即預示著國家財政的狀況如何,宋朝皇帝支出內藏錢物給三司,並非簡單的支借,而是本質上支配國家財政的行為。宋朝皇帝借助內藏錢物支配國家財政運行,以此換取國家財權集中,更博得「聖德」之類的政治利益,但我們並沒有詳細界定,究竟宋代什麼時候的內藏庫這種政治「功能」較為明顯,以及內藏錢物如何支配國家財政運行。

李心傳曾雲:「自淳化迄景德,每歲多至三百萬,少亦不下百萬,三年不能償即蠲除之,此庫乃為計司備經費耳,故仁宗後西北事起,大率多取給

於內藏。」[245] 這裡所謂「為計司備經費」，無疑點明內藏在宋真宗、宋仁宗兩朝實際上干預了國家財政運行，也反映出作為天子私財的內藏庫，是透過為計司提供經費來為皇帝博得「聖德」的。這種「聖德」式的政治利益，說更直觀些就是皇帝借此實現對國家權力的控制。有學者即指出，北宋皇帝已從「天子」身份蛻化為官家，對官家來說，金錢絕不僅僅意味著可以奢侈享受，更是皇權須臾也離不開的保障。正因為如此，從宋太祖開始的北宋歷代官家，都無一例外地把內藏庫中的金錢視為北宋立國的根本來高度給予重視的。[246] 不過，北宋前期的內藏庫在作為立國之本造成一定積極作用的同時，其儲備必然面臨虧空，至少在宋神宗朝初期仍是這樣。

二、支借償還：內藏庫的潛在收入模式

熙寧年間的王安石變法也同樣涉及內藏財政，其根本財政意圖也在鞏固內藏立國之基的作用。元豐初年的文獻記載中常常提到內帑錢物如何山積，宋神宗甚至將原本輸納到內藏的一些經費轉存到新設置的元豐庫，[247] 與權貨務入中錢物相關的坊場淨利錢也僅僅每年定額一百萬保持輸入內藏庫，但我們必須清楚，此時內藏庫的儲備激增應該與其出納管理上的條理化、嚴格化有關。宋神宗朝內藏錢物借貸給諸司，諸司無力償還時很少見到皇帝蠲除借款的案例。那麼，此時的內藏實質性支借給諸司錢物的目的何在？在回答這個問題前，我們首先要弄清楚催還內藏錢物及借貸內藏錢物的行政部門都是哪些。

有學者曾指出，熙寧以前由皇帝親掌的封樁庫所藏，是在地方輸入京師財賦總額中提取的部分，而朝廷封樁則是地方「歲課上供數」以外的錢物，屬「額外之求」，地方上的朝廷封樁錢物歸常平司掌管，不隸轉運司。[248] 這裡的認識主要來源於《玉海》載：「神宗始分天下之財以二司，轉運司獨用民常賦與州縣酒稅之課，其餘財利悉歸常平司掌其發斂，儲之以待非常之用。」[249] 由此可見，內藏封樁庫的錢物在地方上主要由轉運司負責輸納，而朝廷的元豐庫錢物來源則由常平司負責。然而，這裡混淆了兩個問題。一是皇帝所親掌的內藏庫和朝廷所主管的第三類財庫[250]的錢物來源並不十分清晰，內藏庫的錢物來源不僅包括地方輸入京師財賦總額中的部分竄名，還

包括坊場錢、市易息錢等「歲課上供數」以外的部分錢物；二是常平司與轉運司在掌管朝廷封樁錢物方面的差別，並不反映在管理地方與內藏財政方面，轉運司負責內藏錢物的籌集，而提刑司、常平司對內藏庫在地方的錢物周轉方面有著一定的監管職能。我們從宋神宗熙寧初年，常平、轉運二司分管天下之財之後的文獻看到，地方財政不足借貸內藏錢物事宜主要由常平司和轉運司來完成，而常平司對內藏錢物的監管實際上較之其對內藏錢物的借出更為弱化。我們從宋神宗朝的文獻中，很少發現常平司直接催促轉運司償還內藏錢物的案例，倒是發現常平司常常制定新的償還方案，奏請皇帝同意轉運司延期償還內藏錢物。比如，熙寧三年（1070）十月，京東路提舉常平司上奏說：「轉運司有未償內藏庫綢絹十四萬緡，乞借充青苗錢，候三年還內藏庫。」[251]

不過，常平司並不是真正的借貸方，反倒更像是介於內藏庫與地方財政之間平衡借貸關係的行政部門。熙寧年間，王安石變法時為推行新法，設置提舉常平司。熙寧三年（1070）七月，宋神宗曾下詔規定：「諸路提舉常平官到闕，並令辭見，如有合奏陳乞上殿，即依提點刑獄儀制施行。」[252] 可見，提舉常平司官只對皇帝及朝廷負責，在處理地方借貸內藏錢物問題上顯然也能盡職盡守。有學者即指出，宋代提舉常平司制度的創置，是王安石變法的產物，也是宋代地方財政體制的一次重大改革，在王安石變法時期，提舉常平司積極推行新法，監察不法官吏。[253] 常平司對諸路借貸內藏錢物監管較之其輔助於轉運司借貸內藏錢物弱化，主要是因為常平司所主管之常平倉在平糴地方糧食及生產方面與轉運司目的一致，而提舉常平官位階在路級行政官員中較低。[254] 透過常平司在內藏支借錢物管理上的特徵我們可以明晰，宋神宗朝內藏支借錢物之所以成為實質性支借而很少蠲除，可能與王安石變法之時中央加強財政管理及蓄積國家財富的大方向有關。梅原郁先生認為：「北宋中期，內藏庫雖以天子恩惠方式貸放，而嚴格催促繳還的時候也不少，然其通常例子，卻只要經過幾十年，則必可免還的，結果還是和賜予無異。當這種事實增多時，將由內藏撥給戶部的財貨說成借貸，自有人會以為這與事實不符了。當內藏擁有自己財源，經常負擔部分的國家財政以後，天子私藏的秘密部分與非私藏的可公開的部分，便自然而然地分離。這種事實，就

形成設第三財庫的背景之一。」[255] 所謂嚴格催促繳還，應該在宋神宗朝居多，經過幾十年必可免還，無疑是毫無意義的。我們可否這麼理解，內藏借出錢物的實質性與內藏擁有自己固定財源的基本方向一致。至少我們從元豐等第三財庫的出現看到，內藏作為國家計司財政後備的職能在漸趨淡化。

宋神宗朝之後的元祐更化，不僅對王安石變法時期設置的提舉常平司等機構進行了撥亂反正，更對內藏實質性的支借償還模式進行了改易，我們從現存文獻中僅查閱到有限的內藏支出錢物具體償還方案的記載。宋哲宗親政之後，提舉常平司重設，但內藏財政仍然以支出為主，諸司借支內藏的錢物能夠償還的不多，內藏出金帛赴五路經略司封樁以助邊費的次數過於頻繁，以至於紹聖三年（1096）春之後，「降賜非一，不盡錄」。[256] 為應付五路經略司軍賞，元符三年（1100），宋哲宗甚至在內藏闕銀時將內藏儲備半數的絹貼支出去。[257] 宋徽宗朝內藏支出錢物的案例多以皇室消費為主，元祐中撥給轉運司三分，坑冶課利全部仍輸入內藏，[258] 內藏的固定窠名進一步擴大，以至於戶部常常詬病云：「天下常賦多為禁中私財，支用取足，不恤有司之上溢下漏，而民力困重。」[259] 一旦內藏在國家軍費開支、社會應急賑濟中的財政支出淡化，其作為國家財政後備的職能必然淡化。

三、虛實相繼：內藏庫借貸的雙重模式

南渡以後，內藏的財政支出較之北宋時期多有不同，但支借償還的模式繼續存在，內藏在社會賑濟方面的支出甚至更頻繁，我們只能說內藏的支借償還模式在宋神宗朝之後被延續了下來。一方面，內藏固定窠名在南宋時期被法定化，國家財政三足鼎立的狀況使得皇帝更為關注內藏的蓄積；另一方面，名義上的左藏南庫、左藏封樁庫兩種朝廷財庫，在南宋時期承擔了軍費應急及奉親的職能，致使內藏的收入範圍較北宋萎縮，軍需支出只是在兵興之時，[260] 遂使得內藏錢物的支出更多地表現在社會救濟方面。另外，我們需要注意的是，上文所謂「宋神宗朝形成的內藏支借償還模式在南宋時期被延續下來」，並不是南宋時期內藏支出錢物的主要特徵，而宋神宗朝之前內藏支借蠲免的情況在宋廷南渡以後再現。

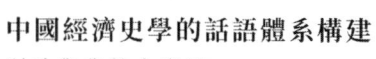

表1　淳熙十五年以前皇帝蠲放內藏錢物統計表

時間	借貸對象	積欠情況	積欠原因	蠲放方案
慶曆二年六月	三司	日前所貸內庫錢帛	三司經用不贍	放免
皇祐二年閏十一月	河北路	民稅	河北頻年水災	蠲民稅幾盡
治平元年三月	三司	借內藏庫錢15萬貫	修奉仁宗山陵	依乾興例蠲免
宣和三年三月	諸路州軍	積欠估剝虧官錢		自政和五年已前並特除放
建炎四年十二月	戶部	左藏西庫歲供內藏庫錢金銀		止逐旋供納銀5萬兩，餘權免
紹興三年十月	漢陽軍	合發內藏庫絹8000匹	本軍經殘破	特予免放一年
紹興四年六月	岳州	內藏庫絹	本州島屢經盜賊，殘破尤甚	今年並以前者並特予除免

由虛及實：宋代內藏庫借貸模式的流變

紹興五年九月	婺州	合起紹興二年內藏庫素羅、花羅		特予放免
紹興十四年正月	成都潼川府路	截留支用還過合納內藏庫錢帛		並免改撥，特與除放
紹興二十六年二月	諸州	合發物料	累年所造軍器，內庫山積，諸軍亦各自製	特與減免
紹興二十六年二月	紹興府	欠歲貢小綾	民間織造費力	自二十三年以前，並與除放
紹興二十六年八月	建康府	紹興二年以後至二十年終，積欠內庫折帛錢233萬餘緡、絹20.7萬餘匹	積年拖欠，歲久無所從出	御筆蠲放
紹興二十七年八月	荊南、襄陽府、光州、隨州、安豐軍	自紹興十四年至今，合起內庫錢帛		蠲免
紹興二十七年九月	淮南、京西、湖北路州軍	自紹興十四年至二十七年，合起內藏庫綢絹錢帛		並與蠲免
紹興二十七年十一月	婺州	紹興二十二年以前，見欠內庫綾羅及折帛錢	人戶殘欠經涉歲月，實難追催	並與除放
紹興三十二年十二月	建康府	上供絹1.05萬匹、數內椿閣絹1.38萬餘匹	今年分豬羊息錢應付修造行宮及修添府城支用	蠲免
隆興元年十月	揚州	年額坊場錢		蠲免一年
隆興二年七月	揚、秦、楚、滁州、盱眙、高郵軍	合椿發隆興二年分內藏庫歲額坊場錢		蠲免一年
隆興二年十一月	光化軍	隆興三年分內藏庫天申聖節銀100兩，折絹銀75兩		免一年
乾道元年三月	楚、真、滁、揚、濠、廬、光州、壽春府、盱眙、光化軍	乾道元年進奉天申聖節內藏庫絹	人馬殘破或侵擾去處	蠲放一半
乾道元年三月	信陽軍	乾道元年進奉天申聖節內藏庫絹		免一年

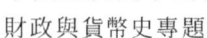

乾道元年五月	盱眙軍	紹興二十三年、隆興元年、隆興二年，分內藏庫坊場錢各500貫文		蠲免
乾道元年六月	和州	內庫錢物		免一年
乾道四年七月	光化軍	進奉內藏庫天中節銀		蠲免一年
乾道五年八月	江、淮等路	拖欠紹興二十七年至乾道元年終，合發內藏庫歲額錢共875319貫461文		蠲免
乾道七年二月	兩浙、京西州軍	拖欠內藏庫乾道五年以前坊場錢	艱於輸納	並免放
淳熙十五年三月	戶部	會慶聖節進奉內藏庫銀5959兩、折銀絹錢4984貫375文		權免一年

文獻來源：中華書局點校本《建炎以來繫年要錄》、上海古籍出版社點校本《宋會要輯稿》等。

從上表不難看出，建炎四年（1130）至淳熙十五年（1188），宋高宗、宋孝宗蠲免戶部及諸路州軍借貸內藏錢物23次之多，主要以積欠絹帛及坊場錢為主。南宋初期內藏儲積錢物應該頗豐，至少在宋孝宗朝中前期內藏錢物應該十分充裕。紹興三十二年（1162）四月，禮部侍郎黃通老曾建言：「足食之計在於量入為出，今天下財賦半入內帑，有司莫能計其盈虛。」[261] 李心傳亦記載：「紹興末年，合茶鹽酒算坑冶榷貨糴本和買之錢，凡六千餘萬緡，而半歸內藏。」[262] 嘉定十一年（1218）十二月，有臣僚亦上言說：「中興駐驛吳會，亦且出內帑以佐調度，以犒戎兵，以濟水旱，雖逆亮叛盟師，興財費，而無橫斂暴賦及民者，以素有儲積也。及憲聖慈烈皇后尊居慈福，當時宮中所入已非大內之比，而金帛緡錢，府藏充塞，此陛下之所親見。今諸色窠名與夫房廊僦賃之屬，皆猶舊也，安得至是而遽耗哉？」[263] 由此可見，南宋初期內藏借支出去的錢物之所以被蠲免，根本原因是內藏儲蓄豐厚，這顯然和宋真宗、宋仁宗兩朝有所不同。這一時期，內藏在災害賑濟方面的無償支出，也都反映了這一點。不過，我們仍要清楚，宋代內藏借支錢物的歷

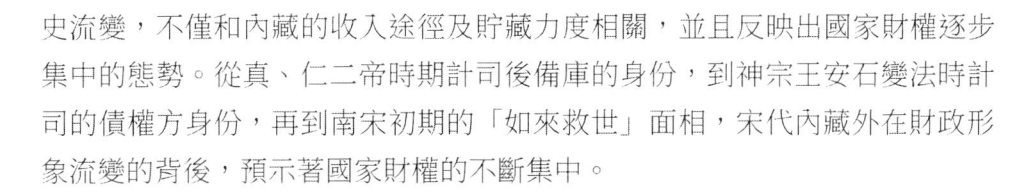

史流變，不僅和內藏的收入途徑及貯藏力度相關，並且反映出國家財權逐步集中的態勢。從真、仁二帝時期計司後備庫的身份，到神宗王安石變法時計司的債權方身份，再到南宋初期的「如來救世」面相，宋代內藏外在財政形象流變的背後，預示著國家財權的不斷集中。

四、結語

綜上所述，我們大致得出結論：先是北宋初年內藏設置，到仁宗朝宋夏戰爭象徵性的借貸，以及從非常規到常規支借給三司錢物，神宗時期王安石以理財為要務，對內藏收支進行制度化的調整，這種化繁從簡的內藏輸入錢物模式，一定程度上彌補了治平以後內藏的虧空，也使得內藏借貸給計司錢物成為實質性的契約關係，內藏對三邊及熙河路的軍費支出則成為非常規的賜予，市易之利及坊場淨利錢也一定程度上增大了內藏財力，遂使得哲宗以後賜予錢物成為內藏支出的主要方式。南渡以後內藏收入膨脹的同時，全面作為應急經費的內藏支出成為南宋財政的典型面相，頻繁的內藏財物蠲免，以及內藏支出代交天災州縣賦稅，都折射出南宋內藏財政職能的某些特徵。

宋代內藏庫借出錢物在北宋前期多是形式性借貸，借方無力償還時皇帝都會蠲免這些借款；自宋神宗朝起，內藏借出的錢物多是需要償還的，也就形成了條理化的支借償還模式；到了南宋時期，內藏支借錢物的對像有所改變，內藏作為計司財政後盾的形象開始轉變，內藏作為天子私財性質直觀化的同時，賜予性社會賑濟職能幾乎遮蔽掉內藏的支借償還模式。但我們必須清楚，內藏借貸錢物給計司或其他諸司的財政行為，本身並不是期望獲得那些潛在的財政收入，以天子聖德為核心的皇權形象，才是宋代內藏財政運作的根本訴求。當然，這種近乎主觀的政治訴求背後客觀的財政面相，可能透露出內藏財政真實的一面。內藏借貸錢物給計司支撐部分國家財政運行，是內藏財政職能的體現，至於天子是否蠲免計司無力償還內藏的錢物，則是內藏財政職能的延伸。以此為視角我們發現，宋代內藏財政對借出錢物的管理及約束，都是某個時期內藏財政職能的伸縮，這種伸縮背後暗藏的是內藏財政在國家財權集中過程中由虛及實的理路。

近代寧波的洋銀流入與貨幣結構[264]

熊昌錕[265]

內容提要：明末清初，外國標準化的機制銀圓逐漸流入寧波等地，與秤量使用的銀錠相比，銀圓形制統一、檢驗方便，節省了一定的交易成本，因此行用日廣，進而流通至浙江的其他城鎮和農村地區。五口通商以後，國內埠際之間有大量的洋銀流動，而自香港等地進口的洋銀數量極少。清後期，浙江省釐金收支的四柱清單中，銀圓的使用已超過銀錠與制錢，成為最重要的收支貨幣。結合清中期至民國初期的契約文書，可以發現絲茶產地以外的寧波及浙東地區農村市場的洋銀使用份額遠不及銀錠、制錢，洋銀在港口與農村兩個不同市場層級的使用呈現出迥異的特點。

關鍵詞：近代　寧波　洋銀　貨幣結構

明中後期以來，已有一定數量的外國機制銀圓（又稱洋銀、洋錢）進入中國東南沿海港口。五口通商之後，輸入中國的洋銀數量急劇增長，種類也相應增多，流通範圍逐漸向沿江和內陸地區擴張，埠際之間也有大量的洋銀流通。而其用途也從對外貿易的結算貨幣，逐漸演變成繳納賦稅與日常交易的媒介。學界此前對於外國銀圓在中國市場的流通研究，主要有日本學者百瀬弘對清代西班牙銀圓流入中國的時間、數量以及單位制度「元」進行的詳細考證，同時他還評估了西班牙銀圓流入對中國貨幣制度的影響。[266] 美國學者萬志英（Richard Von Glahn）從物質文化史的角度解讀了19世紀中國市場上的外國銀圓。[267] 在國內，陳春聲關注的是清代廣東市場上的銀圓流通情況，對洋銀流入廣東的時間進行了考證，並對嘉慶至光緒年間廣東各地銀圓的價格進行了梳理，結合民間文獻大致描述了銀錠、制錢、銀圓之間的流通比例。[268] 張寧簡要論述了墨西哥銀圓（又叫鷹洋）流入中國的時間、範圍，並對鷹洋流入中國的數量進行了估算。[269] 鄒曉昇考察了墨西哥鷹洋行市的更替以及鷹洋在上海流通主幣地位的確立，並對鷹洋行市的取消和龍洋行市的確立進行了評價。[270] 關於近代寧波的金融市場，如錢莊的空盤交易、過帳制度等議題，也有不少討論。[271] 總體來看，既有論著多缺乏對外

國銀圓進出數量的統計、銀圓在貨幣結構中的比重以及在不同層級市場使用情形的論述，給本文留下了一定的討論空間。

浙江是明清時期對外貿易的重要窗口，同時也是外國銀圓流入較早、使用廣泛的省份之一。明中後期，浙江生絲、棉布遠銷歐洲，對外貿易十分活躍，並成為明政府獲取白銀的重要來源。清中葉以來，這一區域的對外貿易持續增長，逐漸超越粵閩，成為中國對外貿易的中心以及清政府的財賦重地。而寧波作為浙江最重要的通商口岸（其貿易歷史遠比上海悠久），早在康熙二十四年（1685）已設置浙海關，成為全國僅有的四個海關之一，是清初對外貿易的重要港口。第一次鴉片戰爭後，英國要求開放五口通商，寧波位居其中，成為第一批「約開商埠」。

與此同時，清中期以來，寧波與其他沿海商埠類似，隨著貿易的快速增長，此前作為法定貨幣的制錢越來越不能滿足大規模貿易結算的需要，因此形制統一的機制銀圓逐漸成為重要的結算貨幣。而農村雖然也不可避免地捲入經濟全球化的浪潮，但其貨幣結構並未發生根本性改變，農村市場仍以制錢為最主要的貨幣，這與港口的貨幣結構差異較大。因此，寧波實際上可作為觀察洋銀在近代中國商埠流通情形以及地方市場貨幣結構的窗口。

一、清中前期的貿易和洋銀流入情形

寧波位於東南沿海，是古代中國重要的貿易港口，在唐宋時期已有較為繁榮的商業。北宋淳化三年（992），在寧波設置市舶司，「掌蕃貨海舶征榷貿易之事，以來遠人，通遠物」。[272] 南宋遷都臨安後，江南經濟進一步繁榮，寧波的對外貿易迅速發展，與日本、高麗等國來往密切。當時自寧波運往日本的貨物主要為絲織品、瓷器、漆器、香藥等，也有一定數量的銅錢、銀錠。從日本進口的貨物包括藥珠、鹿茸、茯苓、硫磺、松板、杉板等。[273] 而輸出到高麗的商品與出口日本的類似，多為絲織品、瓷器、茶葉，從高麗輸入的商品有人參、麝香、茯苓等，此外還有一定數量的白銀。[274] 除了與地理位置相近的日本和高麗有貿易往來外，寧波還與東南亞的闍婆、占城等地有商業聯繫。[275] 元代，寧波的對外貿易在唐宋基礎上迅速發展，進口貨物由宋代的170余種增加到220余種，往來的貿易國亦日漸增多。[276] 至明初，

政府開始嚴格控制對外貿易，僅剩寧波、泉州、廣州3個口岸與外往來，規定寧波通日本，泉州通琉球，廣州通占城、暹羅、西洋諸國。此後，寧波與其他諸國的商貿聯繫雖未完全斷絕，但與此前相比已日漸低迷，不過與日本的貿易規模卻日甚一日。「在勝國時，許其互市，乃至四明沿海而來，艨艟數十，戈矛森具，出其重貨與中國人貿易。」[277] 四明即為當時寧波的稱謂。前揭史料表明國家層面的商業聯繫繁盛，而寧波民間富商大賈前往日本貿易者，亦為數甚巨，「以數十金之貨，得數百金而歸，以百金之船，賣千金而返。此風一倡，聞腥逐膻，將通浙之人棄農而學商，棄故都而入海。官軍利其賄，惟恐商販之不通；倭夷利其貨，惟恐商主之不至」。[278] 不過到了順治年間，清政府先後頒布「禁海令」及「遷界令」，強迫沿海幾省商民內遷，寧波的商業貿易因此大受影響。康熙二十四年（1685），清政府正式開放海禁，在寧波設置浙海關，其商業貿易逐漸復甦，「鄞之商賈，聚於甬江，嘉道以來，雲集輻輳，閩人最多，粵人、吳人次之」。[279] 貿易範圍「自東向西約290英里，自南向北約350英里，除了杭州以北靠近上海的地區外，杭州以南和安徽東南部均以寧波作為對外貿易的供應和土貨出口之口岸」。外國商船和貨物也大量湧入，「每遇閩廣船初到或初開，鄰舟各鳴鉦迎送，番貨海錯，俱聚於此」。[280] 這其中就包括數量不菲的洋銀。《寧波錢業會館碑記》載：「海通以來，寧波為中外互市之一，地當海口，外貨之轉輸，鄰竟（境）物產之銷售，率取道於是。廛肆星羅，輪舶日月至，儼然稱都會矣。顧去閉關時不遠，市中行用以錢不以銀。問富，數錢以對。自墨西哥銀幣流入內地，始稍變其習。」[281] 最初大量流入寧波的其實是西班牙銀圓，道光以後開始盛行墨西哥銀圓。而且，當時寧波是浙省唯一的對外窗口，「在溫州開埠（1877）以前，浙江各地口岸和周圍地區的洋貨，均由寧波陸路或民船運來」。[282] 因此馬士曾稱：「照它與葡萄牙和早期英國貿易的商館的歷史來看，寧波曾經被寄以很大的希望。」[283]

伴隨貿易的發展，鴉片等大宗貨物和外國銀圓源源不斷地進入寧波。嘉道時期的寧波通貨，「除制錢外，尚有佛洋與寶銀二種。佛洋俗稱本洋，寶銀即系元寶，佛洋行使較廣……寶銀……不如本洋之普遍……迨墨洋輸入，制錢與佛洋始漸歸淘汰」。[284] 起初，本洋與銀錠、制錢一併使用，本洋的

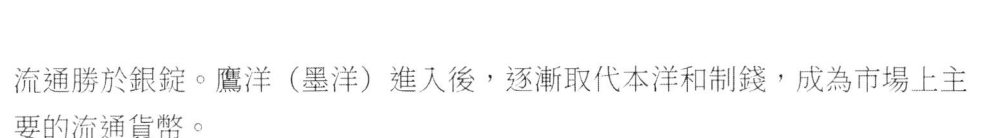

流通勝於銀錠。鷹洋（墨洋）進入後，逐漸取代本洋和制錢，成為市場上主要的流通貨幣。

二、埠際之間洋銀的流動與進出數量

明末即有外國船隻到達雙嶼港一帶，隨船攜帶一定數量的洋銀。但因當時海關尚未建立，故洋銀具體數額無從知曉。而明末至清中葉，商船仍然到寧波等地開展貿易活動，因而洋銀源源不斷地進入寧波等地。其實在鴉片戰爭期間，英軍就勒索了巨額洋銀。道光二十三年（1843），英軍曾在戰爭期間勒索寧波的店鋪、錢莊洋銀共 25 萬元，後經耆英等與英方交涉，作為償付戰爭賠款之用。「英夷前在寧波府，曾向該處士民索取洋銀二十五萬元……今已與夷酋要約明白，定於本年十二月給夷銀內扣出洋銀二十五萬元，暫貯廣東藩庫，留備甲辰年給夷之用，仍移知浙省體察情形酌量辦理。」[285] 此外，又從官庫掠走洋銀 12 萬元，變賣財物值銀 15.786 萬元。[286] 這都說明當時寧波市面上不僅有洋銀流通，而且數量不少。另一方面，「寧波地臨海濱，富殖魚鹽，五口通商以還，尤為全浙進口貿易之要埠……所有紹屬與上江一帶之商品，無不賴甬商以為轉移，而外埠如滬漢暨長江各口，殆靡不有甬商之足跡，故金融上之往來，在甬商多少發生關係，而甬地錢業之放帳，其範圍至為廣遠」。[287] 五口通商以後，埠際之間的金融和貿易往來密切。

同治三年（1864）後，始有完整統計。根據對海關資料的整理，1864—1919 年間寧波銀錠和銀圓的進出口數據，詳見表 1：

表 1　1864—1919 年間寧波銀錠、銀圓進出統計

單位：海關兩

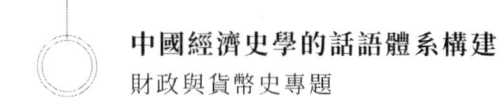

中國經濟史學的話語體系構建
財政與貨幣史專題

年份	外國銀圓進口 上海	溫州	廈門	合計	銀條進口	外國銀圓出口 上海	溫州	廈門	總計	銀條出口
1864	375 318		200	375 518	172 424	932 462		17 000	949 462	84 549
1865	591 175			594 175	226 910	1 320 159			1 320 159	38 477
1866	325 547		2 322	795 564	187 244	2 749 335		32 500	3 460 549	524 783
1867	640 791			644 191	253 480	1 906 128		19 479	1 926 207	62 527
1868	670 434			670 434	261 760	3 305 102		44 650	3 398 752	60 582
1869	552 845		5 700	558 545	238 850	1 632 773		18 170	1 650 943	75 373
1870	112 760		4 125	116 885	773 800	3 447 399		22 682	3 447 399	18 375
1871	51 582		550	67 632	770 750	2 460 660		8 612	2 460 660	27 705
1872	165 500		5 000	176 025	905 750	2 215 360		6 350	2 215 360	12 220
1873	243 100			243 100	851 270	2 163 003		2 387	2 163 003	2 113
1874	296 300			296 300	854 250	2 573 700		1 400	2 573 700	
1875	752 197			752 197	293 683	2 306 438			2 306 438	42 277
1876	999 082			999 082	390 076	3 714 368		5 500	3 719 868	69 644
1877	951 622			951 622	470 090	3 112 720	151 600	800	3 267 120	58 356
1878	904 919	111 200		1 016 119	362 644	888 128		2 420	890 548	16 279
1879	986 927	733 601		1 720 528	385 329	2 929 339	1 000		2 930 339	53 695
1880	935 846	714 637		1 650 483	365 386	2 404 048	3 600		2 407 648	44 066
1881	1005 232	714 637		1 719 869	392 476	2 499 289			2 499 289	45 812
1882	1 222 862	579 298		1 802 160	477 446	2 303 345			2 303 345	42 220
1883	802 886	284 590	1 000	1 088 476	313 474	2 603 695			2 603 695	47 726
1884	674 987	288 827	500	964 314	263 538	1 432 981	2 600		1 435 581	26 266
1885	281 235	49 190		330 425	109 803	446 989	4 000		450 989	8 193
1886	654 746	108 116	550	763 412	255 635	1 046 976	1 100		1 048 076	19 191
1887	653 613	59 450		713 063	255 193	1 484 959	1 000		1 485 959	27 219
1888	116 278	16 600		132 878	297 817	951 217	8 392		959 609	17 436
1889	307 980			307 980	506 101	1 807 585			1 807 585	102 587
1890	2 211 945	87 848	197	2 299 990	325 098	5 825 734			5 825 734	52 785
1891	528 199	43 570	261	572 030	187 026	2 456 981	14 052		2 473 647	57 673
1892	204 119	21 752	1 307	227 178	80 555	1 496 302	654	588	1 500 448	44 273
1893	180 129	19 012	196	199 337	58 044	1 234 914	1 176		1 242 952	50 332

1893	180 129	19 012	196	199 337	58 044	1 234 914	1 176		1 242 952	50 332
1894	388 521	22 168	667	411 356	65 596	1 038 092	20 472	4 410	1 074 282	38 922
1895	304 400	4 666		309 066	72 046	398 205			398 205	74 330
1896	479 580	1 566		481 146	157 193	1 095 761	48 743		1 152 337	81 623
1897	428 833	49 474		478 307	130 386	1 789 334	13 134		1 803 134	2 916
1898	1 170 452	69 820		1 240 272	50 045	2 817 317	3 601	2 067	2 822 985	63 484
1899	619 625	47 932		667 557	65 200	3 699 734	11 733		3 714 957	59 757
1900	452 799	54 998		507 797	260 742	1 649 731	44 ,576		1 694 307	31 131
1901	470 666	19 727		490 393	125 314	2 124 532	500		2 125 032	13 151
1902	172 433	11 980		184 413	56 318	717 247	70 600		788 247	30 623
1903	334 596	3 834		338 430	63 303	842 767	327 667		1 170 434	
1904	18 432	50 086		68 518	38 998	336 600	141 067		477 667	4 750
1905	102 310	25 586		127 896	2 000	652 826	20 799		673 625	
1906	596 341	85 419		681 760		1 173 018			1 173 018	7 500
1907	2 661 039	65 617		2 726 656		2 210 987			2 210 987	500
1908	2 115 303	85 641		2 200 944		2 065 868	10 465		2 076 333	
1909	90 000	138 733		229 400		230 333	3 733		234 066	4 099
1910	8 950	38 533		47 483	4 350	130 400	50 533		180 933	14 800
1911	518 315	234 060		756 375	12 580	1 709 866	2 666		1 712 532	15 000
1912	690 667	240 247		931 681	1 600	1 066 948	4 000		1 074 681	3 300
1913	128 000	191 521		319 521		657 153			657 153	
1914	504 063	279 087		783 150		548 332	667		555 666	
1915	385 987	163 101		549 088		86 357	12 000		98 357	
1916	681 000	98 933		779 933		80 000	6 667		86 667	
1917	246 667	44 933		291 600		76 666	9 333		85 999	
1918	441 333	37 667		479 000		242 667			242 667	
1919	252 000			252 000		662 667			662 667	
總計	32 662 468	5 897 657	22 575	39 083 254	12 391 573	93 755 497	992 130	189 015	949 462	2 217 097

資料來源：茅家琦、黃勝強等主編：《中國舊海關史料（1859—1948）》，京華出版社，2001年；吳松弟主編：《美國哈佛大學圖書館藏未刊中國舊海關史料（1860—1949）》，廣西師範大學出版社，2014年。

從表1來看，1864—1919年間，寧波從上海、溫州等地共進口銀圓39083254海關兩，平均每年約697915海關兩。其中從上海運入的銀圓為32662468海關兩，占總量的83.57%；從溫州運入的共5897657海關兩，占

總數的 15.09%。而從寧波輸往上海、溫州等地的洋銀數量共達到 95672002 海關兩,平均每年輸出 1708429 海關兩。其中輸往上海占絕大多數,每年平均達 1674205 海關兩。如此巨額的洋銀進出上海,原因在於「就吾甬一埠而論,進出口貨均以上海為交易地點,上海通用規銀,甬江通用洋元,申甬匯兌必須以銀與洋相兌換」。[288] 同時,洋銀大量運往寧波,甚至引起了上海洋厘的上漲。「連日滬市洋厘逐漸增長,昨又漲起一厘二毫半,其原因系被各莊收買現洋運往寧波之故」。[289] 在這 56 年中,從上海、溫州等地運入的銀錠共 12391573 海關兩,平均每年運入 221278 海關兩。其中從上海運入的銀錠共 12129638 海關兩,平均每年達 216601 海關兩。而從寧波輸往上海、溫州等地的銀錠則共計 2217097 海關兩,平均每年為 39591 海關兩。其中運往上海的銀錠總量為 1437156 海關兩,年均輸出 25664 海關兩。此外,上海成為洋銀進出最重要的目的地,同時從香港進口的洋銀數量有限,說明此時寧波已逐漸成為上海的轉口港,直接的對外貿易在急劇萎縮。輸出的港口還包括九江、福州、汕頭、菸臺、廣州、蕪湖、淡水,不過進出數量均無法跟上海、溫州、廈門相比。此外,與銀圓相比,無論是進口還是出口,銀條的數量都要少很多,由此可知當時的寧波市場上,銀圓的流通要超過銀錠(因當時的銀圓、銀條均需進口)。

然而,海關統計的數據是不完整的,仍有相當數量的洋銀並未報關而直接進入寧波等地,譬如由僑匯或商人、旅客隨身攜帶的銀圓。《浙海關十年報告(1922—1931 年)》記載:「寧波人在中國其他地方有數百萬元的大量存款。」從這一情況來推測,這些大量的資金經常在寧波與上海之間流動。但為何這些巨款未能體現在海關報告中?原因就在於這部分洋銀主要透過隨身攜帶流通,只有少數作為貨物被船運並正式登記時才被記錄下來。[290] 那麼,這些數額巨大的洋銀在寧波市場上究竟起著怎樣的作用?

三、市面洋銀的使用情形

寧波市面上的洋銀,執行著貨幣的三種主要職能。首先是大宗商品的價值尺度和結算工具。同治元年(1862),太平軍入侵造成金融、經濟秩序的巨大破壞,寧波各行業會館共同商議帳務和債務問題,一致認為應重新開始

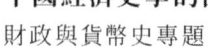

並同意所有支付一律以銀圓計付，此後銀圓成為寧波通用貨幣。[291]寧波市場上的鴉片、茶葉、棉花、桐油、麥子等主要商品，皆以洋銀定價。鴉片是進口的大宗貨物，在中國市場上又有「洋土」之稱，「寧波上年洋土每洋 1 元賣 2 兩 2 錢，自今歲以來逐漸遞減，至現在則每洋 1 元僅得 1 兩 8 錢 5 分矣」。[292]而出口的大宗商品——茶葉以及棉花的價格在長時期內也有一定波動。光緒初年，寧波茶市銷路稍旺，每斤值洋銀 1 元 2 角，到了光緒末年，寧波茶市日漸蕭條，價格日低，以致茶棧日益減少，而價格每斤僅售洋銀 4 角，最高只需 1 元左右。[293]棉花主要來自寧波附近的農村，也是市場上暢銷的商品，「棉花向來銷路最暢，近因出口不多，各處到貨稀少，以致市價較前漸昂。前每銀洋 1 元可售花 4 斤 12 兩，現已減至 4 斤 4 兩」。[294]到第二年底，棉花出口增多，價格持續上漲，每洋 1 元僅購白花 4 斤 12 兩。[295]除此之外，麥子等農產品也以洋銀作價，「甬江麥價每擔漲至 2 元零，因餘姚孫家涇孫某積貨十萬餘擔，不肯出售，寧地所進之貨姚麥居多，今彼處囤積居奇，故麥價驟漲也」。[296]

寧波錢莊業世家——寧波慈溪三七市董家的「舊計簿」曾詳細記載了嘉慶二十四年（1819）至宣統元年（1909）間寧波市面每月洋銀和制錢的比價（見表 2）。[297]從中既可看出洋銀早在嘉慶時期已普遍使用，又可觀察其與制錢的匯兌比率。

表 2 1819—1909 年間寧波董家「舊計簿」銀（元）與（制）錢匯兌表

年份	1月	2月	3月	4月	5月	6月	7月	8月	9月	10月	11月	12月
1819			920	940	940	935	950	955	965	915	920	925
1820	925	936	940	945	960	950	960	955	960	950	960	975
1821			925	948	940	940	915	890	908	910	928	925
1822		893	885	825	777	730	773	854	850	878		894
1823		872	870	890	882			871	890	893	875	873
1824			882	880	868	870	850	836	833	841	828	820
1825		824	808	824	828	813	813	815	832	826	838	830
1826			837	844	851	855	848	835		847	857	852
1827		849		851	855		874	890				906

1828	898	905			901	912		906		952	943
1829				947				935			961
1830				965	969		950		956		962
1831					963		977			950	
1832											1 000
1834										1 015	
1836						1 052					
1838				1 060						1 100	
1842						1 340					
1862						1 040			1 100	1 130	1075	1 115
1863	1 135	1 150	1 160					1 155	1 170	1 060	
1864	1 100	1 100		1 100	1 025	1 010	950	925	900	930	970	960
1865	950	940	940	965	1 000		945	960	950	950		966
1866	960	960	970	980	980	985	980	1 050	985	960	1 000	
1867	1 000	1 030	1 020	1 030	1 100	1 050	1 020	1 035			1 085	1 090
1868	1 120		1 150	1 110	1 150	1 130	1 150	1 140	1 130	1 120	1 130	1 110
1869	1 150	1 140	1 125	1 135	1 150	1 145	1 150	1 135	1 135	1 150	1 130	1 130
1870		1 145	1 150			1 190	1 190	1 150		1 215	1 200	1 230
1871		1 230	1 250	1 260	1 260	1 245		1 240	1 215	1 210	1 220	1 215
1872		1 230	1 250	1 245	1 250	1 230	1 215	1 250	1 230	1 230	1 220	1 245
1873	1 230	1 270	1 240	1 240	1 240	1 348	1 240	1 250	1 240	1 225	1 250	1 250
1874		1 250	1 250		1 250	1 255		1 225		1 209	1140	1 175
1875		1 170	1 160	1 160	1 160	1 170	1 170	1 190	1 160	1 160	1 160	1 170
1876	1 170	1 170	1 175	1 180	1 180	1 200	1 170	1 180	1 190	1 170	1 170	1 190
1877	1 200	1 190	1 175	1 180	1 180	1 170	1 170	1 175	1 170	1 120	1 100	1 100
1878	1 100	1 085	1 095	1 100	1 100	1 120	1 120	1 095	1 100	1 085	1 090	1 095
1879	1 100	1 110	1 130	1 130	1 130	1 140	1 160	1 130	1 135	1 140	1 135	1 140
1880	1 150	1 140	1 150	1 160	1 155	1 160	1 165	1 150	1 150	1 145	1 140	1 140
1881	1 150	1 135	1 150		1 145	1 150	1 150	1 140	1 140	1 140	1 140	1 140
1882	1 140	1 140	1 140	1 180	1 150	1 160		1 145	1 155	1 140	1 135	1 140
1883	1 140	1 140	1 140	1 150	1 150	1 150	1 155	1 160	1 150	1 150	1 145	1 145
1884	1 145	1 145	1 160	1 170	1 160	1 160	1 160	1 160	1 160	1 160	1 153	1 145
1885	1 145	1 150	1 150	1 150	1 145	1 145	1 145	1 145	1 140	1 135	1 140

1886	1 130	1 135	1 130	1 130	1 130	1 135	1 135	1 135	1 090	1 080	1 090	
1887	1 060	1 050	1 050	1 060	1 075	1 075	1 080	1 090	1 090	1 100	1 060	1 080
1888	1 075	1 075	1 075	1 080	1 080	1 075	1 080	1 080	1 085	1 090	1 080	1 090
1889	1 090	1 090	1 090	1 080	1 080	1 075	1 085	1 090	1 080	1 080	1 085	1 090
1890	1 090	1 090	1 080	1 085	1 085	1 090	1 100	1 090	1 095	1 100	1 100	
1891	1 080	1 090	1 085	1 090	1 100	1 100	1 100	1 085	1 095	1 090		1 100
1892	1 100	1 070	1 080	1 070	1 070	1 090	1 085	1 100	1 090	1 095	1 100	1 090
1893	1 095	1 080	1 095	1 085	1 100	1 100	1 100	1 100	1 100	1 100	1 095	
1894	1 085	1 100	1 100	1 085	1 100	1 080	1 090	1 080	1 085	1 095	1 100	1 080
1895	1 085	1 060	1 100	1 110	1 065	1 100	1 085	1 100	1 108	1 060	1 045	1 045
1896	1 040	1 040	980	955	970	950	940	930	930	905	858	835
1897	825	905	915	910	915	935	940	935	935	930	855	890
1898	910	920	930	945	960	970	910	925	930	915	925	915
1899	920	925	935	950	950	955	965	960	960	960	945	930
1900	925	920	930	930	930	935	935	945	955	930	925	920
1901	915	920	920	920	920	920	920		920	920	920	
1902				960	940	940	910	900				
1903							870			840		
1904				850								
1905	810			830	830	880	900	950	940	950	950	
1906	960	960	970	970	970	970	980	980	980	980	890	980
1907		970		970	980	980	980	980		960		
1908	900		900	900	900	900	900	900	900	950	930	
1909			900	900	900	900	950	950	950		950	950

資料來源：根據民國《鄞縣通志》己編《食貨志》「金融」，1951年鉛印本，第220—235頁相關數據整理。

從表2來看，不同季節或月份洋銀的價格存在一定的差異，「每年除了一些固定的季節，當土特產（如茶葉和蠶絲）由買賣中間人向農民收購時才需要較多的現金。在這種時候，銀圓經常有2%—3%的貼水」[298]。具體來看，四月、五月繭絲上市，洋價見漲。六月繭市已過，但新絲上市，且逢端節結帳之期，洋元用途未能減少，故價格不致大跌。七月絲茶市面將過，各業清

淡，洋元用途漸少，厘價日落。八月份，花、麥及雜糧等將次登場，銀圓漸有運去，價格又漲。九月、十月，棉花及雜糧已上市，又逢中秋節結帳之期，洋元用途最多，厘價又漲。十一、十二月及次年一月、二月因商業冷清，大宗的絲茶、棉花均未上市，洋銀價格較低。[299] 由此可見，洋銀價格的高低與市面絲、茶、棉花等大宗貨物的上市、退市有著直接關聯，這也說明洋銀當時已成為上述貨物重要的結算貨幣。

除了充當市面交易的結算貨幣，洋銀還被儲存在錢莊裡，執行貯藏手段的職能。錢莊除經營存放業務外，還以銀圓、銀角子收付為主要業務。一般現兌錢莊在早晚派人到各業門市商店去收取現洋、銀角，在市場上（錢業公所）出賣，從升水中牟利。[300] 同治三年（1864）的寧波錢業《莊規》規定：「一議英洋雖已行用，所暢通者寧、紹、上海而已，故佛洋仍舊通用，然價目不同，應聽來人，或英或佛，收付交易，公平作價，勿得抬抑，以翼招徠。」[301] 當時英洋（鷹洋）已在寧波、紹興、上海等地暢行無阻，而佛洋（本洋）也並未完全退出市場，可按價收付。但洋銀大量進入窖藏，對市面的影響頗大，造成通貨緊縮，百貨諸業生意不暢。「近年南北號糖、米、油、花大小諸業，生意平常，除開銷外，所獲微利，大率相類其間，幸能矯矯獨異者，惟錢莊耳。每年盈餘每莊或一萬三千或二千元不等余元」。[302] 此外，清代以來，寧波盛行「過帳」制度（主要是錢莊之間的資金匯劃），早期以制錢為主，到了道咸以後，逐漸被洋銀取代。咸豐年間歷任鄞縣知縣、寧波知府的段光清在《鏡湖自撰年譜》中提及，咸豐八年（1858）時，「無論銀洋自一萬，以至數萬、十餘萬，錢莊只將銀洋登記客人名下，不必銀洋過手」。[303] 同治五年（1866），寧波允和錢莊的過帳簿共有 317 筆進出記錄，帳簿上半部分記錄「過出」帳目，計 77 筆，金額共計 11122.88 元。帳簿下半部分為「過入」帳，計 240 筆，金額為 11711.6 元。[304] 可見洋銀在當時的過帳中也有普遍使用。

隨著洋銀的廣泛使用，市面逐漸改定銀圓為本位，以洋銀為計算單位的拆息——「洋拆」（洋銀 1000 元日息）應運而生。洋拆的漲落，與市面洋銀的進出和數量互相影響。「甬江某錢莊近日將現洋趸杠高抬，洋拆每日竟有 4 角 5 分之譜，因之現洋進出每百元須升五六角，各項生意受累非淺，現

由申莊將現洋200萬運甬以維市面」。[305] 洋拆居高不下，原因在於市面缺少現洋，因而從上海緊急調運現洋。不過洋拆把持在少數錢莊手上，商民深受其害。因此在光緒十七年（1891）十月，寧波北號眾行商狀告怡記、鹹德兩錢莊擅自鎔毀洋元，以致甬洋日少，洋拆日重。[306] 在眾商號聯合控告之下，官府規定洋拆限定每日3角，不得任意高漲。光緒三十二年（1906）十一月，又有商號狀告老北號乾康把持洋拆，雖經商會勸阻，未有效果。[307] 甚至到了宣統二年（1910）十一月，仍有少數錢莊把持壟斷，高抬洋拆，市面商家莫不受其影響。[308] 然而僅靠政府的行政命令，並不能完全控制洋拆的漲落。

另一方面，洋拆的竟日變動又使得寧波金融市場上「空盤」交易盛行。「甬江之所謂空盤者，即匯劃銀數以賭輸贏者也」。[309] 空盤交易的實質是一種投機行為，與市面洋銀的價格和數量互相作用。洋銀數量不多，則價格高漲，引發「買空」，反之亦然。光緒元年（1875）十二月，「各錢莊空買空賣之風實與市面大有關係，昨聞寧波洋拆仍至1元4角半」。[310] 「空盤」交易使得部分錢莊損失慘重，損失百餘萬之數，因賭負而店業閉歇者多達數家。[311] 空盤盛行致使洋拆日趨高漲，物價也隨之攀升，對商民日常生活造成不良影響，「日來甬江洋價頓長（漲），每元可換至一千二百文，柴米油燭色色昂貴」。[312] 基於這種情況，官府為維持正常的交易秩序，嚴厲打擊「買空」「賣空」行為。[313] 然而，受暴利驅使，空盤交易屢禁不止。實際上，利用洋銀價格漲跌進行套利，在上海等地市場上屢見不鮮，這是洋銀具備的另一種身份——「套利資本」。[314]

上述兩節分別介紹了埠際之間的洋銀流動和洋銀在寧波市面使用的情形，側重點在觀察洋銀在港口的流通和使用，那麼，洋銀在腹地城鎮和農村的使用情形如何？

四、清季浙省厘金中的貨幣結構

厘金是清後期設置的內地商業稅種，最初是為瞭解決龐大的軍費開支，其後逐漸演變成一種固定性稅收，並成為清政府主要的收入來源。浙江厘金開徵於咸豐年間。咸豐六年（1856）時，浙江巡撫何桂清稱：「浙省捐厘事宜，前撫臣黃宗漢在省城設局設辦，並據杭州府王有齡在前署湖州府任內於該郡

試辦絲綢各捐，俱有成效。上年茶局委員金安清在嘉興接署試辦，該處本系居貨多而行貨少……於餉需不無裨益……並以寧波南北各號商人海舶生涯，較內地略為生色，可以一律勸捐。」[315] 絲、綢、茶等捐先後在湖州、嘉興、寧波等地開徵。浙江釐金正項稅收共有 7 項，計百貨釐捐、絲捐、茶釐捐、牙帖捐、洋藥釐捐、土藥捐、加抽糖菸酒二成捐。[316] 而其大宗，主要為百貨釐捐、絲捐、茶釐捐等項。

四柱清單為古代中國傳統的記帳方式，分為「舊管」「新收」「支款」「實在」4 項。本文選取浙江省同治十三年（1874）至光緒二十九年（1903）經收釐金及解支各款四柱清單，以此觀察銀錠、洋銀、制錢在收支各項中所占的份額，進而分析這三種貨幣的使用情形，詳見表 3：

表3　浙江省同治十三年至光緒二十九年經收百貨絲茶及解支各款

單位：海關兩

	舊管項下			新收項下			支款項下			實在項下		
	存銀	存洋	存錢	銀	洋	錢	銀	洋	錢	銀	洋	錢
1874	18 459	290 587	133 684	674 327	820 421	434 664	680 217	1 229 195	496 303	58 142	265 279	79 610
1875	61 464	245 485	45 638	697 841	1 061 722	637 550	716 864	1 055 900	654 615	42 441	251 307	28 573
1876	51 282	210 480	35 239	756 255	1 102 542	743 056	774 360	1 102 982	730 483	33 178	210 039	47 814
1877	22 367	85 159	43 719	756 657	728 577	555 538	766 628	810 022	557 332	12 397	3 715	41 924
1878	22 049	5 371	25 931	667 617	801 614	536 265	668 930	800 015	544 800	20 736	6 970	17 397
1879	10 626	29 478	12 662	605 545	964 232	555 858	640 459	1 107 099	576 325	-24 286	-113 389	-7 806
1880	-30 183	-139 226	-12 072	348 473	499 160	307 944	361 843	400 656	296 730	-43 552	-40 722	-858
1882	-236 273	-386 631	-103 988	658 422	1 076 130	460 881	617 632	1 069 003	477 718	-195 483	-379 505	-120 825
1883	-111 715	-208 436	-55 441	307 680	380 854	221 310	340 528	392 311	195 623	-144 563	-219 893	-29 754
1884	-228 748	-466 443	-82 721	528 842	1 106 016	453 993	435 710	1 178 386	441 417	-135 616	-538 818	-70 144
1885	-28 319	-360 436	22 122	419 894	1 260 221	520 845	320 810	866 879	492 180	70 765	32 905	50 785
1886	92 835	170 736	41 303	483 368	1 241 701	427 909	532 234	1 167 036	435 825	43 972	245 394	33 388
1887	3 215	224 338	40 296	869 468	782 389	453 401	1 085 904	788 799	425 742	4 306	61 828	67 955
1888	8 042	54 692	79 658	744 573	806 360	380 881	734 396	634 749	383 325	18 218	226 303	77 214
1889	15 829	288 152	29 305	1 303 028	642 467	389 792	1 269 972	630 138	404 761	48 886	300 481	14 536

1890	48 712	374 451	63 199	1 087 769	430 209	390 465	1 108 101	576 528	343 477	28 381	228 204	110 187
1891	17 282	111 398	63 091	1 257 462	642 205	317 709	1 275 363	570 403	375 014	-620	183 200	5 786
1892	20 263	169 860	7 241	1 221 780	477 638	399 892	1 223 987	579 176	400 298	18 056	68 322	7 501
1893	2 674	21 177	3 960	578 149	289 096	196 661	576 253	224 635	200 577	4 269	85 638	44
1894	23 833	12 878	326	461 521	419 931	265 448	482 421	326 484	265 715	2 933	106 325	58
1895	92 397	533 707	96	1 051 313	1 051 611	236 090	973 693	882 938	465 049	169 999	702 380	65
1896	80 553	274 998	27	480 390	464 952	221 971	549 676	318 601	220 992	17 266	421 348	5
1897	85 728	364 814	40	1 016 054	915 654	180 816	904 264	727 389	350 687	197 518	627 364	62
1898	216 274	539 394	113	1 017 837	1 012 357	363 256	1 044 868	1 121 526	363 117	189 243	430 224	253
1899	134 245	372 567	343	1 131 691	1 020 322	297 672	1 124 691	1 196 783	297 375	137 583	120 810	277
1900	182 012	-21 270	231	976 812	691 811	335 213	1 050 216	1 048 159	335 270	108 606	-516 198	173
1902	5 022	-594 573	382	365 928	543 357	181 933	556 187	1 210 272	181 713	-185 236	-666 915	601
1903	-168 306	-775 963	459	486 759	400 220	116 844	781 010	1 311 699	116 829	-294 251	-911 479	514
共計	411 619	1 426 744	394 843	20 955 455	21 633 769	10 583 857	21 597 217	23 327 763	11 029 092	203 288	1 191 117	355 335

資料來源：根據中國第一歷史檔案館藏軍機處錄副奏摺「浙江省同治十三年至光緒二十九年經收百貨絲茶及解支各款四柱清單」（檔號：03-6485-032 至 03-6485-075）等檔案整理。

說明：檔案中洋銀的單位為元，銅錢為文，為了便於統計，按1元=0.72海關兩，1000文=1海關兩進行計算。光緒七年（1881）、光緒二十七年（1901）全年數據缺失；光緒元年（1875）、光緒九年（1883）、光緒二十年（1894）、光緒二十八年（1902）、光緒二十九年（1903）上半年數據缺失；光緒十九年（1893）、光緒二十二年（1896）下半年數據缺失。

首先來看「舊管」項下，1874—1903年間銀錠共411619兩，絕對值為2018707兩；洋銀1426744兩，絕對值為7332700兩；而銅錢則為394843兩，絕對值為903,287兩。從數值來看，洋銀的比例最高，銀錠次之，制錢最少。「新收」項下銀錠為20955455兩，洋銀為21633769兩，制錢為10583857兩，洋銀亦高於銀錠和制錢。從「支出」項下來看，銀錠共21597217兩，洋銀23327763兩，制錢11029092兩，洋銀最高，銀錠次之，制錢相對較少。「實在」項下，銀錠203288兩，絕對值為2250502兩；洋銀1191117兩，絕對值為7964955兩；制錢814109兩，絕對值為355335兩，洋銀還是高於銀錠和制錢。4項綜合來看，洋銀的使用比例最高，銀錠次之，制錢最少。

根據表3中的數據，可以觀察銀錠、洋銀、制錢在收支各項中的比重。對於年份之間的增減變化，因受資料限制，很難逐一解釋變化的原因。不過從1875年至1886年，洋銀的收支均高於銀錠。1886年後，銀錠超過洋銀。尤其是1888—1891年間，銀錠的收支遠超洋銀。制錢的收支份額基本不如銀錠、洋銀，僅有1883年、1884年兩個年份的支出額超過銀錠數。此外，無論是銀錠、洋銀還是制錢，其收支高低趨勢接近一致，即收入高，相應支出較高；收入少，相應支出也較少。

為了進一步論證各項厘捐與貿易、貨幣結構之間的關係，特選擇「新收」項下（包括百貨厘捐、絲厘捐、茶厘捐）來觀察洋銀、銀錠和制錢各自所占的比例，詳見表4：

表4　浙江省同治十三年至光緒二十九年百貨厘捐、絲捐及茶厘捐的貨幣結構

單位：庫平兩

年份	百貨釐捐 銀錠	百貨釐捐 洋銀	百貨釐捐 制錢	絲釐捐 洋銀	絲釐捐 制錢	茶釐捐 銀錠	茶釐捐 洋銀	茶釐捐 制錢
1874	611 711	431 141	43 463	772 747	66	108 188		
1875	654 359	362 421	637 454	699 301	77	93 481		19
1876	660 636	292 650	743 001	809 892	54	95 619		
1877	660 151	223 114	555 488	505 464	49	96 506		
1878	589 340	244 678	536 224	556 936	41	78 276		
1879	518 900	315 994	555 800	684 238	57	86 645		
1880	691 226	410 553	634 014	773 907	987	89 523	9 216	
1882	564 648	553 049	460 816	523 153	64	93 773		
1883	255 571	243 563	221 154	137 290	155	52 109		
1884	433 244	557 878	453 175	548 137	816	95 597		
1885	267 862	753 245	518 812	506 976	2 033	95 192		
1886	146 265	719 315	425 897	522 379	2 012	90 699		

103

1887	762 312	240 996	452 705	538 748	681	107 155		
1888	649 394	317 187	377 292	481 941	3 578	95 158		
1889	809 578	174 167	383 953	451 336	5 830	93 450		
1890	813 247	131 946	389 349	282 069	1 103	74 521		
1891	948 617	281 431	316 600	360 773	1 109	108 844		
1892	951 653	223 050	399 797	254 588	93	70 125		
1893	419 698	24 498	196 623	264 598	38	58 149		
1894	304 015	90 839	265 405	329 092	42	57 505		
1895	734 867	476 037	464 929	575 574	88	116 445		
1896	344 351	167 469	220 934	297 483	36	36 038		
1897	821 141	415 226	350 608	574 713	119	144 912		
1898	914 989	323 464	373 083	636 067	150	97 577		
1899	948 037	283 731	297 450	619 543	157	99 483		
1900	707 909	286 116	335 059	405 695	152	78 902		
1902	197 873	233 621	181 863	309 736	69	58 055		
1903	360 853	189 900	116 821	210 320	62	65 905		
總數	16 742 447	8 967 279	10 907 769	13 632 696	19 718	2 437 832	9 216	19

資料來源：根據中國第一歷史檔案館藏軍機處錄副奏摺「浙江省同治十三年至光緒二十九年經收百貨絲茶及解支各款四柱清單」（檔號：03-6485-032 至 03-6485-075）等檔案整理。

表 4 主要從「新收」項下來看銀錠、洋銀和制錢的使用情況，主要的徵稅項目包括百貨釐捐、絲捐和茶釐捐。結合表中數據，百貨釐捐以銀錠為主，占到總數的 45.72%；其次為制錢，占總數的 29.79%；洋銀所占份額最少，但也達到了 24.49%。而在絲捐的收項中，幾乎全是洋銀，僅有極少數的銅錢，銀錠則無所見。茶釐捐的主要收項是銀錠，洋銀和制錢的收入則可忽略不計。從總的收項來看，銀錠共 19180279 兩，而洋銀計 22609191 兩，制錢為 10927506 兩，分別占總數的 36.38%、42.89%、20.73%，其中洋銀最高，銀錠次之，制錢不足洋銀的一半。

为何會出現上述情況？原因在於各種捐項徵收銀錢皆有規定，首先來看百貨厘捐，「查核浙省厘捐，舊章系估計貨本價值，抽收百分之一，續後逐漸議加添設卡局，分列名目，已增至百分之六七」。在徵收時，「厘捐錢文應通飭各局一律收錢也，查各處厘局或有錢洋並收者，非高抬洋價即摻雜低洋，流弊漸多，此後應通飭各厘局一律收錢」。而洋藥等則收銀錠，但需按章核收足色庫平紋銀，以杜銀水低昂，摻和短少等弊。[317] 但浙東、浙西徵收百貨厘捐稅率有別，浙東貨厘稅率為10%（正厘9%，附款1%），浙西為5.5%（正厘為4.5%，附款1%）。[318] 百貨厘捐徵收之初，規定只收制錢，厘捐「例定製錢，現時制錢缺乏，不得不以銀圓充數，兌價高低不能劃一」。不過由於制錢缺乏，厘飽局規定洋價1元折錢1000文，但在實際徵收過程中各厘卡、分卡任意短抑洋價，「近日甬上市價，銀圓一枚可兌制錢一千零二三十文，而北門卡完納捐錢時，每銀圓作制錢七百六十文至九百文不等，且捐數在制錢四百文以上即責令完納銀圓」。[319] 正是徵收洋銀可牟取巨額利益，因此百貨厘捐中有數量不菲的洋銀。而絲捐原定每包80斤，收洋16元，此後又有滬飽、善後、塘工、賑捐等附加捐項，至清季每包共捐27.7元。用絲捐原照貨厘章程見貨抽收，光緒初年改為各屬絲行承認，每兩收正捐銀4文，光緒十年（1884）加抽善後捐錢2文，三十年（1904）加山東賑捐錢1文，共計每兩徵收7文。光緒三十三年（1907）通飭收回官辦，每兩增收6文，停止山東賑捐1文，共收12文。[320] 透過絲捐章程，也就能夠理解為何絲捐以洋銀占絕大部分比例，同時有一定數量的制錢。茶厘捐的徵收也有嚴格規定，同治二年（1863）箱茶每引（100斤）抽捐0.9兩、厘1.4兩，共2.3兩；簍茶、袋茶每引抽捐0.4兩、厘0.6兩，共1兩。同治五年（1866）箱茶每引統收厘銀1.4兩，簍茶、袋茶每引0.6兩。[321] 因而茶厘捐幾乎全為銀錠，洋銀和制錢幾乎不見蹤影。

厘金支出主要集中在軍餉、京餉銀、協濟甘餉銀、軍需局開支、北洋海防經費等軍事開支以及養廉銀、織造採辦工料錢、委員薪水書役工食等費用。在貨幣結構方面，亦有一定規律。

從數據來看，軍餉支出中銀錠為951313兩，銀圓為7250388兩，兩者分別占到11.6%、88.4%。京餉/甘餉銀中銀錠支出3073339兩，銀圓支

出 2407210 兩，兩者所占比例為 56.07%、43.93%。軍需局費用中銀錠、銀圓、制錢支出分別為 2758494 兩、5014941 兩和 6320618 兩，各自占總數的 19.57%、35.58%、44.85%。養廉銀幾乎全使用銀錠，僅有極少數的制錢，而且數額穩定，多數年份均為 8460 兩。織造採辦工料錢則幾乎全使用制錢，每年均維持在 6000 萬文左右。而委員薪水書役工食費用從光緒六年（1880）開始支出，前 4 年均使用銀錠，從光緒十年（1884）開始使用銀圓，銀錠和銀圓的比例為 15.65%、84.35%。

前文提及，厘金的徵收最初是為了應付龐大的軍費開支，因此有關軍事類的開支占到很大比例。浙江厘金解款內包括國家用款、本省用款及其他用款 3 項，國家用款又以京餉、協餉、海防經費等為主。京餉一款自同治三年（1864）起即批解，其時額定數目為 5 萬兩，光緒五年（1879）增至 15 萬兩，後又減至 10 萬兩。而協餉以甘餉銀數額為最，常在 5 萬兩以上。海防經費以籌解北洋為主，自光緒元年（1875）起解，最初數年為 10 萬兩，光緒十年（1884）至光緒十二年（1886）僅解 3 萬兩，光緒十三年（1887）後復增至 10 萬兩以上。而本省用款中，以軍餉及軍需局的開支為大宗。軍餉銀每年少則五六萬兩，多則 10 萬兩以上，而軍需局的開支更甚軍餉。[322] 各種解項雖有具體數額，但在實際解款過程中，亦可搭解洋銀或折銀繳納。「報解京餉準其擬用三成，不必另行設局，亦準搭解京餉，各省徵收錢糧、稅厘，準其以銀圓搭用三成完納，各州縣解省道等庫，各省關解部均按三成搭收，一切支發俸餉等項亦準按三成搭放」。[323] 銀圓折銀繳納亦不少見，以軍餉為例：「炮船軍餉無論英、本，每洋一元作銀七錢，彼炮船領餉每十元中搭本洋三元可增錢三百數十文，所以定例如此。向年初定英、本對搭嘉湖一律辦理之時，則炮船軍餉恰是對搭支放，然滬捐、塘工、善後各項所搭本洋均入私橐。及改三七搭解之後，則炮船軍糧盡發英洋，並無分毫本洋。」[324] 洋銀 1 元作銀 7 錢，已受貼水之虧，每 10 元搭解 3 元本洋，則虧折更甚。（因本洋稀少，本身具有高昂的升水。）因而無論是京餉、協餉、海防經費、軍餉、軍需銀等，銀錠、銀圓、制錢均混合使用，只是在解款過程中按價折收或搭配使用，其中涉及多種利益主體的糾葛，限於篇幅，容另文詳述。

五、洋銀在農村的使用情形

　　寧波是浙江最早開放的商埠，洋銀透過對外貿易進入港口，然後經港口流通至廣大農村地區。根據日本東亞同文會的調查，清末民初的寧波市場上，銀圓中鷹洋流通最廣，江南銀圓次之，湖北銀圓及日本銀圓亦有一定流通。鷹洋是本地單位價格的標準，在本地通貨中占據重要地位。[325]

　　而農村地區洋銀的流通情形如何？洋銀流向農村，一個很重要的原因在於茶商向產茶地區的農民購買茶葉，「寧波市面的鷹洋逐漸連同那些老的本洋流入浙西和浙南以及福建境內，只留下一部分銀圓專為收購平水茶之用。直到1875年，還有一些寧波茶商為了要去浙西平水向茶農收購茶葉，不得不在寧波錢莊、錢兌鋪購進銀圓。平水茶農是比較保守的，堅持只收本洋，寧波茶商因此和他們展開了一場鬥爭。鬥爭結果是茶商迫使茶農接受鷹洋，其後本洋流傳下來的也就極少了。」[326] 平水茶農雖偏好本洋，但依然接受了鷹洋，因為當時本洋早已停鑄，存世數量有限，鷹洋取代本洋成為必然。平水茶農最終接受了鷹洋，也從側面說明洋銀仍是收購茶葉的首選。

　　此外，洋銀在農村錢會、繳納賦稅等方面也有一定程度的使用。道光十一年（1831），寧波府慈溪縣九都外四圖鄭鴻儒等人發起金蘭會（錢會），會約規定：「荷蒙親友高誼玉成，十賢人認會一個，計實足六串制錢一百千文。其會一年一轉，限定四月初十日晴雨無阻，各齎現錢赴席，銀洋出入均照慈城市價，概不高抬。」[327] 雖然當時金蘭會籌措的會資為制錢，但是銀洋在支付會息等方面也可按市價兌換使用。光緒十五年（1889），寧波府奉化縣廿一都二莊應家棚為開徵糧務，制定「立甲十議」，其中有關貨幣的內容雲：「一議挨次當甲，以三年為滿。甲眾之洋三百元，至三年後，仍交盤後甲之洋三百元，毋得虧余分毫。一議莊務收費並公事到莊，當甲之家承值，甲眾每歲歸甲錢五千文。一議莊內老戶，除拍戶外，新增戶頭歸甲眾錢六百文。一議棚民新立戶，爰幫歸甲眾洋三元，如有不守本分者概不立戶。」[328] 其後列有31戶捐資姓名、金額，共捐洋304元。從立甲內容可以看出，洋銀與制錢均在使用。而《應家棚歷年甲事記》記載：「光緒十五年十二月，付豬羊田江田畝五畝三分，計契價英洋一百三十九元。十六年：付西岙底田十

畝，計契價英洋一百三十八元，又付謝中代洋六元……光緒十八年二月初四日，甲眾人等面揭存應孝棠洋四十元，當交與陳桂福洋三十元。又交人頭老帳欠款錢六七十千文，實存應孝棠洋十元。」從內容來看，應家棚田畝多以英洋計價，但甲首蔡增福（蔡長記）從同治二年（1863）至光緒九年（1883）每年年底的帳目，均以制錢結算。[329] 其餘各種錢會，如「應友坎會」「陳玉堂會」，每年收付也用制錢。這也說明，制錢仍是農村重要的支付貨幣。

慈溪縣掌起橋農村商號「陳房記」與55戶的資金往來，也為觀察洋銀在農村中的流通情形提供了最直接的證據。據統計，光緒十七年（1891）「陳房記」共收錢2155730文，收洋1121.879元。共支出錢987249文，洋2487.733元。[330] 在收入方面，制錢是洋銀的兩倍；支出方面，洋銀數量是制錢的兩倍有餘。位於餘姚城北朗霞、周巷一帶的源潤錢莊，共有169戶存戶。根據該錢莊的帳簿可以發現，光緒二十年（1894）已普遍使用洋銀。「光緒廿年七月卅共揭除收過丈洋二百廿七元另六分八，月息率十五，計息四元四角六厘；八月初九收洋廿元。收十五日止，毛二元八角六分一厘，去水率四七五，計息一元三角六分；收三十日止，毛二元六角九分一厘，去水率二二五，計息六角五分四厘。」制錢也有使用，「芳記：舊十二月三十止，揭丈仡錢十二千九七零文。鄉記：舊十二月三十止，揭欠洋五十一元五角零四厘，錢一百零一千一百六十一文。宜記：舊十二月三十止，揭欠錢一百零二千五百三十五文。味記：舊十二月三十止，揭欠錢二十四千三百零九文。光緒廿年十二月三十日，收洋二元四角。維記：舊十二月三十止，揭欠錢一百五十七千二百四十二文。」[331] 不過，錢莊業務有其特殊性，與錢莊產生收付關係的多是各類商號，雙方來往的資金數量頗大，因此銀圓使用有相當的比例。而對農村的普通交易來講，其數額遠小於錢莊之間的資金匯劃，因此使用制錢更為普遍，這從浙東農村契約文書中可以得到印證，當時農村的土地買賣或資金借貸，制錢的使用遠超洋銀。

下面，筆者結合已出版的兩冊契約文書——《清代寧波契約文書輯校》《清代浙東契約文書輯選》，對浙東農村的銀錠、洋銀、制錢3種貨幣使用比率進行了統計，詳細數據參見表5：

表5　清代浙東地區農村市場的貨幣結構

	銀錠	所占比例	銀圓	所占比例	制錢	所占比例	共 計
乾隆朝	11	40.74%			16	59.26%	27
嘉慶朝	9	40.91%			13	59.09%	22
道光朝	30	8.22%			335	91.78%	365
咸豐朝	15	6.61%			212	93.29%	227
同治朝	8	6.02%	4	3.01%	121	90.97%	133
光緒朝	19	16.1%	15	12.71%	84	71.18%	118
宣統朝	3	60%	2	40%			5

資料來源：根據王萬盈輯校的《清代寧波契約文書輯校》（天津古籍出版社，2008年）；張介人編的《清代浙東契約文書輯選》（浙江大學出版社，2011年）中收錄的契約文書資料整理而成。

　　從表5可以看出，銀圓在清中前期的浙東農村土地交易中幾乎沒有出現，到同治朝才有零星使用，但使用比例遠低於制錢和銀錠。光緒年間的使用比例有所提高，不過仍遠低於制錢，也不及銀錠。由於宣統朝的樣本太少，暫無法說明其使用情形。由表5可知，農村的交易仍以制錢為主，清中前期雖有一定比例的銀錠，但總體仍不及制錢的比例。清後期，制錢的使用已占到絕對優勢，原因在於制錢更適合農村的小額交易。清季，張之洞指出：「大率兩廣、滇、黔及江浙之沿海口岸市鎮，則已銀錢兼用。若長江南北之內地州縣，至大河南北各省，則用錢者百分之九十九，用銀者百分之一二。合計中國全國，仍是銀銅並用，而用銅之地，十倍於用銀之地。」[332] 張之洞所言，並非一個確數，只是為了說明內地州縣仍以用錢為主。實際上，即使在沿海的農村，地丁銀等賦稅也多以錢折銀繳納。宣統二年（1910），杭嘉湖道宗舜年指出：「伏查徵收丁糧例應納銀，而浙省向少現銀，是以民間名為完銀，實則輸錢以折銀，州縣名為征銀，實則收錢而解銀。」[333] 由此看來，在廣大農村，制錢不可或缺，重要性高於洋銀。

六、結語

明末萬曆改革，實施「一條鞭法」，賦役改徵白銀。然而中國自身產銀有限，需要透過絲茶貿易換取美洲等地的白銀。早期白銀以銀條形式進入中國，到各地銀爐熔鑄成銀錠後使用，由於檢驗費用高昂，交易成本上升。而制錢幣值過小，且日益缺乏。於是，形制統一、便於檢驗的外國銀圓受到市場歡迎，並逐漸成為市面交易主要的結算貨幣，在 19 世紀 50 年代成為寧波的本位貨幣。此後，寧波錢莊的收支以及市面主要貨物的結算，均以洋銀為主。

洋商來華貿易，主要是為購買中國的茶葉、生絲、瓷器等貨物，而這些貨物的產地多在農村，因而洋銀逐漸從港口流向農村絲、茶產地。在寧波周邊皖南（茶葉產地）、浙東、蘇南（生絲產地）等地的農村，洋銀均有廣泛流通。不過在絲、茶產地以外的農村地區，銀錠和制錢的使用遠超銀圓，與港口的通貨呈現結構性差異。

洋銀的廣泛流通直接促使近代中國走上仿鑄—自鑄—改革貨幣制度的道路。早在清中葉，即有部分省份仿鑄洋銀，企圖取而代之。光緒二年（1876），寧波已出現仿鑄洋銀，「寧波地方有私自開爐而鑄銀圓者，其式之大小及邊紋面花，悉與外來者無少異，銀色亦佳。惟仔細端詳覺稍薄耳」。[334] 仿鑄洋銀能帶來利潤，因此部分商人以此漁利，但其終未能流通開來。光緒十六年（1890），廣東率先鑄造銀圓，其後湖北、江南等地紛紛設局鑄銀，並運用行政力量加以推動，「竊維各省遵奉諭旨鑄造光緒銀圓、角子、元寶，以濟制錢不足，立意便商益民，不使利源外溢……以湖北、廣東、江南、福建、安徽、浙江等省鑄造大小銀圓。凡市面購物、易錢均準十角作一元，各按地方洋價核算，一律通用，不準低昂抑勒，輒議貼水」。[335] 不過當時各省鑄造的銀圓並未能完全取代洋銀，到 19 世紀末，寧波市面上流通的銀幣只剩下墨西哥鷹洋和湖北的銀輔幣。北洋銀圓和其他省的銀圓沒有流通，而所有的紙幣都不被信任，幾乎一直受到拒絕，[336] 由此可見市場對洋銀的偏好以及接受本國銀圓的時間之長。

宣統二年（1910），清政府頒布《幣制則例》，宣布以 7 錢 2 分銀圓為國幣。民國初年，北京政府沿襲銀圓為國幣的貨幣政策，隨著袁世凱銀圓進入市場，加之鷹洋停鑄，洋銀逐漸退出中國市場。

實際上，銀圓的流通是金屬貨幣走向信用貨幣的重要過渡階段，外商銀行依據銀圓發行的銀圓票以及法幣「元」「角」「分」單位的確立，都與銀圓在中國的流通密不可分。而洋銀廣泛流通引發的國人關於貨幣與國家利權、主權的討論，則成為清末民初幣制改革和實現領土型貨幣的輿論基礎。

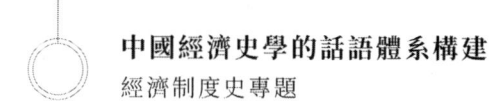

中國經濟史學的話語體系構建
經濟制度史專題

經濟制度史專題

明清湘江河道社會管理制度及其演變 [337]

陳瑶 [338]

內容提要：明代河泊所對湘江河道社會的管理主要體現在向漁民徵稅，清前期，隨著湖南商業經濟的發展與米穀貿易的繁榮，地方官府加強對商品運輸要道——湘江的管理，著力於控制漁戶和船戶。乾隆年間，湘江下游河道管理中的船行、牙行、埠頭等管理中介制度是適應於河道社會的設計，引入地方商業機構與沿河宗族參與對船戶和漁戶的管理，保障河道的暢通和安全。明清湘江河道社會管理制度及其演變，展現了河道突顯的交通運輸功能在引起管理制度演變中的水域特徵意義，說明水域管理制度需要與實際社會情形緊密契合才能得以落實，亦是全國不同水域管理制度的多元演變趨向的一個例證。由此可見，自明至清，王朝國家對不同水域社會的認識逐漸加深，並靈活運用社會機制不斷強化水域管理。

關鍵詞：水域　河道社會　湘江　明清

一、引言

中國傳統時期，王朝國家對海洋、湖泊和河流等各種水域的控制與管理，相對於陸地來說較為薄弱。生活在水上的主要人群是漁民，官府對於水域的管理集中體現在對漁民的控制與徵稅上。據已有研究可知，王朝水域管理制度中，「漁戶」作為一種獨特的戶籍種類，將漁民納入戶籍管理體系之中，是從元代開始的；明代繼承元制，並在全國範圍內系統地編訂漁戶戶籍和實行河泊所制度；直到清代，河泊所制度完全廢弛，各地官府才先後發展出與不同水域相適應的管理制度。[339] 生活在不同水域的漁民，如華南沿海的疍民、浙江的九姓漁戶、兩湖地區的漁民等，在生計方式、社會組織形態、文化傳統等方面均各有其自身的特點。[340] 因此，理清不同水域的管理制度及

其演變過程，將有助於更清晰地說明明清王朝對水域社會認識之加深、管理之加強。

中國大江小河縱橫交錯，在傳統時期，江河水道在各種類型的水域裡具有獨特意義。與海洋、湖泊、塘堰等水域相比，河流具有一個非常突出的重要功能，即交通運輸的功能。正基於此，一些重要的交通運輸河道進入王朝的視野，相對於其他類型水域以及其他江河，明清王朝對這些重要河道的管理逐漸走向更符合地方情形的演變。眾所周知，中國最受關注的內陸河道之一是貫通南北的大運河，關於大運河的研究已經較多地關注王朝制度的設置與運作情況，這與其特殊的政治意義和經濟意義緊密相關，並非廣袤疆域中眾多普通的河道可以比擬。[341] 而其他諸多討論河道歷史的論著，主要從歷史地理的角度出發，討論河道的長期演變與自然環境、地質地貌、水文因素、人力工程之間的互動關係，[342] 較少考慮河道的交通運輸功能，以及王朝制度和社會機制在河道水域管理中的意義。湘江是長江中游注入洞庭湖的一條支流，是中國諸多江河中極為普通的一條，但相對於其他江河水道，湘江是縱貫湖廣地區、連接珠江流域與長江流域的主要河道，在明清時期顯示出其交通運輸樞紐的功能，引起王朝國家和地方官府的關注並進一步施加管理，可藉以瞭解明清王朝對普通河道的具體管理制度及其演變歷程。

湘江河道上生活著大量依水而生的流動人群，在相當長的歷史時期裡，其大多數處於王朝制度管束的邊緣。近二十年來，諸多研究者開始關註明清時期湖廣地區水域的漁戶管理和漁民社會，在大量新資料的基礎上，以湖廣地區、兩湖平原、湖北地區、江漢平原等地理範圍為中心，對河泊所制度、「赤歷冊」、水保甲、「水魚鱗冊」等水域管理制度開展了深入細緻的研究。[343] 然而，這些研究並未嚴格區分河流與湖泊，一般籠統地稱為「河湖水域」，側重點主要放在湖泊與生活在湖泊的漁民方面，時段上則偏重明代。故而，關於湖廣地區河道社會管理制度及其演變的問題，仍有進一步探討之空間。

關於明清湖廣地區河湖水域管理制度，中村治兵衛、張建民、尹玲玲、楊國安、徐斌、魯西奇等學者進行了具體討論。已有研究表明，洪武十五年（1382），全國範圍內的水域漸次設立河泊所，湖廣地區設置最多，河泊所

之下管理漁戶的組織有催首、業甲、網甲、課甲等名頭，建立漁戶冊籍，各地不一。河泊所的任務主要是管理漁戶、徵收漁稅、劃分和管轄水域以及管理漁場。[344]明前期，湖廣地區諸河泊所透過對所轄河湖水域漁戶攢造水魚鱗冊與甲冊，將漁戶編排為「業甲」，「業甲」各領業戶若干，以全甲為單位或以「業戶」身份閘領湖池水域、承辦諸色魚課；然後再由各甲所屬之「業戶」共同使用所領湖池水域，分擔課米。[345]

湖南地區河泊所的設置數量遠不如湖北多，覆蓋府州縣亦不如湖北廣泛。[346]湖南地區在岳州府、常德府、長沙府、衡州府、永州府設有河泊所，其中設於湘江流域的河泊所共十三處。目前可知，湘江下游長沙府境內共設河泊所四處，分別在長沙府、湘潭縣、湘陰縣和益陽縣，前三處河泊所地處湘江下游，其中湘潭縣河泊所為洪武十五年（1382）立，[347]裁革於隆慶二年（1568）；湘陰縣和益陽縣河泊所裁革於萬曆六年（1578），長沙縣河泊所明後期仍存。[348]在湘江中游，衡州府明初設置河泊所六處，分佈於衡山縣、衡陽縣、耒陽縣、常寧縣、桂陽州和臨武縣，其中衡陽縣、臨武縣河泊所到嘉靖十五年（1536）仍然存在，[349]衡山縣河泊所為洪武七年（1374）創立、正統七年（1442）革，[350]常寧縣河泊所洪武十四年（1381）創建。[351]永州府則在洪武十六年（1383）設置零陵縣、祁陽縣、永明縣、灌陽縣、道州、東安縣六處河泊所。[352]湘江流域特別是湘江下游的河泊所漁利較為豐厚，從成化二十三年（1487）到弘治十一年（1498）間，湘潭縣、湘陰縣河泊所的課鈔曾多次成為吉府藩王奏討的賦稅資源。

河泊所管理漁戶、徵收漁稅的制度並未能長期有效地實行。明中葉以後，各地的河泊所課鈔數量太少，逐漸被裁革，湖廣地區河泊所在明中葉以後被裁革的速度加快，其中尤以正德末年及嘉靖、隆慶、萬曆年間裁革數量為多。[353]湘江流域河泊所也被裁革殆盡。到萬曆年間，湘江下游湘潭、益陽、湘陰河泊所因漁利較少而相繼被裁革，長沙因所征漁課較高而最遲被裁革。[354]如湘潭縣，由於大多漁戶逋賦，河泊所歲征漁課數量很少，且要從中支付河泊所官員的俸糧，而能征到的漁課仍需縣官點收，故知縣陳應信在嘉靖三十三年（1554）議定革除河泊所。[355]因征不到稅而革除河泊所、改漁課為縣官征解的做法說明，相對於管理漁戶人身，官府更加關心漁課的徵收。

經過明清鼎革和吳三桂叛亂,到康熙十九年(1680),湘江流域地區局勢已經穩定。在水域管理方面,清初繼承「明初河泊所徵收」的漁課,將漁課歸於「湖洲雜課」項內徵收。[356] 官府看重的仍然是徵收漁課,在湘潭等縣,漁民像嘉靖年間一樣容易逃稅,難以管束。[357] 直到盛清時期,湘江河道漁民的管理才引起地方官員的關注,河道社會管理制度隨之發生變化。

研究歷史時期水域和漁民的相關問題,文獻資料最為難尋,幸而湖南府州縣方志、《湖南省例成案》[358] 和湘江沿岸宗族的族譜等官私文獻為我們瞭解明清湘江河道社會管理制度的演變提供了豐富的資料。下文即試圖以湘江為例,考察清前期河道社會管理制度演變的原因與過程,分析河道社會管理新制度的落實機制與實效,並借此闡發河流等不同水域管理在明清制度演變中的多元趨向。

二、湘江河道社會管理制度演變之原因與過程

明代至清初,湖南地方官府及河泊所對湘江河道的管理侷限於對漁民進行賦稅徵收,無力觸及漁民的人身管束與控制。雖然湘江歷來為縱貫湖南之交通運輸要道,但地方官府對湘江河道上的漁民和漁船引起重視並加強管理,則是從康熙朝後期開始。隨後,湘江河道社會管理制度發生了重要變化。

(一)湘江河道社會管理制度演變之原因

傳統時期,湘江是湖南各種外來商品輸入和土產輸出的主要通道,到了清前期,隨著湖南米穀貿易的興盛,湘江更成為米穀輸出要道。從康熙朝後期開始,湖南成為全國重要的米穀輸出地,所謂「湖廣熟,天下足」的民諺即流行於此時。雍正朝和乾隆朝是湖南米穀貿易最繁盛的時期,每年外運糧米約在五百萬石左右,可能還要更多。湖南輸出的米穀主要產於湘江中下游地區,其中湘潭和衡陽是重要的米穀生產地和湖南最大的米穀交易市場。外來的常平倉採買官員和客商大多途經湘江來到湖南買米售貨,當地人則透過湘江將米穀運到市場上出售,所以,不論是對於地方官、客商來說,還是對於當地米穀生產者來說,湘江河道的順暢和安全至關重要。[359]

然而生活在河道上的漁戶與船戶嚴重影響到湘江河道的秩序，引起地方官府對漁戶和船戶問題的關注。一方面，漁戶在湘江上的活動影響到河道的暢通，如康熙四十一年到康熙四十九年（1702—1710）任偏沅巡撫的趙申喬曾飭令湘潭縣知縣調查攔河罟戶之事：

為飭查事。照得：該縣沿河一帶地方設立攔江罟埠，有用竹木椿木攔河一半，並有將河道攔滿者。但河道係往來船隻必經之地，既布椿攔滿，必致阻礙行船。更訪聞過船偶撞椿木，罟戶反揣留索詐，殊可痛恨。據罟戶羅相賢稱，繫上納賦稅。而該縣又稱往例俱稱如斯。但該縣課稅，固有定額，其罟戶攔河一半者納稅幾何？攔滿河道者納稅幾何？該縣作何分別徵收？合行飭查，為此，仰湘潭縣官吏照文事理，即將該縣沿河罟魚人戶共有若干，往例作何，攔截內椿滿河道者若干，納稅若干，攔河者若干，納稅若干，逐一查明詳覆。並將漁戶羅相賢同經管課稅經承齎執該縣徵納罟戶姓名、稅銀數目，印冊赴院，以憑查奪，毋得遲違。[360]

雖然沒有關於這一事件處理結果的相關文獻記錄，但就該文來說，我們可以看到湘潭縣沿河一帶漁戶的一種「罟戶」布椿攔截往來船隻必經之河道，影響船隻交通運輸，並且欺詐客船，而知縣並不處理，因為稅收制度為罟戶的攔河行為提供了合法利用河道資源的空間。這種情況在當時已有「往例」，可見在康熙年間，漁戶經常阻礙湘江河道的暢通。到雍正七年（1729），類似事情仍舊不斷發生，導致巡撫趙宏恩也通飭嚴禁漁戶設立「椿釘竹木硬擋阻礙行舟」，阻塞河道。[361] 這說明清初對湘江河道的管理非常鬆散，然而，康熙朝後期之後，地方官員則開始治理漁戶阻礙行船的活動，認為罟戶等漁戶雖繳納賦稅，但他們影響河道暢通之事則是亟須解決之問題。

另一方面，船戶是危及河道上商旅安全的重要因素。在官方的記載中，「奸惡船戶偷竊客貨」之類的案件時常發生。如雍正五年（1727）八月，湖南巡撫布蘭泰聽聞「有等奸惡船戶，攬載客貨之時，無不甜言蜜語，皆可信為誠實，及至貨載伊船，即起盜心，擅將客鹽米貨，任意偷賣；倘被本客窺破索討，竟敢肆行毆打；甚有機乘僻地曠野之處，將客捆綁，撩入河干，亦

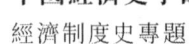

無顧忌」。[362] 船戶在河道水域的客貨運輸中偷扒搶劫的案件屢屢頻發，甚至被稱為「江湖盜匪」。[363] 商旅安全亦引起官方對河道秩序的重視。

正是由於康熙朝後期開始，當地商品經濟發展繁榮，湘江交通運輸功能發揮出顯要作用，漁戶攔截河道與船戶偷扒搶劫的行徑才逐漸進入地方官府管理的視野。隨著米穀貿易日益興盛，湘江河道的暢通和安全事關當地商業環境和社會秩序，故而，湖南地方官府著力加強對湘江河道的管理，重新設計和推行新的管理制度，亦是勢在必行。

（二）湘江河道社會管理制度演變之過程

湖南地方官員為了保持湘江運輸暢通和防範盜匪，意圖實施對河道社會的管控。在不斷稽查漁戶和船戶的過程中，各級官員吸收來自基層的反饋訊息，在河道管理制度中極大地加強了針對性，不僅分辨漁戶與船戶之異同，設定因人而異的管理制度，而且區分不同水文情況，接受州縣官員因地制宜的管理辦法，建立日趨適應於湘江河道社會的管理制度。

第一，地方官員逐漸認識到漁戶和船戶對河道產生負面影響的方式和程度並不相同，於是在管理制度上加以區分，以與商業運輸相關的船行和牙行等監控船戶，以與本地漁業經營相聯繫的埠頭管理漁戶。

可以說，雍正年間，湖南地方官在水域管理方面推行保甲法與全國各地水域編立保甲的趨勢一致。就全國而言，康熙四十二年（1703）已出現關於澳甲的記錄，在康熙朝後期，廣東沿海一帶編設澳甲，福建沿海也實行管理沿海船隻的鰲甲，浙江各縣則對濱海居住軍民實施保甲之法。[364] 為瞭解決湖南水域安全問題，雍正五年（1727）曾實施編列和管理船戶和漁戶之定例：

案照雍正五年定例，一切小船，各該地方官取具船戶鄰佑保結，編列號次於船隻兩傍，刊刻籍貫姓名，給以印照，持照攬載，地方文武員並不時稽查。倘書役等有借端勒索情弊，立拿枷示。至漁船，亦照陸地保甲之例，十船編為一甲。若一船有犯盜竊者，令九船公首，如隱匿不報，事發一體治罪。十船之外，再有餘船，即照保甲法編作畸零。倘有漏匿需索等情，察出嚴加

治罪等因。當經行司通飭遵照。嗣於上年十月內，準兵部咨行，令竭力奉行。[365]

雍正五年（1727）實施的這一船戶和漁船管理制度，已然初現區分管理船戶和漁戶的概念。前一部分針對船戶，以船戶為單位編號，登記籍貫姓名，給予印照，允許他們憑印照從事水上運輸的營生，由地方文武員管理；後一部分針對漁船，模仿陸地保甲的辦法，以漁船為單位編立保甲；皆隸屬兵部。這項「雍正五年定例」，應與下引「漁船保甲規條」同樣出自雍正五年（1727）上任湖廣總督的邁柱之手。

據楊國安和徐斌的研究，清初推行保甲制度較為突出的是雍正年間湖廣總督邁柱在督府所在地江夏地區實施的漁船保甲法，這一規定在兩湖其他沿江近湖地區加以推廣，制定了更為詳細的漁船保甲規條：

請將南北兩省沿江近湖地方一切小船逐一清查，各歸就近堤岸，彼此認保。每十船具一連環保，挨次編號。遇晚，令其務在本埠一處灣泊。其有別埠別號混入者，即行查逐。每船船戶不得過二人。取漁器具止許帶罾網等類，其魚叉、鐵鋼叉、打魚之棍棒等物，概行查禁。均責令就近典史、巡檢、塘汛兵丁不時清查。並令每十號船內，自行首報匪類，免罪。如平日已經認保，及後為匪，又通同徇隱，不行首出，一船犯事，十船連坐。如此則所有小船，彼此自相察舉，似弭盜之一法也。[366]

楊國安和徐斌的研究指出，為了應對兩湖地區日益猖獗的江湖盜匪，官府採取了多種相應措施，在基層社會著力推行漁船保甲制度是其中最重要的一種，漁船保甲不僅實行漁船聯保，對船隻攜帶的漁具也進行了嚴格的限制，更為重要的是規定漁船必須停泊所屬埠頭，接受檢查。[367]

筆者認為，以上「雍正五年定例」及邁柱上奏的《編查漁船保甲疏》，反映當時的湖南地方官員初步致力於水域管理制度的設計與推行，對船戶和漁戶生計方式的不同已有基本的觀察，為之後管理制度設計的細緻化和針對性奠定了基礎，指明了方向。

然而，從乾隆朝前期湖南按察使和巡撫多次飭令抽驗漁船編列號次來看，雍正年間官府實施的水域管理定例並未有效實行，自上而下推廣的漁船保甲法也並沒有根除湖南江湖盜匪的存在，盜匪事件仍然頻發。乾隆四年（1739），巡撫馮光裕重申「雍正五年定例」，因「恐日久懈弛，或致盜賊，得以漸次混雜」，而「再行飭遵」。[368]乾隆八年（1743）八月二十六日，按察使明德稱，「楚省襟江帶湖，素稱澤國，界連滇、黔、蜀、豫、江、廣等省，商賈往來，帆檣若織，誠系五方雜處之區，而萑苻宵小之徒，每有糾夥扒艙，貽害行旅，最為惡毒，如積匪杜二山、楊麼等，案牘纍纍，行竊者不止一年，被害者不僅一處，此案夥黨雖經緝獲，而此風仍未止息」，於是下令「將禁內漁船逐一查明編列號次，造冊查核，仍於船艄粉書州、縣、村莊、漁戶姓名，用油刷蓋，示諭各漁戶每日自寅至酉，悉聽往來捕取，自初更以及未交五更止，許在近埠江面停舟捕魚，毋許鼓棹他往，並飭塘汛兵捕，遇有夜行漁船，嚴加盤詰，其驗無粉白書記者，拿送有司究治」。[369]乾隆十九年（1754）五月二十三日，巡撫胡寶瑔再行嚴飭「編查船隻，以靖盜匪」，提到「水次商漁渡載船隻編刻字號，給與印照，久奉定例」，然而，「該地方官視同故套，並未實力奉行，本部院近聞各屬船隻多有改造，未經補編，及雖編而船戶頂名撐駕，奸匪混淆，每於沿湖劫奪，沿江扒竊，行舟失事頻聞，更有行旅失物無多，吞聲不報，匪竊小船駕使輕捷，任意作奸，塘兵並不遵奉禁止夜行，又不聞聲追捕」。[370]之後，陳宏謀任湖南巡撫期間，亦多次飭令「巡緝江湖匪船」。乾隆二十年（1755）十二月初六日，陳宏謀再申「巡緝匪船，以靖江湖」，指出「各處水路碼頭及湖、河、港、汊，漁舟、小艇最易藏匿，匪徒乘間竊掠」。無從捉獲的原因在於「地方官雖各派役巡緝，各役久已視為故套，止於濱湖河岸遊行，並未實力巡緝，或間一巡緝，而慣行竊之匪船多其熟識，索取陋規，反為勾通包庇，所以到處未嘗無巡緝之役，而到處仍時有扒竊之事，通行之河道及濱湖之汊港尤甚」。[371]按察使夔舒也派人抽查漁船編排保甲的實行情況。[372]到了乾隆二十一年（1756）十月，陳宏謀又飭令「嚴行巡緝匪類」，因為當時「時屆寒冬，每有匪徒，潛藏各處水陸塘汛、碼頭及湖、河、港、汊，日則灣泊以攬載為由，夜則輕舟乘間竊掠，或載婦女為囮，誘娶迷騙」。[373]當年十二月，陳宏謀再次針

對武陵、湘潭、衡陽等處口岸特飭巡緝奸匪。[374] 這樣的例子不勝枚舉，不僅說明雍正定例與保甲法難以確實推行，還體現出地方官員對水域社會秩序問題的重視程度日益提高，對於河道社會的認識亦日漸加深。其中陳宏謀所揭巡緝之役對匪船的徇私包庇，極為真實地反映出河道問題難以解決的深層原因，亦表明官員知悉利用胥役管理河道社會的運作機制並不成功。

在經常處理江湖匪盜問題的過程中，乾隆年間湖南地方官員制定出對漁戶和船戶根據不同生計方式分別實施管理的辦法。乾隆八年（1743），地方官已經認識到，「捕魚之船有應分別辦理之處」，漁戶為「長年專以捕魚為業者」，[375]「捕魚農業者，俱屬扁舟小艇，倚水傍居，原非出外」。[376] 對待這種漁戶，「無論有船無船，照例編號造冊，仍將號次、漁戶姓名、住址，照依保甲門牌之式，繕給印照，置於船內，如遇兵役盤查，驗照放行，不必拘定粉書」。[377] 這種漁戶可能船居，可能住在河邊，以捕魚為生，並非外出運載客貨為生，所以無論有船無船，都應仿照陸地保甲制度，粉書紅圈墨字或者發給門牌和印照。官府認為這種漁戶對於河道運輸的負面影響相對來說不大，較易管束。另一種船戶則為「另有藝業，偶爾捕魚者」，[378]「攬載客貨船隻」。[379] 對待這種船戶，應「責成業總，於認課領票之時，確查果係誠實良民，方許給票辦課，如將來歷不明之人混給照票，乘機扒竊，事發，將業總照保甲牌頭之例究懲」。[380] 這種船戶每年乘機為害，故而「總宜嚴密稽查，除將各項船尾照前粉底編號外，並著落各埠頭查明船戶姓名、住址以及所雇水手之姓名、住址，逐一另造清冊呈官驗明，給與印照、門牌」，「客人叫船裝貨，先令驗明牌照，方許裝載」，則商旅得以無虞。[381] 亦即，「另有藝業」的船戶，由船行、牙行之類的「業總」管理，透過業總「認課領票」，拿到「票」或印照的船戶需要課稅，同時也獲得了載貨和載客的合法權利。這種船戶如果犯法，他所附屬的業總需要承擔責任。區分漁戶與船戶對河道秩序的影響方式與程度，有助於官府實施更有針對性的新管理制度。

第二，地方官員意識到濱湖、沿江、一線溪河等不同水域情況，也需要區別管理方式。考慮到河道寬狹和商業發展情況，重點關注湘江下游地處通衢的湘潭、長沙、善化和湘陰四縣，力圖對這些商貿繁盛的水域和事故頻發的河段加強管理，在這些縣份發展出新的管理制度。

中國經濟史學的話語體系構建
經濟制度史專題

乾隆十四年（1749）八月初六日，按察使周人驥嚴飭行船戶管理制度，令湖南各府州清查各地情形並上報抽查結果，從中發現「湖南地方，長沙、衡州、永州、岳州、常德、澧州、辰州、沅州八府州，系水路通衢，商賈往來絡繹，匪船易於混跡，其寶慶、永順、郴、靖、桂陽五府州，或不通水道，或止一線溪河，旁無支港，商販稀少，本地船隻為數無多，與通衢不同，似應分別查辦」。[382] 於是，在下令巡查抽驗地方船隻時，將湖南府州區分為通衢和非通衢兩類，湘江流域的通衢府州主要為永州、衡州、長沙等府。到乾隆二十二年（1757）八月，湖南署理布政使暨按察使夔舒再次上奏，議請「編查船隻，以靖盜匪，以安商旅」。這是一次全省水次各府州縣上奏船戶和漁戶情況的大規模清查行動。全省各州縣範圍內的河道情況各不相同，或為通衢大埠，或為山間溪河，各州縣官員上稟了本地船戶和漁戶的具體情況和管理方式。其中，湘江流域的長沙府、衡州府和永州府各州縣都上奏詳文。

由於湘江下游的湘潭、善化、長沙、湘陰等水路通衢州縣為米穀生產和輸出的重要地區，地方官府對這一河段的監管更為細密和嚴謹。長沙縣，附郭省會，「所屬城外河下為水路通衢，往來舟楫如織，然多系別處之船，應聽各該地方清編」，本地止有「倒划船一項，向設四十八埠，約計船五百餘只，每埠按船隻之多寡，原設有船什長二三名不等，在埠稽查；又有捕魚船一項，約計二百餘只，向設一十七團，每處設團總一名彈壓」，可見長沙縣在乾隆年間已經實行船什長和團總的管理中介制度。善化縣，「倒划船多有出外攬載，各處船行見有船戶印照，即便相信載客，應請止給印照，不必編號；至漁船一項，俱以捕魚為業，並不出外攬載，除編給門牌外，其船尾仍行編號粉書，以便稽查；各船遇有更替添造，責成保甲、船什長、埠頭人等隨時查稟，填照編號，遇晚停歇，責成塘汛稽查不便，孤艇於黑夜中往來水面，卑職一面檄委典史不時查察，卑職亦遇便留心查看各船有無編號給照」，可見善化縣亦確立船行、保甲、船什長、埠頭等管理中介，並委任塘汛、典史監察，甚至親自查看。地處湘江沿岸和洞庭湖濱的湘陰縣，由於「商賈往來，船隻最雜，最易藏奸」，故而編號船戶，「責成巡檢典史半月一次分地抽查，遇有形跡可疑，嚴加盤詰，拿交地方官審究」，可見水文條件和河道社會更為複雜的湘陰縣建立了知縣責成巡檢典史管制的辦法。[383] 湘潭縣在知縣加大

抽查力度之外，亦設立了船總和埠頭等管理中介，其中的埠頭制度尤為詳密。湘江下游沿岸四縣的管理方式雖各有側重，但都透過引入團總、船行、保甲、船什長、埠頭、船總、牙行等中介管理層來實施對漁戶和船戶的控制。[384]

這些中介管理層如何能夠成功運作，使清前期演變出來的新的河道社會管理制度得以落實？下面就以湘潭縣為例，具體分析新管理制度之運作機制、落實過程與實際成效。

三、湘江河道社會管理新制度之落實與實效

承上可知，湖南地方官府為了加強水域控制，在對河道社會認識日漸加深的基礎上，不斷修訂管理制度以適應河道社會的實際狀況，在湘江下游河段發展出各色中介管理層制度。而這一湘江河道社會管理新制度能否真正落實以及發揮多大程度的作用，與城市中的商業機構和沿江聚居的鄉村宗族關聯甚密，下面以湘潭縣河段為例進行闡述。

（一）河道社會管理新制度之落實——以湘潭縣埠頭制度為例

清前期，湘潭縣是湘江下游的重要米穀產地與市場中心，「衡、永、郴、桂、茶、攸二十餘州縣之食貨皆於是地取給，故江蘇客商最多，又地宜泊舟，秋冬之交，米穀駢至，檣帆所艤，獨盛於他邑焉」，[385] 故而，湘江的暢通和安全顯得尤為重要，地方官府極其嚴密地控制著這一河段。船總與埠頭是乾隆年間實行於湘潭的河道管理中介，在乾隆二十二年（1757）八月湖南水域漁船情況的清理行動中，湘潭縣知縣張光緒稱：

卑職遵查卑縣河道，上至樊田，與衡山交界，下連善化，與興馬洲交界。適中有小河港汊，西接湘鄉，南達衡山，東抵醴陵，上下水程往返數百里。而沿河鄉市、大小埠頭，歷產一色划船。卑職到任檢查，前案正在差役遵照陸地編立保甲之法，每埠設一船總，十船編為一甲長，每船給一印照，俱載某埠划魚船及船戶、水手姓名於內，凡經外貿，使經過沿途塘隘，易於盤詰，並將船身粉書某埠潭字某號船隻、船戶姓名。其魚船一項，亦按埠頭均令照式編列號次，一同取造。各埠划魚船戶姓名、住址、年貌確冊備查外，卑職仍不時親臨河干抽驗，倘有久經外貿未歸者，歸日，即令船總、甲長報明補

編號次。遇新造,更易頂替死故者,亦著令本埠船總隨赴縣稟更姓名,換給印照,庶無遺漏隱匿。[386]

湘潭縣在這一次清查行動中,仍然在遵循「雍正五年定例」,照陸地編立保甲之法,並區別對待船戶和漁戶。對於船戶,按埠設船總和甲長,以漁船為單位給以印照,允許其出外貿易。而對於漁戶,則按埠頭編列。亦即,船總和甲長管理外出貿易的船戶,埠頭則管理捕魚為業的漁戶,而知縣則直接管理船總和埠頭。下面以湘潭縣埠頭制度的運作為例,進一步說明埠頭與地方社會之間的關係。

乾隆年間確立的埠頭制度在湘潭縣的實行,則有賴於本地沿河宗族的參與和支持,這與沿河宗族亦追求地方秩序穩定與河道安全暢通有關,因為他們是當地土地的主要控制者,亦是米穀貿易的主要生產經營者,需要暢通、安全的湘江河道來輸送米穀。

關於埠頭制度的運作機制及其在地方上的實行,關鍵在於地方社會向官府登記埠頭業主戶頭並交納賦稅。乾隆二十一年(1756)湘潭縣修志時,《山川》一卷中特別詳細敘述了湘江漁埠之利:

漁埠:大河小河,可以取魚之處,謂之埠頭,各有業主。凡網船、罾船、鸕鶿船及裝舫撈子皆給值於業主,謂之「買水」;其販賣者預訂各處埠頭,謂之「總販」;總販復分發城市,謂之「小販」。買水之人,埠頭一定,則他船不得竊取。每以越占興訟,至連歲積案者,利之所在,固即爭之所由起也。必使各以埠頭為限,庶爭端可息也。南自樊田(衡山縣交界),北至興馬洲(善化縣交界),共埠六十六處……以上各埠,每年額徵課銀七十九兩七錢四分五厘,系漁戶辦納。內失額銀四兩六錢四分八厘,歷系經征各任墊解,遇閏加銀七錢一分一厘七毫零。[387]

由此可見,地方官府建立埠頭業主的制度,不僅達到對漁戶徵稅和控制的目的,更增加了埠頭業主一項稅收。就具體運作機制而言,漁戶按捕魚工具進行分類,附著於固定的埠頭,必須向埠頭業主「買水」並向官府繳稅才能獲得捕撈權,其他漁船無權越界捕撈。同時,埠頭與牙行一樣,具有中介商的性質,將漁戶與魚貨市場聯繫起來,販魚的商人需要透過與埠頭業主打

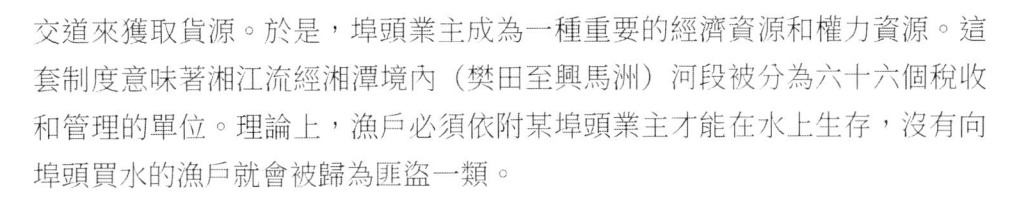

交道來獲取貨源。於是，埠頭業主成為一種重要的經濟資源和權力資源。這套制度意味著湘江流經湘潭境內（樊田至興馬洲）河段被分為六十六個稅收和管理的單位。理論上，漁戶必須依附某埠頭業主才能在水上生存，沒有向埠頭買水的漁戶就會被歸為匪盜一類。

制度的設計與確立，一方面為地方社會提供了新的資源空間，一方面也需要地方社會的認可與引入。湘潭縣埠頭制度的落實與當地湘江沿岸宗族密切相關。乾隆年間，湘潭縣境內從馬家河市到易俗河市一段的埠頭，管理著馬家河（舫戶、罾戶）、甑皮洲（罾戶）、尚家灣鼓磉洲（舫戶、網戶、釣戶、鸕鶿戶）、石灣（罾戶）、沙頭埠（網戶）、陽塘（網戶）、湘河口（釣戶）、易俗河（網戶）等使用不同捕撈工具的漁戶。[388] 而聚居在這一段湘江沿岸的宗族有霞灣月形山馮氏、鼓磉洲羅氏、白沙洲向氏、陽塘周氏、金霞山郭氏等，並非每個宗族都向官府登記了埠頭，筆者僅僅查到鼓磉洲羅氏宗族一房以房支的公產形式、陽塘周氏宗族以宗族族產的形式分別向官府登記了不同埠頭，從中我們可以觀察到，地方宗族透過向官府承稅來獲取埠頭的管理權，向漁戶收租的同時，管束附著於埠頭的漁戶。

鼓磉洲羅氏新屋堂勝祖房大宗公支十四世孫紹湘名下登記了兩處漁埠。羅紹湘為雍正元年（1723）生人，嘉慶元年（1796）舉耆民，賜九品冠帶，嘉慶二年（1797）卒。紹湘「所遺湘河大綱漁埠，上至泥鰍港，下至甑皮洲，東西兩岸冊名羅經鳴，正餉八分八厘；又馬家河舫戶，上至老碼頭，下至馬家河碼頭，沿河兩岸冊名羅本末，正餉一錢一分。公之子孫收租完稅，余供祭掃，毋許析售」。[389] 這個例子說明，紹湘主要生活在乾隆年間，其名下湘河大綱漁埠和馬家河舫戶，可能是乾隆年間登記或買入，以羅氏虛擬名字「羅本末」和「羅經鳴」登記這兩段漁埠，由紹湘子孫向漁戶收租，作為祭祀紹湘的共同財產，不得瓜分或出售。

陽塘周氏宗族也是湘江河埠的所有者之一。在土地和池塘之外，陽塘周氏宗族管理的另一項重要資源就是埠頭。周氏宗族的族譜記載：

謹案：河埠漁課。自前明洪武間兩峰公徙潭，卜居陽塘關上沿河一帶，漁埠不下十里之遙，數百年來，歷系吾族私業。其四至抵界，北上抵社山港，

南上抵實竹園，下抵鐵牛埠，南北兩岸茶亭為界，冊名周松漢，漁課三錢二分，河岸豎有碑石。乾嘉以前歸大祠經理。至道鹹間，凡網船及裝舫撈子，多至數百，始另擇人專司其事雲。[390]

該族譜稱河埠是周氏宗族自明初就擁有的產業，這樣的歷史追溯，其主要目的是強調周氏歷來占據沿河一帶，並以此歷史淵源顯示周氏在清前期登記這項河埠的合法資格。由於周氏宗族向官府登記的漁埠冊名與周氏在雍正初年向官府承稅陽塘的冊名相同，都為「周松漢」（一個不存在於族譜中的虛擬名字——筆者按），且族譜中稱漁埠「乾嘉以前由大祠經理」，故而筆者推測周氏宗族登記河埠的時間，與湘潭縣開始實行埠頭制度的時間大致吻合。這段河埠包括南北兩岸，從上游北岸的社山港到下游北岸的鐵牛埠，以及從上游南岸的實竹園到下游南岸的鐵牛埠。周氏宗祠管理下的漁埠，到道光、鹹豐年間有數百漁戶，一直運作到清末，到光緒三十二年（1906）仍然在周氏宗族中擇人經理，專司其事。[391]

鼓磉洲羅氏紹湘房支和陽塘周氏宗族的例子說明，埠頭可以由聚居在湘江沿岸的宗族透過向官府登記賦稅來獲得，埠頭可以作為族產，歸在祠堂之下進行管理，埠頭業主就是宗族或者宗族房支，同時，宗族也透過經營河埠來向「買水」的漁民收租，與魚販進行漁業貿易，成為埠頭制度的獲利者和協助官府管理漁戶的中介層。由此，沿江宗族向官府登記埠頭，在獲取埠頭商業之利的同時，擁有維持河道秩序的權責，在經濟利益與地方權威兩方面受益。更值得一提的是，埠頭制度得以實行到清末，其主要原因在於埠頭屬於宗族族產或某一房支的共同財產，能夠借助宗族組織之延續性，較為持久穩定地實行。可以說，當地社會對埠頭制度的利用和持續運作是地方官府設計的河道管理制度能夠落到實處的重要原因。

（二）新管理制度之實效

雖然乾隆二十二年（1757），湖南全省編查漁船之後不久，河道不安全的問題又有一定程度的顯露，但地方官府尊重各縣既已發展出的管理方式，並開始推廣實施船行、牙行、埠頭等中介管理制度，新制度成效顯著。乾隆二十四年（1759）八月二十七日，按察使嚴有禧稟報，「昨據湘潭縣稟報，

捕獲賊匪李林玉、王四等，糾夥多人乘坐船隻，在於沿河居民肆行偷竊，得贓纍纍，其中穀石尤多」，於是，「通飭所屬嚴督捕巡等官，移會營汛，遴選兵役，在於河干港汊，嚴密稽查，責成船行、牙保、埠頭留心體察，如有匪徒駕船行竊，或得贓銷售，一經盤獲審實，即將盤獲之人給賞鼓勵，賊犯從重治罪」。[392] 乾隆二十八年（1763）八月初八日，按察使五諾璽指出有一種漁船小艇，專門與匪徒勾結串通，雖然從前曾就地編甲稽查，但「本年秋成豐稔倍於往歲，遠近農民商旅裝載米穀，船隻湖面往來絡繹不絕」，所以要防範周密，「嚴飭濱湖各州縣並附近水次地方將境內商漁、渡載各船共有若干，責成埠頭及居住原籍之保甲逐一查明」。[393] 以上諸例都說明，從乾隆朝前期開始，湖南地方官府不僅區分漁戶和船戶，還根據當地水次情形區別對待濱湖州縣、沿江州縣、水路碼頭等，利用船行、牙行、埠頭等中介制度管理湘江河道水域。[394]

總的來說，乾隆二十二年（1757）的清查以及隨後各州縣新的河道管理制度的確立，均取得了相當大的實際成效。如乾隆二十八年（1763）四月初一日，湖南巡撫陳宏謀下令「嚴緝河道匪賊」，其中提到近年「似乎河道肅清，商賈無驚」，失竊案件主要發生在祁陽上游，特別是湖南廣西交界之區。綜上可見，乾隆年間，湖南地方官府發展出一套極具針對性的河道水域管理制度，在地方社會的參與和支持下，新制度得以全面落實，加強了對河道水域的控制和對河道社會的管束。

四、結論

綜上對明清湘江河道社會管理制度演變原因和過程的考察以及對新制度落實與實效的分析，本文得出以下幾點結論：

（一）明清湘江河道社會管理制度的演變呈現明顯的連續性和階段性

明代透過在湘江上設置的河泊所對湘江河道進行管理，僅僅體現在向漁民徵稅，並且自明中後期開始逐漸廢止。清前期，湖南地方官府加強對湘江河道的管理，著力於控制生活於其上的漁戶和船戶。自康熙朝後期，地方官員越來越關注湘江河道的通暢和安全問題。「雍正五年定例」雖然並未切實

施行，卻為之後的制度設計的針對性奠定了方向。乾隆年間，地方官府加深了對河道社會的認識，區分漁戶和船戶的管理側重點，重點監督湘江下游通衢河段，在湘江下游河道管理中引入保甲、船行、團總、船什長、埠頭、牙行等管理中介，一些新的管理制度如埠頭制度，甚至沿用至清末。

（二）區域商品經濟與米穀貿易的興盛是湘江河道社會管理制度演變的重要契機，也為制度演變提供了基層管理的社會資源

湖南米穀貿易的繁盛和商品經濟的發展，是乾隆年間湖南發展出與湘江河道相適應的管理制度的契機。湘江河道社會管理制度發生重要變化的清前期，正是湖南鄉村生產的米穀成為大量外輸商品的時期。在此之前，如何管理湘江河道及漁民的問題，並引起地方官府的特別關注。到了清前期，隨著湘江流域商品貿易特別是米穀貿易繁盛起來，漁戶和船戶在湘江河道上攔截、偷盜、搶劫甚至殺人越貨的行為嚴重影響到交通順暢和商旅安全，地方官府才轉而著力於對漁戶和船戶的管控。商品經濟發展亦為制度演變提供了基層管理的社會資源。在商業繁榮的背景下，地方官府將牙行、船行、埠頭之類的商業制度與商業機構引入對船戶和漁戶的管理中。湘潭縣的埠頭制度，實際上就是透過賦稅制度和商業運作，運用包稅和包賣的方式引入地方社會作為管理漁戶的中介，用漁業經濟利益吸引地方社會的參與，達到官府與地方社會雙贏的局面。商品經濟發展對於行政管理制度之設計與推行的影響由此可窺一斑。

（三）河道水域在諸種類型的水域管理中的特別之處在於河道的地理特徵和社會特徵

諸種類型的水域中，河流與海洋的天壤之別自不待言，而相對於湖泊、塘堰來說，由於河流具有顯著的交通運輸功能，人們不會任由河道淤積，或者人為地將河道堵塞成土地。所以，從地理特徵方面考慮，我們應該將河流從「河湖水域」研究中單獨列出，區別考察河道水域在水域管理中的特別之處。湘江河道社會管理制度演變的過程亦說明，湘江河道的特別之處，主要在於其社會性的特徵，亦即由於湘江河道並不寬闊，生活於其上的漁戶和船戶在生活空間上與地方社會密切接觸，在生計上依附於船行、牙行和埠頭等

社會機制,故而較之那些大湖大河上自由往來、易於藏身的漁民來說,湘江上的漁民更容易被納入社會秩序的管理範圍之內。

(四)明清水域管理制度的演變呈現出因地制宜的多元趨勢

明代的河泊所制度是全國統一的水域管理制度,並不區分水域類型的特徵差異。王朝國家對於不同水域制定和調整管理制度,其中重要的變化發生在清代雍正朝、乾隆朝。隨著全國各地水域社會不斷出現問題,各地官員在應對和處理問題的過程中,加深了對水域狀況和水域社會的認識。清前期廣東漁船規制的變化、江漢平原漁戶管理制度的變化,以及本文所討論的湘江河道社會管理制度的演變,就是具體的例證。[395] 這些例證說明,不同水域的管理制度歷經不同的演變過程,社會因素在其中造成至關重要的作用,制度設計只有與當地實際的社會情形緊密契合才能得以落實。筆者需要說明的是,單從經濟角度來解釋水域社會管理制度演變的原因,並不適用於全國其他水域。本文意在強調,雖然各地主導因素不同,但全國各地加強水域管理的大趨勢是一致的。而成功運作的地方性制度由於其因地制宜的特質,使得全國各地水域管理制度的演變呈現出多元化態勢。

(五)制度的落實是官方與社會各方力量互相認識、不斷磨合的過程

清前期,在湘江河道社會管理制度的演變和落實的過程中,地方官員、當地商業機構、宗族組織與船戶和漁戶是介入其中的幾方主要力量。湖南地方官員為了維護商旅安全和河道秩序,意圖加強對船戶和漁戶的管控,透過加深對河道社會的認識,訂立與河道社會相適應的管理制度。船行和牙行等商業機構與沿江聚居的宗族對官方制度的認可和切實執行是讓新制度發揮實效的關鍵步驟。值得補充的一點是,漁戶和船戶的聲音極其微弱,以在趙申喬公文中出現的罾戶羅相賢為代表,他們在制度演變與落實的過程中,似乎並沒有產生多大影響,一直處於較為被動的地位,在官方和地方社會的合力之下被納入王朝國家的秩序之內。

總而言之,自明至清,王朝國家對不同水域社會的認識逐漸加深,並靈活運用社會機制,不斷強化水域管理。

船鈔的收與支：近代關稅史的一個側面 [396]

伍伶飛 [397]

內容提要：船鈔是近代海關稅收體系的基本組成部分之一，已有部分研究注意到其收支問題。但相關成果存在諸多模糊或疏漏之處，且未對船鈔的整個收與支的環節進行系統梳理。本文利用已有和新出資料，糾正了已有部分研究成果中的錯誤，並對已有研究中存在的模糊或疏漏之處進行了補充，特別對已有研究中尚未涉及的辛亥革命前後和民國時期的海關船鈔收入和分配情況進行了考察，在此基礎上勾勒出了從晚清到民國的海關船鈔收支的完整圖景。同時指出，1868 年之後，在實際用途上，船鈔基本實現了西方人為其預設的核心功能，即真正應用於燈塔事業。近代海關船鈔是一種在近代稅收體系中地位特殊的稅種，理清其收支問題對近代關稅研究的深入具有不可忽視的參考價值。

關鍵詞：近代海關　七成船鈔　收支問題　燈塔

以《江寧條約》的簽訂和五口通商為起點，清政府在與西方各國交涉的過程中，不斷調整已有制度並被迫建立新的制度以適應現實的需要，近代海關稅收制度的確立就是其中一個重要方面。19 世紀中期，西方主導的全球航運事業快速發展，航速快、船體大、運量高的輪船日益增加，航行風險也隨之上升。在此背景下，近代海關船鈔 [398] 這種應西方保障航行安全的要求、由中國海關徵收的、試圖用於燈塔等航路標識 [399] 建設的專門稅種產生了。1843 年中英《五口通商章程·海關稅則》中對船鈔稅率和徵稅標準作了最初的規定，但由此到 1868 年船鈔真正具備燈塔資金的功能之前，其間還經過了一段「船鈔性質未定時期」。[400] 近代海關的諸多稅收類別當中，作為燈塔資金的船鈔，以稅種功能明確、收支兩條線索、在海關內部分配為主等特點而顯著區別於其他稅種，理清其收支問題對進一步研究近代關稅制度的變遷具有獨特的價值。

一、已有研究及存在問題分析

民國時期至 20 世紀 80 年代的財政稅收史著作中往往對船鈔制度有所表述。黃序鵷較早對船鈔徵收制度進行了介紹，基本只是抄錄了早期中外條約的相關規定和 1870 年總理衙門頒布的《各關徵免洋商船鈔章程十一條》等制度性文件的內容，但作為較早公開出版的船鈔通論性著作，對於理解船鈔的發展歷程仍具有參考價值。[401] 高柳松一郎立足日本噸稅制度並參考美國的噸稅情況，認為「噸稅對出入本國港灣之外國船舶徵收之，乃一種交通稅」，並以此為基礎對中國船鈔制度進行了分析。[402] 賈士毅於 1932 年出版的《民國續財政史》一書，從內容上看應該是參考了高柳松一郎的著作，其將船鈔從「關稅」中劃出，稱為「行為稅」，意即因船隻享受航路標識的服務而支付的費用。[403] 萊特（即魏爾特，Stanley F.Wright）注意到了外國人在近代早期船鈔制度的形成中所扮演的角色，他在參考《中國叢報》的基礎上對《江寧條約》簽訂之前，璞鼎查等人在船鈔問題上的態度進行了分析。[404] 此外，其他論及船鈔的著作，大多是對相關制度變遷的簡單敘述，缺乏有深度的分析。[405]

對近代海關船鈔研究較為深入的論文大都是在 2008 年之後出現的。顧宇輝考察了明清至民國的船鈔沿革，並指出近代海關船鈔制度一方面繼承明清時期的船鈔，另一方面還受到「國際通行」噸稅制度的影響。[406] 任智勇則主要運用中國社科院經濟研究所收藏的《總理衙門及同文館經費》等資料，對船鈔中名義上用於同文館建設的部分進行較為詳細的分析，指出在三成船鈔的使用上存在的問題。[407] 江濤對晚清時期船鈔的稅率沿革以及七成船鈔的總體使用狀況有較多的敘述。[408] 李芳則立足於《舊中國海關總稅務司署通令選編》（以下簡稱《選編》）中所收錄的資料，介紹船鈔的收入和使用情況。[409] 陳勇認為，晚清的海關船鈔是在扣除火耗的基礎上分成，並指出船鈔分成是晚清海關洋稅分成制度的組成部分。[410]（王瑞成認為包括船鈔在內的洋稅分成制度並不存在，[411] 陳勇對此觀點進行了反駁。[412]）

前述已有研究存在三個方面的問題。

一是部分時期的船鈔收支情況較為模糊甚至錯誤。民國時期的船鈔制度變化研究較弱，儘管顧宇輝論述的時間覆蓋晚清和民國，止於 1951 年《海關代徵噸稅辦法》的實施，但他在述及船鈔（船舶噸稅）稅率變化時遺漏了 1947 年 11 月和 1948 年 8 月、9 月的三次稅率調整。[413] 無獨有偶，江濤的討論涉及整個近代，卻同樣遺漏了 1947 年 11 月和 1948 年 8 月、9 月的三次稅率調整。[414] 由於顧宇輝和江濤的相關論述均未註明文獻出處，故難以推測三次稅率調整被遺漏的原因。另外，江濤誤將七成船鈔作為燈塔部門資金的唯一來源；[415] 筆者透過研究，發現晚清燈塔部門的收入遠不止七成船鈔，民初時期更是如此。

二是資料存在錯漏的問題。儘管前述論著中常用的總理衙門相關檔案、《籌辦夷務始末》、《選編》等史料中包含有豐富的關於近代海關船鈔制度的內容，但一方面，《選編》等內容不完整，且翻譯存在許多明顯的錯誤。例如，稱船鈔開支包括「工廠」，[416] 就頗為費解。其實原文是「plant」[417]，應譯作「設備」；將「general fund」[418] 譯作「專款」，[419] 更是南轅北轍，實際應譯為「一般資金」或「非專項資金」；另一方面，一些已出版的文獻未能充分利用，如 2009 年已出版的《中國舊海關稀見文獻全編》（魏爾特的《關稅紀實》即為其中一種）。這些問題都對前述成果的可靠性造成了負面影響；更重要的是，關於船隻測量、船鈔分配和使用的大量資料出現在《中國近代海關總稅務司通令全編》（以下簡稱《全編》）中，前述被遺漏的三次船鈔稅率調整即在其內。這套史料出版於 2013 年，故前述研究未能利用。

三是已有研究並不以釐清近代海關船鈔的收支問題為目的。這些論著往往都是從某一個側面對船鈔進行討論，如顧宇輝是從明清以來的「船鈔」概念沿革出發，任智勇是從三成船鈔的使用情況出發；或者是在論述其他問題時涉及船鈔，而非以船鈔為中心，如陳勇論述的中心問題是洋稅分成制度。江濤的論文雖以「近代」為名，但僅敘述晚清船鈔的徵收和使用，而未涉及船隻測量、船鈔分配，特別是避開了民國時期船鈔的整個收支情況。這些論著都沒有將船隻測量和船鈔徵收、分配、使用的完整過程作為對象，以真正釐清近代海關船鈔的收支問題為目的。

基於以上考慮，本文將充分利用已有和新出資料，對船隻測量和船鈔徵收、分配、使用的完整過程進行分析，以期釐清近代特別是民國時期的海關船鈔的收支情形，進而嘗試展示出近代船鈔的整個收支狀況。

二、近代海關船鈔的徵收

首先，船鈔的徵收是基於規範的制度和準確的船隻測量結果。自 1843 年「丈量舊例及出口、進口日月等規」[420] 廢除以後，中國海關開始參考英國相關制度對船隻丈量方式進行調整，「1854 年《英國商船法案》的條款 I 被中國採用，作為丈量船隻的官方規則」。[421] 與傳統船鈔以丈量梁頭計算噸位相比，新的丈量方式透過新工具、新算法並考慮更多丈量中的細節，得到的結果更為精確。

在丈量工具的選擇上，最初規定量物的丈尺「須按粵海關向用之式製造數副，鐫刻圖印為憑，每口每件發交二副，以一副交海關，以一副交英國管事官查收」；隨後即改為使用防水捲尺，「由於所有亞麻和大麻製品都會縮水，所以必須使用防水捲尺；而只有那樣的捲尺不會因膨脹或偏斜或者因長期連續使用導致延長出現實際誤差」，丈量工具的更換為更精確的丈量結果提供了可能。除考慮使用新工具外，《英國商船法案》還在具體丈量方法上將船隻的長、寬、高分為多個等份進行丈量，以儘量減小因船隻本身形狀不規則帶來的誤差。船隻空間並非都可用於裝載貨物，還要保留足夠的生活空間和輪船設施的安放空間；考慮到這一點，在丈量過程中對於廚房大小、廁所數量和輪機艙人員工作所占位置等在最後的結果中需要扣除的空間都有詳細規定，可見其丈量規則考慮之周全。如果船隻類型是帆船，以上丈量基本可以保證結果的準確性；但如果是一艘輪船，則以上丈量還遠遠不夠，因為還要減扣引擎室的空間，這部分空間占輪船總容量的比重有時高達 20% 甚至更多。同時，還需考慮到輪機艙船員為火添煤和操作的空間。當所有丈量完成之後，「丈量員將把他獲取的有丈量結果的表格、驗船證明書和所有包含丈量訊息的文件等寄給上海的登記員或任何其他港口的領事」，以作為計算和徵收船鈔的基本依據。[422]

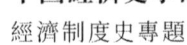

中國經濟史學的話語體系構建
經濟制度史專題

在船鈔的具體徵收上，1843 年中英《五口通商附粘善後條款》規定，英國船隻分為兩類，[423] 註冊噸位為 75 至 150 噸者每進口一次按噸納鈔一錢，不及 75 噸者仍照 75 噸計算；150 噸以上的小船和大洋船，每噸輸鈔五錢。1844 年中美《望廈條約》增加已納鈔的船隻「進別口時，止納貨稅，不輸船鈔」；[424] 同年，中法《黃埔條約》增加「凡船進口，出二日之外，即將船鈔全完」；「凡佛蘭西船，從外國進中國，止須納船鈔一次」，[425] 即如果船隻停靠超過 48 小時則需納鈔，而法國船隻從外國進中國納鈔一次。[426] 1858 年，中英《天津條約》修改 150 噸以上船隻稅率，每噸納鈔銀從五錢下調為四錢；納鈔船隻「發給專照，自是日起以四個月為期，如系前赴通商各口，俱無庸另納船鈔」。[427] 這一時期，針對各國商船徵收船鈔的標準並不統一，如針對恭親王奕訢要求對販運洋貨和在中國販賣土貨的法國商船分別按不同標準徵收船鈔的照會，法國公使認為這是試圖以對英國船隻徵收船鈔的標準來對待法國商船，並以目前尚不知是否有本國船隻從事販運土貨的貿易為由加以回絕。[428] 各國徵稅標準不一給海關業務造成很大困擾，直到 1870 年，由總稅務司整理並呈交總理衙門的《各關徵免洋商船鈔章程十一條》頒布。該章程的頒行標誌著近代中國海關開始以統一的標準對各國船隻徵免船鈔。其中將之前條約、章程、善後條款、各關具體規則等各種文件中紛繁複雜的規定標準化、統一化，對噸位標準、徵稅時限、有效期限、免稅條件和進入長江貿易的徵稅標準等作了明確規定，還規定各國商船出口，若是往其他通商口岸或香港、呂宋、安南、日本等國，則 4 個月內再進入中國口岸時可以免納船鈔。[429] 1880 年中德《續修條約》更進一步規定，「德國船隻已在中國完納船鈔者，如往中國通商各口，或往各國口岸，在 4 個月內，均不重徵」，[430] 根據「最惠國條款」，則各國皆受此優惠；1882 年頒發的《修訂船鈔章程》則使「海關之船鈔徵收更加適應時代需要」。[431]

表 1　歷次船鈔稅率變化

年月	類別	稅率（每噸）	單位	出處
1870.12	≤ 150 噸	0.1	兩	《各關徵免洋商船鈔章程十一條》
	> 150 噸	0.4		
1933.03	≤ 150 噸	0.15	元	海關總稅務司署第4584號通令
	> 150 噸	0.65		
1945.10	≤ 100 噸	15	元	海關總稅務司署第6732號通令
	> 100 噸	65		
1947.02	≤ 100 噸	150	元	海關總稅務司署第7001號通令
	> 100 噸	650		
1947.11	≤ 100 噸	1 500	元	海關總稅務司署第7177號通令
	> 100 噸	6 500		
1948.08	≤ 100 噸	15 000	元	財關政字第3085號訓令
	> 100 噸	65 000		
1948.09	≤ 100 噸	0.01	金圓	海關總稅務司署第7371號通令
	> 100 噸	0.02		

資料來源：根據中華人民共和國海關總署辦公廳編：《中國近代海關總稅務司通令全編》（中國海關出版社，2013年）相關年份通令整理。

　　船鈔優惠條件和範圍一步步增加的同時，船鈔稅率自1858年以後卻在長達75年的時間裡未作改動，1933年，總稅務司梅樂和認為利用取消關平銀改用國幣銀圓的機會對船鈔稅率進行改變適逢其時，同年3月10日起，規定「150噸以上船舶每噸關平銀0.4兩改為每噸6角5分國幣，150噸及以下船隻每噸關平銀0.1兩改為國幣1角5分，並自該日起取消甲板貨物船鈔」，[432] 同時規定「凡往來於通商口岸之中外輪船、帆船、汽船、曳船、薑船、貨船、撥船等，不論其為國內航路，或國外航路，均一律徵課」，[433] 即隨著1931年常關的撤銷，海關將中國船隻也加入統一徵稅對象行列。這次稅率調整既是銀兩購買力下降所致，也是由於燈塔建設的需要。就實際稅負而言，將關平銀換算為國幣，1933年調整後，相比此前「加徵每噸二分六厘八毫，但對甲板上加收噸鈔停止徵收，相差亦不甚懸殊」，[434] 而重要的是手續變得更為簡便了。隨著抗日戰爭期間貨幣發行量增加，通貨不斷膨脹，

1945年10月規定將船鈔稅率按照1933年所定稅率的100倍徵收。[435]1947年2月上調稅率至1945年所定稅率的10倍;[436]11月再次修改稅率,上調至年初所定稅率的10倍。[437]1948年8月19日,財政部核準海關總稅務司署「將現行船鈔徵收率提高十倍徵收」的請求,[438]但此後國民政府開始發行金圓券,船鈔稅率隨之調整,1948年9月規定「一、輪船在一百噸以上者每噸納船鈔金圓二分;二、一百噸或一百噸以下之船隻每噸納船鈔金圓一分」。[439]此後金圓濫發,但至少至1949年4月初,國民政府再未在制度上對船鈔稅率進行修改。另外,自1945年開始,歷次船鈔稅率調整均規定,航海木船一律照100噸以下稅率徵收,而在內河航行的木船則免徵船鈔。

透過整理1864—1948年間船鈔和稅收總額的統計數據,可得到表2。

表2 近代海關船鈔收入變化(1864—1948)

年份	船鈔	稅收總額	占比%	年份	船鈔	稅收總額	占比%
1864[1]	294 799	7 872 257	3.74	1907	1 321 192	33 861 346	3.9
1865	269 195	8 289 281	3.25	1908	1 264 915	32 901 895	3.84
1866	217 732	8 781 875	2.48	1909	1 276 218	35 539 917	3.59
1867	203 649	8 864 817	2.3	1910	1 329 024	35 571 879	3.74
1868	203 614	9 448 474	2.15	1911	1 346 385	36 179 825	3.72
1869	223 549	9 878 848	2.26	1912	1 371 614	39 950 612	3.43
1870	207 815	9 543 977	2.18	1913	1 534 878	43 969 853	3.49
1871	204 798	11 216 146	1.83	1914	1 491 949	38 917 525	3.83
1872	242 227	11 678 636	2.07	1915	1 194 959	36 747 706	3.25
1873	212 554	10 977 082	1.94	1916	1 122 891	37 764 311	2.97
1874	200 832	11 497 272	1.75	1917	994 221	38 189 429	2.6
1875	236 694	11 968 109	1.98	1918	863 623	36 345 045	2.38
1876	234 315	12 152 921	1.93	1919	1 443 891	46 009 160	3.14
1877	224 034	12 067 078	1.86	1920	1 791 744	49 819 885	3.6
1878	260 101	12 483 988	2.08	1921	1 844 369	59 007 129	3.13
1879	247 833	13 531 670	1.83	1922	2 332 865	59 359 194	3.93
1880	249 591	14 258 584	1.75	1923	2 401 554	63 504 251	3.78

船鈔的收與支：近代關稅史的一個側面 [396]

1881	273 574	14 685 162	1.86	1924	2 687 555	69 595 131	3.86
1882	279 799	14 085 673	1.99	1925	2 614 041	70 725 667	3.7
1883	284 044	13 286 757	2.14	1926	2 898 610	80 435 962	3.6
1884	270 914	13 510 712	2.01	1927	2 748 776	68 781 876	4
1885	298 909	14 472 766	2.07	1928	2 965 928	82 332 526	3.6
1886	333 347	15 144 678	2.2	1929	3 177 265	152 830 093	2.08
1887	316 443	20 541 399	1.54	1930	3 106 590	180 619 758	1.72
1888	323 312	23 167 892	1.4	1931	3 363 670	247 113 397	1.36
1889	326 443	21 823 762	1.5	1932	2 739 392	200 241 470	1.37
1890	329 893	21 996 226	1.5	1933[2]	2 825 834	217 923 293	1.3
1891	391 572	23 518 021	1.66	1934	2 761 253	214 791 661	1.29
1892	381 587	22 689 054	1.68	1935	2 773 171	202 515 861	1.37
1893	401 097	21 989 300	1.82	1936	2 588 355	208 365 399	1.24
1894	479 635	22 523 605	2.13	1937[3]	3 224 611	342 899 739	0.94
1895	478 797	21 385 389	2.24	1938	2 913 405	245 565 469	1.19
1896	611 026	22 579 366	2.71	1939	3 660 836	331 323 640	1.1
1897	579 360	22 742 105	2.55	1940	3 094 980	475 749 134	0.65
1898	612 861	22 503 397	2.72	1941	1 998 382	541 678 132	0.37
1899	640 191	26 661 460	2.4	1942	901 458	328 342 450	0.27
1900	724 860	22 873 986	3.17	1943[4]	未知	未知	未知
1901	809 561	25 537 574	3.17	1944[5]	未知	未知	未知
1902	920 911	30 007 044	3.07	1945[6]	未知	未知	未知
1903	953 575	30 530 688	3.12	1946	239 284 719	332 019 940 959	0.07
1904	992 585	31 493 156	3.15	1947	8 742 557 555	2 837 833 890 124	0.31
1905	1 105 350	35 111 005	3.15	1948[5]	18 653 511 690	15 052 407 013 414	0.12
1906	1 326 619	36 068 595	3.68	1948[6]	186 778	239 626 054	0.08

資料來源：根據《中國舊海關史料》1864—1948 年間稅收統計中船鈔部分整理並計算所得。

註：① 1864—1936 年的船鈔和稅收總額的統計單位為海關兩，其中 1864—1870 年的海關統計報告單位為兩，此表 1864—1870 年的數據來自 1871 年統計報告，單位為海關兩。

② 1933—1936 年原始數據的單位為元（國幣），表中數值是根據 1933—1936 年「海關金單位及國幣折合各國通行錢幣數目表」中海關兩與國幣的兌換比例 1：1.558 得出。

③ 1937—1947 年的船鈔和稅收總額的統計單位為元（國幣）。

④ 1943—1945 年，由於戰爭原因，導致統計數據難以獲得。

⑤ 1948 年上半年的船鈔和稅收總額的統計單位為元（國幣）。

⑥ 1948 年下半年的船鈔和稅收總額的統計單位為金圓。

徵收的船鈔將統計匯報，並在海關統計報告中發佈。根據 1864—1948 年間海關統計報告中稅收統計表格「Customs Revenue」，可整理並計算出 1864—1948 年間的船鈔收入。從船鈔收入的變化趨勢看，可以分為四個階段。第一階段是 1864—1913 年間，船鈔收入保持增長，且多數年份的增長率都在上升，表明這一時期貿易發展較為順利；第二階段是 1914—1918 年間，船鈔收入開始出現明顯下降，從中可以發現第一次世界大戰對整個國際貿易的負面影響；第三階段是 1919—1931 年間，船鈔收入不斷上升，在 1931 年達到最高點；第四階段是 1932—1936 年間，船鈔收入開始出現嚴重下降，這一情形的出現與東北淪陷、海關稅收不再納入民國政府海關統計有關。受到東亞局勢日益緊張的影響，此後船鈔收入在絕大部分年份都出現負增長。此後由於貨幣單位變化和通貨膨脹影響，絕對數額的比較參考價值較小。從船鈔占稅收總額的比重變化來看，1864—1895 年間基本徘徊在 2% 左右；1896—1928 年間則普遍在 2.5% 甚至 3% 以上；1929 年開始迅速下降，此後經過第二次世界大戰，到 1948 年僅為 0.08%。

由此可見，船鈔收入額和船鈔占稅收總額比重的變化，一方面受到國際政治生態、軍事行動和經濟環境變化的明顯影響；另一方面海關稅種不斷增加並納入稅收統計，如 1868 年的復進口稅、1875 年的鴉片稅、1887 年的鴉片釐金、1921 年的附徵賑捐、1932 年的進出口稅附加稅、1946 年的進口奢侈品附加稅和進口特別附加稅以及 1947 年的進口附加稅、地方附捐、領事貨單簽證費、貨物稅等，故船鈔收入占稅收總額的比重總體呈現下降趨勢也明顯受到稅收種類增加和統計口徑變化的影響。

三、近代海關船鈔的功能與分配

　　分析船鈔的分配和使用情況，對於理解近代中國海關船鈔的分配機制和燈塔的建設進程都具有重要意義。清中前期，船鈔是作為海關正稅之一進行徵收，稅率為 1843 年以後稅率的 12 倍左右。[440] 1843 年新的船鈔稅率執行之前，因清政府「迄今在建造燈塔、安放浮標或系船工具、設置立標以促進商務交流方面沒有任何作為」，[441] 英國全權談判代表璞鼎查要求降低船鈔稅率且明確其用途。實際上，西方國家對航行安全設施的渴求並不能簡單看作減稅談判的藉口，以英國海域為例，僅 1852—1860 年間，就有 10336 艘船因撞擊或觸礁而損毀，同時有 7200 人因海難而喪生。[442] 此時的英國擁有相對先進的燈塔建造技術和完善的燈塔資金徵集管理系統，英國附近已是世界上燈塔較多的海域。[443] 故對於航行船隻而言，海岸線綿長、港灣眾多的中國海域地理環境複雜但又缺乏航行安全設施，很難說會比英國海域更安全，故西方因船鈔負擔過重和航行安全設施不足而抱怨清政府有其合理性。

　　但西方與清政府在船鈔用途問題上存在分歧，前者認為船鈔應用於增建燈塔等航行公共設施，而後者則認為船鈔是供國家需用的一項稅收。[444] 也就是說，建設燈塔、保障航行安全是參與近代海關船鈔設計和徵收的璞鼎查等人的初衷，但這一功能並未在《五口通商章程·海關稅則》中有正式規定，也未真正有船鈔投入燈塔建設，以至於形成了「船鈔性質未定時期」。這段時期內，船鈔主要與其他稅種一道歸清政府支配。儘管清政府於 1855 年即設置銅沙燈船，但其經費來源只稱「由洋籍稅務監督官備款」，[445] 並不能確定出自海關船鈔。1858 年中英《通商章程善後條約·海關稅則》方首次規定「浮樁、號船、塔表、望樓等經費，在於船鈔項下撥用」，[446] 以條約形式確定了船鈔可以作為燈塔建設資金。而從 1862 年開始，船鈔收入中的三成開始撥付總理衙門作為同文館辦學經費。[447] 此後數年內，清政府為了對付太平軍，仍繼續挪用「大量被歐洲人稱作『船鈔』的款項應自身之急」，[448] 七成船鈔的用途仍然與燈塔建設無明確關係。

　　1865 年 1 月，經總理衙門核準，「每季得自各口岸海關監督收取當季徵收取之一成船鈔，用於改善港口之用」，[449] 在此基礎上成立了負責燈塔事

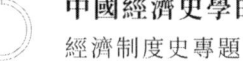

務的部門,其主要職責包括「港務之管理,燈塔浮標及一切便利航行設備之裝置與維持,沿海及內河水道之測量,河海航道圖表之繪製,與夫氣象報告之記錄等」。[450] 故船鈔是以海務部門費用的形式撥發,該部門事務多種多樣,但相關制度並未對船鈔的具體用途作詳細規定。1868 年 4 月開始,這項支出繼續增加,赫德通令各關不再將一成船鈔匯往麗如銀行的總稅務司帳戶,「總理衙門已飭令各海關,將爾口岸所徵收之船鈔改按七成照慣例匯至上述銀行之總稅務司帳戶 C」,[451] 此後「總稅務司份額的噸位稅記入『C』帳(帳)」成為定製;[452] 而其餘三成船鈔則是繼續上交總理衙門用於資助同文館。[453] 實際上,作為燈塔等航行安全設施的資金並不止七成船鈔。赫德在 1870 年稱,中外條約僅僅規定燈塔維護費用由船鈔支付,故「建設燈塔浮標等的費用應由其他資金提供」;[454] 其後在規劃燈塔建設時,赫德進一步指出「假如能獲得更多資助,則燈塔可能早於 1880 年建設完畢」,[455] 可見他的計劃中並未將船鈔作為燈塔建設管理資金的唯一來源。在赫德的實際操作中,船鈔與燈塔資金來源的關係如何呢?據 1870 年第 25 號通令,1865—1867 年間的船鈔支出赤字近十萬海關兩;[456] 儘管 1868—1870 年間燈塔部門的可支配船鈔已升至七成,但同期設備、勞動力、薪金與專款訂購燈具的支出合計仍明顯高於船鈔收入。[457] 海務建設管理支出超過船鈔收入的事實表明,除相應比例的船鈔之外,燈塔部門應該還有其他收入,如 1869—1870 年間燈塔部門訂購的大批燈塔設備均由海關的一般經費支付,[458] 這類訂購燈具的一般經費應當就是船鈔之外的資金來源。再如 1871 年第 25 號通令提及「燈塔部門所使用的四艘巡邏船,原價即為二十萬兩,每年花銷還需七萬兩以上」,[459] 而這些費用都是由專款,而非以七成船鈔支付。特別是在四艘巡邏船的問題上,赫德指出,雖然三成船鈔撥予同文館,但清政府另外支付了燈塔部門巡邏船的購買和維護費用,兩者相抵,實際上「船鈔已全部用於改善航運條件」。[460] 從赫德為清政府和同文館三成船鈔的辯護中可知,儘管船鈔經過一段性質未定時期,且船鈔本身並未全部用於航行安全設施建設,但赫德實質上認同璞鼎查等人對船鈔用途的最初設定,即將燈塔等航行安全設施建設作為船鈔核心功能。更重要的是,從 1868 年開始至 1931 年,儘管船鈔本身長期只有七成或八成用於航行安全設施建設,但清政府和民國政府都會以

其他資金對海關航行安全設施建設進行足額補償。從船鈔用於改善航行安全設施的原則出發，可將 1868 年視作近代海關船鈔功能的規定與實際走向一致的標誌。

　　1868 年之後，船鈔分配還經歷了多次調整。隨著華商洋船的增多，1877 年，總理衙門同意赫德的請求，在洋船繳納的七成船鈔之外，「按月將華商船鈔七成撥交各關稅務司代收」，[461] 用於燈塔建設，該比重維持至清末。1901 年《辛丑條約》簽訂後，三成船鈔歸外務部支配，1902 年，同文館併入京師大學堂之後，三成船鈔不再用於資助該館。[462] 辛亥革命後，民國外交部繼承了清代總理衙門、外務部的權益，原來用於同文館的三成船鈔也歸該部處置。[463] 到 1917 年 4 月，經政府批准，海關總稅務司通令各關，此後「將所有噸稅收入存入帳戶 C」，[464] 用於燈塔建設和航道維護；至於原來屬於外交部的三成船鈔，則「另由稅款項下，提撥一固定數目之款項，解交外交部，以抵補船鈔項下之三成」。1926 年 7 月 1 日，船鈔分配比例再次修改，「除由稅款項下仍撥原數外，另由船鈔徵收確數項下，提出十分之二，按月呈繳外交部」；1931 年 7 月 1 日，「財政部為保存船鈔款項起見，特訓令將前述二成，亦改由稅款項下撥付」。[465] 由此可見，船鈔項下以燈塔等航行設施建設為目的的經費占比總體呈上升趨勢，直到 20 世紀 30 年代所有船鈔都被作為燈塔等海務經費使用，這也是璞鼎查等人在 1843 年船鈔設計最初目的的實現。由此，可以得到 1864—1948 年間劃歸海務部門的「海務船鈔」份額如下：

表3 近代海關船鈔支出中海務部門占比變化（1864—1948）

年份	單位	船鈔	海務船鈔	占比%	年份	單位	船鈔	海務船鈔	占比%
1864	海關兩	294 799	0	0	1907	海關兩	1 321 192	924 834	70
1865	海關兩	269 195	26 920	10	1908	海關兩	1 264 915	885 441	70
1866	海關兩	217 732	21 773	10	1909	海關兩	1 276 218	893 353	70
1867	海關兩	203 649	20 365	10	1910	海關兩	1 329 024	930 317	70
1868[2]	海關兩	203 614	111 988	70	1911	海關兩	1 346 385	942 470	70
1869	海關兩	223 549	156 484	70	1912	海關兩	1 371 614	960 130	70
1870	海關兩	207 815	145 471	70	1913	海關兩	1 534 878	1 074 415	70
1871	海關兩	204 798	143 359	70	1914	海關兩	1 491 949	1 044 364	70
1872	海關兩	242 227	169 559	70	1915	海關兩	1 194 959	836 471	70
1873	海關兩	212 554	148 788	70	1916	海關兩	1 122 891	786 024	70
1874	海關兩	200 832	140 582	70	1917[4]	海關兩	994 221	919 654	100
1875[3]	海關兩	228 777	160 144	70	1918	海關兩	863 623	863 623	100
1876[3]	海關兩	223 313	156 319	70	1919	海關兩	1 443 891	1 443 891	100
1877[3]	海關兩	218 272	152 790	70	1920	海關兩	1 791 744	1 791 744	100
1878	海關兩	260 101	182 071	70	1921	海關兩	1 844 369	1 844 369	100
1879	海關兩	247 833	173 483	70	1922	海關兩	2 332 865	2 332 865	100
1880	海關兩	249 591	174 714	70	1923	海關兩	2 401 554	2 401 554	100
1881	海關兩	273 574	191 502	70	1924	海關兩	2 687 555	2 687 555	100
1882	海關兩	279 799	195 859	70	1925	海關兩	2 614 041	2 614 041	100
1883	海關兩	284 044	198 831	70	1926[5]	海關兩	2 898 610	2 608 749	80
1884	海關兩	270 914	189 640	70	1927	海關兩	2 748 776	2 199 021	80
1885	海關兩	298 909	209 236	70	1928	海關兩	2 965 928	2 372 742	80
1886	海關兩	333 347	233 343	70	1929	海關兩	3 177 265	2 541 812	80
1887	海關兩	316 443	221 510	70	1930	海關兩	3 106 590	2 485 272	80
1888	海關兩	323 312	226 318	70	1931[6]	海關兩	3 363 670	3 027 303	100
1889	海關兩	326 443	228 510	70	1932	海關兩	2 739 392	2 739 392	100
1890	海關兩	329 893	230 925	70	1933	海關兩	2 825 834	2 825 834	100
1891	海關兩	391 572	274 100	70	1934	海關兩	2 761 253	2 761 253	100
1892	海關兩	381 587	267 111	70	1935	海關兩	2 773 171	2 773 171	100
1893	海關兩	401 097	280 768	70	1936	海關兩	2 588 355	2 588 355	100
1894	海關兩	479 635	335 745	70	1937	國幣元	3 224 611	3 224 611	100

| 1905 | 海關兩 | 1 105 350 | 773 745 | 70 | 1948[7] | 國幣元 | 18 653 511690 | 18 653 511 690 | 100 |
| 1906 | 海關兩 | 1 326 619 | 928 633 | 70 | 1948[8] | 金圓 | 186 778 | 186 778 | 100 |

資料來源：根據《中國舊海關史料》歷年稅收統計中船鈔部分整理並計算所得。

註：① 1877 年 3 月底之前，船鈔數值不包括華船船鈔收入；同時，由於缺乏系統的分季度統計數據，該表中涉及各季度船鈔時都是將該年相關船鈔平均分配至每個季度，其合理性在於：儘管不同類型的商品，特別是農產品受季節影響較大，但貿易船舶和船鈔收入受季節影響相對而言不太顯著，因為航運公司會儘可能將船舶充分使用以獲取最大利益。

② 1868 年第一季度的一成船鈔、後三個季度的七成船鈔歸海務部門。

③ 1875 年、1876 年的海關貿易統計中，華船船鈔開始納入船鈔總數，但該項收入不撥付海務部門，1877 年第一季度的一成洋船船鈔、後三個季度的七成華船船鈔和七成洋船船鈔一起歸海務部門。

④ 1917 年第一季度的七成船鈔、後三個季度的全部船鈔歸海務部門。

⑤ 1926 年前兩個季度的全部船鈔、後兩個季度的八成船鈔歸海務部門。

⑥ 1931 年前兩個季度的八成船鈔、後兩個季度的全部船鈔歸海務部門。

⑦ 1948 年上半年。

⑧ 1948 年下半年。

由於七成船鈔用作燈塔建設之說影響較大，以至部分研究將七成船鈔與撥付海務部門的經費直接對應。實際上，一方面，如前所述，海務部門的經費來源不止七成船鈔；另一方面，撥付海務部門的船鈔比例也非固定七成，而是從一成增長到七成、十成，呈現出一個變動的過程。更重要的是，即便就按比例撥付海務部門的船鈔而論，海務部門真正收入的船鈔也要小於以上數額，原因在於還有火耗和匯費的支出。也就是說，各個年份海務部門實際可支配船鈔的計算公式應為：

$C_m = C \cdot q \cdot (1-h-f)$

其中：

C 表示海關收入的船鈔總額（1877 年 3 月底之前，不包括華船船鈔收入）；

q 表示撥付海務部門的船鈔比重；

h 表示火耗的比重；

f 表示匯費的比重；

C^m 表示海務部門實際可支配船鈔數額。

海關關稅徵收銀兩，火耗是以熔鑄銀兩將存在損耗的名義徵收的費用。需要注意的是，江海關、浙海關、東海關等在 1889 年之前不從船鈔中支出火耗。1889 年，江海關船鈔的火耗「援照津海等關成案，不準由半稅及六成洋稅項下開支，以歸一律」，[466] 儘管此處並未言明「津海等關成案」是什麼，但此時粵海關、閩海關、江漢關等大部分海關均從船鈔中支出 1.2% 的火耗。故可推知，至晚到 1889 年，江海等關火耗亦改由船鈔中支出。從 1889 年至 1898 年，各關均按照 1.2% 比例徵收火耗，[467] 1899 年開始這筆費用降至 0.6%，[468] 該比例至少維持至清末。[469] 民國初期，常關稅、田賦等稅收先後改征銀圓，[470] 相關火耗隨之永久革除；[471] 但是，海關卻長期沒有以銀圓徵稅，而是以銀兩等多種貨幣徵收，廢兩改元的阻力之一就來自海關總稅務司安格聯。[472] 在 1933 年廢兩改元之前，海關稅收仍以關平銀計算，[473] 部分海關船鈔仍以銀兩徵收。[474] 這種情形下，火耗的徵收恐難以免除。

此外，匯費支出也不可忽視。匯費是海關稅收從各個分關分卡運至總關、從總關運至北京等地的花費。匯解稅餉的匯費支出對各海關而言均不可少，這項開支一般從該項稅款中扣除，費用和該關與京師的距離和交通條件有關。以光緒中期稅餉解京的匯費而言，浙海關、江海關、蕪湖關分別為 4.8%、4%、3.8%，而路程較遠的閩海關、臺灣關、蒙自關均為 5.3%。粵海關匯費為 4%，可能和該關稅餉數額較大，可拉低運送成本有關。[475] 其餘較近的津海關等匯費未知，但應當小於 4%。晚清的船鈔都是以銀兩結算，且銀兩均由與海關監督關聯的銀行解送，這是導致高昂匯費的重要原因。民國時期，

銀行增加、競爭加劇，匯費隨之降低。1935年法幣推行後，匯費進一步降低，中國銀行、中央銀行和交通銀行規定，銀行對顧客的省內匯款收取 0.05% 的匯費，跨省收取 0.1% 的匯費。[476] 儘管這類支出數額微小，但在分析過程中仍然要有所考慮。

1935 年至七七事變前，船鈔仍全數用於燈塔建設等海務事業發展，[477] 但隨著抗日戰爭的爆發，一方面，隨著部分海關的淪陷，民國政府可支配的船鈔收入大量減少；另一方面，戰爭期間船鈔是否能真正被用於改善航路條件也很難保證，這點可以從 1937 年到 1945 年間燈塔建設幾乎完全陷入停滯得到證明。戰後，海務部門的船鈔收入獲得保障，1946 年燈塔數量出現明顯增長，但隨著國共內戰的爆發，燈塔建設再次陷入停滯。

總的來看，自 1865 年至 1948 年，由海務部門支配、主要用於航行安全設施方面的船鈔占船鈔總額的比重從一成增至七成，再由七成經過一系列變化最終固定為十成。儘管投入燈塔事業的船鈔不斷增長，且其他來源的資金並未因撥付船鈔比例的提高而減少，但根據海關職員的說法，燈塔資金不足仍是海務部門面臨的一種常態，甚至多次因資金不足而導致燈塔建設事業陷入停滯。一方面，隨著航路標識數量的增加，維持其日常運轉的薪資、修理、能源消耗等費用隨之上升；另一方面，燈塔設備往往從歐洲採購，以英鎊結算，匯率的波動、銀價的下跌都導致資金不足的問題進一步凸顯。

四、結語

透過以上梳理和分析，本文主要得到以下四個方面的認識。

一是糾正了已有研究中的一些錯漏。利用《全編》原文，對《選編》中的部分翻譯內容進行辨析；補入 1947 年 11 月和 1948 年 8 月、9 月的三次稅率調整，形成完整的稅率變化序列。本文指出，海務經費並非固定的七成船鈔；船鈔之外，海務部門還有其他重要的資金來源；更為關鍵的是，即便按比例撥付的船鈔，也需要扣除相應的火耗和匯費後，才能得到海務部門實際可支配船鈔數額。

二是梳理了民國時期的船鈔收支制度變革過程。特別是辛亥革命前後的船鈔分配情況，已有的研究均未涉及，而民國時期的船鈔收支也較少有人研究。本文利用相關資料，將這一時期的船鈔收支尤其是船鈔分配情況進行了梳理，呈現了撥付燈塔建設的船鈔比例從七成到十成的變化過程，由此可以對民國時期的船鈔收支情況有更為清晰的認識。

三是對船鈔功能和性質的認定。作為一種特殊稅種或燈塔使用費，船鈔的性質並非由收入源自船隻噸位單方面決定，而是由其收入與支出兩方面共同決定。本文認為，將船鈔作為燈塔資金是1843年來自西方的推動船鈔變革者的預設目標，儘管此後經歷了20多年的「船鈔性質未定時期」，但從1868年開始，憑藉七成船鈔和用於抵補三成船鈔的足額補貼，船鈔在實際用途上基本實現了西方人為其預設的核心功能，即真正用於燈塔事業。

四是形成了貫穿整個近代的，從船隻丈量到船鈔徵收、從統計到分配及使用的完整鏈條，展示出較為完整的近代海關船鈔的收支圖景。

近代海關船鈔的特殊價值在於，一方面，西方人最初的設想是將其作為燈塔建設資金，而在近代大部分時段裡，船鈔實質上正是作為燈塔等海務設施經費而存在，故船鈔存在收與支的兩條線索，與其他無特定用途的一般稅收有所不同；另一方面，相對於那些只出現在近代某個時期的稅種（如鴉片稅、進出口附加稅等）而言，船鈔作為一種獨立稅種具有很強的穩定性，其徵收與支出貫穿整個近代。作為近代燈塔資金的主要來源之一，收支問題的研究有利於更好地認識近代海關船鈔的特色和功能。儘管船鈔在近代稅收中佔比不高，但具有稅收制度完善、功能明確、徵收時段覆蓋整個近代且相關統計的連續性、科學性較好等優點。這種以稅收的名義長期徵取、主要在稅收部門內部分配、具有明確目的和功能的資金在近代關稅史中有著特殊地位。對船鈔收支的討論作為近代關稅研究的一條線索、反映關稅歷史的一個面向，具有其他稅種難以替代的作用，對近代關稅史乃至稅收史研究的深入和完善都具有彌足珍貴的意義。

歷史經濟地理專題

歷史空間數據可視化與經濟史研究——以近代中國糧食市場為例 [478]

王 哲 [479]

內容提要：本文闡述了歷史空間數據的可視化方法在歷史研究特別是經濟史中使用的發展脈絡，探討了未來經濟史研究領域利用可視化手段的可能性。從清代南方糧價空間分佈和糧食運銷網絡兩個方面進行清代糧食市場的可視化研究，分析得到清代南方地區米價從東到西的四個空間梯度。並根據舊海關統計中的「多種糧食」貿易源匯數據，在分析其空間屬性基礎上定量重建了20世紀30年代的糧食貿易網絡。本文認為可視化能夠在原始史料「二次整理」過程中發揮較大的作用，在學科交叉和融合方面有著很好的學術前景。

關鍵詞：GIS　可視化　大數據　近代糧價　經濟史

歷史學是否可以採取「大數據」研究方法似乎尚未形成定論，但在最後結論達成之前，歷史研究中的數據目前已經擁有進行可視化（Visualization）研究的巨大潛力。[480] 在任何一個歷史研究分支中，一項研究如果佔有、產生或挖掘了大量歷史數據，但卻未能以最適宜、最直觀和最具表現力的方式表達出來，將在一定程度上影響其結論的表達，導致結論被曲解，甚至損害該研究的學術價值及其傳播——這無疑是一種巨大的浪費，而合理審慎的數據可視化也許能在一定程度上幫助更深刻結論的達成和學術成果的跨領域交流。

一、歷史數據可視化的發展歷程

（一）萌芽時期

學界對於歷史數據可視化何時登上歷史舞臺，並沒有形成一個客觀公認的時間節點。19世紀上半葉，出現了一位關鍵性的開創者——普萊費

爾（William Playfair），他被認為是柱狀圖（bar chart）和餅圖（pie chart）的發明者，[481] 奠定了數據可視化的一些基本規則和方法。[482]

19世紀後半期被稱為歷史數據可視化的黃金時期，此時可視化賴以快速發展的若干條件均已在歐洲得以建立，比如各國的統計部門開始建立，工業、商業和運輸業的數字管理訊息也越發多了起來，統計思想也在拉普拉斯（Pierre-Simon Laplace）、高斯（Johann Carl Friedrich Gauss）等數學家的推動下進入社會領域。總體來看，可視化的興起是一個緩慢而漸進的過程。

儘管如此，還是有一些標誌性事件值得銘記。最為著名的是斯諾（John Snow）在1854年倫敦蘇豪區寬街的霍亂平息中發揮的關鍵性作用。在斯諾的創造性工作之前，對於霍亂是如何傳播的，學界並未完全確定。斯諾將霍亂死亡病例的居住地，標註在一幅地圖上，發現了其空間分佈圍繞著一個居民取水點（圖1中的PUMP）——那麼霍亂的傳播手段自然就不言而喻了。這一發現使得斯諾對流行病學有了開創性的貢獻，並成為其奠基人之一。[483]

這種數據可視化的研究方式過於超前，那個時代的大部分人認為鞣製皮革和制皂過程產生的惡臭導致了這場霍亂。斯諾提出的霍亂傳播成因迥異於大眾觀點，因此受到了廣泛質疑。比如有的評論說：「他有展示任何實際的證據嗎？沒有！」[484] 1855年，其自費出版的著作《霍亂的傳播模式》（The Mode of Communication of Cholera），刊登了那個當時毫不起眼，但現在享譽世界的歷史死亡訊息可視化地圖（圖1），可惜這本書僅僅賣出去56本，堪稱慘淡。

圖1　1853年蘇豪區霍亂死亡街區圖

資料來源：Paul Fine，et al.,「John Snow's Legacy：Epidemiology without Borders」，Lancet，Vol.381，No.9874，2013，pp.1302-1311.

1858年，斯諾不幸死於中風，年僅45歲。醫學領域最為著名的雜誌《柳葉刀》（Lancet）在1858年6月16日，發佈了一條非常簡短甚至有些諷刺意味的訃告：「16號中午，約翰·斯諾博士，這位著名醫師在他薩克維爾街的家中中風去世，其在氯仿和其他麻醉學方面的研究廣受同侪讚譽。」訃告全文一字未提其在霍亂研究中的巨大貢獻。[485]

偉大的研究不會永遠被埋沒，斯諾的研究價值，尤其是其將簡單的死亡訊息空間可視化的特殊研究手段，最終收穫了公正的評價。《柳葉刀》雜誌在斯諾誕辰200週年的2013年4月13號，隆重刊發了足足兩個版面的訃告，算是對斯諾先生職業生涯所承受的不公的一種道歉和補償。訃告檢討了以前的偏見，並刊出了斯諾另外一幅有價值的地圖作品——《倫敦多個水廠供水

區域地圖（1854-1855）》，顯示了若干水廠的供水區域及其交叉區域的空間分佈，當然，這種分佈與霍亂導致的死亡密不可分。這樣一個延續了200年的公案也許可以部分回答那個經常會被問到的問題——「數據可視化到底有什麼用」？

除此之外，另外一個廣受讚譽的劃時代的歷史數據可視化作品是1869年法國路橋工程師密納德（Charles Joseph Minard）繪製的一幅歷史軍事地圖（更精確的應該稱之為訊息圖 Infographics）——拿破崙1812—1813年東征俄國地圖。密納德是較為專業的製圖師，產量較之斯諾要多得多。他製作了大量的可視化作品，而其中最為優秀的就是圖2的這幅東征圖。[486]

這幅地圖之所以著名，在於其簡約、優美和構思理性，以極少的線條表達了極為豐富的歷史內涵。如圖2所示，淺灰色線條代表東征之路，黑色代表戰敗後從莫斯科折返之後的退兵之路，線條的粗細代表軍隊的規模，也就是兵員的數量（1毫米代表1萬人）。由圖2可見，拿破崙大軍從俄國、波蘭邊境的聶門河開始進軍時的42萬餘人，兵敗如山倒，折返之後的敗軍再次經過聶門河時，軍力僅剩1萬人，也就是說差不多40餘萬士兵在這次冰雪之旅中丟掉了性命。這幅地圖的閱讀者能夠強烈感受到力透紙背的戰爭殘酷性。沿途的著名河流和城市均標註清楚，同時在圖2的下半部，標註了敗軍沿途的溫度，這暗示了天氣是這場戰爭勝負天平的重要推手。值得注意的是，這幅圖繪製於戰爭結束半個世紀之後的1869年，在那個年代，在二維地圖上能夠巧妙安排，將多種訊息雜糅一體實屬不易。在這個線條簡約的地圖裡，起碼包含了以下幾個方面的訊息：部隊規模、部隊在二維平面上的實時位置、重要城市和河流、部隊行進方向、敗退之路上的沿途溫度。即使以今天的標準來衡量，也是石破天驚的天才之作。

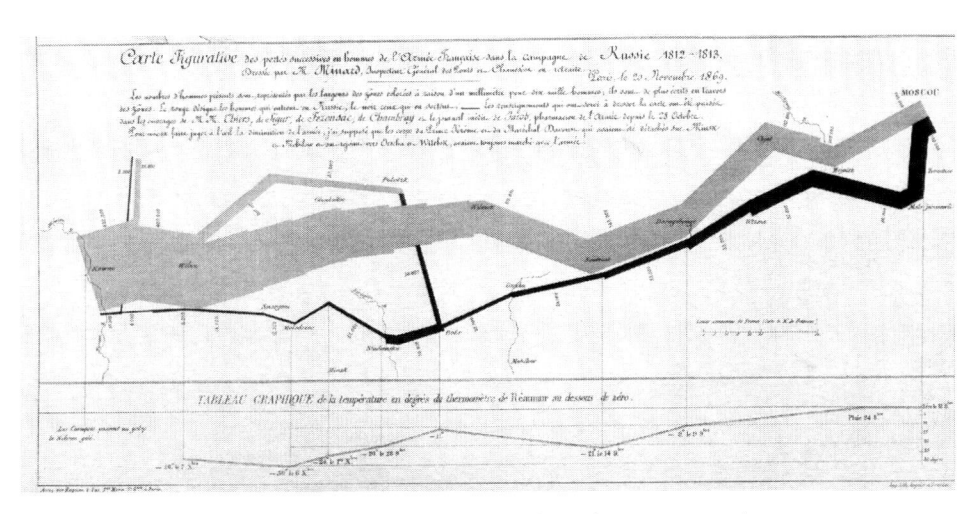

圖 2　拿破崙東征俄國人員損失圖（1812—1813）

資料來源：http：//patrimoine.enpc.fr/document/ENPC01_Fol_10975？image=54#bibnum，November，13，2016.

　　這幅地圖是一種特殊類型的可視化作品之濫觴，一般稱之為「時空敘事性圖表（Narrative Graphics of Space and Time）」。[487] 這種類型可視化作品，尤其適用於歷史研究，因為歷史學在本質上，研究的就是敘事—時間—空間的三位一體。

　　在可視化作品不斷生產的過程中，一些基本的原則成為共識。比如，在作品中，要使用儘量少的「筆墨」來繪製與數據無關的東西，捨去細枝末節，「除了數據一概不要」。甚至有人提出了「Data ink ratio」原則，筆者姑且譯作「數據墨水比例」，指的是跟數據有關的「墨水」占據作品耗費所有「墨水」的比例。[488]

　　在此之後的可視化作品，都深刻受到上述作品的影響，但是因為技術手段並未取得革命性的進步，可視化的水平也一直停滯不前。

（二）快速發展階段

　　計算機技術大規模使用之前，數據可視化是手工製作的、零星的、過於精英的和花費昂貴的。儘管有大量的可視化作品出現，人們更傾向於將其視

為藝術而不是科學研究的方式,自然未能深刻影響學術界的研究方法。數據可視化真正進入學界,並深刻影響學者的研究方式,還要等到計算機技術的普及以及個人電腦價格的大幅降低之後。

1987年,美國國家科學基金(NSF)在一份關於優先支持科學計算可視化的報告中,將可視化定義為「是一種將抽象符號轉化為幾何圖形的計算方法,以便研究者能夠觀察其模擬和計算的過程和結果」。[489] 換句話說,可視化的本質是將抽象的數據,以幾何圖形的方式呈現出來,使得科學研究的主體——人,以其最為擅長的觀察世界的方式——目視判讀來進行更深入的觀察和分析。可視化並不是最終目的,而是研究過程的一種輔助手段,當然,歷史數據的可視化也僅是歷史研究的一種輔助手段。

眾所周知,地圖的歷史要比數據可視化長得多,而且應用更為廣泛。現在有一種普遍的看法,將地圖也視為數據可視化的一種。比如,2011年,奧萊利公司(O"REILLY)的《數據可視化之美》系統介紹了數據可視化在數據挖掘過程中的重要作用。「一圖勝千言」,說明了良好的數據展示和表達對於決策者的分析以及科學研究的重要性。在該書的第五章《訊息映射:重新設計紐約地鐵圖》中,作者認為:

地圖是已有的最基本的數據可視化的一種,我們已經有幾千年的地圖製作歷史。然而,我們並沒有把地圖作為理解複雜系統的一種工具並加以完善。[490]

數字歷史和歷史數據可視化的工作方興未艾,[491] 但是具體到中國歷史中產生的歷史數據的可視化,地理學者似乎做的工作更多一些。[492]

如果可視化的對像是空間數據,這種可視化某種意義上可以被視為地圖學(Cartography)。換言之,在一定意義上,地理空間數據可視化可以被看作是數字時代的地圖學。更進一步,如果可視化的對像是歷史時期的空間數據,則可稱之為某種方式的歷史地圖製作。因此,歷史數據可視化跟歷史地理訊息系統(HGIS)具有很高的重疊度。

在某些方面，地理訊息系統（GIS）較容易完成此種特殊類型——歷史空間數據的可視化。過去的二三十年，地理訊息系統作為一種工具「侵入」或者「被吸納入」社會科學的趨勢已經非常明顯，在流行病學、新聞傳播研究、分子人類學以及宗教研究等領域發揮了非常大的作用，得到了常規手段難以獲得的結果。儘管中國 GIS 的產業規模、GIS 本身的研究水平都已經進入世界最發達的國家行列，但在國內歷史學界，GIS 手段的使用尚在積極探索的過程中。

在歷史學分支中，經濟史是最適合使用 GIS 的領域，原因無它，二者都以數據為基礎。經濟史是最傾向於定量研究的歷史學分支，近代經濟史則是經濟史中數據最為豐富的組成部分，二者早就應該擁抱彼此。但由於學科分類更近的關係，歷史地理學捷足先登，比經濟史更早接觸 GIS 和可視化。

如今，歷史地理學界大規模使用 GIS 已經有十餘年的歷史。潘威等人在回顧 GIS 進入歷史地理學研究的歷程時指出，歷史地理學使用 GIS 的深度和廣度尚很欠缺，這一現像已成為歷史地理學界之共識。但最近十年來，歷史地理學已經開始了具有自己特色的訊息化和數字化之路。在歷史地理學界，滿志敏在歷史氣候和歷史地貌方面的研究是開端。此後，經多位學者不斷深入，現今已經遍地開花結果。[493] 中國歷史時期人口統計資料較為豐富，留有長時段人口數據，侯楊方和路偉東的中國人口歷史地理訊息系統（CPGIS），擁有近現代多個時間截面的數據。[494]

除此之外，也有學者進行區域性的研究。如王均、陳向東和宇文仲基於 GIS 數據處理技術，對清代陝西省內的縣級政區數字化建庫，並鏈接歷史文獻中的縣級人口、耕地等專題數據，進行了人口分佈與人口密度、耕地分佈與墾殖密度等方面的數據分析和製圖。[495] 與之類似的還有初建朋、侯甬堅、陳剛的研究。[496] 這類小區域的人口研究基礎——底圖以及人口數據都是較易獲得的。河南大學的史磊等，以梁方仲《中國歷代戶口、田地、田賦統計》為基礎，以歷史行政區域為基本單元，在 GIS 軟件中設計歷史數據庫，實現對歷史地理文獻數據的計算機管理和可視化製圖並進行歷史數據的空間分

析，以輔助相關歷史地理研究。[497] 這其實蘊含著一種邏輯的必然性，那就是幾乎所有的 GIS 都會不同程度地將歷史數據可視化作為其成果。

城市史在 GIS 使用方面的切入點較多。中研院史語所的範毅軍教授，自其專著《傳統市鎮與區域發展——明清太湖以東地區為例（1551—1861）》的城鎮研究開始，就非常注重以精美的可視化成果——地圖展示商路和市鎮分佈（蘇州、松江以及太倉二府一州地區出現的 928 個市鎮），在這方面他是先行者。[498] 後來，他開始系統地建立臺灣的歷史地理訊息系統（或地理資訊系統），[499] 並有大量的理論性論述發表。[500]

經濟史學界使用 GIS 進行歷史數據可視化的時間不長，卻早已夯實可視化研究的基礎工作，對於計算機技術的關注也是遠早於歷史學界同仁的。最遲在 1991 年，《經濟史評論》（The Economic History Review）就已經開始對每年最新的訊息技術進展對經濟學和社會科學的貢獻進行回顧。此時，編輯人員已經敏銳地認識到新的技術手段對研究方式的巨大改變。但是，當時的技術條件還是較為落後的。1986 年，歷史與計算協會（Association for History and Computing，AHC）成立，這個機構成為歐洲最為重要的進行歷史統計或曰歷史計算交流的平臺。針對 1991 年研究的回顧文章將主要的篇幅放在數據庫管理系統（DBMS）方面。DBMS 在當時剛剛從軍用轉到民用，因此學界對其熱情很高。文章也介紹了另外兩種系統（dBASE 和 Open Access III），分析了其在處理數據方面的異同點和各自的優劣。[501] 此後若干年，一直到 1996 年，都有類似的綜述性文章出現。1997 年的一篇綜述第一次提到了萬維網以及地理訊息系統，但並未進行深入介紹。畢竟當時二者均屬於初創階段，本身的發展尚未成熟，對其他學科的幫助也有限。[502] 此時的 IT 技術，對歷史學和經濟史學的幫助，停留在「紙和筆」的階段。也就是說，IT 技術此時僅僅是異化了的紙筆，只能作為一種記錄載體或者可視化工具存在，製圖是當時計算機重要的功能，其計算功能還非常弱，更遑論分析了。

二、可視化在經濟史中的使用

目前的經濟史研究領域，如下兩種方式利用可視化是最為常見的：

第一種類型，以 GIS 軟件輸出佐證性或示意性圖鑒，作為背景介紹或開篇明義或延伸討論。比如，對 1350 年以前歐洲北部糧食運銷的研究。[503] 作為研究商品在多個國家的港口之間遠距離運輸的論文，有一個示意性的地圖是必不可少的。

又如著名城市史學家安克強（Christian Henriot）的一篇文章，研究的是上海市區內工業分佈如何受到中日戰爭影響。[504] 美租界主要包括黃浦江以北的楊浦區，英法租界在黃浦江以西、蘇州河以南，而大的工廠基本都分佈在黃浦江兩岸，而不是租界內部。1937 年開戰後，蘇州河以北的閘北區域被密集轟炸，1938 年之後得到快速恢復，1939 年各個工業分支均恢復到了戰前水平。文章力圖分析空間因素（以及背後的歐美日中不同管理者）在這種超速恢復中的作用。這篇文章是非常具有代表性的：GIS 在大部分情況下，是作為一種「作圖工具」出現在經濟史研究領域。這樣的示意圖或者地圖，是眾多描述性史料的可視化，具有較大的表現力和直觀性，也被稱之為「可視化敘述（Visual Narratives）」。類似的研究還有比利時魯汶大學建築系布洛克（Greet De Block）以及美國新罕布希爾大學歷史系的波拉斯基（Janet Polasky）兩位學者對比利時 19 世紀晚期的輕軌和城鄉交通聯繫的研究。[505] 比利時的基礎建設（鐵路和輕軌）對比利時的工業發展非常重要，將鄉村和工廠便捷地聯繫起來，使得鄉村的農民可以快捷地進入工廠工作而不用住在城市，在 19 世紀就實現了「離土不離鄉」的現代夢想。儘管輕軌對鄉村景觀有極大的破壞，很多學者都對其有不好的評價，但是其對比利時城市化的進程是極為關鍵的。國內學者在糧價方面進行了這方面的嘗試，如彭凱翔對 18 世紀中期的糧食價格進行了空間分佈的研究，獲得了「等價格」梯度分佈圖，發現了兩塊具有持久性的「價格高地」。[506]

第二種類型，文章的最主要結論由 GIS 軟件或者系統獲得。在這個方面，經濟學者其實走在了歷史學者的前面。[507] 這就是經濟史學界 GIS 技術的利用現狀。經濟史研究領域，新方法和新的技術手段的運用層出不窮，是一個較為活躍的學術增長點。[508] 因為 GIS 手段的特殊性，學者較多採用建立網站的方式進行 Web 發佈，較之以往的研究成果以學術期刊、學術專著發佈的方式有所不同。[509]

有一個問題是必須回答的,那就是歷史數據的可視化跟數字歷史(Digital History)、數字人文(Digital Humanities)、空間歷史(Spatial History)到底是個什麼樣的邏輯關係?毫無疑問,可視化要比上述三個概念狹窄和簡單,更偏向於工作流程「後端」的研究領域或者研究方法。換句話說,數字歷史、數字人文都必然包含整理原始史料、整理原始歷史數據的過程,而一旦這些數據在得到妥善的整理,特別是建立了某種數據庫之後,歷史數據可視化僅僅是其可以選擇的處理方式之一。換句話說,如果把數字歷史的工作流程視為三個步驟:收集史料——整理史料——展示(研究)史料的話,可視化僅僅出現在第三步或者第二步。

空間歷史則跟數據可視化較為緊密相關,幾乎所有的空間歷史項目的最終結果都是某個專題歷史數據的可視化,而且其發佈方式一般以 Web 發佈為主,或以地圖的方式,或以訊息圖的方式(infographic),比如最為著名的史丹福大學的空間歷史計劃(The Spatial History Project)。[510]

對歷史數據的可視化是數據導向型的,某種類型的數據則需要相應類型的可視化方式。

第一類,時間序列的歷史數據可視化,是傳統最為深厚的可視化,從可視化的先驅者普萊費爾開始,在時間軸上做文章就是可視化的必修課了。計算機工具從最為傳統的微軟 Excel 開始,到 Tableau、SPSS、SAS 或者 R,均在此方面功力深厚。這方面的可視化幾乎貫穿所有以定量為基礎的學科,在此不再贅述。

第二類,有空間屬性的歷史數據可視化,如前所述,可以將其視為製圖學的分支,進入訊息時代則跟歷史地理訊息系統密不可分。ArcGIS、MapInfo Pro、QGIS 等 GIS 工具自不待言,甚至連 Tableau 這類專業可視化工具也紛紛加強了自己的地理訊息處理能力。更有甚者,作為科學研究者最常用的生產力工具——微軟 Office,也在 Excel 2016 配置了原生 GIS 模塊「三維地圖(Power Map)」,用以在獲知數據的地理空間屬性的前提下(比如郵地區號或者經緯度),很方便地在 Excel 中生成專題地圖,而不

需要專業的 GIS 軟件。Excel 2013 版本也可以自行安裝插件 Power Map Preview for Excel 2013。[511]

第三類，除了時間序列數據和空間數據，還有一種關係型的數據類型，也就是社會網絡分析型（Social Networks Analysis, SNA）數據，這種類型的數據自古有之，但對其大規模的可視化依靠的是現代社交網絡的發展，比如 Twitter、臉書、微信等產生的人際溝通海量數據及由其所建立起來的虛擬網絡。對這樣的新類型的數據，有了新的研究工具和路徑。歷史學者可以借助於這種業已成熟的研究路徑、指標體系和分析工具（如 Gephi、Pajek、Tulip 等），進行這方面的嘗試，比如哈佛大學和北京大學等機構所建設的中國歷代人物傳記資料庫（China Biographical Database Project，CBDB）的數據就是一個典型的形式。當然，這樣的方法不僅僅可以分析社會網絡，如果把社會網絡的主體看作是城市、港口、機構（比如郵政網點），把互相之間的貿易聯繫、郵件聯繫、金融流聯繫作為另一個角度的「人際關係互動」，然後使用類似的分析軟件進行研究，也是一種有趣的研究路徑。從某種角度來考慮，關係型數據跟空間數據在某些領域是重合的。

還有一個方法論上的問題值得討論，就是如何解決在歷史研究中經常遇到的數據缺失問題。換句話說，就是能否和如何使用空間插值。在經典統計中，一般假定觀測值是獨立的，也就是說觀測值間不存在相關性。在地統計中，使用空間位置的相關訊息可以計算觀測值間的距離並將自相關建模為距離的函數。空間插值一般可分為兩類——確定性方法和地統計方法。本文並未對糧價數據採取 ArcGIS 中常用的空間插值方法，如克里金法（克里金法算是一種行之有效的建構連續表面的方式，在地理學中有大量的應用）。

但通常情況下，經濟史研究中是不會輕易嘗試進行任何插值的。有一個筆者自己總結的規律——我們「不生產數據，只做數據的搬運工」。為什麼呢？因為近代經濟數據所產生的微觀環境或者叫「下墊面」非常複雜。

比如，下一節我們在處理糧價的空間分佈的時候，無論是採用反距離加權法（IDW），還是採用克里金法，都會遇到以下幾個問題：

中國經濟史學的話語體系構建
歷史經濟地理專題

第一個問題，統計的最小單元——府州統計項目的差異化。北方，直隸省（保定府）統計的是粟米、高粱、糜子、小麥、黑豆、上米、上粟米、中粟米、大米；山東省（兗州府）統計的則是高粱、黑豆、黃豆、粟穀、粟米、大米；山西省（澤州府）統計的是高粱、蕎麥、粟米、豌豆；僅就這北方三省來看，似乎僅有粟米是可以作為一個統一指標來看待的。南方統計則更為凌亂複雜一些，比如，湖北省（漢陽府）統計的是上米、中米、下米、大麥、小麥、黃豆、粟米；浙江省（杭州府）為秈米、細秈、晚米、細晚米、大麥、小麥、黃豆、上米、稉米；廣東省（惠州府）則為上米、中米、下米、大麥、小麥、黃豆、綠豆、黑豆。南方各省差異極大，最為麻煩的是一省內部各府統計的作物種類也有較大的不同。這就決定了我們能夠使用的數據非常有限，看似海量的糧價數據被「清洗」成了一個很小的簡單數據庫，某個年份某個月份全國的數據量可用數維持在幾百個左右，也就是下面我們將要討論的。

第二個問題，糧價數據量過少。清代糧價數據庫的總體數據量很大，貌似不存在數據量不夠的問題，但是具體來看，某年某個府州的中米價格，其本質上是以一個市場抽樣數據代表了一個行政區劃，也就是一個「面」的均值，而且，「面」的面積差異極大——府州的面積從幾萬平方公里到十萬公里不等。我們試圖採用克里金法來插值，以近代浙江省（十一個府十萬平方公里左右）為例，若有一個府的糧價缺失，那麼就需要用其他十個值（十個府）的糧價，來確定一個府的價格，那麼這樣看起來數據樣本有些過少了，結果堪憂，有可能誤差極大。如果考慮到浙江省十一個府的樣本過少而試圖擴大樣本量，那麼是擴大到全國所有的府州合適，還是擴大到浙江省所屬的某個施堅雅定義的地文區合適，還是擴大到冀朝鼎定義的某個基本經濟區合適，這是一個棘手的問題。

第三個問題，糧價產生「下墊面」的複雜性。克里金法的本質，是用經緯度 xy 值來確定隨機的自相關誤差項 $\varepsilon(s)$（s 代表了空間位置）。這樣的方式在「下墊面」較為均質的條件下還算合適，但是糧價對於「下墊面」自然地理特徵過於敏感，比如海拔、坡度或者分水嶺的分佈。即使是距離非常近的兩個府州，也有可能因為分屬於不同的小流域而糧價根本就毫不相關。

所以，與自然科學中常見的氣溫插值、臭氧濃度插值等問題不同，糧價數據的插值會遇到上述幾個問題，迫使研究者只能精心選擇那些有代表性省份的代表性年份、月份進行研究，本文也是這麼做的。

下面，本文用一個小例子說明，數據可視化如何將經濟史研究更臻於定量化和可視化。清代糧食價格數據是史學界目前能夠掌握的最好的系統經濟數據之一，從全漢昇、王業鍵開始就對此數據進行深入的分析。進入訊息化時代以來，我們掌握了他們那個時代未曾有過的它源數據——近代海關數據和可視化手段，我們試圖在前人工作的基礎之上，貢獻我們的一點微小力量。

我們主要從近代糧價的空間分佈和近代糧食貿易網絡兩個方面進行近代糧食市場的可視化研究。糧價方面，本文將選擇一種空間分佈較為廣泛的標誌物（中米），分析其在中觀尺度上的空間分佈狀況以及這種空間分佈在時間上的變化過程，徹底分析清楚長江以南地區——這個被學界認為市場整合程度較高的區域，其糧食價格到底呈現何種分佈態勢。這只是一個基本史實的釐清，並不打算加以過多的分析討論。基本史實清楚之後，研究者自然會考慮下一個問題，這種區域的不均衡必然導致糧食的長途運輸，從而形成一個糧食貿易網絡。為了定量地刻畫糧食貿易網絡，我們為此建立一個小小的工作數據庫，夯實近代中國大城市間糧食貿易 OD 數據流，同時利用技術手段，重建一個基於海關數據的糧食貿易網絡，為其他貿易的研究提供一個模板或者例子。上述二者在空間上呈奇妙的耦合關係，糧價空間分佈的不均衡，乃產生糧食長途運輸的根本原因，而糧食的販運則平抑了糧價的不均衡。

三、為何要對清代糧價進行可視化分析

近代以來，清代糧價資料一直受到學界重視，先後有多位學者進行了系統性的整理。早在 20 世紀 30 年代，湯象龍先生就整理了諸多清宮財政經濟檔案，於1992年出版了《中國近代海關稅收與分配統計（1861—1910）》（中華書局）。除此之外，湯先生領導了多項基礎性的、極為重要的整理工作，其中之一便是糧價報告。這部分檔案經系統整理後，由廣西師範大學在 2009 年出版。[512] 由於眾所周知的原因，清宮檔案一部分藏於臺北故宮博物院，這部分的糧價檔案由王業鍵領銜的團隊整理。但王業鍵先生的工作不止於此，

他將上述來源的糧價數據彙總並建立數據庫發佈在互聯網上——清代糧價資料庫,為其他學者使用提供了極大的便利。[513] 此後謝美娥等均在此方面有所建樹。[514] 陳計堯與王業鍵合著的《兩次世界大戰之間中國糧食貿易網絡,1918—1936》,更是在「重建」國內糧食網絡貿易方面令人印象深刻。[515] 陳、王二位先生研究的數據基礎,仍舊是蔡謙、鄭友揆、韓啟桐等學者根據海關出版物和檔案而二次發掘的數據,該文所重建的貿易網絡,並非根據定量的源匯數據矩陣繪製。從該文後所附的表格可見,糧食貿易網絡乃由半定量的他人文獻綜述所得。這是近代國內商品流通研究中一個繞不過去的困難——除了海關資料,其他來源的數據統計實在乏善可陳,且不成系統,而尤以後者更為致命。因此,該文在處理收集到的糧食貿易網絡數據的時候,只能採取手繪的方式,繪製了一幅稍顯雜亂的示意圖,見圖3。

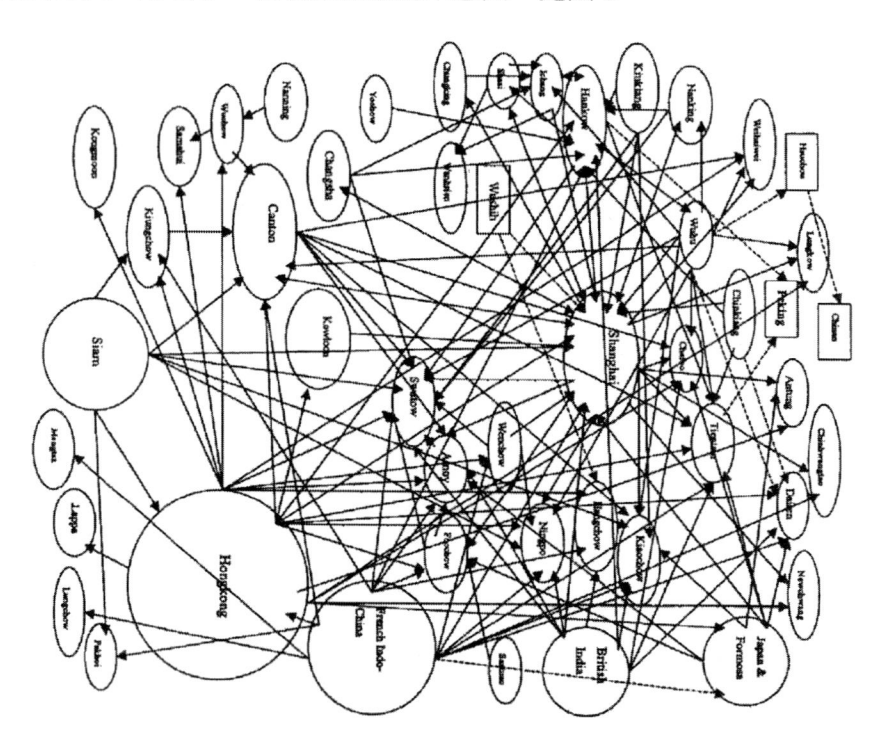

圖3　1919—1936年中國大米麵粉運輸網絡

初見上圖，不免為前人學者在史料蒐集方面所做的艱苦卓絕工作而嘆服，在資料的占有方面已經達到了幾乎完美的地步，但是客觀而言，圖 3 乃是半定量的研究（箭頭粗細一樣），是從多種他源文獻中獲得的，在數據精度的一致性方面有所欠缺。而且此圖繪製稍顯凌亂，沒有充分體現出作者基礎工作的深度。

確定糧價數據的質量問題是進行深入討論分析的首要問題。王玉茹和羅暢在糧價數據資料的使用和數據質量方面進行了深入研究。[516] 研究表明，乾隆朝的糧價數據質量高於嘉慶和道光兩朝，嘉慶和道光之數據質量又高於咸豐、同治、光緒和宣統四朝，顯然，糧食價格的數據質量是愈往後期愈低的。

本文選擇南方「米」為標誌作物，但各地略有差別：在南方諸省中，大部分省份，如湖北每一個月份有上米、中米、下米的多個價格。有的省份如安徽僅有中米價格。浙江不以上米、中米和下米統計價格，而是晚米、秈米、細晚米和細秈米。江浙市場上流通的大米，有粳米、糯米和秈（秈）米三大類。糯米流通量較少，多為釀酒所用。粳米的黏性較糯米為遜，而較秈米為強，最適飯食之用，故銷路最廣，其價格之變動足以左右糯、秈之價格。[517] 據民國時人調查，米之品質，以糯米為最佳，粳米次之，秈米又次之。粳米之中，又分早晚二種，早者約占十分之二，晚稻其質堅硬，紋細皮薄，碾白之後，光澤細潤，較早稻為佳。秈米雖成熟時間有所不同，但相差無幾，故無早晚之分。[518] 由此可見，浙江統計中的晚米和細晚米實為粳米。

南方「米」的多樣性給選擇一個統一標誌作物帶來了困難，為了方便起見，本文統一選擇各個省份米價最高的那一類（上米或細晚米等）作為標誌物。清代糧食數據具體到每個省份差異極大，西北、東北邊疆省份數據不連續，而中、東部傳統農業大省的糧食數據較為連續。但每個省份數據質量較高且連續的年份又有所不同，因此選擇哪幾個年份作截面研究成為首要問題。經過分析，本文選擇乾隆朝作為主要研究區段，輔以若干其他年份。

綜上來看，儘管有眾多學者都對糧價數據進行過時間序列、市場整合等方面的研究，可是還沒有回答以下兩個問題：糧食價格在空間上到底呈現一

種怎樣的分佈態勢？這種分佈態勢背後的原因可能是什麼？類似的問題，比如中國歷史時期人口在空間上的分佈，就有學者如侯楊方和路偉東進行過精闢的研究。[519] 換句話說，糧價空間分佈即使不是一個學術問題的答案，也是一個很有趣的近代經濟史問題。而我們對其進行分析之前，首先要把它做出來。

四、基於 GIS 的清代南方糧食價格空間可視化

學界對清代糧食價格的研究基本都集中於時間序列分析上，著述豐富而深入。糧價的空間研究中，則以糧食市場的整合研究比較深入，[520] 判斷市場整合與否主要是看不同區域市場間的價格波動是否具有一致性。當然，學界對於「市場整合」依舊有不同的聲音，岸本美緒提出，既然一個市場擁有眾多商品種類，糧食僅僅為其中之一，那麼，以糧食價格是否「一物一價」的單一指標來衡量市場整合與否就值得商榷了。[521] 這樣的疑問也值得思考。恕筆者淺陋，除了前述彭凱翔的研究，糧食價格的空間分佈研究並不太多。本文試圖使用 GIS 軟件，將清代糧食價格的空間分佈狀況做一些分析。

（一）數據基礎

本文的數據基礎是王業鍵的糧價資料庫，但是由於進行空間分析，需要 ArcGIS 的軟件支持，其所需要的數據庫與王業鍵的糧價資料庫的數據結構有較大的不同，所以需要進行數據庫重構。首先需要解決的是底圖。清代糧價按照不同的行政區劃上報，一般是以府州為單位。中國歷史地理學界已經較好地解決了這個問題——CHGIS。[522] 本文使用「1820 年層數據 CHGIS V4」，其底圖時間為清朝嘉慶二十五年（1820），主要使用的是其中的府級界限。在使用過程中首先要進行地圖格式轉換，因為 1820 年的行政區劃底圖是在 MapInfo 環境中使用的，必須轉換為 ArcGIS 所能識別的格式才能添加糧價數據庫。

府邊界所依託的數據表表頭主要結構如下（有刪減）：

表1 府邊界地圖的屬性表（部分）

FID	NAME_PY	NAME_CH	TYPR_PY	TYPE_CH	BEG_YR	END_YR	LEV1_PY	LEV1_CH
0	Xizang	西藏			1911	1911	Xizang	西藏
1	Qinghai	青海			1911	1911	Qinghai	青海
2	Ye'erqiang	葉爾羌	Fuji	府級	1911	1911	XinJiang	新疆
3	Akesu	阿克蘇	Fuji	府級	1911	1911	XinJiang	新疆
4	Wulumuqi	烏魯木齊	Fuji	府級	1911	1911	XinJiang	新疆
…	……	……	……	……	……	……	……	……

由表1可以看到，「FID」字段是對於每一個「府」唯一的id號碼，「NAME_CH」字段為府州的中文簡體名，「LEV1_CH」為其所屬的省份（自治區）。因為糧價統計都是以府州為單位的，因此本表的「FID」是下文將要建設的糧價數據庫的索引。而需附加上的糧價數據原始數據結構較為簡單，為了能夠透過GIS手段表達出來，糧價數據庫的結構改變如表2。

表2 糧價數據庫示例（部分）

單位：銀分/倉石

FID	NAME_PY	NAME_CH	TYPE_CH	LEV1_PY	LEV1_CH	年份1	年份2	月份	上米最低	上米最高
291	Tongren Fu	銅仁府	府	Guizhou	貴州	1736年9月	乾隆元年	九月		
291	Tongren Fu	銅仁府	府	Guizhou	貴州	1737年9月	乾隆二年	九月		
291	Tongren Fu	銅仁府	府	Guizhou	貴州	1738年10月	乾隆三年	九月	92	92
291	Tongren Fu	銅仁府	府	Guizhou	貴州	1739年10月	乾隆四年	九月		
…	……	……	…	……	……	……	……	……		

其中，「FID」字段為與前者府邊界數據表進行空間上「關聯」的關鍵字段。而「上米最低」「上米最高」為月均價格，為後期關鍵的屬性字段。

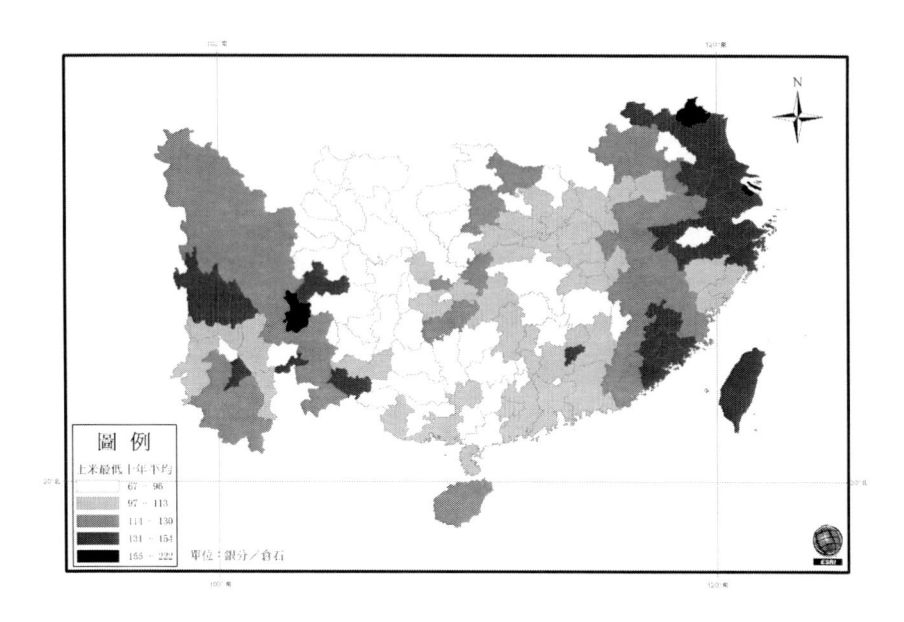

图 4　乾隆六年至十五年十年平均六月份上米月價格空間分佈[523]

（二）分析過程與結果

根據上米價格，可以獲得不同的專題地圖以表徵糧食價格的空間分佈。

由圖 4 可見，乾隆六年至乾隆十五年的平均狀況，自西向東呈現為四個階梯區間：以松江府、蘇州府、嘉興府、江寧府以及江北之太倉、通州等為核心的第一階梯，向南延展到漳泉二府和海峽對岸的臺灣，浙北糧價在總體上高於浙南山區；第二階梯為緊鄰第一階梯西側的若干府州，以安徽、湖北、湖南和江西的核心府州為核心，廣東省糧價呈現多樣性分佈，在二三階梯中游移；第三階梯以廣西、貴州、湖南為主體，包括四川中東部府州；第四階梯以雲南和四川西部為核心，糧食價格呈現內陸地區的高地現象，某些年份異乎尋常地高於沿海地區。

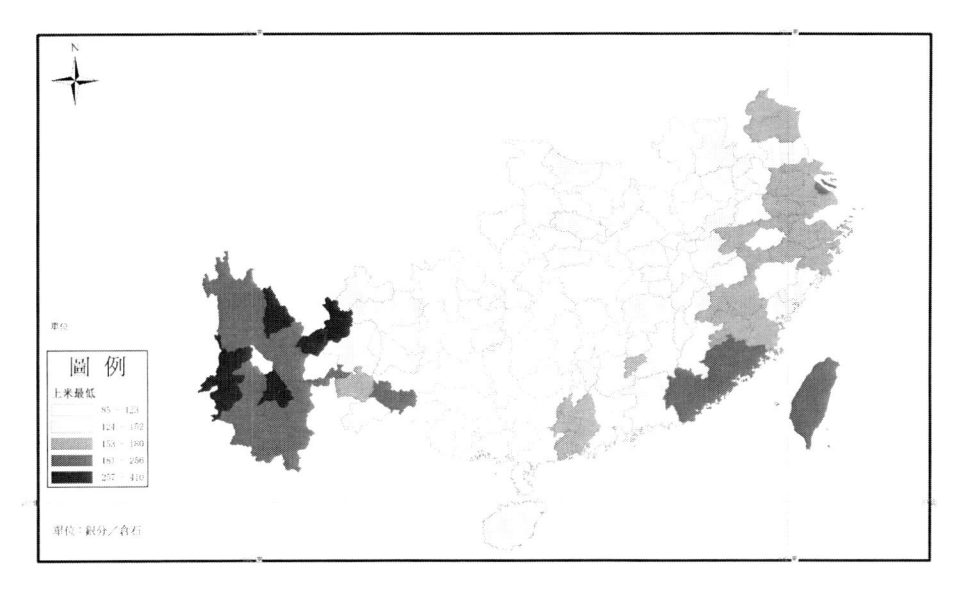

圖 5　乾隆三十六年六月份上米月最低空間分佈 [524]

　　乾隆三十六年的空間分佈更為明顯，且四級階梯的空間分佈更為鮮明，雲南省諸多府州的價格相當可觀。貴州、廣西、湖南三省和湖北若干府州是毫無疑問的價格窪地。廣東、江西以及安徽和長三角部分地區價格適中。福建、臺灣以及浙江省部分府州則又與雲南類似，價格較高。

　　總結而言，清乾隆年間，在可信數據的時間區間內，南方米價的月價格具有強烈的空間分佈四級階梯特徵。呈現此種階梯空間分佈特徵的原因是長江流域存在糧食生產和消費的地域分工。據研究，長江中上游的若干省份，在清前期，每年有大量糧食運出本省供給下游消費。川糧外運在巔峰期，維持在每年百萬石以上，江西在乾隆時期約為 450 萬石，湖南省外運糧食更多，甚至可達 800 萬石—1000 萬石，湖北、安徽也在 100 萬石—200 萬石。[525] 郭松義估計，長江線上，年糧食運輸量大體是：四川 100 萬石—150 萬石，兩湖 1200 萬石—1500 萬石，江西 400 萬石—600 萬石，安徽 50 萬石—100 萬石，統共 1750 萬石—2350 萬石。[526] 在米糧大量輸出的時間區段，中上游省份的米糧是供大於求的，價格低於同期的下游地區是非常正常的現象。但是隨著上游人口的生齒日繁，能夠調劑的米糧也在清後期趨於減少。

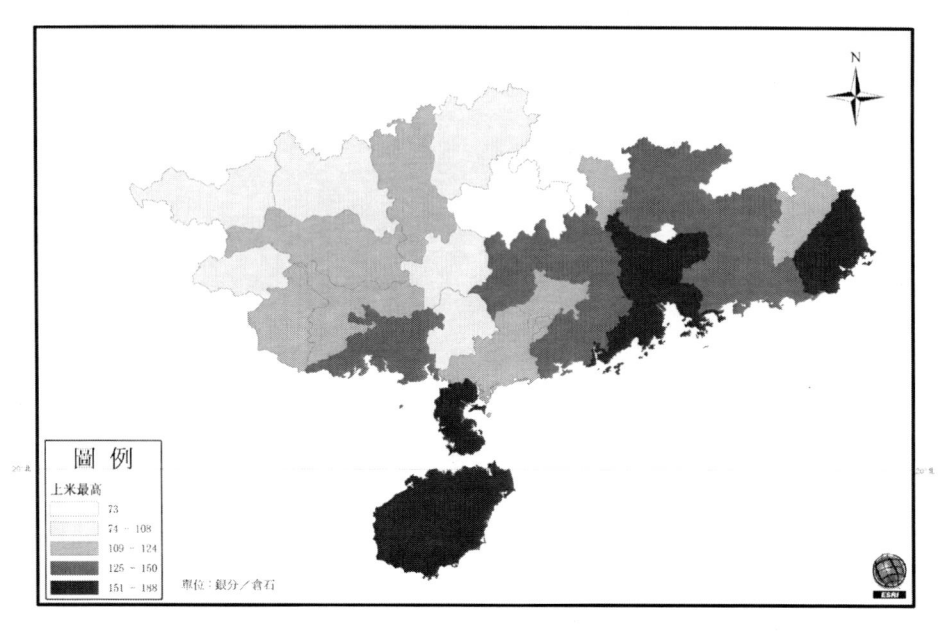

圖6　乾隆十五年兩廣米價空間分佈 [531]

就本文掌握的數據來看，在階梯分佈中，清代雲南一直是價格「高原」，其原因較為複雜。雲南是高原省份，全省以山地為主，耕地總面積和人均面積均遠低於同期其他省份，而且氣候、地質災害較多，農業產量一直不高。[527] 同時，雲南省與其他省份交通不暢，調劑糧食的渠道一直未能穩定形成，形成了一個較為獨立的糧食區域市場。清代雲南糧食價格一直居高不下，清朝統治者也苦於沒有根治之策。[528] 清代雲南人口擴張與可耕地發展呈反向關係：人口增長最快，而耕地面積增長卻最少。自1700年以來，越來越多的中心區農民寧願種植菸草和棉花等經濟作物，也不願種植稻穀等糧食作物。[529] 雲南糧價之高企，還有一種可能是大量移民導致的人地關係緊張。李中清認為，清政府的激勵措施使超過200萬的移民定居在西南的山區。人口與耕地面積的比例，或稱為營養密度，是一個很好的指標，它顯示了中國西南各地糧食供給負荷的不均衡性，雲南1825年的平均營養密度為每平方公里耕地375人，甚至可達每平方公里900人（澂江府），如此失衡的營養密度，意味著必須有很高數額的糧食輸入，才能支撐中國西南社會的發展。[530]

由於山脈之阻隔，雖屬南方，兩廣地區跟長江流域其他省份不同，是一個較為典型的消費生產耦合區域。據陳春聲研究，廣東省人口壓力較大，人地關係緊張，糧食缺口多由廣西餘糧所填補。[532] 其運輸通道，主要依靠西江及其上游支流，多位學者研究均為每年 300 萬石。陳春聲分析了嶺南區域市場的整合情況後發現，18 世紀廣東米糧市場儘管有「整合程度越來越高的趨勢」，但是本區域的米價區域差異最大可達到 102%。[533] 這說明儘管存在一個區域性的流通順暢的市場網絡，區域內價格空間差異依然是牢固存在的，二者並不矛盾。廣西與廣東兩省具有大量的米糧貿易，同時二者地域接近，米價長期變動趨勢有密切關係。珀金斯也認識到了這一點，認為廣東之所以呈現出這種特點，一是因為能在 18 世紀中得到它的許多物價資料，二是因為它在商業發展的規模上處於中間地位（特別是就糧食而言）。與長江下游的商業區不同，廣東在最壞的歉收季節並不能依靠長江上游的富裕糧倉，卻只能退而求其次，依靠僅僅由於人口稀少而有一點點餘糧的廣西。另一方面，同北方也不相同，廣東的大部分地方靠近海岸或其他水上運輸路線，並且是中國少數能夠在一年中栽種雙季稻的地區。[534]

本節使用 GIS 軟件，將糧價數據庫中南方米價提取出來，選擇了若干典型時間斷面，分析得到了幾幅有代表性的可視化地圖，將隱藏在海量數據裡面的糧食價格空間分佈狀況基本釐清。

糧食價格的空間分佈深刻地影響了糧食的長途運輸。按照常理，大宗貨物的運輸自然是從價格較低之地運往價高地，運抵之處價格是原產地成本、沿途運費、稅費和商人利潤之和，要遠高於原產地。GIS 軟件中可以用數字高程模型（DEM）模擬出可能的地表徑流走向，那麼，糧價空間分佈的價格高程模型也同樣應該是糧食貿易網絡的自然基底。但是，糧食運銷還受到社會其他要素的強烈影響，尤其是國內通行稅率的高低。在子口稅發達的長江流域，這裡的綜合運輸稅率是要遠低於近代中國的其他地區（理論上僅有 7.5%）。因此，長江流域成為糧食運銷最為繁忙的路線也是可以理解的。長江流域子口稅稅率低這一比較優勢對近代中國貿易網絡形成的影響，在筆者的另外一篇文章中進行了深入的闡述，本文不再贅述。[535]

五、中國舊海關統計的糧食網絡可視化

近代國內商品流通的定量分析是中國近代經濟史研究的難題,吳承明先生就曾經感嘆:僅能間接估計,結果「當然很粗糙」。[536] 究其原因,在於沒有任何機構或組織有能力,哪怕是嘗試性地對近代中國糧食流通網絡進行普查分析。所有的當代學者只能借助他源數據進行間接性分析。比如陳計堯和王業鍵曾經對1919—1936年的國內糧食網絡進行過分析,依靠的是蔡謙、楊端六、侯厚培和韓啟桐等再整理的中國舊海關數據。該研究令人印象深刻,他們製作了4幅國內糧食運輸網絡的基本圖示(見圖3),但限於技術條件,都比較簡略。[537]

由茅家琦、黃勝強、馬振犢合編的《中國舊海關史料:1859—1948》(京華出版社,2001年)和由吳松弟整理的《美國哈佛大學圖書館藏未刊中國舊海關史料(1860—1949)》(廣西師範大學出版社,2014年),標誌著學界對舊海關數據的整理和分析進入了一個新階段,掌握了更多的數據,其中就包括近代糧食流通的數據。透過一定的技術手段,筆者亦得到了1936—1937年,也就是中日全面戰爭爆發之前的國內糧食貿易的流通網絡。需要特別指出的是,此網絡不僅包含國內糧食產出運輸過程,亦包括進口糧食在國內開埠城市間運輸的那一部分,而且後者的份額是不可忽視的。其中,汕頭、廣州、上海和九龍在20世紀初期達到每年200萬擔(米和稻)的進口量,寧波和拱北也達到了每年100萬擔以上的進口量。主要的進口來源是法屬印度支那半島、暹羅、香港和英屬印度等地。

近代海關貿易中,點對點之間的貿易(或稱之為源匯數據Origin Destination data)分為兩類,一個是埠際貿易,一個是子口稅貿易。埠際貿易統計較為完善,基本從1860年代到1949年每年均有統計,但是到了後期,海關統計體例發生變化,在海關報告和海關統計中不再單獨列出。子口稅貿易的統計,是從開埠口岸到其腹地較小的不開埠城市的貿易類型,在早期海關統計中有所涉及,後期也消失了。

筆者查閱吳松弟教授編制的《美國哈佛大學圖書館藏未刊中國舊海關史料(1860—1949)》,試圖從這一國內首次公開出版的海關季報中尋找埠際

貿易的統計（此部分在 170 冊《中國舊海關史料》中缺失），但是沒有發現相關資料。因此，本文只能利用鄭友揆、韓啟桐所編之《中國埠際貿易統計（1936—1940）》（中國科學院出版社，1951 年）。鄭友揆、韓啟桐利用從海關總稅務司所查到的抗戰期間海關統計「原始資料」，經過二次整理，獲得了埠際貿易的統計。

需要指出的是，《中國埠際貿易統計（1936—1940）》在數據結構上，是一個非常典型的源匯數據矩陣（Origin Destination data matrix），這樣的數據集是現代經濟學和城市研究中非常珍貴的數據類型，即使是在當代經濟研究中也並不多見。雖然兩位作者編著該書的時候也許並未認識到這一點，卻為我們進行可視化分析奠定了極好的基礎。

為了對此數據集進行更好的研究，本文在寫作過程中，系統數字化了這本著作，建立了《中國埠際貿易數據庫（1936—1940）》，將該書所涉及的 350 餘個表格數據庫化，錄入了約 50 萬條數據。本文彙總了該書中的 3 個分類作為圖 7 的「多種糧食」：表 22（麥粉—麥屑在內）、表 23（米穀）、表 24（小麥），每個表格又分為 5 個年份。數據詳見表 3。

表 3　中國埠際貿易數據庫（1936 年小麥運輸部分）

單位：國幣元

來源地/目的地	天津	龍口	煙台	威海衛	膠州	重慶	萬縣	……	沙市	長沙
天津	0	400	0	242	0	0	0	……	0	0
煙台	0	8151	0	1500	0	0	0	……	0	0
威海衛	70	0	78	0	330	0	0	……	0	0
膠州	2800	33840	120120	0	0	0	0	……	0	0
宜昌	0	0	0	0	0	877	1823	……	0	0
沙市	0	0	0	0	0	0	4955	……	0	0
漢口	3402831	0	0	0	23800	3900	7980	……	120973	2096270
九江	0	0	0	0	0	0	0	……	0	0
蕪湖	0	72600	6600	4400	0	0	0	……	0	0
南京	310200	0	0	0	122800	0	0	……	0	0
鎮江	10500	0	165151	0	0	0	0	……	0	0

| 上海 | 17608416 | 1746698 | 1901880 | 690646 | 1337675 | 1843 | 851 | …… | 6503 | 363 |
| …… | …… | …… | …… | …… | …… | …… | …… | …… | …… | …… |

資料來源：根據鄭友揆、韓啟桐合編的《中國埠際貿易統計（1936—1940）》（中國科學院出版社，1951 年）中的相關資料整理而成。

需要說明的是，表 3 是《中國埠際貿易統計（1936—1940）》「雜糧及其製品」大類下面的「表二十四」之 1936 年小麥統計的部分展示。「雜糧及其製品」這個分類，在《中國舊海關史料》中所載的 1936 年海關統計的原始報告中也是這個名字，列為「第四組」，英文為 Cereals and Cereals Products，包括麥粉（麥屑在內）、米穀（Rice and Paddy）、小麥（Wheat）等細分。兩者的劃分是一致的，《中國埠際貿易統計（1936—1940）》基本照搬了海關統計的分類，口徑一致，可信度很高。

《中國埠際貿易統計（1936—1940）》的商品統計及分類原則，具體而言是這樣的：

> 關於本書統計數字的範圍及計算方法，需要說明的，有以下數點。第一，海關對於「土貨」轉運的管理，僅以按照普通行輪章程行駛之輪船所載為限，其由民船、鐵路、公路、飛機以及內港小輪承運的均不包括在內。第二，自1932年起，在國內貿易和國外貿易兩者界限劃分上，關冊記載改以各關最後運出口岸為分界點，此法至今照行，因此本書所稱中國埠際貿易實際帶有廣義性質，除一般埠際貿易外，還包括了各埠間接由他埠運往外洋的土產，因在轉口途中而增添的記錄，如由重慶運往上海的出口豬鬃，包括在上海的進口貿易以內。第三，淪陷期間東北各埠「土貨」輸出貿易統計無從稽考，不過從關內通商口岸運往東北各埠的貨物，仍編列在「國內土貨貿易」內。[538]

換句話說，所謂的「埠際貿易」不僅僅包括一般埠際貿易，還包括土貨出口之前的轉運過程和洋貨進口之後的轉運過程，覆蓋面非常廣泛。

上述界定，並非鄭、韓兩位學者所獨有，在國內目前的海關研究中應該算是一個共識。本文也是依此界定來進行製圖的。

基於上述所建立的《中國埠際貿易數據庫（1936—1940）》，我們將1936—1937年的「多種糧食」表格加總，以貨物總值計，透過一定技術手段，獲得了當時國內糧食貿易的基本空間分佈狀況。

中國經濟史學的話語體系構建
歷史經濟地理專題

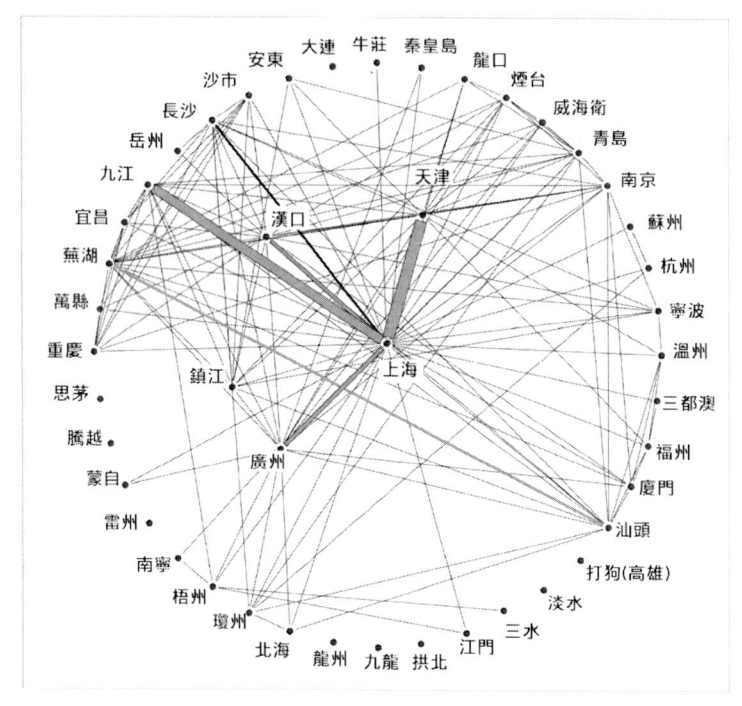

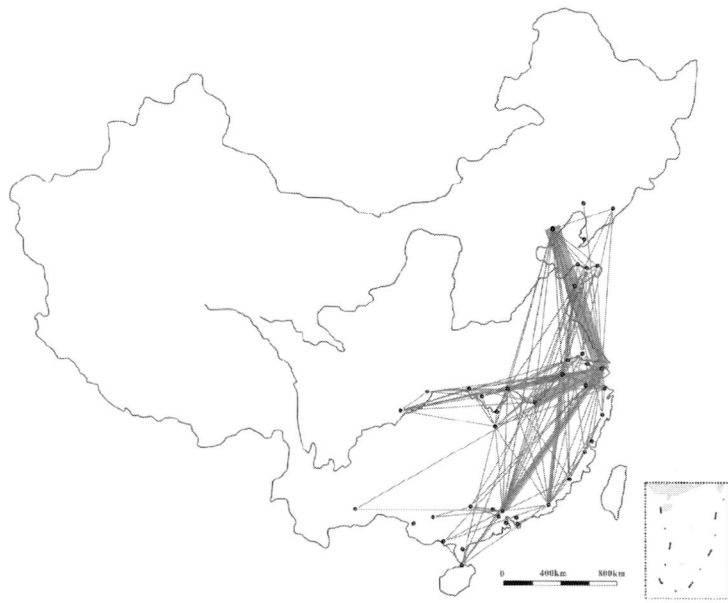

圖 7　中國多種糧食貿易（麥粉、小麥和米穀）網絡（1936—1937）

資料來源：根據《中國舊海關史料：1859—1948》《美國哈佛大學圖書館藏未刊中國舊海關史料（1860—1949）》《中國埠際貿易統計（1936—1940）》等文獻中收錄的相關資料整理而成。

說明：最粗的 5 個灰色線條為最重要的 5 條糧食貿易流。

1936—1937 年的國內經濟發展狀況，不僅是抗戰前的高峰，也被視為近代經濟正常狀況最後之一瞥。上海—天津、上海—九江、上海—廣州、蕪湖—汕頭間的糧食貿易占據近代糧食貿易最主要的份額（僅指透過海關的部分）。長江流域和長江以南城市及其腹地的糧食網絡要遠遠比北方地區複雜。這是因為北方開埠港口要遠少於南方，而對於糧食這樣的大宗貨物，輪船和木船運輸的經濟性要遠高於陸運。另外，北方的糧食市場並未「整合」，而是屬於南方糧食市場的「附屬」或者「下層市場」。香港在華南糧食貿易中的地位無可辯駁，但是因為海關數據將香港視為國外，並未單列其數據，因此圖 7 並未顯示出香港的糧食網絡，實在是一種遺憾。較之珀金斯對 20 世紀 30 年代南方糧食市場運輸網絡的研究，海關數據能夠提供更多的訊息。比如九江在糧食貿易網絡中的作用要高於漢口，汕頭跟蕪湖間的直接糧食貿易亦常常被學者所忽視。當然，圖 7 所顯示的是海外貿易因素加入之後形成的複雜的糧食流通網絡，跟珀金斯主要依據 20 世紀初期所編纂的省志、縣誌、農村實態調查報告和《中國實業志》所得出的結論自然有所不同，在精確性上有了很大提高。[539]

總體來看，糧食貿易網絡是李伯重先生所言之「全國市場」的一個重要組成部分。[540] 清代南方地區米糧的運輸網絡基本上已經清楚，空間分佈方面，大米價格從東到西，從沿海到內陸，分為四個「階梯」：沿海浙江、蘇南諸多府州價格較高，越往內地，進入江西、湖南、湖北，價格降低約 0.5 個標準差，而進入廣西、貴州，米價又降低 0.5 個標準差。雲南省米價一直較高，跟長三角地區幾乎保持一致的水平，形成了西南地區的價格高地。

中國舊海關史料中包括精確的含有空間屬性的糧食運輸數據，可以定量地恢復近代糧食貿易網絡的巔峰狀況，而且此網絡又是國內糧食運銷和國外糧食進口二者耦合之結果，較之前人單純就國內市場的分析更進了一步。

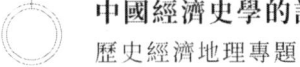

六、總結

本文著力探討的是可視化手段在經濟史中應用的可能性，我們發現，在某些前人進行過深入研究的領域，比如清代糧食價格研究領域，如果我們採取一些新手段，可以在精度上有所推進，尤其是在空間歷史數據的可視化方面，學術的潛力還很大。需要指出的是，這樣的研究是基於前人多年辛苦的基礎資料整理工作而成，無論是海關數據還是糧食價格數據，都是如此。海關數據是筆者多年整理的結果，而清代糧價數據參與學者更為廣泛。

歷史經濟數據可視化的目的是什麼呢？這是筆者常常思考的問題。其實，我們可以換一個角度來看待可視化。在歷史學界，應該不會有人去質疑收集、整理和出版族譜、地方文獻、海外所藏古地圖、清水江文書、上海道契、CBDB和中國舊海關出版物等史料的意義和價值，因為學者們都深知這樣的工作是造福學界的基礎性工作。如果我們把可視化手段視作對上述史料的「初加工」或「粗加工」，也就是史料「整理」中的一個探索過程，是學者對上述史料進行嚴肅的學術研究之前的一個預研究手段，那麼可視化的作用就很清楚了。可視化「整理」的探索過程，實際上就是一系列「試錯」的實驗，雖然它並不一定能夠保證會得出顛覆前人的或者具有啟發性的結果，但它會讓我們更容易地進行「試錯」。此外，當你的研究進入別的領域學者的視野時，可視化結果會大大降低對方理解的難度和時間，一些學科交叉的火花也許就碰撞了出來。

最後需要指出的是，歷史經濟數據擁有極大的可視化潛力，可視化的結果在直觀性和表達力度上均具備一定的優勢。但是，近代經濟數據也許尚不能跟「大數據」概念等量齊觀。筆者認為，歷史研究中的眾多數據庫，比如經濟數據、人口數據、報刊和地方文獻全文數據庫等，目前來看，均難以符合「大數據」的嚴格定義。因此，中國歷史數據的分析和深入挖掘還需要從現實出發，首先在歷史數據可視化和量化歷史研究方面做一些探索性工作，在此基礎之上再來討論「大數據」的可能性。

清代糧價的空間溢出效應及其演變研究（1738—1820）[541]

余開亮[542]

　　內容提要：清代糧價數據是時間、空間覆蓋範圍均非常完整的經濟史數據集，本文採用基於地理訊息系統（Geographic Information System，簡稱 GIS）的空間計量方法對清代糧價的空間溢出效應及其空間分佈模式的演變進行時空分析。此外，本文還採用了地圖可視化分析、空間幾何分析和空間統計分析等多種分析方法，對 1738—1820 年的糧價數據進行了多角度的深入挖掘，梳理了糧價的全局性和局部性空間分佈模式，探索了糧價空間溢出效應的演變過程和區域特徵。本文的實證分析發現：乾隆朝中後期糧食貿易開始萎縮時，糧價的空間自相關性也急劇下降，價格的空間溢出效應減弱；地理距離是價格空間溢出效應的決定性因素，且小麥價格比大米價格更易於受距離的影響；糧價分佈的冷熱點分析表明，自然災害和社會動盪均對糧價分佈格局造成影響，且社會動盪的影響更為直接而深遠。

　　關鍵詞：清代　糧價　地理訊息系統　空間溢出效應　空間自相關

一、問題的提出：清代糧價研究的空間視角

　　價格是反映市場上商品的生產、流通、消費等經濟活動的重要指標，是傳遞市場供需狀況變動的靈敏信號，在調節市場供需關係上具有重要作用。價格具有時間屬性，現時的價格受到過去價格趨勢的影響，同樣，現時的價格也會對將來的預期價格產生影響，因此對價格進行時間序列的分析是價格研究的重要內容，而物價史研究更成為經濟史研究的重點方向。價格也具有空間屬性，貿易驅動力來自產品地區分工產生的供需不平衡，而在交易中所表現出來的直接原因則是價格的地區差異。商品的地區差價減去交易成本後的利潤是促成商品在不同空間範圍內流通的直接動力，價格的形成不僅僅來自時間趨勢的作用，也是「空間溢出效應」影響的結果。在理論上，價格是由商品的供需關係所決定的，實際上也是商品供需關係的訊息在空間上傳導的過程中所形成的一種信號。一個區域的價格變化會帶動另一個區域的價格

發生變化,也就出現了價格的空間溢出效應。價格的空間溢出效應越強,說明價格在區域間相互影響、相互作用的關係也越強。因此,本文擬從空間溢出效應的角度,對價格在空間上的相互作用關係及其強弱變化進行探討,希望能為清代糧價和糧食市場研究提供一些新的思考。

清代中國的商品經濟和國內貿易非常發達,其中以糧食貿易為代表的長途貿易在國內市場中占有重要地位。[543] 郭松義、鄧亦兵對清代前中期國內糧食貿易的數量和運銷路線作過系統而詳細的研究,使我們對清代國內糧食市場的整體情況有了一個清晰認識。[544] 清代糧價數據以其罕見的系統性為研究者所重視,因為這是一套可以精確到府級行政區的月度價格數據,且其時間、空間覆蓋範圍均非常完整。[545] 因此,國內外學界早就從糧價數據入手,運用數理方法研究清代的區域性市場整合問題,但缺乏對清代市場整合問題進行全局性的宏觀考察。[546] 近年來,學界不僅在清代糧價報告制度及糧價數據使用上有更加深入的認識,[547] 在研究視角上也不斷拓展,[548] 並在清代糧價與市場整合的研究中先後採用相關分析[549]、回歸分析[550]、協整分析[551]等越來越精細化的方法,這對於推進清代糧價及市場整合的研究無疑具有重要意義。[552] 但是這些研究在分析理路上存在一個共性,即都是利用基於時間序列原理的分析方法,而對糧價的空間屬性關注不足。雖然部分研究也涉及了價格的地區差異,嘗試從價格變動在空間上的同步性來定義市場整合,但均未對區域間價格的空間溢出效應及相互作用進行剖析,也沒有將近年來發展迅速的空間分析理論與方法應用於清代糧價與市場整合的研究中。

值得一提的是,凱勒（Wolfgang Keller）和薛華（Carol H.Shiue）於2007年首次採用空間計量經濟學的分析方法對清代糧價數據進行了分析,探討糧價的空間依賴性對地區糧價的形成和地區間貿易擴張模式的影響,改變了以分析糧價的時間變化為主的傳統研究格局,將糧價的空間相互作用列為中心問題,更清晰地展示了區間貿易模式的演變圖景。[553] 然而,凱勒和薛華的研究仍有改進之處,具體表現在以下方面：

首先,在糧價數據使用方面的改進。近年來,清代糧價數據的收集和整理工作有了重大進展,數據規模和完整性均較以往大有改善。與此同時,學

界對糧價數據產生的相關制度背景研究逐步走向深入,對於如何利用糧價數據以及在利用糧價數據時應注意的數據質量等問題,較之前均有了更為科學的認識。凱勒和薛華主要以二月和八月兩個單獨月份的糧價數據來代表全年價格,未注意到每月糧價高價和低價的含義,因而其所利用的糧價數據並不能代表某府的平均水平,且忽視了糧價的季節性變化,給研究結果造成一定偏差。因此,本文將在數據利用方面加以改進,並在數據的規模和準確度均有提高的前提條件下進行研究,以得到更為科學的結論。

其次,在研究時空範圍的選取方面的改進。在空間範圍上,凱勒和薛華的研究主要包括南方大米產區 10 個省的 121 個府。限於當時的研究條件,他們收集的糧價數據未能完整覆蓋北方小麥產區的主要省份,因此未能對具有巨大地理差異的南北方市場進行比較研究。[554] 即便是南方大米市場的研究範圍,也未能包括在糧食生產和貿易中具有重要地位的長江上游地區,而缺少該地區的糧食市場分析,將影響到對全局性糧食市場的評估。在時間範圍上,他們的研究為 1742—1795 年之間,未將 19 世紀初的市場狀況納入分析範圍,而 18 世紀末至 19 世紀初被認為是中國經濟發生較大變動的時段,因而對這一時期糧食市場變遷進行更長時段的研究顯得尤為重要。同時,1796—1820 年的糧價數據質量滿足研究的要求,因此本文將把研究時段延展到 1820 年。總之,擴大考察的時空範圍將有利於我們更加全面地把握清代糧食市場時空變遷的動態過程。

清代糧價與市場研究借鑑和吸收其他學科的最新方法,不斷湧現出新的研究成果,有力推動了糧價研究的進步。GIS 空間分析方法在理論上的發展及相應空間分析工具多樣性的開發(包括空間幾何分析、空間統計分析等方面)為糧價的空間研究提供了保證,本文將運用空間理論與方法的最新研究成果,對清代糧價數據的空間屬性進行相應探索,以期完善我們對清代糧價與糧食市場演變趨勢的認識。

二、數據處理與研究方法

本文的研究數據來自「清代糧價資料庫」,時間跨度為 1738—1820 年,空間範圍包括南方大米產區的 11 個省和北方小麥產區的 4 個省。[555] 糧價數

據的選取，南方以中米價格為主，北方以小麥價格為主。清代糧價數據以府級行政區為單位分列，時間精確到月份，每月數據又分為高價和低價，分別代表該府內糧價最高和最低的縣級單位的價格，因此採用高價和低價的平均值代表該府的價格。考慮到糧價的季節波動性較強，不能以某一個月份或某幾個月份的價格來代表全年價格，本文採用年平均價格反映全年糧價的整體水平。

本文基於 GIS 空間分析方法，採用 ArcGIS 9.3 軟件對糧價數據進行管理和處理，建立糧價地理訊息系統（Grain Price Geographic Information System，簡稱 GPGIS）。在對無空間屬性的糧價數據進行空間分析前，首先將糧價數據空間化，即將糧價數據作為屬性數據，與地理數據一一對應，透過鏈接方式附屬於地理數據的屬性表中，使得價格數據具備了空間屬性。其次，將兩類數據整合後，共同置於 GIS 環境中進行管理和處理，使其滿足進行空間分析的要求。本文採用的地理數據來自中國歷史地理訊息系統（CHGIS）的 1820 年政區數據。[556] 在此基礎上，根據不同時期的府級政區設置略作調整，使其符合當時的政區設置，同時兼顧糧價數據的完整性。

本文採用多種 GIS 空間分析方法進行糧價數據分析。首先，借用 GIS 地圖分析功能。GIS 具有最基本的製圖功能，透過空間數據和屬性數據的鏈接，將地理要素及其屬性數據的空間特徵直觀地以地圖方式展示出來，相對而言，專題地圖以其直觀形式在展示事物的空間特性方面明顯優於其餘統計圖表功能。其次，在地圖分析基礎上，GIS 具有進行空間幾何分析的功能。利用坐標系統存儲的空間位置訊息對地理單元進行距離量算，以及將地理數據的屬性數據作為加權值計算相應的空間分佈模式和集中趨勢。常用的空間幾何分析方法包括空間分佈的重心、中心以及標準差橢圓等，可以直觀地展示地理要素的空間分佈模式和集中趨勢，並對其分佈模式的變遷過程作出動態分析。最後，GIS 具有最重要的空間統計分析功能。其與傳統的經典統計學分析方法的區別在於：經典統計學只關注到事物的時間屬性，未關注其空間溢出效應，而空間統計分析方法則認為，地理要素的屬性數據不僅僅具有時間上的相關性，還具有空間上的自相關性。經典統計學的基本假設是數據相互獨立，而現實中的事物總是相互關聯的，其在空間上亦存在自相關性，即數據本身

受到其周圍數據的影響，且距離越近，影響越大。空間事物的這些特性導致經典統計學分析的假設不成立，從而常常會對分析結果產生干擾，因此必須在分析中關注數據存在的空間依賴性、空間自相關性和空間相互作用等問題。

清代中國的糧食生產和消費結構具有很強的地域性，發達的糧食運銷網絡使得糧食的生產和消費地區呈現出明顯的空間集聚性。相應地，各地糧食價格也具有很強的空間溢出效應，糧價的分佈也表現出顯著的空間集聚性。因此，本文將採用空間統計學中應用最廣泛、最成熟的探索性空間分析方法（Exploratory spatial Data Analysis，簡稱 ESDA）進行研究。探索性空間分析方法包括全局空間自相關分析和局部空間自相關分析兩種。下面將分別說明幾種空間幾何分析方法、空間自相關分析方法的原理以及與之相關的空間權重矩陣的定義方法。

（一）地理分佈的幾何分析方法

平均中心（mean center）是將研究區域中所有地理要素的 x 和 y 坐標以屬性數據進行加權後的平均值。平均中心的計算原理比較簡單，卻可以非常直觀地表示帶有屬性數據的地理要素分佈的集中趨勢，也可用於比較要素在不同時期的集中趨勢，以判斷空間分佈的變化過程，是一種常用的表現空間分佈變化趨勢的方法。

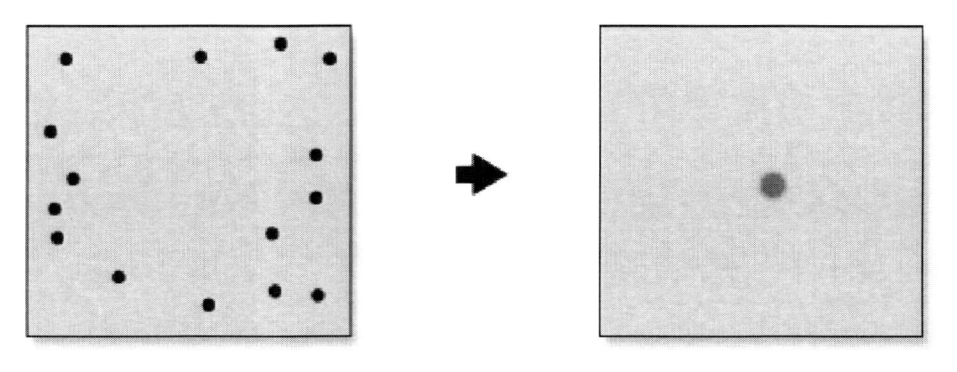

圖 1　平均中心原理

資料來源：http：//resources.arcgis.com/zh-cn/help/main/10.1/index.html#/na/005p0000001s000000/，2016 年 8 月 30 日。

（二）空間權重矩陣

空間自相關分析的前提是定義空間接近性，空間接近性是對空間關係中「距離」的一種測度，用於測度一個地理單元受到周圍地理單元影響的程度。一般用空間權重矩陣 W^{ij} 來表示地理單元之間的空間接近性。目前對空間接近性的定義有兩種，一為基於距離的空間接近性，二為基於邊界的空間接近性。

基於距離的空間接近性，即以地理單元和周圍地理單元之間的實際空間距離的大小作為標準來定義空間接近性。一般使用距離的某種形式來定義具體權重，具體包括：

(1) 以距離的倒數為權重，即 $w_{ij} = \frac{1}{d}$。

(2) 以距離平方的倒數為權重，即 $w_{ij} = \frac{1}{d^2}$。

(3) 以距離閾值定義權重（在某閾值範圍內定義為 1，閾值以外定義為 0），即 $w_{ij} = \begin{cases} 1, 在閾值範圍內 \\ 0, 在閾值範圍外 \end{cases}$。

(4) 以定義一個距離的函數為權重，即 $w_{ij} = f(d)$。

基於邊界的空間接近性，即以地理單元之間有共同邊界定義為鄰接，反之則定義為沒有接近性。如果兩個地理單元存在共同邊界，則定義權重為 1，反之則為 0，即 $w_{ij} = \begin{cases} 1, 鄰接 \\ 0, 不鄰接 \end{cases}$。

基於空間鄰接關係定義權重有兩種形式，分別為基於多邊形的 Rook 鄰接（Rook Continuity）和 Queen 鄰接（Queen Continuity），簡稱 R 鄰接和 Q 鄰接。R 鄰接也稱邊鄰接，指兩個多邊形有一段共同邊界；Q 鄰接也稱廣義鄰接，指兩個多邊形有共同邊或共同點。

（三）全局性空間自相關分析

全局性空間自相關分析可以描述不同區域之間在整體上的空間分佈模式，探測地理要素屬性值分佈的空間自相關性和集聚性，空間自相關性越高，表示集聚程度越高。一般採用 Moran』s I 指數來表示全局性空間自相關性，其計算方法為：

$$\text{Moran's } I = \frac{\sum_{i=1}^{n}\sum_{j=1}^{n}W_{ij}(X_i-\overline{X})(X_j-\overline{X})}{S^2\sum_{i=1}^{n}\sum_{j=1}^{n}W_j}$$

其中，$S^2 = \frac{1}{n}\sum_{i}^{n}(X_i-\overline{X})^2$；$\overline{X} = \frac{1}{n}\sum_{i}^{n}X_i$；

n 為空間單元的數量，Xi 和 Xj 分別表示屬性 X 在地理單元 i，j 中的數值，Wij 表示空間權重矩陣。

Moran 指數的取值範圍為 -1—1，負數代表呈現相異性屬性的空間集聚現象，即屬性值高的地理單元和屬性值低的地理單元集聚在一起（高—低集聚或低—高集聚）。越接近 -1，表示相異性自相關性越明顯；正數代表相似性屬性的空間集聚現象，即屬性值高（低）的地理單元和數值高（低）的地理單元集聚在一起（高—高集聚或低—低集聚）；越接近 1，表示空間自相關性越強；接近 0，則表示不存在明顯的空間自相關性，屬性值呈現隨機分佈的特徵。

對於全局空間自相關係數，可以用標準化統計量來檢驗其顯著性水平，並用相應的正態分佈函數來檢驗。其公式為：$z = \frac{I-E(I)}{\sqrt{\operatorname{var}(I)}}$。其中，E（I）為 I 的期望值，

$$\operatorname{var}(I) = \frac{n^2(n-1)S_1 - n(n-1)S_2 + 2(n-2)S_0^2}{(n+1)(n-1)S_0}，\ S_0 = \sum_{i}^{n}\sum_{j\neq i}^{n}W_{ij}，\ S_1 = \frac{\sum_{i}^{n}\sum_{j\neq i}^{n}(W_{ij}+W_{ij})^2}{2}，$$

$$S_2 = \sum_{i}^{n}\left(\sum_{i}^{n}W_{ij} + \sum_{j}^{n}W_{ij}\right)^2。$$

（四）局部性空間自相關分析

全局性空間自相關分析只能觀察全部地理單元空間分佈的整體集聚水平，難於識別出局部的空間關聯模式的差異性，特別是地理單元的空間集聚特徵及其區域內部差異性，因此還需要利用局部性空間自相關分析來探測是否存在局部地區的空間集聚現象，彌補全局性空間自相關分析的侷限，以求更全面地認識地理現象的異質性及其空間分佈特徵。

局部性的空間關聯模式可以分為 4 種類型：一為「高—高」型關聯，即屬性值高於均值的空間單元被屬性值高於均值的領域所包圍，也稱為熱點區；二為「低—低」型關聯，即屬性值低於均值的空間單元被屬性值低於均值的領域所包圍，也稱為冷點區；三為「高—低」型，即屬性值高於均值的空間單元被屬性值低於均值的領域所包圍；四為「低—高」型，即屬性值低於均值的空間單元被屬性值高於均值的領域所包圍。「高—高」型和「低—低」型關聯屬於正的空間關聯，「高—低」型和「低—高」型屬於負的空間關聯。熱點區和冷點區的範圍越大，正的空間關聯越多，則全局性空間自相關性越強；反之，負的空間關聯越多，全局性空間自相關性越弱。

本文的冷熱點分析工具使用 Getis-Ord Gi* 統計量來檢測局部區域的地理單元是否存在高值或低值的集聚現象，識別具有統計顯著性的熱點區（高值集聚）和冷點區（低值集聚）。局部性空間自相關分析的 Getis-Ord Gi* 統計量，計算方法為：

$$G_i^* = \frac{\sum_{j=1}^{n} W_{i,j} X_j - \overline{X} \sum_{j=1}^{n} i,j}{S \sqrt{\frac{\left[n \sum_{j=1}^{n} W_{i,j}^2 - \left(\sum_{j=1}^{n} W_{i,j}\right)^2\right]}{n-1}}}$$

Gi* 統計量就是 Z 得分。對於具有顯著統計學意義的正的 Z 得分，表明位置 i 周圍的數值都是高值，且 Z 得分越高，高值的聚類就越緊密，聚集區就是熱點區域。對於統計學上的顯著性負 Z 得分，表明位置 i 周圍的數值都是低值，且 Z 得分越低，低值的聚類就越緊密，聚集區就是冷點區域。

以上即是本文將使用的空間統計方法的原理，空間數據處理、空間權重矩陣的生成和全局性及局部性空間自相關係數的計算，可在 ArcGIS9.3 和 Geoda 軟件中實現。

三、糧價空間溢出效應及其演變

（一）地理分佈的幾何分析

　　由圖2、圖3可知，大米市場和小麥市場的價格分佈中心點的具體位置基本與地理中心點接近。其中大米價格的分佈中心點在江西西部和湖南東北部的兩省鄰界處，小麥價格的分佈中心點在河南南部。比較價格中心點和地理中心點即可發現，大米價格中心點較地理中心點向東有一定偏離，小麥價格中心點較地理中心點有向北的偏離。因為價格中心點實際上是由地理中心點經過價格數據加權後得到的結果，價格中心點和地理中心點的偏離就說明價格分佈存在地理偏向，即大米價格呈現東高西低、小麥價格呈現北高南低的空間分佈格局。

- - - - 經度 ──── 緯度

圖2　大米價格分佈的平均中心點經緯度坐標

---- 經度 —— 緯度

圖3 小麥價格分佈的平均中心點經緯度坐標

再看價格空間分佈中心點的位置移動及變化趨勢。大米價格的平均中心點的經緯度坐標變化趨勢，在1738—1768年間經度坐標減小、緯度坐標增大，即說明大米價格分佈的中心點位置出現了向西北方向轉移的趨勢，這意味著大米價格東高西低的分佈格局出現了減弱的趨勢。小麥價格的平均中心點的經緯度坐標變化趨勢，前一時期是經度和緯度同時減小，即表示中心點發生了向西南方向的轉移，後一時期是經度和緯度同時增大，表示中心點發生了向東北方向的轉移。

（二）全局性空間自相關分析

全局性空間自相關分析可以探測地理現象在空間分佈模式上的整體情況，其分析結果可用來判斷地理要素分佈的集聚程度，表示地理現象是否存在空間自相關性和空間溢出效應的強弱。由於地理現象與空間尺度關係密切，在不同的空間尺度下，地理現象的分佈格局會呈現不同的模式。因此，本文將設置多種不同的空間權重矩陣，基於距離的空間權重分別定義為100千米、200千米、300千米、400千米、500千米等不同尺度，可以比較空間自相關性隨空間尺度的變動趨勢，探測距離對空間溢出效應的影響程度。本文首先比較大米市場和小麥市場的空間自相關性，對兩個品種的糧食市場特點進行比較分析；其次對兩種糧食市場空間自相關性隨時間的變化趨勢作出分析，

並結合糧食貿易的研究進行分析;最後比較不同空間尺度下糧價的空間自相關性,總結糧價空間自相關性強度隨距離的變化趨勢,探測距離對糧價空間相互作用強度的影響,以此來探討清代各地之間糧食貿易的空間特性。

1. 對大米市場和小麥市場的糧價空間分佈模式進行比較

分別計算大米市場和小麥市場於 1738—1820 年間逐年的空間自相關係數 Moran』s I 指數(以 200 千米為空間權重矩陣的距離範圍),計算結果顯示 1738—1820 年間的 Moran』s I 指數均透過了顯著性檢驗,表明該時期內糧價空間分佈呈現顯著的空間自相關性,糧食價格分佈呈現顯著的空間集聚性:高糧價地區趨向於和高糧價地區集聚,低糧價地區趨向於和低糧價地區集聚,具體結果如圖 4 所示:

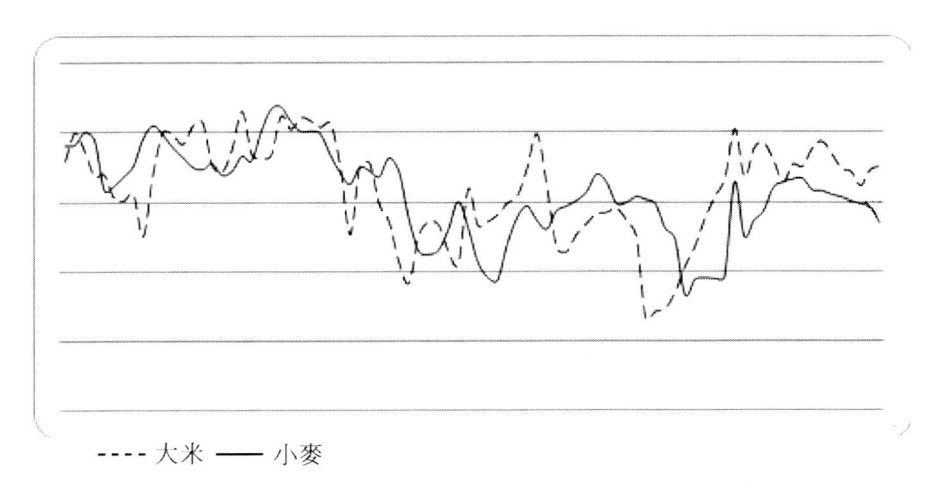

圖 4 大米和小麥價格空間自相關係數(1738—1820)

我們發現,兩者的空間自相關係數在整個研究時段內,整體變動趨勢基本保持一致。在大部分時段內,兩者並沒有出現明顯差異性,尤其是前 30 年間(1738—1768),兩者的變動趨勢非常接近。之後,逐漸出現較大差異性,大米市場和小麥市場交替出現高於對方的現象。

2. 比較糧價分佈空間自相關性隨時間的變化趨勢

由圖 4 可見，大米市場和小麥市場的價格空間自相關性在整個研究時段內，整體趨勢是逐漸下降的，在乾隆前期的 30 年間（1738—1768），空間自相關性保持在較高水平上，空間自相關係數基本保持在 0.7—0.8 之間，偶爾出現極低的情況，這一時期的空間自相關係數比較平穩，年際波動性不大。而在乾隆後期至 19 世紀初年的時段中，糧價的空間自相關係數急劇下降，甚至降到很低的水平，大多數年份的空間自相關係數降到 0.4—0.6 之間，較前一時期有了大幅降低，且這一時期的空間自相關係數顯得極不穩定，波動性加劇，出現了幾次劇烈的年際變化。進入 19 世紀，這一趨勢得到改善，空間自相關係數逐漸回升到較高水平上來，再次與 18 世紀前半期水平相當。

根據學界對清代糧食貿易的研究，我們發現糧食價格的空間自相關性和糧食貿易活躍程度呈現一定的相關性。伴隨糧食貿易活動的萎縮，糧食價格的空間相互作用也在減弱。範毅軍運用國內關稅數量的變化研究明至清中期的國內貿易的變化趨勢，對沿運河、沿長江、沿海 3 組榷關的稅收進行比較，發現國內貿易量在乾隆中期達到頂峰，從乾隆後期開始，沿運河、沿長江的貿易開始衰退，嘉慶時期則出現全面衰退。[557] 鄧亦兵研究了清代前中期，內陸地區的糧食貿易及糧食運銷量的變化趨勢，表明沿長江、沿運河的糧食運輸量在乾隆以前是上升的，在乾隆以後則出現下降趨勢。[558] 廖聲豐的研究也顯示乾嘉之際，沿運河各關稅收數量開始下降，南北之間的糧食運銷出現了衰退，並且從自然災害、運道不暢及南北糧價差異等角度對這一現象進行瞭解釋。[559] 長江沿線和運河沿線的糧食運輸到蘇州滸墅關集中，滸墅關的稅收中糧食稅占一半左右，範毅軍和廖聲豐的研究均表明滸墅關的稅收在乾隆後期即開始下滑，嘉慶年間的稅收數量更是大大低於乾隆時期。[560] 蘇州是當時全國最重要的糧食集散中心，其糧食貿易量的下降具有重要的標誌性意義，反映了長江流域以及運河沿線糧食貿易的萎縮趨勢。可見，糧價的空間分佈格局與地區間的糧食貿易之間是相互影響的。隨著貿易的發生，地區間的供求關係逐漸發生變化，而糧價的地區差異也會隨之降低。地區間糧食差價明顯時，糧價的空間集聚性越強，地區間的糧食貿易越容易發生；反之，地區間差價較小時，糧價的空間集聚性不明顯，販運糧食的利潤太少，

糧食運銷活動則會減少，貿易量隨之降低。因此，糧價的空間自相關性強弱在一定程度上也可以反映糧食貿易活動的興衰。

3. 對不同空間尺度下糧價的空間自相關性進行比較，探索區域間糧食貿易的距離偏向

本文分別選取100—500千米不等的距離來定義不同的空間權重矩陣，比較不同距離權重下的空間自相關係數的變動規律。

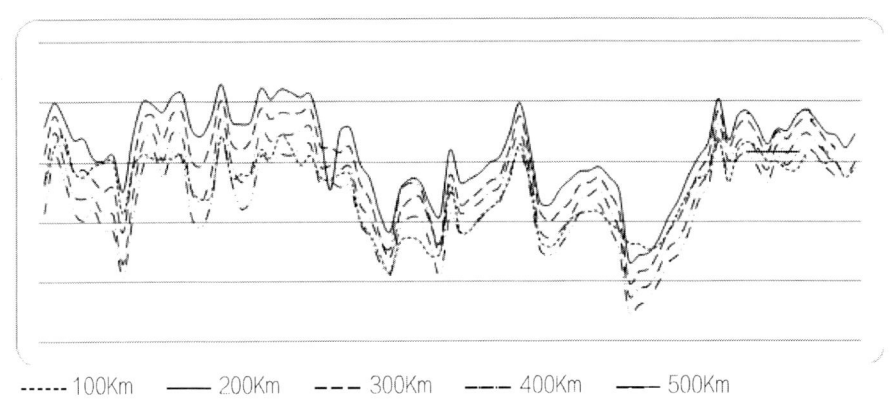

圖5　不同空間尺度下大米市場的空間自相關係數

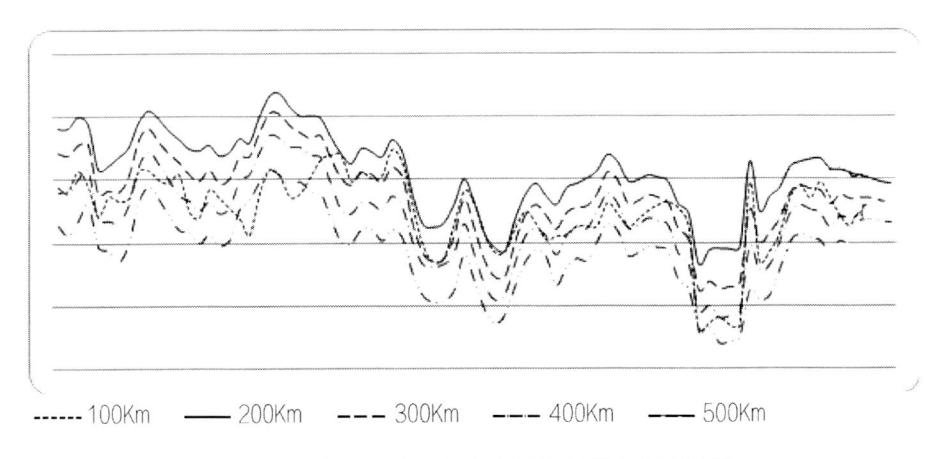

圖6　不同空間尺度下小麥市場的空間自相關係數

從圖5和圖6中，我們發現以下幾點特徵：

第一，在不同的距離權重下，糧價的空間自相關係數呈現一定的規律性。在多個距離權重的計算結果中，空間自相關係數隨著距離的增加先增大後減小，而以200千米權重下的空間自相關係數最高，其後空間自相關係數隨空間權重距離的增大而呈現遞減的趨勢。需要指出的是，糧價空間自相關係數並不以100千米，而是以200千米為空間權重距離為最大，是由本文選取的糧價數據特性決定的。因為清代糧價數據是以府級政區為單位進行統計的，一般來說，大部分府的中心點之間的距離都在200千米左右，導致以100千米為空間權重距離計算的結果只包括少部分幅員較小、間距較短的府，大部分的府都未納入計算範圍，所得空間自相關係數偏小。而在200千米以上的空間權重距離下，空間距離越大，糧價的空間自相關係數越小，糧價的空間自相關性隨著距離的增加而減弱，即糧價的空間相互作用符合距離衰減規律。這就說明價格信號的傳導機制確實在清代糧食貿易中發揮了作用，並且這種價格信號的傳導機制在距離越短時發揮的效率越高。可以說清代糧食的長途貿易也是建立在大量的短距離貿易的基礎上的，並且依靠一套具有連續性的價格傳導機制在發揮調節作用。

第二，在不同距離的空間權重下得到的價格空間自相關係數，大米市場比小麥市場隨距離的波動性要小。這一特點在圖5和圖6中的曲線形態上得以表現，大米市場的100千米—500千米曲線要比小麥市場的曲線排列得更加緊密，曲線之間的間隙要小很多，這表明距離變化對小麥市場的空間自相關性的影響要大於大米市場。

小麥市場對貿易距離的敏感程度要高於大米市場，隨著距離的增加，小麥市場的空間自相關性比大米市場下降得更快。為了說明這一問題，可以透過設定不同距離的空間權重，然後比較不同權重下空間自相關係數隨距離的變率。圖7表示了1750年和1780年兩個年份在100千米—1000千米內不同權重矩陣下的Moran』s I的值與距離的關係。（橫軸表示距離，縱軸表示Moran』s I值。）由圖7中曲線的斜率可以看出，大米價格的Moran』s I值隨距離增加而下降的斜率比小麥市場要小。這一現象可以從大米和小麥產銷區域的運輸效率差異程度來解釋。大米的主要產區和運銷區域都在南方，小麥的產區和運銷區主要分佈在北方，南方的水運系統較北方發達，運輸效

率更高。因而在相同的投入條件下，南方市場的大米能到達更遠的距離進行貿易，價格在空間上的相互作用可以達到更遠距離，因此大米價格的空間自相關係數對距離的彈性要低於小麥價格。

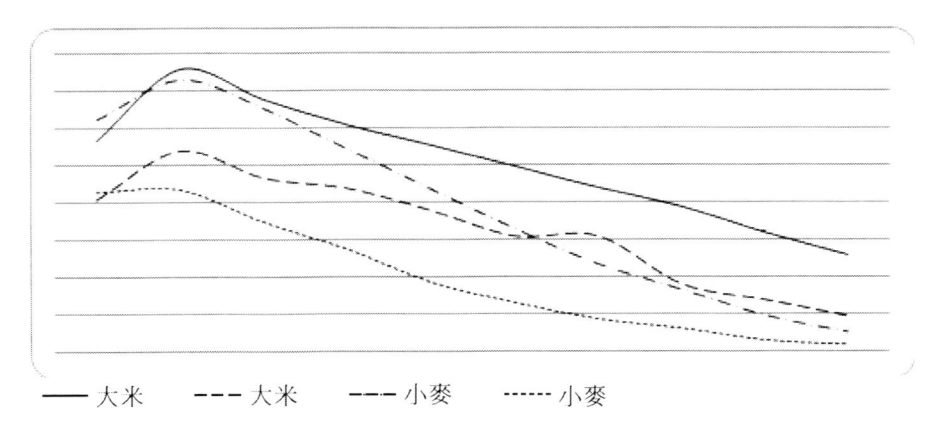

圖 7　不同距離權重下的空間自相關係數

（三）局部性空間自相關分析

全局性空間自相關分析僅能對所有府的糧價空間自相關性作出宏觀判斷，不能很好地揭示糧價在局部區域的集聚性特徵，因此還需要採用局部性空間自相關分析方法對以上數據作進一步分析。局部性空間集聚地圖可以直觀地展示各種空間冷點、熱點的分佈情況，用於探索糧價的空間關聯模式及其分佈區域，並清晰呈現出地理單元空間相互作用類型的區域特徵。下面，筆者選取全局性空間自相關分析中 Moran』s I 指數最高值、普通值及最低值的代表性年份，以糧價分佈圖和集聚地圖分析其局部性空間自相關模式，以此來識別各種空間關聯模式的冷熱點區域的分佈特徵。大米市場選取的年份為 1806 年、1778 年、1797 年，其 Moran』s I 值由高到低分別為 0.7280、0.3179、0.1447；小麥市場選取的年份為 1759 年、1781 年、1803 年，Moran』s I 值由高到低分別為 0.7427、0.2176、0.1598。

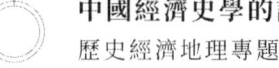

1. 大米市場

在圖 8 中，左側是米價分佈圖，反映的是米價分佈的基本空間格局；右側是米價冷熱點分佈圖，反映的是米價空間自相關性的局部性特徵。1806 年是糧價空間自相關性最強的年份，該年的全局性空間自相關係數處於 0.728 的高水平上。局部性空間相關性顯著的地理單元數量較多，熱點和冷點區域規模均較大。就具體區域而言，糧價分佈「高—高」型空間關聯的熱點區域主要出現在長江下游地區，「低—低」型空間關聯的冷點區域主要出現在長江上游、長江中游和西南地區。無論是熱點區域還是冷點區域，均呈現大範圍的連續性分佈態勢。這一糧價空間分佈格局是與清代的糧食產銷格局保持一致的。在清代，長江下游和東南沿海是糧食短缺的兩大區域，糧價普遍較高，所以會出現「高—高」型空間分佈的熱點區域，成為高糧價集聚區。而「低—低」型的冷點區域分佈於糧食的主產區，糧食剩餘量大，在糧食貿易中處於供給地區，因此形成大規模連片的低糧價集聚區。大米的產銷地區幾乎未出現嚴重的旱澇災害，糧價呈現正常年份的分佈格局，高糧價集聚區以長江下游為主，低糧價集聚區以長江上游及西南地區為主，且糧價具有明顯的地區梯度差異，自西向東依次遞增，具有很強的空間集聚性。

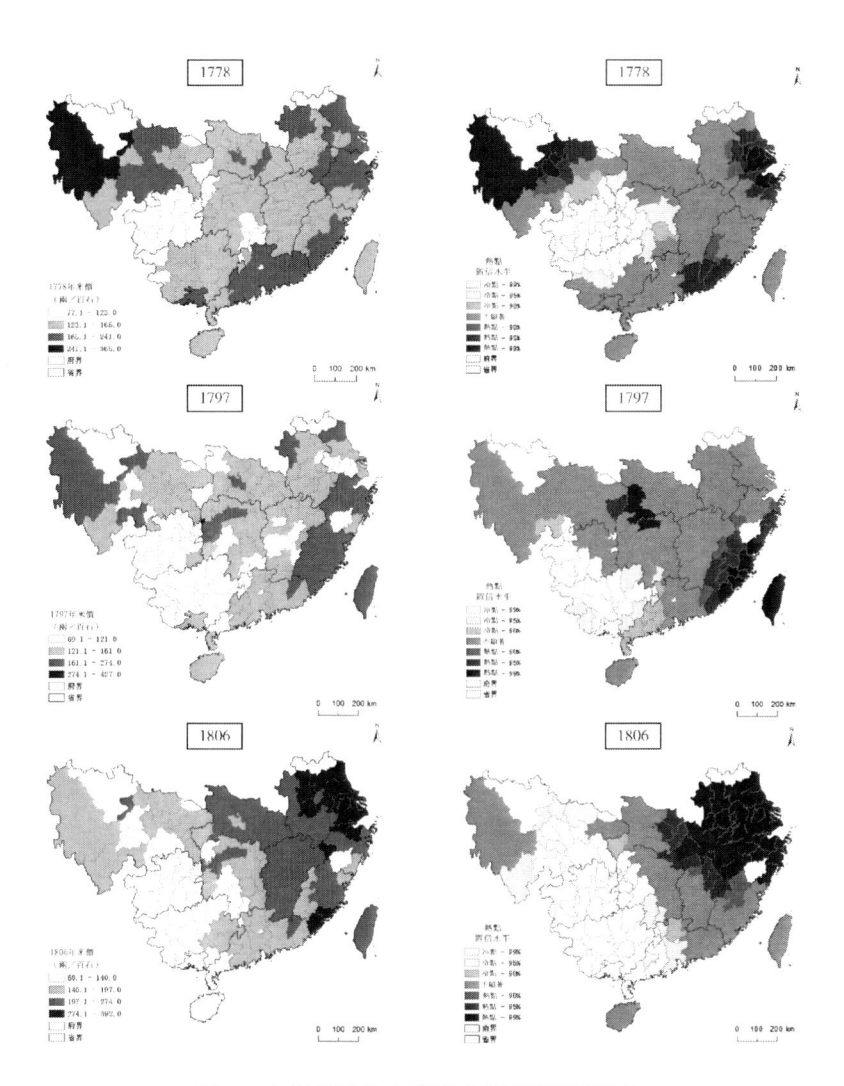

圖 8　大米價格的空間分佈及其熱點區域

　　一般情況下，東高西低的格局是糧價空間分佈的常態，然而區域性的自然災害或社會動盪不時會將這種常態打破，出現西部局部地區的糧價高於東部地區的現象。在這種情況下，糧價的空間關聯模式也將出現異常，全局性空間自相關係數會相應地降低，而局部性空間自相關的冷熱點區域範圍隨之縮小，原有的糧價空間分佈模式也會發生變化。

1778 年屬於糧價空間自相關性偏弱的年份，該年的全局性空間自相關係數為 0.3179。局部性空間相關性顯著的地理單元數量較少，冷點和熱點區域的規模縮小。就具體的局部性區域而言，糧價的熱點分佈區域不再集中，長江上游、長江下游及華南的局部地區均有出現，呈散狀分佈，且冷熱點的規模均不大。冷點區域主要集中於湖南及貴州地區，規模也有所減小。據《中國近五百年旱澇分佈圖集》載，[561] 1778 年的旱澇等級分佈圖顯示，長江上游、中游地區出現了大範圍旱情，四川地區部分受災府州的糧價明顯高於周圍府州，甚至達到高於長江下游和東南沿海地區的程度。總體而言，糧價空間分佈不同於往年東高西低的格局。東部地區出現「高—高」型空間關聯、西部地區出現「低—低」型空間關聯的區域減小，且熱點分佈不集中，出現較多「高—低」型和「低—高」型的空間關聯，因而糧價分佈的空間集聚性減弱。與此相應，該年的全局性空間自相關係數也降到較低水平上。

1797 年是糧價空間自相關性最弱的年份，該年的全局性空間自相關係數處於 0.1447 的低水平上。局部性空間相關性顯著的地理單元數量最少，熱點和冷點區域規模均較小。具體而言，「高—高」型熱點區域不再分佈於長江下游地區，而是轉移到東南沿海的福建等地；「低—低」型冷點區域則集中在西南的貴州和廣西範圍內。據《中國近五百年旱澇分佈圖集》載，1797 年的旱澇等級分佈圖顯示，長江中游和西南的貴州等地區出現局部的偏旱區域，從糧價空間分佈圖可見，多地出現局部地區的糧價高於周圍地區，四川西部、湖南西部和湖北中部等地的部分府州糧價都遠遠高出周圍地區，糧價空間分佈呈現碎片化格局，糧價空間自相關性受到影響。從旱澇分佈圖來看，雖然該年的旱災並不嚴重，受災範圍也不大，但這一時期發生的白蓮教戰爭是造成糧價空間自相關性減弱的主要原因。

2. 小麥市場

在圖 9 中，左側是麥價分佈圖，右側是麥價冷熱點分佈圖。由圖 9 可見，小麥市場的價格在空間自相關性強的年份，全局性空間自相關係數較大，大部分的地理單元都具有顯著的空間相關性，且「高—高」型和「低—低」型集聚的地理單元占大多數，熱點和冷點集中分佈非常明顯。由於長江流域糧

食剩餘較多，沿江的糧食運輸非常活躍，加上沿運河運往北方的漕糧，小麥價格的空間分佈呈現由南向北逐漸增高的趨勢，形成北高南低、東高西低的基本格局，空間集聚性非常顯著，北部和東部易於形成「高—高」型的熱點集聚區，西部和南部易於形成「低—低」型的冷點集聚區。而當這一糧食產銷格局被各種因素擾亂時，小麥價格的空間分佈容易呈現碎片化的格局，價格高的區域隨機性地出現在各個區域中，表現為較低的空間集聚性，冷點熱點分佈的區域表現不顯著，且較多地出現「高—低」型和「低—高」型的空間關聯，全局性空間自相關係數較小。

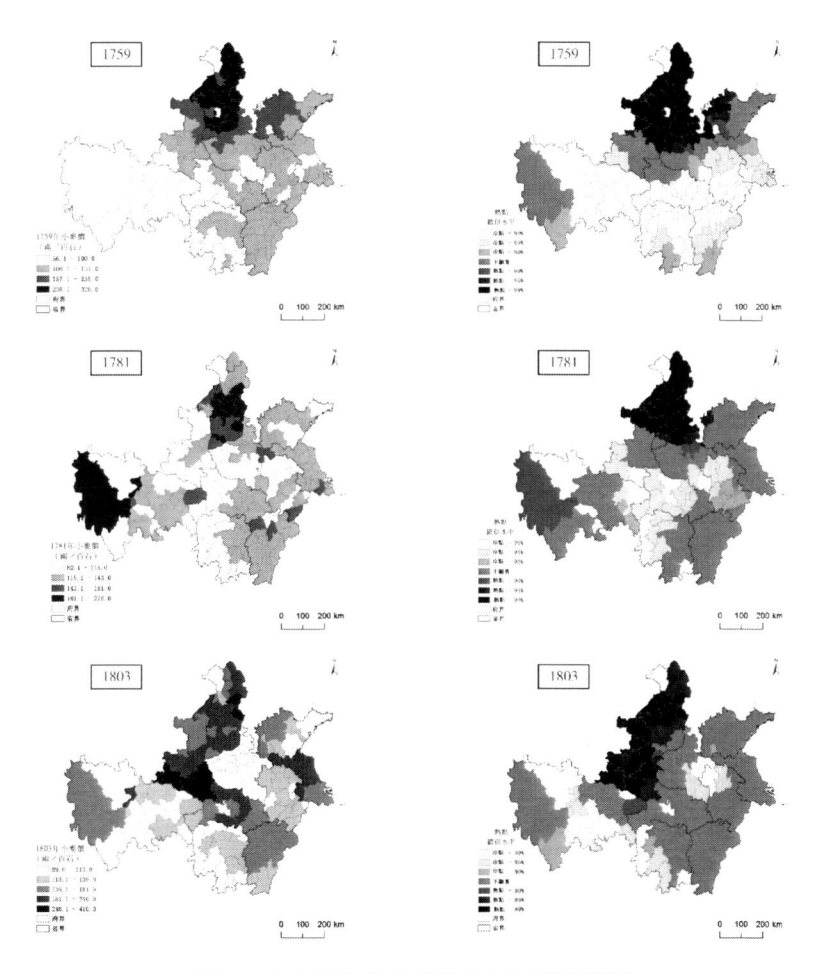

圖9　小麥價格的空間分佈及其熱點區域

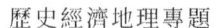

中國經濟史學的話語體系構建
歷史經濟地理專題

　　1759 年，小麥價格空間自相關係數高達 0.7427，空間自相關性處於較高水平，由小麥價格的空間分佈圖可見，其格局是北高南低、東高西低，呈現顯著的空間地帶性分佈。再從冷熱點分佈圖可見，冷熱點區域大範圍地出現，且區域性特徵明顯，北部為「高─高」型空間關聯的熱點區域，南部為「低─低」型空間關聯的冷點區域，「高─高」型和「低─低」型集聚的地理單元占所有地理單元的比例很高，具有明顯的空間集聚性，因而空間自相關係數較高。

　　1781 年，小麥價格分佈的空間自相關係數只有 0.2176。根據《中國近五百年旱澇分佈圖集》可知，長江中游、江西部分地區出現旱災，山東、安徽和四川的部分地區出現澇災，導致這些地區糧價高於周圍，同時山西一直以來都是高糧價地區，因此，1781 年小麥價格的空間分佈圖中出現了多處高糧價地區，沒有呈現規律性的分佈模式。從圖 9 可以看出，北部的山西地區仍是「高─高」型集聚區，「低─低」型集聚區出現在湖北和湖南的部分地區。總體而言，空間自相關性不顯著的地理單元占較高比例，「高─高」型和「低─低」型兩種集聚類型的地理單元占所有地理單元的比例不高，「高─低」型和「低─高」型兩類地理單元夾雜分佈於其間。因此，1781 年小麥價格分佈的空間自相關係數的減弱，可以說是自然災害導致的結果。

　　1803 年，小麥價格空間自相關係數僅為 0.1598，空間自相關性處於低水平。由小麥價格的空間分佈圖可見，其格局沒有表現出明顯的空間地帶性分佈，而是呈現雜亂無章的碎片化分佈，高糧價區域在多處零星分佈，不具有規模性。再從冷熱點分佈圖可見，局部性空間集聚的區域出現在北部，為「高─高」型空間關聯；西部、南部的少數地區為「低─低」型空間關聯。但從總體而言，「高─高」型和「低─低」型集聚的地理單元占所有地理單元的比例不高，很大一部分的地理單元不具有顯著的空間相關性，因此 1803 年小麥價格的空間集聚性很弱。據《中國近五百年旱澇分佈圖集》載，該年並未出現明顯的自然災害，白蓮教戰亂亦是造成小麥價格空間自相關性嚴重減弱的主要原因。

四、小結

本文採用 GIS 空間分析方法，對清代 1738—1820 年間的大米和小麥市場的價格空間分佈模式演變進行了多角度研究，我們發現清代糧價分佈存在地理偏向，其空間分佈的基本格局為：大米價格分佈東高西低，小麥價格分佈北高南低。這既是由地區間的貿易分工所形成的糧食產銷區域結構基本決定的，亦是由地理條件、種植結構、人口分佈等因素共同作用形成的。

在全局性空間自相關分析中，我們發現大米價格和小麥價格的空間自相關性的總體趨勢是先下降後回升。從乾隆朝中後期直至 19 世紀初年，糧價的空間自相關係數急劇下降到較低水平，且存在極不穩定的劇烈波動，這一時期的糧食貿易也開始萎縮，故糧食貿易萎縮也會在糧食價格的空間自相關性減弱上表現出來。距離變化對空間自相關性的影響具有規律性，空間自相關係數隨空間權重距離的增大而呈現先增後減的趨勢。但不同糧食品種的價格對距離的敏感度卻不同，小麥價格空間自相關係數隨距離變化的幅度比大米價格要大，說明小麥市場的空間相互作用對距離變化的敏感度要大於大米市場，小麥價格更易於受距離的影響。

本文還對清代糧價進行了局部性空間自相關分析，我們發現在空間自相關性較強的年份，大米和小麥的價格空間分佈均表現為常態化格局：大米價格東高西低，長江下游和東南沿海地區形成「高—高」型集聚的熱點區域，長江上游、中游和西南地區形成「低—低」型集聚的冷點區域；小麥價格的空間自相關性較強的年份，呈現北高南低、東高西低的特徵，北部和東部易於形成「高—高」型集聚的熱點區域，西部和南部易於形成「低—低」型集聚的冷點區域。區域性的自然災害或社會動盪會打破糧價空間分佈模式的常態，使全局性空間自相關係數降低，而從其影響強度來看，社會動亂對糧價空間分佈格局的影響要比自然災害更為直接而深遠。

清代糧食產銷結構的地域性特徵明顯，各地區發揮自身的比較優勢進行農業生產。長江下游、東南沿海及華南地區傳統手工業及商業貿易發達，經濟作物種植比例高，且發達的工商業城鎮聚集了大量人口，導致這些地區成為巨大的糧食消費市場，長期缺糧的局面需要大量外糧的持續輸入。而長江

中上游地區的農業以糧食作物為主,人地關係不緊張,有大量的剩餘糧食可供輸出,這一糧食供需格局使長江流域產生了發達的糧食貿易網絡。維持這種基於比較優勢的地區間勞動分工和區域貿易,充足的糧食供給和順暢的糧食貿易是經濟增長的必要保證。糧食產銷格局地域性結構的外在表現是糧食價格的空間分佈模式,因而研究糧價空間分佈模式及價格空間相互作用關係的演變對於理解區域分工和貿易也具有重要意義。從這個意義上來說,本文從空間分析的角度對清代糧價進行分析,希望對於深入認識清代糧食市場及糧食貿易的演變趨勢有所幫助。

經濟思想史專題

論近代中國民族企業「事業集合」思想[562]

趙偉[563]

內容提要：進入20世紀，中國民族企業界逐漸認識到企業擴張發展的大勢，形成了「事業集合」的經營思想，明確了擴張發展所具的「橫連」「縱合」「多角」三種維度。其中，「橫連」可降低成本，利於研發、改良，避免了惡性競爭，但規模過大容易導致內部管理混亂；「縱合」可節省交易成本，卻易出現生產平衡問題；「多角經營法」便於分散風險及內部挹注，但處理不當會造成危機擴散和內部拖累。民族企業必須權衡以確定實行路徑。這一經營思想對近代中國民族企業的發展造成了積極的作用，且與現代經濟學的產業鏈整合、企業一體化等理論有一定契合，具有重要的理論價值。

關鍵詞：民族企業　事業集合　產業鏈整合　企業一體化　經營思想

企業擴張有多個面向，以往學界對近代中國民族企業的研究多關注於資本的積聚和集中，對生產及業務的整合雖有提及，然論述並不繫統深入。[564] 當時有學者提出「資本之聚集」，同時也認識到「事業之規模，亦隨所用資本而增大」。[565] 這裡的「事業」實際上就是指企業所涉及的生產及業務，企業擴張又可認為是「事業集合」。較之資本概念，這一思想並非擴張本質的揭示，而是擴張形式的總結。筆者認為「事業集合」這一表述直觀和明確地反映了企業擴張的內容及行為特徵，遂用來概括近代中國此類企業經營的思想。對其進行系統梳理，將有助於從資本之外的面向認識近代民族企業發展的脈絡，也便於追溯現代經濟學理論的近代中國話語表述方式。當下關於中國近代民族企業的經營管理思想的論述還主要侷限於作為實踐者的企業家及企業高管，[566] 企業評論人及經濟學者的思想則鮮有論及。筆者將結合對這兩類群體的考察，全面梳理「事業集合」思想的發展脈絡，以揭示這一思想對近代中國民族企業發展所造成的積極作用。[567]

中國經濟史學的話語體系構建

經濟思想史專題

一、對「事業集合」趨勢的認識

19世紀末20世紀初，世界企業生產規模不斷擴大，大型企業紛紛出現。對此，中國民族企業界的實踐者和理論者都有充分的認識。

大生集團是近代中國首個大型民族企業，儘管其擴張模式存在諸多問題，但其創建者張謇晚年（1925）依然認為：辦實業「在大農、大工、大商」。[568]「大」字即含有大規模的意思。這種認識的產生除源於民族企業家的經營實踐外，還有鑒於國外經驗。榮氏集團創始人之一的榮德生，早在1900年經營錢莊的時候就「看《事業》雜誌、《美十大富豪傳》」，[569] 其兄榮宗敬則一貫「力圖擴大」，追求「事業之大」。[570] 關於擴張的實現方式，民生公司的創辦人盧作孚主張「化零為整，合併許多公司」。[571] 由此必然導致管理組織由簡單而趨於複雜，並形成各業大規模之聯合及合併的局面。中國企業經營公司的主持者劉鴻生認為這是經濟社會「自然之趨勢」。[572] 而對於「無規模組織」的企業，永安集團的郭樂認為是「茫然於商戰之形勢」。[573]

這一趨勢自然受到企業評論人的關注。早在1912年就有論者指出「企業之法乃日趨於集合」。所謂「集合」不僅是企業「以吸收資本者而吸收事權」，而且是「以吸收事權者而集合事業」。可見，資本和事業是企業擴張的兩個面向，「事權」是指對某一生產及業務經營管理的控制權，「集合事業」實際上是整合生產及業務的意思。論者相信，20世紀企業發展的趨勢是「由分業一變而為集中企業」。[574] 這裡的「集中企業」應該是「許多小工廠的大集合」，[575] 與現代一體化企業有某種程度的相似。還有論者認為，自工業革命以來，「先進國生產事業莫不趨於大規模之組織」。[576] 對此，有工商管理類的著作進一步解釋道，「大規模事業是近代事業界的一個特色」，而所謂「大規模事業（Large scale business）」，即與「大規模企業（Large scale enterprise）大致差不多」。[577] 而就歐美經驗看，企業「集合事業」主要由企業家們主持企業合併或聯合來完成，對此有論者稱：「自19世紀後期，企業家的結合已成了最重要的發達了。」[578] 儘管表述方式多樣，這

一時期的中國企業評論者已經認識到「集合事業」，擴大生產規模，組織大型企業已成為世界潮流。

其時，日本棉紡織企業是中國民族企業的主要競爭對手，自然也成為中國棉紡織業經濟專家重點分析的對象。學者王子建發現，20世紀30年代初，日本棉紡織業「大的公司逐漸膨脹，小的公司遂難於立腳」，「未見得是少數威權者所能完全支配操縱」，但「『聯合』（Combine）的局勢已成」。[579] 兼具棉業專家和企業家身份的穆藕初認為，這種「局勢」是「日本紡織家正在預備一偉大計劃……從事於大組合」，[580] 而中國民族棉紡織企業若要與之競爭，就必須「應世界之新運，非從速組織中國紡織業托賴斯不為功」。[581]

可見，在看到了「事業集合」趨勢的同時，近代中國民族企業界對順應潮流的重要性和必要性具有深刻認識。1912年發表的《資力集合論》一文認為，中國民族企業應「於資力及經營上實行合併主義」；如果要在世界市場的競爭中占有一席之地，就必須「以集資主義為唯一之政策，唯一之商略」。「集資主義」的另一面向即「集合事業」，「合併主義」是「集合事業」的一種方式，「政策」及「商略」則類似於現代話語中的企業戰略。可見，該論者不再把「事業集合」看作常規戰術經營行為，而是將其放到企業經營戰略層面對待，並強調這是與國外大企業抗衡的唯一道路。如果故步自封，民族企業將「不能與世界之大商工業相角逐」，不「集合事業」而「以為對抗外人計」，則「中國人之生路必為外人壟斷罄盡」。因此，中國企業推行「事業集合」是「人民生死問題，國家之存亡問題，非特工商業發展失敗之關係」。這種帶有經濟民族主義的闡釋，把重要性和必要性的含義從企業經營的個體層面提升到國家及民族的整體高度，具有鮮明的時代特徵。[582]

綜合考量，當世界出現企業「事業集合」的擴張趨勢後，近代中國民族企業界便認識到這一潮流，其經營理念是與世界同步的，同時也明確了其時的經營戰略，實質是提出了追趕的要求。

二、「事業集合」內涵及維度的理解

關於「事業集合」的內涵，當時的企業評論者有兩種解釋。一種看法認為是企業擴張其「事業」及「事務」，並將其置於同一管理之下，即「一機關為之」。[583] 這種理解強調企業對生產及業務的擴張以及協調統一管理，與現代經濟學中產業鏈整合之意類似。[584] 由於企業「事業」及「事務」的承載者是具體的單位及機構，另一種觀點認為「事業集合」是生產機構合併，即「集合幾個大工廠在一個管理機構之下」，[585] 形成大規模組織，即「某種事業在一個最高管理之下進行的狀況」。[586] 這種以組織單位的集合來解釋企業擴張，接近於現代經濟學中以組織交易為核心的企業一體化概念。[587] 兩者定義的角度雖然不同，但並不矛盾，都是對企業擴張現象的概括總結。

具體以棉紡織業為例，有論者指出20世紀30年代的日本紡織大公司「均自辦織布工廠以求工程之『單一制』」，其中四家「更設漂染印花工廠，其工程又進展於『全單一制』」。[588] 關於日本企業對紡紗與織布，甚至與漂染、印花等生產「事業」的集合經營，論者認為是謀求生產工序的「單一制」，即將原屬多個企業的多個生產工序集合起來，由某一企業統一管理，而「全單一制」是指對全套產業鏈條的統一管理。可見，企業「事業集合」內涵的核心是生產或業務的「同一管理」，而規模達到一定程度就會形成壟斷或寡頭壟斷。

關於「事業集合」的維度，當時民族企業界認定有「橫連」「縱合」「多角」三種。現代經濟學把產業鏈整合分為水平、垂直、混合三類，企業一體化也有橫向及縱向之分，還有多元化之說。前後概念表述上的歷史淵源關係顯而易見。

由於橫與縱是相對的兩個維度，二者往往會被放在一起定義。

「大規模生產」，可以是同種產業的工場，集合於單一管理之下，稱為「橫的資本結合」；也可以是「連續生產階段的工場（如造幣廠、印刷廠等），集合於同一管理之下」的「縱的資本結合」。[589] 雖然仍以「資本」概念相稱，但定義內容都使用了「產業」及「生產階段」的釋義，實際上即當時所稱的

企業涉及的「事業」,「單一」及「同一」管理也表達出了「事業集合」的核心意思。不僅如此,橫與縱的區別還在於所集合的事業的種類及關係,前者是「同種」的,而後者是「連續」的。也有學者把橫及縱的結合簡單地以「同類的結合」與「異類的結合」加以區分。[590] 不過,「異類」一詞不能反映出縱的「事業集合」所要求的「連續」關係。對此,《企業的結合》一書明確解釋道:「橫斷的結合」就是「各種相同事業的結合」,而「縱斷的結合」則是「不同一的階段內生產」的結合,並進一步解釋說「縱斷」是「經營一種物品生產的各階段的,但它們並不超越於這種範圍之外」。[591] 這就直接從「事業」的面向來解釋企業擴張,並指出縱向維度是階段性不同「事業」的整合,但不超出某一物品生產範圍,有別於多種不同物品生產「事業」的整合。

更到位的定義是,「橫連(Horizontal Combination)」即「置同類之事業於同一管理之下」;「縱合(Vertical Combination or Integrity of Industry)」即「對於一種事業,自生產原料,製成商品,以至銷售此商品,皆由一機關為之」。[592] 論者採用了「事業」面向的解釋,又切中了「集合」的核心意思。其中,對縱的理解已接近現代經濟學對產業鏈的定義。[593]

此外,還有一些定義從承載單位層面闡釋:企業擴大規模有兩種模式,一種是「同種部門的橫斷的(水平的)結合」,另一種是「上下異種部門間之縱斷的(垂直的)結合」。[594] 企業的「事業」以部門的組織形式進行管理,「集合事業」也就是「結合部門」。值得注意的是,對「縱斷」的解釋中出現「上下異種部門」的概念。這裡的「上下」實際上有現代經濟學中縱向鏈條上游和下游的意思。[595] 還有一些定義從企業合併角度去解釋,並突出強調了統一管理的核心意思。如,有工商類著作把「橫式合併(Horizontal Combination)」解釋為「兩個以上製造相同產品之企業,共受另一主腦機關管理之組織方式」,而「縱式合併(Vertical Combination)」是「兩個以上製造不相同產品之企業,共同受另一主腦機關管理之方式」。[596] 此處關於縱的解釋仍然只表達了「不相同」的意思,不夠完全。還有論者對橫與縱採用了較為特別的概念名稱,認為「平面性的合併」是「將幾個出產同樣出品的工廠聯合在一個管理機構之下」,而「立體性的合併」是「將若干有

關製造的必要手續集合在一個管理機構之下」，並進一步解釋說「這些製造手續大致有共同的性質」，還舉例「在美國，紡和織往往由一家工廠擔任」。[597] 雖然「立體性」不好理解，但從所舉例子來考察，就是指「縱合」。

可見，「橫」與「縱」是此類概念的關鍵字。與「橫」同指的還有「水平」「平面」，英文即「Horizontal」，核心意思是「同」，即「同種產業」「相同事業」「同類事業」「同種部門」「製造相同產品之企業」「同樣出品的工廠」等；與「縱」同指的還有垂直、立體，英文即「Vertical」，核心意思是「連續」及「同質」，即「連續生產階段」「不同一的階段內生產」、有「共同的性質」的「製造手續」，並可以擴展到原料的生產或採購以及產品的銷售階段。

除抽象的定義外，橫與縱的概念也出現在對國外棉紡織企業發展狀況的認識中。著名經濟學家馬寅初認為日本紡織業形成托拉斯，「其組織又有縱橫之不同」。「橫的結合」是「同種類企業，集合於一個管理之下」，「如各紡紗廠共同結合成一極大紡紗廠團體」；「縱的結合」則將紡紗廠、織布廠、染色廠「集合於一個管理之下」。[598] 紡織產業經濟專家王子建指出日本棉業界出現「縱斷的組織」，即「從紡紗織布以至於漂染加工，在同一企業之下依著生產的程序從事一貫的工作」。[599] 除日本外，民族企業家劉國鈞出國考察時發現，美國紗廠多數為「縱式連合」，「皆有紡織兩部，少數亦有染整部分」，英國則「多紡廠、織廠分立」為「橫式連合」。[600] 面對世界主要工業國紡織企業「事業集合」的趨勢，有論者認為「今後新辦工廠，當以中大規模聯合工場為最宜，每一集團自紡而織而染而印」。[601] 這些表述也再次說明近代中國企業界中普遍存在「橫連」與「縱合」的觀念。

橫與縱的擴張理念也出現在近代民族企業家樸素的認識中。早在與人合辦無錫振新紗廠時，榮德生就提出在上海、南京、鄭州創辦分廠，認為「要拿大錢，所以要大量生產」。[602] 對此，其兄榮宗敬指出兩種實現方式，一是透過自建，「造廠力求其快」「擴展力求其多」；[603] 二是透過併購，「廠子不管好壞，只要肯賣，我就要買」，[604] 目的是要「多辦麵粉廠與紡織廠」。[605] 更為龐大的想法出自無錫永泰絲廠的企業主薛壽萱，他計劃組建絲廠「托

拉斯」，並草擬了「興業絲繭貿易公司」的方案。[606] 不同於前兩者，大中華火柴公司總經理劉鴻生主張民族火柴業應透過「同業聯合」來實現「大規模之製造」。[607] 這些想法都是關於企業橫向「事業集合」的主張。另外一些民族企業家則表達了縱向「事業集合」的訴求。永安紡織染公司的郭樂認為紗廠應「有織布廠相助，用本廠紗，織本廠布」，並且「業紡織者必須兼辦印染廠」。[608] 對此，常州大成紡織染公司的劉國鈞有更簡潔明確的表述，即「以紡、以織、以染，三位聯營」，[609] 強調「集紗廠、織廠、染廠於一堂」[610] 以圖發展。這些想法及認識雖然無法達到現代企業戰略所定義的標準，但這些民族企業家都一貫以此作為企業擴張發展的方向，最終形成的企業結構類型也與之相關，實際上產生了企業戰略的效果。

當然，除將橫與縱視作企業擴張的第一和第二「基本線」之外，還有論者提出了第三種「基本線」，即「縱橫綜合的結合之擴大」，[611] 換句話說就是「橫連與縱合政策，可以兼行而不廢」。[612] 不過，縱橫綜合或兼行，實際上是兩種擴張「基本線」的結合使用，維度屬性並沒有跳出前兩者的範圍。

「多角經營法」可以看作是第三種基本線。這是一種「兼營數種事業」[613] 的擴張維度，即集合無關聯的異種事業的經營行為。1926年《紡織時報》第1300號頭版報導，在華日資紗廠鐘淵紡織會社「力謀多角經營之擴大」，所涉及事業「不特紗線織物之整理與銷售」，而將擴展到「各種原料之生產及副產物之利用」。[614] 對此，民族企業家也有相關的認識。郭樂認為「興辦實業則尤為愈多愈好」，[615] 以簡單的語言表達了相近的意思。劉鴻生是近代民族企業家中推行多角經營戰略的典型代表。他在給五子劉念孝的信中說：「我並沒有讓我所有的雞蛋都放在一個籃子裡，那就是說，所有我的資財都是分開投資的。」[616] 這一比喻以樸實的語言形象地表現了「多角經營法」的內涵。更有甚者，榮氏企業集團的榮德生，勾畫了「天元實業公司」的宏偉藍圖。這一構想包括：「（一）屬於『土』的方面：凡煤、石灰、水泥、磚瓦等類皆是；（二）屬於『金』『木』方面：如開採礦苗、冶金、鑄鍛、鐵工、化學、塑膠，以至筒管、棉條筒的製造均是；（三）屬於『食品方面』：則麵粉、餅乾、點心之屬皆是；（四）屬於『水』的方面：如漂粉水之類；（五）

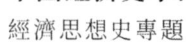

屬於『火』的方面：即電氣等是；（六）屬於『紡織』方面：包括棉、麻、毛、絲、人造纖維的紡、織、印染、整理、裁製、縫紉等。」[617] 這實際上是一個以「多角」為總體框架，兼有「縱合」深度的「事業集合」戰略設想。

「橫連」「縱合」「多角」三種維度的確定，為民族企業根據內外環境選擇戰略方向提供了指引，促成了多樣的民族企業集團的形成。「橫連」較為典型的有，武漢裕大華棉紡織集團，實行棉紡生產同類事業的集合；無錫永泰繅絲集團，實行制絲生產同類事業的集合；榮氏企業集團，分別是棉紡生產和麵粉生產同類事業的集合。相對於裕大華和永泰的一元「橫連」形式，榮氏則是二元「橫連」。「縱合」在棉紡織業比較明顯，有常州大成紡織印染集團、無錫麗新紡織印染集團、上海鴻章紡織印染集團等，實現的是紡織印染生產連續階段的「事業集合」。實施「多角經營法」的民族企業有大生集團（涉及棉紡織業等各種輕工業、交通運輸、金融、商業、服務業等），劉鴻生企業集團（涉及火柴、水泥、毛紡織、搪瓷製品、煤球、煤炭銷售、銀行、保險等事業），周學熙企業集團（涉及煤礦、水泥、棉紡織、銀行等行業），通孚豐集團（「通」指通惠實業公司，「孚」是中孚銀行，「豐」即阜豐麵粉廠），永安集團（涉及工、商、貿易、金融各業）等。

三、「事業集合」的利益分析

1913 年，張謇曾向大生紗廠的股東們表示：「紗廠必謀擴張耳，擴張則必有利耳。」[618] 而「橫連」「縱合」「多角」三種「基本線」的利益表現各有不同。

對以「橫連」方式「集合事業」的企業，有論者認為「大量生產，成本就可以減輕」，[619] 或者說「有種種經濟，便利或優待」，「易於獲利」。[620] 專門研究棉紡織工場設計與管理的學者也認為，「欲減輕成本，必須將原有設備，加以擴充，使生產增加，而開支得以減輕」。[621] 這實際上就是現代經濟學中所講的規模經濟效應。

歸納當時的相關論述，[622] 降低成本主要體現在以下五個方面：

其一,「節省動力」,主要指在「開辦費方面」。以發電機為例,小規模工廠至少需要一個,規模擴大數倍卻並不需要發電機也隨之增加相應倍數,節省了裝配費和用電量。

其二,「節省機器」。大規模工廠「機工之不息」,「可以日夜開工」,機器使用時間長,使用數量可以減少,「每小時工作內所占成本之成份必然減低」。

其三,「分工既精,則管理之費用省」。大規模生產利於分工,「使一般職工更趨於專門化,製造步驟分得更精密」。這樣可以充分發揮單個生產者或管理者的效能,從而節省成本。又因為「其制度鹹取一致」,管理則「經濟而有效力」。

其四,「購進原料與售出貨品,經濟上實具有效力」。由於大批量地採購,原料廠家可給予「較大之折扣」,手續費用也不會隨之增加。而由於銷售量規模很大,「費用特減」,如「攜客及售貨人旅行費」。無論是原料還是出品,大規模運貨都導致「運輸費之減省」。

其五,「充分利用生產事業的副產品」。工廠進行製造都會產生副產品,小規模事業的副產品量小,不宜專門進行加工利用,丟棄則是成本的浪費,賣與其他相關加工工廠則獲利微薄。「在大規模之事業,另行設廠經理此副產物,方可無棄材之憾」,還能獲得不菲的收益。

實踐者對此有更直接的認識。榮氏茂福申新總公司1932年度營業報告書中寫道:同類「事業集合」,「產額愈多,則進料銷貨亦愈便易,而管理、營業各費亦愈節省也」。[623]盧作孚在總結民生公司經營經驗時也認為,「將同類的生產事業統一為一個……節省人力,節省物力,節省財力」。[624]1928年,為倡導民族火柴生產企業合併,劉鴻生在告同業書中列數合併的利益,認為「各種經費均可通盤籌算,最合經濟原則」,「直接訂購大宗原料,可省洋行傭金,並可得廉價利益,每年為數不貲」。[625]1930年,隨著企業規模的擴大,他在擬定的《實行集中管理之計劃及其方案》中指出,大規模公司集中管理有「財用之經濟」的優點,具體來說「經濟之作用,以集合而消費省……大宗採辦、多量運輸以及各項消耗物品,均宜集中於同一公司之下,

俾以較少勞費，獲得較大效果」。[626] 可見，近代中國民族企業界的實踐者與理論者所見略同。

減低成本是「橫連」最主要的益處。除此之外，利益表現還有以下四個方面：

第一，易於研發和改良。實現「橫連」的企業往往資力較為雄厚，能夠支持「耗費的自然很多」的「專門的實驗與研究工作」，[627]「專門人才可以聘任，來改良出品或研究市場」。[628] 劉鴻生在告火柴同業書中也特別提及：「各廠合併後，新公司規模宏大，即可聘請專門技師，改良出品，以與外貨相競……一切改良事宜，均可次第實進，前途光明，不可限量。」[629]

第二，避免惡性競爭。1923 年，中國棉紡織業大蕭條之後，民族企業家認識到：同業併購可以避免民族企業間的惡性競爭，從而整合力量與外商相抗衡。1931 年，榮宗敬收買三新和厚生紗廠便是考慮到：「減少一家紗廠，也可減少競爭對手；而在申新方面，並進一家，力量便更加增大，競爭也就更為有利。」[630] 除棉紡織業外，其他行業也有類似的案例。1928 年，面對國內民族火柴企業自相殘殺，有被外商各個擊破的危險，劉鴻生認為：主要的民族火柴廠合併後，可調劑出產數量，以期供求之適合，減少對內競爭。[631] 1931 年，他宣稱：民族火柴業的「橫連」企業大中華火柴公司的成立，「消弭同業競爭，增厚對外力量，則目前固已卓有成效」。[632]

第三，管理複製。由於「橫連」式企業經營的事業屬於同類，某生產單位的管理人員及制度便於複製轉移到其他單位。榮宗敬認為收買紗廠，「申新不需要添人，只要從各廠抽調，負擔反可減輕；在總公司方面，只需要添一本帳簿，也不要專門設立一個經營管理機構」。[633] 公司內某一生產單位管理改革的經驗也易於被其他單位借鑑和效仿。申新第三廠在 20 世紀 20 年代進行的管理制度改革獲得成效，榮德生「力勸各廠整理革新」，「申一等亦改良」。[634] 對此，劉鴻生總結道：「良法美意，苟能適用於一處者，即無不可適用於全部。」[635]

第四，商標及信譽共享。有論者指出：「聯合若干小公司而成一大公司，故各小公司原有之商標及特許權，均歸大公司管轄，因此公司之信用倍增。」

[636] 這一點在榮氏企業的擴張過程中有很好的體現。福新麵粉公司成立之初，榮宗敬讓浦文汀使用茂新麵粉公司已有較好口碑和知名度的綠兵船商標，並利用茂新的商業關係和信用，把福新所需小麥與之一起採辦，很快使福新打開了經營局面。[637] 永泰繅絲集團擴張後的絲廠都用母廠永泰絲廠的商標，也達到了同樣的效果。[638]

「縱合」式「集合事業」的主要益處仍是節省成本，但由於集合維度不同，其發生的緣由與「橫連」有本質區別。「橫連」能夠降低成本是因規模而產生的效應，且內容包括生產成本、管理成本、交易費用等，而「縱合」節省成本是緣於把原本在市場中完成的交易行為納入企業內部，透過相對簡練的組織管理行為來完成。[639]

「縱合」可分為兩種情況，一種是生產連續階段的集合，紡織科學家蔣乃鏞認為，縱的「聯繫組織（Integration）」具有「連環之特性」，「將軋光、紡織、漂染、印染各部門成一大公司，在經濟學上極為合理」；[640] 另一種是供、產、銷的集合，有學者指出企業「添購貨物，加設商舖，一方自銷本廠貨物，以免受間接之挫折回扣」，[641] 從而節省交易成本。對此，馬寅初透過比較來闡述。他指出英國棉紡織企業「紡、織、染、印工作往往皆獨立設廠經營」，連續的生產階段要透過市場交易才能連接起來，「中間之買賣專輸，皆不免多若干之浪費」。[642] 日本棉紡織企業購買原料和推銷產品都「有聯合機關」，不必透過中間商進行，「熟貨推行，暢旺無阻，無形利益，不可勝算」。[643] 對比之下，「縱合」節省交易成本的效應不言而喻。

關於「縱合」的益處，民族企業家有更貼近實際的總結。其一，減少交易環節以節省交易成本。榮德生意識到，企業產品透過商販到顧客要經過幾次手續，「中間有運費之增減，稅法之繁簡，時日之快慢，利息輕重，隨在均與本業有利害消長之關係」，[644] 如果企業自設採購和銷售機構，可免去很多中間交易成本。其二，以自產解決市場交易難以供應的問題。1936年的無錫麗新紡織染公司董事會報告總結道：「自紡紗織布，成本減輕，而以前購買他廠棉紗時不能仿造者，均能次第製造，解除困難不少。」[645] 其三，以自產解決市場供應與生產不符的問題。常州大成紡織染公司經理劉國鈞發

現，向南通等地購買坯布，「成本既大，規格亦不能統一」，[646] 增加與後續染色及印花生產銜接的複雜程度，從而提高了交易成本。添設織布廠後，大成自產坯布，便於統一規格。其四，防止機會主義行為。[647] 盧作孚在總結經營經驗時說：「連帶的生產事業統一為一個或謀全部的聯絡⋯⋯此亦所以謀求適應之直接聯絡，自己供給自己需求，使雙方都不至感有恐慌。」[648]「恐慌」產生的原因，用現代經濟學理論解釋，是市場交易過程中容易出現機會主義行為。「縱合」使市場交易行為轉化為企業內部指令，從而消除不確定性，穩定交易關係。總之，縱向「集合事業」的益處頗多，正如郭樂評價紡織染聯營「互相為用，計至善也」。[649]

「多角經營法」所產生的利益也與「事業集合」的維度屬性有關。由於兼營數種不同類事業，在生產或業務上彼此不存在關鍵性的聯繫，企業「遇一種東西的價格暴落或者原價騰貴，而其他幾種事業的利益還可彌補」，可以造成「分散工商業經營上危險」的作用。[650] 也有論者總結道：「多角」式「事業集合」的企業內各單位之間「能相維於不敝」，「其利在相倚為用」，「一處有損失，可以他處之盈餘補充之」。[651] 對此，馬寅初以日本棉紡織企業的經營實例來加以說明。日本企業「於紡廠之外，又兼營銀行、堆棧、輪船等營業」，實施「多角」戰略，萬一「因冒風險而虧損，亦可以他業之利益彌補此業之損失」。[652] 簡而言之，分散風險，互相抱注，是「多角」化的主要利處。

關於這一點，民族企業家們在經營實踐中也有相應的體會。範旭東把企業內部各單位比作兄弟，感慨道：永久黃集團之所以能在艱難的條件下發展壯大，是因為「久大和他的一群弱弟，的確做到了兄兄弟弟，相得益彰」。[653] 除形象的表達外，更多的是現實的感悟。大隆機器廠能夠在「一戰」後的困境中生存下來，嚴慶祥認為「就在於嚴家有房地產的經營」。[654] 同樣，1923年棉紡織業不景氣時，榮德生也慶幸申新紗廠「因粉廠小小幫助，尚堪存在」。[655] 這方面較為規範化和制度化的是永安公司。其總經理郭泉認為，雖然集團內各聯號企業處於統一管理之下便於「隨時相助」，但「事前素乏準備，臨時必諸費周章」。於是，永安公司專門建立「聯號公共準備金」，讓營業狀況好的企業「就其餘力，撥出若干」存入準備金，「平時用諸生利

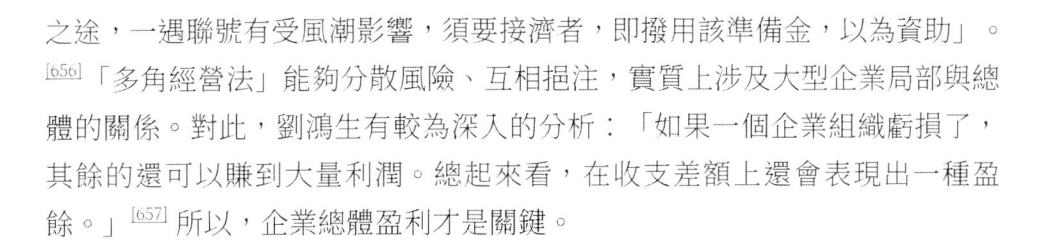

之途，一遇聯號有受風潮影響，須要接濟者，即撥用該準備金，以為資助」。[656]「多角經營法」能夠分散風險、互相挹注，實質上涉及大型企業局部與總體的關係。對此，劉鴻生有較為深入的分析：「如果一個企業組織虧損了，其餘的還可以賺到大量利潤。總起來看，在收支差額上還會表現出一種盈餘。」[657] 所以，企業總體盈利才是關鍵。

四、「事業集合」的弊端總結

關於「橫連」「縱合」「多角」三種維度「事業集合」的利處，近代民族企業界分析頗多。不過，其弊端也並沒有被忽視。

有論者將大規模生產事業的利弊分而述之，分析完「好的結果」後，列出「壞的結果」，如「增加開支」；「成敗結果，影響社會甚巨」；「易成獨占，壟斷市場」等。[658] 另有學者稱之為「弱點」，認為：大規模企業的執行者難以顧及所有人和事，層層監管缺乏彈性，也不易進行急進的改革等。[659] 對此，馬寅初分析道：企業「大規模之程度，亦有一定限制」，這是因為擴張「已達生產工具之最高生產力」，若「再行擴大規模」，則會產生「機器之運用，管理之費用，反將超比例地增大」的情況，隨之會導致「不經濟之結果」。[660] 這其實是對當時西方經濟學界較為流行的邊際效益遞減原理的簡要概括。

規模過大導致管理費用增加的情況，在「橫連」式企業較為典型。隨著榮氏企業體量的膨脹，企業家及高管人員都表達了類似的擔憂。榮德生素對其兄榮宗敬的激進式「橫連」戰略表示異議，主張穩健地擴張。茂福申新總公司成立後，他認為：「用人既多，耗費日加。」[661] 其次子榮爾仁也有同樣的看法，他認為家族企業「範圍既廣，則管理恆難於周密；事業既博，則措施每難於一致」。[662] 對此，長期參與榮家企業管理的薛明劍提出了嚴厲的批評。他指出，雖然上海的總公司對榮氏所有企業「總其成」，但「一切辦法，不免相差」，且「尚無絕對劃一辦法，各廠營業方針，時有相反，同轄公司，政出多門，實不相宜」；人員及機構「每不十分劃清，以致自恃聰明者，動輒越俎；不求聞達者，往往尸位，甚致徒唱高調，無所事事，因循敷衍，聊以塞責，更有互相傾軋，暗分派別」；對於企業內部的規章制度，「執行者

有之,視為具文者有之,無規則而全視當軸者之意旨隨時指定者又有之」。[663] 儘管榮氏企業領導層早有認識,也進行過一些改革,但諸如此類的問題一直沒有得到根本性的解決。1934 年,申新棉紡織公司「擱淺」與之不無關係。

與「橫連」不同,「縱合」的弊端集中表現在連續生產階段之間的平衡問題。實現紡織染聯營的大成紡織染公司便存在這一矛盾。大成二廠的廠長朱希武回憶道:由於印染設備擴充,大成一廠雖亦增加紗錠與布機,然仍不夠供應本廠日需五千餘疋坯布的需要,須向本地及南通等地購進坯布。[664] 中華人民共和國成立前夕的情況卻相反,大成公司「所出棉布一部銷售,一部作染漂之坯布」。[665] 可見,「縱合」式企業連續生產階段之間很難做到絕對的供用切合,透過市場交易進行調節十分必要。類似的問題也出現在嚴氏光裕營業公司的機器廠與紗廠之間。1936 年底,大隆機器廠達到年產四萬紗錠的能力,然旗下紗廠的總錠數不過十萬,「遠非與它聯營的紗廠所能容納」,而國內市場又「絕無純粹用大隆機器之紡織廠」。[666] 由於得不到市場交易的有效調節,光裕公司的「縱合」戰略,即棉紡織機器生產與棉紡織生產之間的平衡問題較為嚴重。

「多角」式「事業集合」在理論上可以分散公司局部經營風險,實現內部各單位之間的互相挹注,然而,如果「多角」事業的種類過多且過於分散,反而會使公司資金周轉出現問題。若局部經營不利的情況過多,內部挹注以轉移風險的目的將無法達到,反致危機擴散,不利於整個公司的發展。劉鴻生之子劉念智指出:父親過度分散投資使企業「遇到許多困難問題,特別是資金上的問題」。[667] 1927 年,上海金融界傳出劉鴻生因企業資金周轉不靈而出逃國外的謠言,其實未必無因。謠傳平息後,帳房秘書袁子疑寫信向劉鴻生進言:「此種謠言,無謂之至。但責人總不如守己。若專營開灤煤、南北棧、火柴廠數種事業,不出三年,非但欠款可以掃清,即押款亦可透還半數(押款多,亦危險),豈不風險小、心力寬,利益亦未始不厚。」[668] 這實際上是建議劉鴻生應該集中力量經營幾種業績較好的事業,「多角」經營並非越多就越好。無獨有偶,1943 年,榮氏申新四廠負責人李國偉致函本集團的公益鐵工廠經理章劍慧說:「公益工作不能敷本,申四不能再填……勢

不宜令人日填虧蝕。」[669] 可見，過度的內部挹注讓盈利單位感到十分吃力，反成拖累，「多角經營法」的利益轉變成弊端。

於是，對於「事業集合」的經營戰略，有論者提醒企業，應「比較其利害得失，以斷定其可否實行。則因地點及環境而異，非有深切之經驗，不易斷定也」。[670] 劉鴻生在倡導同類事業合併時也強調：「雖前途利純，仍應視管理之是否合宜以為斷。」[671] 企業是否選擇「事業集合」，必須權衡利弊再做出決定。

利弊分析是近代民族企業界對「事業集合」更深入的理解。一方面，對利弊的權衡是民族企業進行戰略選擇的依據。榮氏申新系統從積極推行棉紡織生產「橫連」戰略到「擱淺」後停止進一步擴張的轉變，劉鴻生企業集團從迅猛推進多角化轉向反多角化，都是比較利弊後戰略選擇的結果。另一方面，對弊的重視，並予以應對處理，促使了民族企業在經營管理方面的進步。榮氏申新「橫連」擴張的同時，弊端也隨之出現，並逐步加深。20世紀20年代中期的自覺改革取得一定成效，但並不徹底。1934年「擱淺」後，銀團督促下的深度整改才使得申新內部管理有了顯著改進。

五、結語

「事業集合」是抗戰前中國民族企業的主要經營戰略。一方面，這是民族工業發展壯大的方式。民族工業的發展需要透過每個民族企業的成長來實現。近代中國民族企業在產業間及個體企業間的發展水平極不平衡。一些先進的優勢企業實施「事業集合」戰略，既可以增加中國民族工業中先進部分的份量，也可以向傳統工業及準近代工業部分擴張空間。另一方面，這也是與外商企業競爭的必由之路。「一戰」後，儘管民族企業總體發展水平不及外商企業，但在市場競爭中也並非沒有任何勝績可言。如，民族棉紡織企業擠走外來品，基本控制國內粗紗市場，[672] 民族麵粉企業在產量上全面趕超外商企業，[673] 化工企業代表——永久黃集團的永利鹼廠，在中國市場的銷售量反超競爭對手英商卜內門洋鹼公司 [674] 等。能夠取得這些戰績，無不得益於民族企業積極推行「事業集合」戰略。可見，這一思想對推動近代中國民族企業的發展造成了十分重要的作用。

近代中國民族企業「事業集合」思想首先具有及時性。這對於後發國家的企業來說尤為重要。只有認識到了趨勢，才知道追趕的方向。這也是民族企業主動性的體現。其次，「事業集合」思想的基本概念和框架已經形成。這表明當時的民族企業界對企業擴張行為已有較為成熟和全面的思考，有利於指導民族企業的經營實踐。最後，「事業集合」思想是經濟學理論演進過程的一部分。從內涵來看，該思想意識實際上與產業鏈整合及企業一體化理論有一定的契合，是近代中國話語表達的方式。當然，近代的「事業集合」思想在理論體系的構建、術語的規範統一及學理思考的深度等方面還遠不夠完善，不過，中國經濟學理論的發展，尤其是自主話語體系的構建，有必要從中國經濟史的研究中獲取養分。因此，近代中國民族企業界出現的「事業集合」思想具有重要的理論價值。

「耕者有其田」的繼承和發展——論中國土地市場化制度改革的思想解放[675]

熊金武[676]

內容提要：土地市場化改革是全面深化改革實踐的重中之重，牽一髮而動全身。解放思想是指導中國改革的重要經驗和原則。「耕者有其田」是近代以來中國土地制度改革的思想基礎，是中國傳統土地思想的精華，但曾受到過扭曲和誤解。重新認識和反思「耕者有其田」的思想十分必要，有利於構建符合新型城鎮化需求的土地市場理念。在中國已經基本實現土地產權初始分配公平的前提下，按照市場經濟規律，土地要素的市場配置能夠實現效率與公平統一。回歸「耕者有其田」思想本義，解放思想，推進土地市場化改革，是構建符合現代經濟規律和中國國情的土地制度的思想創新。

關鍵詞：土地制度　市場改革　耕者有其田

土地是最基本生產要素之一，土地制度不僅是人類社會經濟生活的基本制度，又是全面深化改革的重中之重，牽一髮而動全身。土地市場化是在全面深化改革實踐中「發揮市場在資源配置中的決定性作用」的重要突破口。在改革方向明確的情況下，土地制度的改革依然存在很多爭論，成為社會關

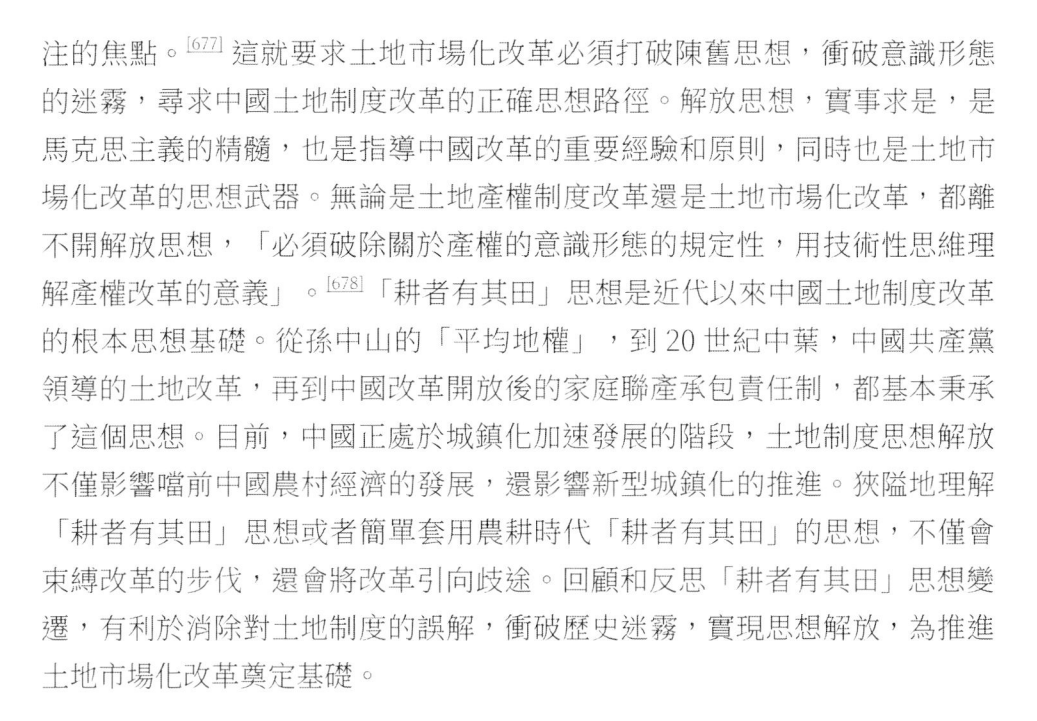

「耕者有其田」的繼承和發展——論中國土地市場化制度改革的思想解放 [675]

注的焦點。[677] 這就要求土地市場化改革必須打破陳舊思想，衝破意識形態的迷霧，尋求中國土地制度改革的正確思想路徑。解放思想，實事求是，是馬克思主義的精髓，也是指導中國改革的重要經驗和原則，同時也是土地市場化改革的思想武器。無論是土地產權制度改革還是土地市場化改革，都離不開解放思想，「必須破除關於產權的意識形態的規定性，用技術性思維理解產權改革的意義」。[678] 「耕者有其田」思想是近代以來中國土地制度改革的根本思想基礎。從孫中山的「平均地權」，到20世紀中葉，中國共產黨領導的土地改革，再到中國改革開放後的家庭聯產承包責任制，都基本秉承了這個思想。目前，中國正處於城鎮化加速發展的階段，土地制度思想解放不僅影響當前中國農村經濟的發展，還影響新型城鎮化的推進。狹隘地理解「耕者有其田」思想或者簡單套用農耕時代「耕者有其田」的思想，不僅會束縛改革的步伐，還會將改革引向歧途。回顧和反思「耕者有其田」思想變遷，有利於消除對土地制度的誤解，衝破歷史迷霧，實現思想解放，為推進土地市場化改革奠定基礎。

一、「耕者有其田」思想嬗變與發展

「耕者有其田」是中國傳統地權思想，可以認為是歷史上兩條地權思想交匯的結晶。第一條歷史線索是「自上而下」的土地改革思想，包括了限田、「王田」、占田制、均田制、抑制兼併以及一直爭論的井田制等。第二條歷史線索是「自下而上」的土地再分配思想，包括了從「均貧富」「均田免糧」到「凡天下田，天下人同耕」。「耕者有其田」思想就是政府與民眾在土地產權分配方面的一個共識，強化了農民對土地的權力，影響了傳統社會制度變遷。

在近代，孫中山將「耕者有其田」思想提升為拯救國家危亡和改造社會的出路，認為「將來民生主義真是達到目的，農民問題真是完全解決，是要『耕者有其田』，那才算是我們對於農民問題的最終結果」。[679] 這就構建了「耕者有其田—土地問題—救亡復興」的邏輯鏈條，奠定了近代中國土地制度改革的思想框架。也就是說，如果要拯救危亡實現復興，就必須解決中

中國經濟史學的話語體系構建
經濟思想史專題

國農民問題,而解決農民問題就必須解決土地問題。遺憾的是,孫中山還未來得及推行土地變革,就逝世了。

中國共產黨繼承和發展了「耕者有其田」思想,開展了多階段的土地產權制度改革。毛澤東同志指出中國革命的首要問題是農民問題,革命的根本問題是土地問題,「土地制度的改革,是中國新民主主義革命的主要內容」。[680] 早期中國共產黨土地改革偏向於沒收地主土地予以再分配。1927年的八七會議決定沒收大地主及中地主的土地,分給佃農及無地的農民。1927年11月的《中國共產黨土地問題黨綱草案》做出沒收一切土地和土地國有的決定,將使用權歸農民。1930年的《蘇維埃土地法》從法律上規定「沒收一切私人的或團體的——豪紳、地主、祠堂、廟宇、會社、富農——田地、山林、池塘、房屋,歸蘇維埃政府公有,分配給無地、少地的農民及其他需要的貧民使用」。[681] 在抗戰的特殊歷史時期,中國共產黨實行了一種漸進的土地改革政策,提出「地主減租減息,農民交租交息」,降低佃農經營成本。值得注意的是,1946年的《中共中央關於土地問題的指示》提倡在地主自願轉讓或有償轉讓的基礎上實現土地所有權向農民的轉移。規定「除敵偽大漢奸的土地及霸占土地與黑地外,對一般地主土地不採取沒收辦法。擬根據孫中山照價收買的精神,採取適當辦法解決之」,[682] 即透過對地主土地購買的方式和平解決農民土地問題。此方法在習仲勳領導的陝甘寧革命根據地試點成功,是新民主主義經濟理論繼承和發展孫中山三民主義的成功案例。[683]

1947年,中國共產黨實施《中國土地法大綱》,放棄漸進的土地改革政策,提出「廢除封建性及半封建性剝削的土地制度,實行耕者有其田的制度」,使解放區一億多無地和少地的農民分到了土地。1950年的《中華人民共和國土地改革法》規定廢除封建剝削的土地所有制,實行農民階級的土地所有制,保存富農經濟,政治上中立富農。從此,徹底廢除了封建剝削的土地制度,大部分中國農民擁有了土地所有權,實現了中國最廣大農民在土地產權上的大致平均,圓了幾千年「耕者有其田」的中國夢。

二、人民公社與耕者有其田思想的扭曲

1958年「人民公社化」後,「耕者有其田」思想發生了三個轉變,對中國當前土地制度產生了很大的影響。在城市化的今天,這種轉變的思想體現了多種侷限性。

第一,農民與土地捆綁在了一起。有耕地的農民必須從事農業生產。人民公社時期,農民被束縛在土地上,被禁止私自進入城市工作或者到其他地方發展,只能靠耕種集體土地或那塊他分得的土地來滿足全家的衣食需求。農民缺乏流動的自由以及非農勞動的自由。中國改革開放後,政策放開,農民開始進入城市打工,補貼家用,成為農民工。經過十多年制度變遷,農民工終於有了從農村到城市自由流動的合法性。雖然農民工本身就是制度改革不徹底的過渡性產物,是非正常的,但這已經是一個帕累托改進。「耕者有其田」是不應該將農民束縛於土地上的。否則,只會導致農民降低對土地本身的熱愛依戀度、土地產權意識及生產的積極性。農民也不願意由於擁有土地而被世代束縛於農村。「耕者有其田」思想的變革應該是讓願意耕種的有田地,不願意耕種的可以自由進入城市工作或定居。

第二,「不耕者不得有田」,即不從事農業生產的人不能擁有土地。孫中山曾說「不躬耕者,無得有露田」,「夫不稼者,不得有尺寸耕土」。[684] 這本質上是保護農民土地產權不受到城市資本威脅,要求農業勞動者才有資格取得農村土地權。「不耕者不得有田」在城鎮化下就彰顯出侷限性。前土地制度造成了農民城市化的兩難。從戶籍上講,在農村向城市的戶籍轉變過程中,農民要做城市人必須放棄自己的耕地。在計劃經濟時期,城市會給城市居民提供基本的生活保障,但是現在農民進城就需要取得更多非農收入維持生計。然而,由於房價騰貴,剛進入城市的農民難以定居;由於社會保障體系不完善,農民不能和城市人一樣享受同等的公共服務。一旦失業,農民將沒有任何收入來源。所以,他們雖然不願意回到農村從事農業生產,但很願意保留在農村的土地。所以有的家庭寧願採取夫妻分屬於農村和城市戶口的方式,孩子的戶口也徘徊於城市與農村之間。這就造成了農民進入城市是「有去無回」。客觀上,農民進入城市的道路不是一帆風順的。如果市民化

失敗，這部分農民既進入不了城市，又回不了農村。這不僅對於他們個人是極大的苦難，對於社會也是莫大的隱患。

第三，「非耕田為國有」。非耕田主要是指城市土地。城鎮化提出了對非農建設用地的需求。但是，傳統農業社會出現的「耕者有其田」思想不包括處理城市土地問題。非農用地歸誰所有就沒有傳統思想可依據。在「一大二公」的時代，政府將城市土地事實上全部國有化。一個問題是，城市土地都是由耕地轉變而來的，那麼在耕地轉變為非農用地的過程中，土地升值收益歸誰所有呢？若耕地歸農民所有，非耕地歸政府所有，並進行市場交易，那麼升值收益將在二者間分割。然而，在現行土地徵收制度下，利益分割沒有政府、開發商與農民共同認可的客觀標準。要麼主要為農民所有，農民日日盼拆遷；要麼主要為政府所有，失地農民困苦。在道德規範無法實現的情況下，市場是最佳的調節手段，土地供求透過市場調節自然會達到一個均衡點。

人民公社扭曲了「耕者有其田」思想，將農民牢牢地束縛在土地上，土地要素和人口要素都不能隨著市場在城市與農村、工業與農業部門之間自由流通。鄧小平指出，「人民公社『一大二公』的特點與中國農村目前很低的生產水平不相適應」。[685] 因此，人民公社下的這種「耕者有其田」與社會主義市場經濟體制違背，已經不能適應城市化的中國。土地改革不應該再務虛地談「公有」和「耕者有其田」，而應該徹底反思人民公社時期對「耕者有其田」思想的歪曲，然後回歸到「耕者有其田」思想本義，進而探索新型城鎮化下適合國情的土地制度。

三、「耕者有其田」思想本義

回顧中國共產黨土地改革歷史，穿透歷史迷霧，我們可以清晰明確「耕者有其田」的本義。真正的「耕者有其田」不應被用於維護人民公社土地制度的殘餘，而應被用於城鎮化下的土地市場化改革思想的創新。

第一，土地發展權與市場機制。「耕者有其田」思想只實現了起點公平，解決了生存問題。中國的土地制度還需要解決發展問題，即提高農業生產力，

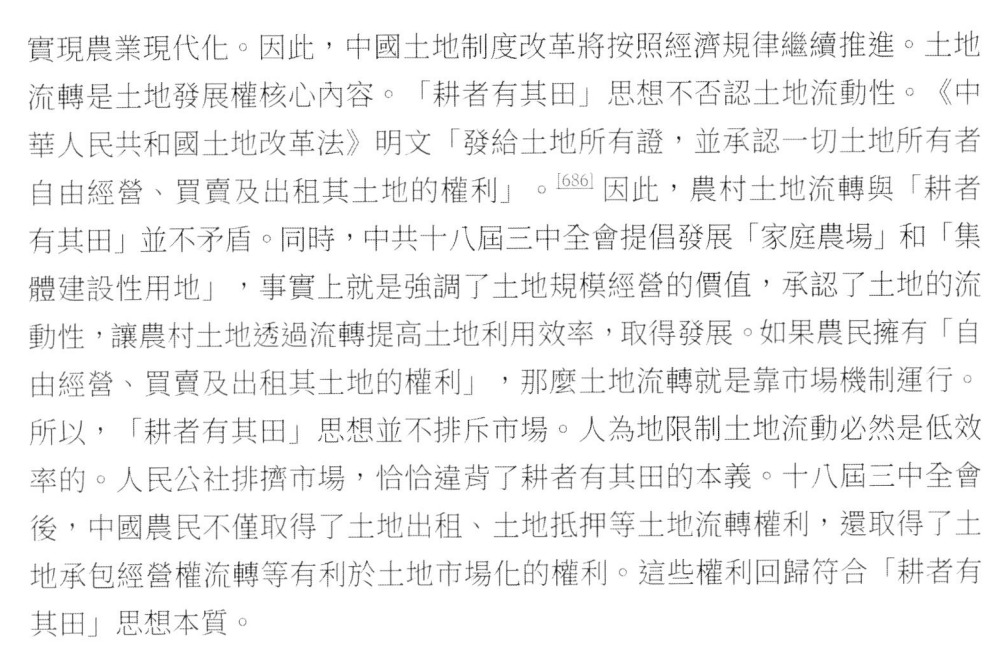

「耕者有其田」的繼承和發展——論中國土地市場化制度改革的思想解放 [675]

實現農業現代化。因此，中國土地制度改革將按照經濟規律繼續推進。土地流轉是土地發展權核心內容。「耕者有其田」思想不否認土地流動性。《中華人民共和國土地改革法》明文「發給土地所有證，並承認一切土地所有者自由經營、買賣及出租其土地的權利」。[686] 因此，農村土地流轉與「耕者有其田」並不矛盾。同時，中共十八屆三中全會提倡發展「家庭農場」和「集體建設性用地」，事實上就是強調了土地規模經營的價值，承認了土地的流動性，讓農村土地透過流轉提高土地利用效率，取得發展。如果農民擁有「自由經營、買賣及出租其土地的權利」，那麼土地流轉就是靠市場機制運行。所以，「耕者有其田」思想並不排斥市場。人為地限制土地流動必然是低效率的。人民公社排擠市場，恰恰違背了耕者有其田的本義。十八屆三中全會後，中國農民不僅取得了土地出租、土地抵押等土地流轉權利，還取得了土地承包經營權流轉等有利於土地市場化的權利。這些權利回歸符合「耕者有其田」思想本質。

　　第二，土地所有制。「耕者有其田」思想的產權基礎是私有制。經過20世紀中葉的土地改革後，農民擁有其土地的產權，並取得政府頒發的土地所有證。早在1929年，毛澤東就指出了《井岡山土地法》中「土地所有權屬政府而不是屬農民，農民只有使用權」[687] 的原則錯誤，提出土地改革後，「得田的人，即由他管所分得的田，這田由他私有，別人不得侵犯……田中出產，除交土地稅於政府外，均歸農民所有」。[688] 1954年的《中華人民共和國憲法》以國家根本大法的方式規定了耕者有其田的產權基礎是土地私有制，規定「國家依照法律保護農民的土地所有權和其他生產資料所有權」。這種土地私有制改革具有對公有土地的排他性，因為它不僅「沒收地主的土地、耕畜、農具、多餘的糧食及其在農村中多餘的房屋」，也「徵收祠堂、廟宇、寺院、教堂、學校和團體在農村中的土地及其他公地」。[689] 事實上，在土地私有化的國家，更多的土地依然是政府所擁有的公有土地。所謂土地私有化就是土地多元化，反之亦然。多元化的土地產權正是「耕者有其田」思想的本來含義，有利於保證農民對其土地絕對的經營自由。人民公社體系下，農民不僅沒有所有權、占有權，甚至連耕種的自由也沒有，導致了巨大的災難和長期的農業低效率。恢復和強化農民對土地支配的自由是符合「耕者有其田」

思想宗旨的。這種自由包括了出租、抵押，乃至在適當條件下典當、買賣等經營自由。

第三，農業用地與非農業用地。「耕者有其田」思想是面向農業部門的，代表農民的利益。《中華人民共和國土地改革法》規定農村中的手工業工人、小販、自由職業者及其家屬「其職業收入足以經常維持其家庭生活者，不得分給」。[690] 農業生產、農村生活和農民職業開始綁定在一起，導致了非農業人口難以取得土地，也限制了農民進城就業。這種形式的「耕者有其田」思想嚴重限制了非農業人口取得土地的自由，以及農民非農就業的自由。顯然這不符合城鎮化下城鄉要素雙向流動的要求。「耕者有其田」思想不應排斥想要耕種的非農人員取得土地的自由。這種逆城市化的農地需求是城鎮化下必然出現的結果，必須透過土地市場化改革予以糾正。

第四，城市土地問題。「耕者有其田」思想是農業社會形成的思想觀念，而城市土地不在耕者有其田的範疇內。1949年後，城市土地並沒有被平均分配，只是局部收歸國有，甚至城市郊區土地改革也不在耕者有其田範圍內，因為「本法適用於一般農村，不適用於大城市的郊區」。[691] 顯然這種制度安排與「耕者有其田」思想理念是背離的。「耕者有其田」思想應該是實現全部生產要素的平均占有，是可以超越農業的。所以，城市土地改革將是土地市場化改革的重點。

來源於傳統農業社會的「耕者有其田」思想，需要隨著以城鎮化、工業化、全球化為代表的社會經濟變遷不斷挖掘新內涵，推行中國土地市場化改革，而不是沾沾自喜地空談「耕者有其田」。歪曲理解「耕者有其田」思想，不合時宜的狹隘經濟思想只會阻礙中國土地制度改革。歷史證明，利用市場調節土地流轉及其利益分割是迄今為止最有效的方式。

四、土地市場化改革中的思想解放

土地市場化改革雖然是中共十八屆三中全會所確定的改革方向，不過還面臨一些歷史誤解。有必要回溯土地制度史予以回應，以便消除不必要的誤解，全力推動土地市場化改革事業。

（一）土地市場化不會威脅社會穩定

土地市場化不一定會導致土地集中，反而有助於真正實現土地產權平均。很長時間以來，土地兼併和集中常被視為社會穩定的最大威脅和農民貧苦的根源。事實上，這個觀念是值得商榷的。

第一，非市場行為的土地兼併才是民怨所指，合法勤勞致富後買田買地一直都得到人民尊重。衝擊社會穩定的土地集中不是市場中的流轉，而是憑藉權力等非市場方式取得土地。

第二，市場並不一定導致集中。中國土地市場已經有數千年歷史，土地市場越發達，土地細分越顯著，土地分配越來越分散，造就了大量的自耕農（當時的中產階級），構成了社會穩定的基本因素。

從歷史經驗上說，反對土地市場化配置是缺乏依據的。反而是由於缺乏市場機制，土地價值無法客觀評價，農民不能合理參與城市化中的土地升值分配，導致了強制拆遷、「釘子戶」等不穩定因素。

（二）公平與效率的統一

公平和效率是改革需要權衡的，中國土地市場化改革也不例外。根據福利經濟學第二定理，任何資源都能在完全競爭條件下透過市場機制達到帕累托最優。也就是說，市場效率與分配公平並不是天生矛盾的。只要社會資源的產權分配結構是公平的，那麼市場機制就會達到既公平、又有效率的競爭均衡。政府所要做的事情是改變個人之間稟賦的初始分配狀態，其餘的一切都可以由市場來解決。20世紀50年代，中國共產黨領導的土地改革真正實現了「耕者有其田」，實現了農村土地產權的基本平均。家庭聯產承包責任制依然按照人口分包農地，實現了土地承包經營權的平均。那麼，這種「耕者有其田」的土地制度就構成了「起點公平」。那麼，在當前基本公平的土地承包經營權分配基礎上，按照市場機制配置土地要素就能形成公平與效率統一的經濟均衡。換言之，當代中國的土地市場是不同於傳統的新的土地市場。中國土地制度市場化改革不是簡單的歷史重複，而是一個公平與效率兼顧的全新要素分配機制，是更高意義上的「耕者有其田」。

（三）土地產權多元化

基於土地經營權的土地市場化改革是有歷史依據的。土地市場化構建的一個核心前提就是產品的多元化，以土地經營權、土地所有權和土地使用權「三權分立」的土地產權構成了市場化改革的前提。土地要素市場發展要求改革當前土地所有制度，回到黨和政府在合作化問題上的一再重申的自願原則，允許農民自由退出現行的強制性的土地集體所有，實行土地國有、集體所有和私人所有的多元土地所有制。需要強調的是，多元化的土地產權不神秘，也不可怕。從春秋戰國到1958年，中國私有土地產權一直都存在並不斷深化，[692] 產權多元化的土地服從市場配置，支撐了中國古代文明。

第一，土地產權多元化是對土地產權的尊重，保證市場配置。首先，在空間範圍上，不是全部土地的私有，而是保證農民應有的土地產權。即使允許土地私有存在，也會有國有、集體所有、家族所有等多元化的集體土地所有權主體。俄羅斯和東歐國家的土地私有化改革事實上是土地產權的多元化。其次，在權利上，不是個人完全支配土地，而是保證農民有參與市場交易以及參與土地投資收益分配的權利。鑒於這些土地本來就是農民曾經擁有，且是應該擁有的，政府就應該退出不合理的行政干預，恢復市場調節機制。

第二，不排除有邊界的政府干預。政府依然保有土地發展權以及調控土地市場的權力，但政府的干預行為應該是有邊界的，必須受到憲政和法治的限制。

第三，農地制度改革與土地資本化。當前中國農地市場還沒有向城市資本開放，農地不能實現其資本職能，導致當前中國農地價格嚴重低估。農地進入金融市場不僅有利於土地的優化配置，提高農地利用效率，還可以把土地的資本價值發揮出來，讓農民攜帶資本進入城市。

（四）市場機制的缺陷與應對機制

構建基於家庭承包經營權的土地市場不是一蹴而就的，因為市場機制具有侷限性。現從以下幾點具體分析：

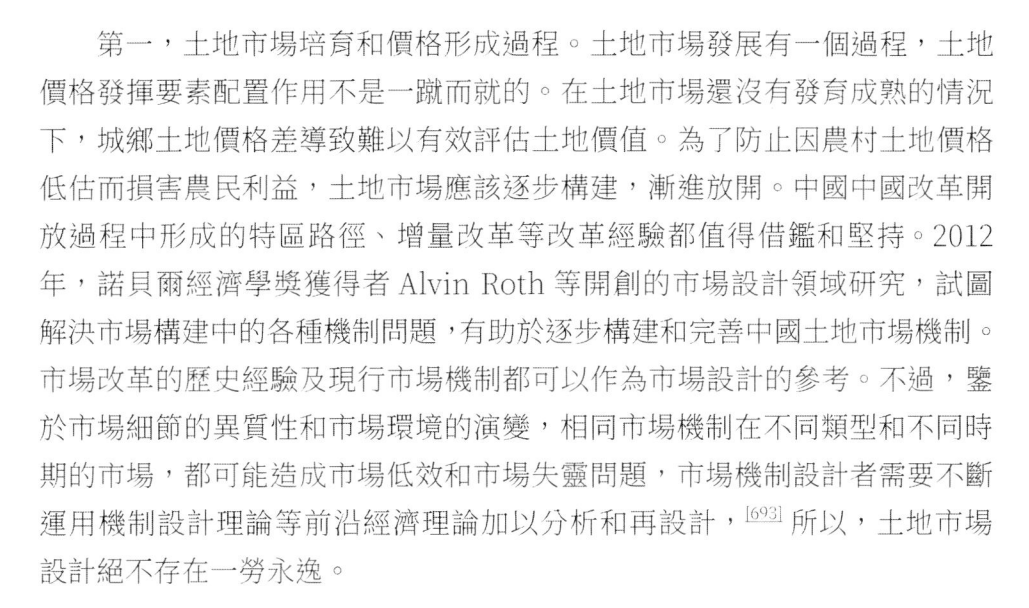

「耕者有其田」的繼承和發展——論中國土地市場化制度改革的思想解放 [675]

第一，土地市場培育和價格形成過程。土地市場發展有一個過程，土地價格發揮要素配置作用不是一蹴而就的。在土地市場還沒有發育成熟的情況下，城鄉土地價格差導致難以有效評估土地價值。為了防止因農村土地價格低估而損害農民利益，土地市場應該逐步構建，漸進放開。中國中國改革開放過程中形成的特區路徑、增量改革等改革經驗都值得借鑑和堅持。2012年，諾貝爾經濟學獎獲得者 Alvin Roth 等開創的市場設計領域研究，試圖解決市場構建中的各種機制問題，有助於逐步構建和完善中國土地市場機制。市場改革的歷史經驗及現行市場機制都可以作為市場設計的參考。不過，鑑於市場細節的異質性和市場環境的演變，相同市場機制在不同類型和不同時期的市場，都可能造成市場低效和市場失靈問題，市場機制設計者需要不斷運用機制設計理論等前沿經濟理論加以分析和再設計，[693] 所以，土地市場設計絕不存在一勞永逸。

第二，土地再分配機制。一方面，土地具有必需品性質。土地要素作為社會基本生產要素，對於部分農民依然承擔社會保障功能。這在農業社會最為明顯。這要求，滿足一部分農民基本的取得土地的權力。另一方面，由於區位優勢因素，土地具有壟斷地租性質。土地價格的差異性要求政府必須配套相應的土地財稅制度，構建土地升值的再分配機制，避免造成新的貧富差距問題。需要指出的是，市場的問題應該交由市場解決。市場經濟正是在解決各種市場缺陷的過程中才逐漸成熟起來的，並不是所有的市場缺陷都需要政府調控和干預才能解決。

《關於引導農村土地經營權有序流轉發展農業適度規模經營的意見》提出，要「實現所有權、承包權、經營權三權分置」，引導土地經營權有序流轉，放活土地經營權，以家庭承包經營為基礎，推進家庭經營、集體經營、合作經營、企業經營等多種經營方式共同發展。[694] 這就有利於構建一種包含多種土地產權的土地市場，回歸「耕者有其田」思想的本義，正確地繼承和發展「耕者有其田」思想。那麼，面對土地市場化改革的趨勢，我們就不能畏首畏尾，而應如鄧小平所說，「膽子要大一些，敢於試驗……看準了的，就大膽地試，大膽地闖」，[695] 殺出一條血路。土地市場化改革必然牽一髮而動全身，如果沒有足夠的改革勇氣，就很難取得成功。探索土地市場化改

革就應該解放思想，回歸「耕者有其田」思想的本義，具有「闖」的精神，敢於創新和實踐，構建符合現代經濟規律和中國國情的土地制度。

量化經濟史專題

結構、制度與農戶收入：生產隊的視角

黃英偉 [696]

內容提要：本文基於 1974 年江蘇省南京市的祖堂生產大隊的收益分配數據，利用分層線性模型（Hierarchical Linear Models，簡稱 HLM）計算了人民公社時期，由於所在生產隊不同而導致的農戶間收入差異。結果表明，生產隊因素可以解釋農戶間收入差異的 37.73%。筆者透過將生產隊影響因素分解為結構性因素（現代生產要素採用）和制度性因素（國家提取比例）後，發現現代生產要素採用越多，生產隊的農業生產能力越強，越有利於提高農戶收入；國家提取比例越低，越有利於農戶收入的提高。本文不僅首次研究了生產隊層次對農戶收入的影響，而且有利於理解人民公社的效率損失等問題。

關鍵詞：人民公社　收入差異　分層線性模型　生產隊檔案

一、引言

20 世紀 70 年代末的中國農業改革是當代中國歷史上的重大事件之一。相對於改革後中國農業取得的成功，改革前集體農業的低效率成了學界研究的熱點。對集體農業效率低下最有影響的解釋之一是收入分配的平均主義。[697] 然而以往的研究都是基於同一個生產隊內部的農戶間收入的比較，對於生產隊之間的比較較為罕見。本文將從生產隊層次考察農戶收入差異，即生產隊所擁有的「資源稟賦」對農戶收入的影響程度和影響途徑。

生產隊規模較為穩定時期（1962 年以後）的核算單位主要為生產隊。生產隊類似一個大家庭，掌管著隊裡的所有生產和分配，每個生產隊的成員只有在隊裡付出勞動，才能從隊裡取得收入。由於生產隊之間存在差異，就會導致即使兩個農民具有相同的勞動能力並付出同樣的勞動時間和勞動強度，如果分別在不同的生產中，則可能取得的收入完全不同。因此，影響農戶收

入的因素不只是農戶本身的特性，還與其所在的生產隊高度相關，這是以往的研究所忽視的。這樣的結果就會導致不同生產隊的農戶間的比較，收入少者會有不平衡感，進而影響其勞動效率。

我們採用生產隊微觀收入分配檔案進行了驗證。選取的樣本為1974年江蘇省南京市的祖堂生產大隊，該大隊包含13個生產隊、392戶。[698] 選取一個生產大隊的好處是可以去除地理氣候等條件差異的影響。首先，分別從生產大隊層次和生產隊層次計算農戶收入差異，瞭解不同計算方式的不平等程度；其次，利用分層線性模型（HLM）計算生產隊所擁有的「資源稟賦」對農戶收入的影響；最後，對生產隊影響農戶收入的因素進行分解。

我們發現，在生產大隊層面上計算的農戶間的不平等程度更高，以生產隊核算的基尼係數是0.207，而以生產大隊核算的基尼係數是0.266；分層線性模型研究發現，生產隊因素可以解釋農戶間收入差異的37.73%，超過1/3強；同時分層線性模型很好地區分了結構性因素與制度性因素的影響，現代生產要素（如肥料）代表結構性因素，國家從生產隊收入中提取的比例代表制度性因素。在一個生產隊中，現代生產要素採用越多，則農戶收入越高；國家提取比例越低，則越有利於農戶收入提高。

本文首次考察了生產隊層面對農戶收入的影響，這一研究將有利於理解中國農業集體經濟的眾多相關問題。首先有助於理解生產隊在農戶收入中所起的作用以及影響途徑；其次有助於解釋集體經濟的效率低下，因為集體經濟時期缺乏人口流動性，農戶收入受集體資源影響較大，靈活性較差；最後有利於理解1962年之後核算單位從生產大隊下放到生產隊的原因。

本文第二部分為人民公社的歷史背景和數據描述，第三部分是對生產大隊層次和生產隊層次收入差異的描述報告，第四部分將計算生產隊對農戶收入的影響程度，第五部分是生產隊對農戶收入的影響途徑，最後是本文結論。

二、歷史背景與數據描述

（一）人民公社的發展歷史

中國農村人民公社由高級農業生產合作社轉化而來，在 1958 年 8 月末到 11 月初，3 個月的時間內快速由高級社合併為人民公社，全國約有 2400 個公社，約包含了中國總農戶的 99%。之後農業出現了 3 年危機，農業總產值 1959 年下降了 14%，1960 年又下降了 12%，1961 年繼續下降 2.5%。[699] 為了應對農業危機，1962 年，中央政府不得不將農業生產核算單位從以生產大隊為核算單位下放到以生產隊為核算單位。因此，有學者將 1962 年前的人民公社稱為「大公社」時期，[700] 1962 年之後稱為核算單位下放後的人民公社，即通常所稱的人民公社。此後人民公社的各項政策制度相對來說都比較穩定。[701] 穩定時期的生產隊規模大概維持在 30 戶至 40 戶。最終，由於人民公社自身農業生產效率不高，於 1979 開始被家庭生產責任制所取代。

（二）人民公社生產分配製度

人民公社實行「統一管理、統一分配，生產資料歸集體所有」的「一大二公」制度。[702] 人民公社的所有生產資料，如種子、化肥、生產工具、耕畜等，都歸集體所有，集體統一安排使用，就連人民公社社員的勞動也歸集體統一調配。此時是高度的計劃經濟，生產隊的種植結構、種植品種、何時種植、種植多少等都按上級單位的計劃執行。社員的勞動地點、勞動時間、勞動內容同樣也是按照計劃進行的。人民公社時期實行「三級分配製」，即國家稅收、集體提留和社員分配三級分配製。[703] 在分配時，國家、集體和社員三者之間的分配比例關係也是上級單位制定的，生產隊一級無權改變。對於社員的分配，以家庭人口和家庭勞動工分為依據進行，通常兩者比例為 7：3 或 8：2 等，即將所有可分配之物分成兩部分，如 7：3 形式，則 70% 部分按人口平均分配，30% 部分根據勞動工分分配。[704]

（三）數據

本文採用的數據來自江蘇省東善公社祖堂大隊收益分配檔案，所屬年份為 1974 年。[705] 該生產大隊包含 13 個生產隊和 392 戶農戶，是目前為止學

術界所發現的該時期最有質量的數據之一，同時也為我們檢驗生產隊層面對農戶收入的影響提供了難得的數據集，據我們所知這在學界尚屬首次。

祖堂大隊距南京市中心僅15公里，屬城市郊區，以種植水稻、小麥為主。

13個生產隊中，平均每隊30戶，每戶4.3人和2.2個勞動力，人口勞動比約為1.95，[706]9歲以下人口占總人口的21.58%（見表1）。[707]

生產隊收入包括農業收入、副業收入和其他收入，其中農業收入占絕大部分，約占85%，副業只占14.51%；在農業收入中，主要是糧食收入，占76.05%。糧食收入比例和副業收入比例表示種植結構和產業結構。

生產隊支出包括農業支出、副業支出、其他支出和管理費，其中農業支出占絕大比例。在農業支出中，又包括種子、肥料、機械費用等，其中肥料支出占32.27%，機械費支出占20.01%，管理費支出占2.97%。肥料支出和機械費支出表示生產資料的現代化程度，管理費說明行政運行的成本。

分配部分包括國家稅金、集體積累和社員分配，其中社員分配部分最為主要，這也是社員的全部生活來源，社員分配占總分配的80.31%，國家提取比例為2.97%。社員分配比例表示分配結構。

此外，1974年祖堂大隊平均每個勞動力的單價為0.62元，即整勞動力勞動一整天為0.62元，每個隊之間的差異較大，最少的僅為0.34元，最多的為0.93元。每勞動力全年可分配的所有實物和現金總和折算為現金，平均246.09元，這就是當時的全部所得。

表 1　生產隊層次的各種統計量

名稱	均值	標準差	最小值	最大值
基本情況				
戶數（戶）	30.12	11.63	16	63
人口（人）	4.29	2.14	1	11
勞動力（人）	2.18	1.24	0	7
勞力與人口比（％）	50.82	6.38	32.00	56.00
9歲以下人口比例（％）	21.58	4.93	14.49	29.91
收入部分				
糧食收入在農業收入中比例（％）	76.05	14.60	30.78	88.57
副業在總收入中比例（％）	14.51	7.02	8.18	30.51
支出部分				
肥料在農業支出中比例（％）	32.27	6.80	20.80	41.70
機械等費占農業支出比例（％）	20.01	5.80	7.27	29.24
管理費在總支出中比例（％）	2.97	0.71	1.68	4.20
分配部分				
國家提取比例（％）	2.97	0.71	1.68	4.20
社員分配比例（％）	80.31	3.60	76.65	89.12
勞動單價（元）	0.62	0.18	0.34	0.93

社員分配每勞力（元）	246.09	68.83	123.00	376.00
9歲以下口糧比例（％）	56.52	0.01	56.51	56.55

資料來源：江蘇省祖堂大隊1974年檔案資料（年終收益分配表）。按：本文不另作說明的數據均來源於此。

三、生產大隊與生產隊層次核算的收入描述

　　在模擬生產隊層次影響農戶收入程度和如何影響之前，先進行較為直觀的描述性統計。首先比較各生產隊間平均收入，然後假設以生產大隊為核算單位計算收入差異，最後再以生產隊為核算單位計算收入差異。

13 個生產隊各隊的平均收入水平見圖 1，其平均收入為 121.1（以 14 號為代表），平均收入最高的為 4 隊（209.4 元），平均收入最低的為 11 隊（66.0 元），平均收入最高的生產隊是收入最低的 3.2 倍，平均標準差為 67.97，可見各生產隊間平均收入差異較大。

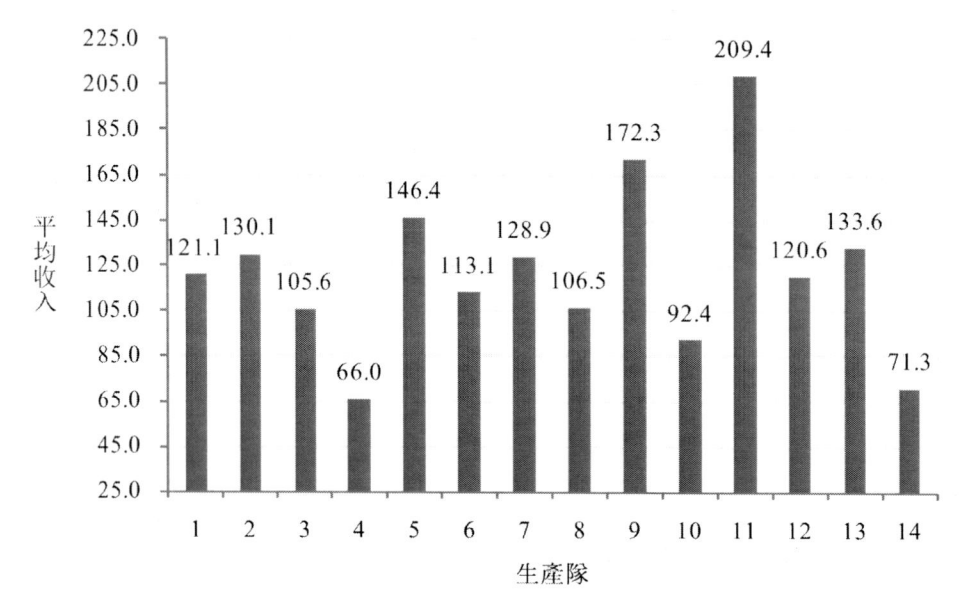

圖 1　祖堂大隊各生產隊的平均收入

註：標號 14 的代表平均收入，其餘 1—13 分別對應 1—13 號生產隊。

（一）生產大隊層面核算情況

打破生產隊界線，假設以生產大隊為核算單位，計算祖堂生產大隊農戶收入差異的程度。我們的計算包括多種衡量收入差異的指標，包括分位收入比值、阿克金森指數（Atkinson index）、基尼係數（Gini index）、泰爾指數（Theil index）等。這些指數均能很好地反映收入差異程度。計算的層級在生產大隊，但計算的單位是農戶，也就是說是全生產大隊的農戶間的比較。

分位收入是指將全體研究對象按收入高低進行排序，然後比較各分位點的收入水平。一般將總體收入分為 10 個分位，以 10 分位為最低，以 90 分

位為最高。比較 90 分位與 10 分位的收入，發現其比值高達 3.58，也就是說處在 90 分位的高收入者，其收入水平是底層 10 分位收入者的 3.58 倍。90 分位與 50 分位的比值也達到 1.88，3/4 分位與 1/4 分位的比值達 1.91，即上中等收入是下中等收入的 2 倍左右。特別值得注意的是，通常反映收入差異的基尼係數顯示差異程度為 0.266，相對來說這一時期的收入分化程度較小，這和已有研究較為符合。[708]另外兩個指數——泰爾指數和阿克金森指數，雖然在解釋含義上同基尼係數有所差別，但所反映的情況同基尼係數是一致的（見表 2）。

表 2　祖堂大隊農戶收入不平等指數

p90/p10	p90/p50	p10/p50	p75/p25	p75/p50	p25/p50
3.580	1.883	0.526	1.914	1.372	0.717

GE（-1）	GE（0）	GE（1）	GE（2）	Gini
0.618	0.134	0.115	0.120	0.266

A（0.5）	A（1）	A（2）
0.05875	0.12548	0.55289

（二）生產隊層面核算情況

上面的計算是在假設核算單位是生產大隊的條件下得出的，該計算忽略了生產隊自身的「資源稟賦」，然而實際的核算單位是生產隊。現對實際核算情況進行收入差異計算，結果如表 3 所示。

計算結果的基尼係數顯示，13 個生產隊的收入差異各異。收入差異最小的是 11 號生產隊，其基尼係數僅為 0.14，而收入差異最大的是 2 號生產隊，其基尼係數達到 0.24，可見單獨計算各生產隊間的收入差異，與圖 1 所示的結果一致。

我們需要重點關注的是，以生產隊為核算單位的所有基尼係數，均小於以生產大隊為核算單位的計算結果（0.266）。這說明在生產隊內部，農戶間的收入差異程度較小，而生產隊間的收入差異變化較大。換句話說，就是生

產隊的不同而導致了生產隊間的差異，而生產隊自身的「資源稟賦」正是造成這種結果的原因。

表3 各生產隊內的收入差異

生產隊	GE（-1）	GE（0）	GE（1）	GE（2）	Gini
1	0.09815	0.08653	0.08661	0.09668	0.22535
2	0.32690	0.15534	0.10941	0.09672	0.24285
3	6.20628	0.18006	0.08874	0.08112	0.22197
4	0.05668	0.05445	0.05537	0.05966	0.17447
5	0.34027	0.10157	0.07131	0.06726	0.19485
6	0.06520	0.06001	0.05774	0.05788	0.19066
7	0.07818	0.07062	0.06775	0.06869	0.20529
8	0.10581	0.08004	0.07456	0.07945	0.20395
9	0.84183	0.11936	0.07753	0.06938	0.19998
10	0.16311	0.11039	0.09982	0.10232	0.24906
11	0.03227	0.03063	0.03018	0.03070	0.13650
12	0.54348	0.09481	0.07041	0.06973	0.19790
13	0.10710	0.09733	0.09545	0.10012	0.24483

註：數據均已加權處理。

四、分析工具與生產隊對農戶收入的影響程度

（一）分析工具

基於上面的分析，我們發現農戶收入與兩個層次（家庭和生產隊）的特徵有關，[709] 因此我們選用適合兩層數據的分層線性模型。[710] 分層數據結構實際上說明了在一些從微觀到宏觀的數據當中，存在著多層的分析單位。

選用 HLM 模型的原因在於：常規的統計分析僅能對單一的分析單位進行分析，研究的是變量之間的關係。常規分析的前提存在一個潛在的假定，即各案例之間都是完全獨立的。線性回歸分析的基本先決條件是線性、正態、方差齊性以及獨立分佈。但分層數據在不同族群之內的案例會相互影響，並不獨立，存在很強的同質性（組內相關），因此常規分析要求的案例之間的

獨立性假定並不符合，這樣統計出來的結果就會出現偏差，且統計檢驗也失去了有效性。

對於分層數據而言，並不要求方差齊性和獨立分佈，同時還可以使研究者估計各層面上的變化，以及各層面之間的關係。分層模型是在一個普通模型中透過嵌套子模型來對不同層次的變量進行分析。我們分析的農戶家庭收入和生產隊特徵就是這樣的數據結構，因此應用分層模型來分析是較為合適的。

（二）生產隊對農戶收入的影響程度

首先，我們可以用空模型來判斷是否需要應用 HLM 模型。空模型（Null Model）指各層方程中都不設自變量的模型，它又可稱為隨機效應的單因素方差分析（One-way ANOVA with random effect）。透過空模型的分析，可以將農戶收入的總方差分解到不同層次，也能判斷進行分層分析是否必要。與此同時，可以得出兩層隨機方差各占總方差的比例，這樣便可以確定各層次的影響，即可以得出農戶和生產隊兩個層面各自的影響。

本研究採用 HLM 6.02 軟件[711]進行農戶收入的分層分析。根據該軟件在分析兩層線性空模型時提供的第一層方差份量和第二層方差份量，便可以計算出生產隊級方差（層二）在總方差中的比例。這一比例在分層線性模型中又稱為組內相關係數。組內相關係數值越大，說明農戶收入的總方差中生產隊級方差（層二）所占比例越大，因此用生產隊級變量來加以解釋的可能性就越大。並且這種情況還意味著，僅對農戶收入進行個體層次變量的常規回歸分析結果將會產生較大偏差，所以這時正是分層模型發揮作用的時候。如果這一方差比例極小，便表明生產隊級之間的差異極小，也就意味著生產隊級模型其實沒有什麼可以解釋的餘地。

能將總收入的整體差異分解到不同層級裡，是使用 HLM 模型的一個最為明顯的優勢。此分析可以使人們看清不同層級的影響，並且能夠清晰地給出一個定量的指標來表示不同層級所導致的收入差異占總差異的份額，這樣就能夠較清晰地看清不同層級在總差異中所占的比例。

使用 HLM 空模型分解收入的差異，其具體模型如下：

第一層模型：

$$INCOME\_T = \beta_0 + \gamma \qquad (1)$$

第二層模型：

$$\beta_0 = \gamma_{00} + \mu_0 \qquad (2)$$

總模型：

$$INCOME\_T = \gamma_{00} + \mu_0 + \gamma \qquad (3)$$

其中，INCOME_T 作為因變量表示總收入，是將要被分解的變量，為第一層截距，表示生產隊的收入均值，為隨機效應，為第一層截距在第二層的固定效應，為第二層的隨機效應。在空模型中不加入任何變量，利用此模型檢驗總方差的分佈，分解結果如表 4 所示。

表 4　分層級對農戶收入差異的分解

固定效應	係數	標準誤			
平均收入	122.264	10.564			
隨機效應	變異數成分	占總變異數的份額	自由度	Chi-square	P-value
層級-2效應（生產隊間）	36.329	37.73%	12	122.820	0.000
層級-1效應（生產隊內）	59.965	62.27%			

註：因考慮到樣本量較少，為了保證估計的有效性，這裡並沒有對收入取對數處理，因此我們得到的估計係數較大。第一層樣本量為 392 個，第二層樣本量為 13 個。

由表 4 可以看出，截距收入的平均數為 122.26，即固定效應為 122.26，也就是說所有農戶的平均收入為 122.26 元，標準誤為 10.56。其平均值的計算結果與圖 1 展示的結果極為接近，說明我們的估計是可靠的。在方差成

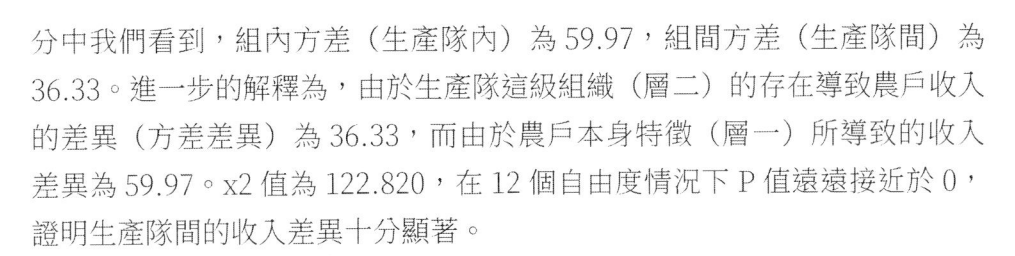

分中我們看到，組內方差（生產隊內）為 59.97，組間方差（生產隊間）為 36.33。進一步的解釋為，由於生產隊這級組織（層二）的存在導致農戶收入的差異（方差差異）為 36.33，而由於農戶本身特徵（層一）所導致的收入差異為 59.97。x2 值為 122.820，在 12 個自由度情況下 P 值遠遠接近於 0，證明生產隊間的收入差異十分顯著。

根據分層模型 HLM 的優勢，我們可以進一步得出方差成分在兩個層級的分佈，即生產隊和農戶層次各對總方差的解釋度。計算得出，生產隊間的效應比例為 37.73%，生產隊內的效應比例為 62.27%。換句話說，因為農戶所在的生產隊不同造成的農戶收入差異的比例為 37.73%，這一比例超過了 1/3 強，可見不同生產隊對農戶之間的收入差異有較大影響，並且這種影響是不能忽視的。這一結果也說明我們接下來的研究是有意義的。

HLM6.02 軟件還可以直接輸出另一個重要指標——可靠性（reliability，也稱信度係數）。[7][12] 可靠性越高，說明誤差的方差越小，表明模型擬合的估計值與農戶收入的真實值越接近。一般來講，只有當可靠性小於 0.10 時，我們才將模型中的隨機誤差項設置成為固定值。我們的計算表明，該隨機係數的信度係數為 0.91，說明此估計的可信度非常高。

五、生產隊對農戶收入差異的影響途徑

（一）模型

生產隊對農戶收入的影響程度超過 1/3 強，接下來需要探討的是影響途徑如何？我們認為生產隊對家庭收入差異的影響有兩個機制：

其一是，不同生產隊因自身所擁有的各種資本的不同而直接導致生產隊之間整體收入水平的差異；

其二是，不同的生產隊特徵，導致同樣的家庭特徵對收入的回報率在不同的生產隊之間的差異。這兩種機制的影響邏輯與影響路徑並不相同，前者直接造成了不同生產隊間平均的收入差異，而後者則造成了不同生產隊間同樣的家庭特徵對收入的影響受制於其所在的生產隊特徵，並形成了這些特徵收入回報率在生產隊之間的差異。根據這個思想，我們建立一個在兩個層次

都加入了自變量的多層線性回歸模型（將截距和斜率作為估計結果的回歸模型）。

其模型分別為：

第一層模型：

$$INCOME\_T = \beta_0 + \beta_1(RP) + \gamma \quad (4)$$

方程（4）中 INCOME_T 為總收入，為截距項，RP 為勞動力數量與人口數量的比例，即家庭勞動供養比例，當勞力與人口比例小時則說明每個勞動力需要供養的家庭人口較多，則其家庭收入應該較少，也就是說 RP 前的回歸係數應該為正，為隨機項。

方程（4）是在方程（1）的基礎上加入了勞動與人口比例 RP，目的是想考察在農戶層次加入家庭人口結構因素後，該變量對家庭收入的影響。眾所周知，人民公社時期的自由市場被關閉，人口流動受到限制，農戶的大部分收入來源於集體。已有研究發現，農戶勞動投入多少與其家庭人口結構有極大的相關性。[713] 家庭人口結構主要指勞動力與總人口數量，因此將勞動力與人口比作為家庭結構的重要代表變量放入模型中。

我們同時還對家庭階級成分（表示政治身份）、家庭上年的存款數（表示上年現金收入）等進行了檢驗，但結果並不顯著，因此在層一模型中沒有放入其他自變量。

第二層模型：

$$\beta_0 = \gamma_{00} + \gamma_{01}(R\_FERTAG) + \gamma_{02}(VAL\_LABO) + \mu_0 \quad (5)$$

$$\beta_1 = \gamma_{10} + \gamma_{11}(R\_FERTAG) + \gamma_{12}(VAL\_LABO) + \mu_1 \quad (6)$$

其中，R_FERTAG 為肥料花費在農業總支出中的比例，此變量可作為生產隊對先進農業生產要素的採用情況，如其比例較高，則說明該生產隊對先

進生產資料的採用率較高。先進生產資料將帶來較高的農業生產率，而較高的農業生產率將帶來較好的農業收入，從而導致農戶收入的增加，因此我們估計肥料支出比率將與農戶收入呈正相關關係。

VAL_LABO 為勞動單價，即各生產隊每個勞動日的價值。在生產隊中，農戶收入等於該農戶的勞動工分與生產隊的工分值之間的乘積，每個農戶的工分數多少，只有在本生產隊內才有與其他農戶比較的意義，與其他生產隊的農戶沒有可比性。嚴格地說，工分值在各生產隊間沒有可比性，但我們可以進行較粗略的近似比較。勞動單價高的生產隊，其隊中的農戶可能會有較高的收入。勞動單價能夠很好地代表生產隊的生產能力。

透過層一模型和層二模型，可以計算出層一中勞動與人口比經由生產隊的先進資料採用情況和生產隊的生產能力所表現出的回報率多少。也就是前面所說的，農戶特徵如何透過生產隊特徵而影響家庭收入。

（二）結構性因素

因生產隊樣本只有 13 個，在加入一個生產隊層面變量會損失一個自由度的情況下，為了保證估計的可靠性，我們不能同時將多個變量放入模型中，只能逐個檢驗，發現多數變量均不顯著（這可能是數據較少的原因），我們剔除那些不太顯著的變量，最後得出表 5 所示的結果。

固定效應表示引入到模型中層一（農戶）和層二（生產隊）的自變量對於收入的影響效應，隨機效應表示這些進入模型的自變量所沒有解釋掉的收入差異。表 5 中最左列給出的自變量分為兩個層級，其中層一（農戶特徵）的自變量用黑體並突出顯示，而嵌套在層一下的層二變量用縮進格式表示。需要注意的是，所有層一自變量下的截距項的回歸係數表示的是農戶特徵對於收入的影響效應，而其餘的層二自變量回歸係數表示的是生產隊特徵對於農戶特徵影響收入效應的調整效應。

對於平均收入項，肥料支出比例、勞動單價與平均收入均正相關（肥料支出比例在 10% 層次上），說明生產隊採用的現代化生產要素越多，則平均收入越高。另外，生產隊農業生產能力[714]越強，則平均收入越高。

表5　生產隊結構性因素對農戶收入的影響

固定效應	回歸係數	標準誤	t比率	p值
平均收入				
截距	-41.686	24.775	-1.683	0.123
肥料支出比例	1.139	0.568	2.004	0.072
勞動單價	204.244	22.377	9.128	0.000
勞力與人口比值				
截距	0.186	99.023	0.002	0.999
肥料支出比例	-0.011	2.243	-0.005	0.996
勞動單價	262.617	88.496	2.968	0.015

隨機效應	變異數成分	自由度	Chi-square	P-value
平均收入	131.569	10	37.979	0.000
勞力與人口比值	2103.862	10	37.520	0.000
層級-1效應	1378.683			

　　農戶特徵的影響。層一自變量下面的截距項的回歸係數就是農戶特徵對於收入的影響效應。結果表明，勞力與人口比對收入的影響是正向的，但遺憾的是其統計並不顯著。

　　生產隊特徵的影響。該層次表明農戶特徵是如何隨著生產隊的特徵而變化的，這些結果是由層一自變量下面的層二自變量的回歸係數來顯示的。我們發現在勞力與人口比值下，勞動單價對勞力與人口比值的收入回報率產生較強的正向影響。勞動單價對勞力與人口比值對收入的回報率增加262.62，這個結果顯示出在勞動單價越大的生產隊中，其家庭人口結構對收入的回報率越大。勞動單價高說明生產隊的生產經營狀況較好，則勞動者的收入會更高，收入高則更能有效調動勞動者的積極性，從而形成良性的互動循環。

　　從隨機效應看，無論是截距項還是層一變量項，其效應都較為顯著，因此我們還需要對變量進行更多解釋。[715]

（三）制度性因素

如果生產資料採用情況可以看作結構性因素的話，那麼社員分配比例可以作為制度性因素處理。人民公社時期，農戶收入由三個層次的分配比例來確定，即國家、集體和個人。通常國家規定了三者之間的大概比例，具體實施過程中要看當地的實際情況，可在原定比例基礎上上下小幅波動。雖然在同一個生產大隊內，三者之間的比例卻有一定的差別。一般來講，社員分配比例越高，則社員勞動所獲得的回報越大，從而會導致其勞動的積極性越高，因此我們估計社員分配比例會對收入有正向影響。結果如表 6 所示。

表 6　制度性因素對農戶收入的影響

固定效應	回歸係數	標準誤	t 比率	p 值
平均收入				
截距	566.113	223.662	2.531	0.028
社員分配比例	5.524	2.781	1.986	0.072
勞力與人口比值				
截距	979.161	403.706	2.425	0.034
社員分配比例	10.148	5.021	2.021	0.068
隨機效應	變異數成分	自由度	Chi-square	P-value
平均收入	1148.776	11	294.639	0.000
勞力與人口比值	3032.881	11	77.949	0.000
層級-1效應	1375.956			

平均收入說明社員分配比例對收入的作用係數為 5.52，在勞力與人口比值項下，社員分配比例使得勞力與人口比值對收入的回報率係數為 10.15，且在統計上顯著。從數值上看，如果 A 生產隊比 B 生產隊的社員分配比例高 1 個百分點，那麼每增加 1 個勞力與人口比值，則 A 生產隊比 B 生產隊的收入將增加 10.15 元。說明各生產隊的分配比例影響農戶收入，國家提取部分越少，越有利於農戶增收。

模型總體可信係數 B^0 為 0.958、B^1 為 0.805。但是勞力與人口比值在生產隊層次上的變差並沒有得到很好的解釋，還需要繼續尋找其他的變量進行解釋，這也將是下一步工作的重點內容。

至此，我們將農戶特徵、生產隊特徵，透過結構性以及制度性因素對農戶收入產生的影響進行了計量分析，得出的結果較有力地解釋了各變量的影響。生產隊自身特徵和農戶特徵經由生產所表現出來的特性共同影響了農戶收入，其中結構性因素和制度性因素共同起了作用。

六、結論

中國農業集體制終因效率低下而解體，學界對此的解釋之一是收入的平均主義不利於對農民的勞動提供激勵，[716] 但已有研究均忽略了生產隊的作用，本文彌補了這一不足。我們基於極為難得的生產隊原始檔案數據，並利用 HLM 模型，計算了生產隊對農戶收入差異的影響程度和影響途徑。

總體來說，生產隊可以解釋農戶收入差異的 1/3 強，這種影響是透過結構性因素（如化肥採用量等）和制度性因素（國家稅收比例等）的雙重作用，現代生產要素（如化肥）採用越多或國家稅收越少，則越有利於提高農戶收入。

在公社、生產大隊和生產隊三級管理的體制設置下，每個農戶都被嚴格劃分到相應的生產隊，從此該農戶的所有經濟活動都被限制在其所在的生產隊內，這就使得農戶的收入與其所在的生產隊死死地綁在一起，「同呼吸、共命運」。「資源稟賦」好的生產隊，其社員收入就高，這會導致在同一個生產大隊中相對不好的生產隊中的社員感覺不公又無力改變，進而偷懶、磨洋工等盛行。對於相對好的生產隊中的社員來說，他們當然不想讓其他生產隊成員分享他們的好處，這可能是 1962 年核算單位下放的原因。更進一步農村改革的成功，可能與去除了生產隊的限制有關。

附錄：

附表 1　各生產隊口糧分配標準

生產隊	1-4歲（斤）	5-8歲（斤）	9歲以上（斤）
1	227	363	454
2	240	384	480
3	234	374	468
4	238	381	476
5	232	371	464
6	242	387	484
7	236	378	472

8	234	375	468
9	236	378	472
10	232	371	464
11	223.5	357.5	447
12	234	374.4	468
13	242	387	484
平均值	234.7	375.5	469.3

總人口 1682 人，總戶數 392 戶，戶均人口 4.29 人。其中，5 口人的家庭最多，有 70 戶；其次為 6 口人的家庭，為 60 戶。家庭人口最多的為 11 人，但僅有 2 戶。

附表 2　祖堂大隊按戶人口分佈情況

人口	Freq.	Percent	Cum.	總人口數
1	52	13.27	13.27	52
2	43	10.97	24.23	86
3	50	12.76	36.99	150
4	57	14.54	51.53	228
5	70	17.86	69.39	350
6	60	15.31	84.69	360
7	37	9.44	94.13	259
8	14	3.57	97.7	112
9	7	1.79	99.49	63
11	2	0.51	100	22
Total	392	100		1682

註：本表統計數據已經剔除了工分收入為 0 的農戶，這樣的樣本共 8 戶。

附表 3　祖堂大隊按戶勞動力分佈情況

勞力	Freq.	Percent	Cum.	總勞動力數
0	14	3.57	3.57	0
1	123	31.38	34.95	123
2	109	27.81	62.76	218
3	91	23.21	85.97	273
4	37	9.44	95.41	148
5	15	3.83	99.23	75
6	2	0.51	99.74	12
7	1	0.26	100	7
Total	392	100		856

註：本表統計數據已經剔除了工分收入為 0 的農戶，這樣的樣本共 8 戶。

共有勞動力856人，戶均擁有勞動力2.18人。其中，擁有1個勞動力的家庭最多，有123戶，占31.38%；其次為擁有2個勞動力的家庭，有109戶，占27.81%。

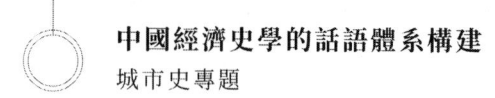

中國經濟史學的話語體系構建
城市史專題

城市史專題

近代公共交通與南京城市道路評析：1894—1937[717]

李沛霖 [718]

内容提要：史實證明，城市道路對公共交通的影響至深至巨。因之，本文在研判近代南京城市道路肇建的基礎上，透過道路系統拓展、道路經費挹注、道路改良養護等重要變量，分層透視抗戰前城市道路對公共交通的多維影響，以彼此間的相互挽進，管窺南京城市近代化進程的賡續推演。

關鍵詞：公共交通　道路拓展　道路用費　道路改養

「道路者，文明之母也，財富之脈也。試觀世界今日最文明之國，即道路最多之國……故吾人欲由地方自治以圖文明進步，實業發達，非大修道路不為功」。[719] 進一步言，「都市之設計，其中最重要者，乃為道路問題，是以其為都市之神經系統也」。[720] 即「城市道路的建設是建設城市的第一工作，與城市的關係猶之骨骼之與人體，道路為都市之神經系統，猶人身之血脈」，[721] 且「與汽車同時進展者，為全市通行車輛之道路」。[722] 自 1894 年江寧馬路闢築及 1937 年抗戰前，「國民政府定都南京以來，從事建設不遺餘力，全國視線復集中於金陵」，[723] 當局「舉凡公共所需之道路、市場公園等設備，均在相繼建築」。[724] 在此進程中，城市道路建設的規模化，對公共交通影響至深至巨，並形成彼此相利相賴之局面。然縱覽既往研究成果，關涉兩者間的共生互動則較少論及。[725] 鑒於此，本文以相關檔案、報刊、文獻資料為基礎，從經濟社會史的視角，就抗戰前南京城市道路對公共交通之影響，詳述其事，略論其理，錯謬之處，敬希方家補苴罅漏。

一、道路肇建與公共交通

城市近代化取決於市政基礎設施的近代化，後者近代化首先是城市道路的近代化。自清光緒二十年（1894）兩江總督張之洞創築「江寧馬路」，正

式開啟南京道路近代化的肇端。此路「起於江干,穿下關由儀鳳門入城,循舊石路達於鼓樓,再繞雞籠山麓,經總督衙門達駐防城邊,而終於通濟門」。後在其基礎上建支路,「為三牌樓至陸軍學堂路」;1899—1901 年,「又築一支路至總督衙門門首,於是大行宮與西華門乃相通連;築昇平橋至內橋路,於是藩臺衙門亦與幹路相接;築花牌樓至貢院路」。[726] 其間,「開築城北一帶馬路」,在下關建商埠街、大馬路、二馬路等。[727]

一般而言,道路是乘車的生命線。[728] 自江寧馬路闢築後,南京市內公共交通工具始有萌現。1898 年,鼓樓境內出現「鐵箍輪盤」式馬車,乘用者多為外國領事。1910 年「南洋勸業會」在南京舉辦,「游者特眾」。馬車業隨之發展,馬車行有 18 家計車 40 余輛,供乘客包用。[729] 1912 年,馬車為市民服務,全市有 100 多輛。[730] 且為改變「城內舍驢、騾、馬車及肩輿外,別無他交通工具可以代步」[731] 之情事,勸業會從上海調來 20 多輛人力車為市民服務,後有下關匯通運輸行等陸續從上海買來多輛,出租營業用以載客。車輪也由鐵木結構、實心輪胎改為鋼圈、鋼絲和充氣輪胎。[732] 然因斯時江寧馬路僅寬 20—30 英呎(6—9 米),「支路則以路側民房不能遷移,頗形狹窄」,斯時「城內各路,僅可行東洋車及輕馬車」。[733]

嗣北洋時期,南京「雖曾設馬路工程處與商埠督辦,亦僅具市政雛形,尚談不到廣大的建設」。[734] 1912 年 6 月 25 日,馬路工程處成立;據其 1923 年 7 月至 1926 年 6 月統計,全市共整修 7 條馬路,總長為 191.3 公里(不含近郊 110.7 公里)。[735] 至 1927 年 4 月國民政府定都前,「南京原有馬路統共計長十萬八千八百三十六丈零八寸,折合六百零四里有奇」。[736] 且其時城外可通汽車道路僅 9 線,「類皆不便行車,即可行車亦多系勉強使用」;[737] 而「城中最不堪問聞者則為道路。道路衰敗,恐各小都市亦未有逾於此者。遊人聞南京之名而來,睹道路之狀況,必大為失望」。[738] 具言之,「南京街路之敗壞,在昔幾為全國都市冠」,「舊有道路,不能名為何種網狀。鼓樓以北,幾無道路可言,鼓樓以南的所謂城南繁盛區,路向不定,路幅狹小」;[739] 且「委實找不出一條平坦的道路來,石子砌成的路面,東高西低凹凸不平,非但踏上去使腳心發痛,而且不留神走,也許會跌跤」。一條通達下關的泥道,算是南京唯一的交通大道,其寬度也不過十二三尺。[740]

自然,「無論什麼人走到南京,最先感覺到不快的事,不用說就是交通不便,街道狹窄」,城市道路「為居民侵占者多,崇宏之地半為湫隘之區矣」。[741] 雖民國初年,軍閥齊燮元的司機仲錢生由上海購一輛舊小汽車在南京營業。嗣後,新寶泰車行創立,有車四五輛。但因「道路不暢,南京汽車事業極不發達」,即「吾人平日所見,汽車號數均在三十號以內」,多由下關而南至中正街為止,南門絕不見有汽車開行,「城內所用汽車樣式既舊,行駛時聲音獨高且敗頹不堪。恐所用汽車,皆上海用舊不可再駛行者」。由此「道路腐敗、灰泥堆積,故汽車行駛時灰泥上飛,道路行人垂首路口,頗感困苦」。[742] 據1923年11月調查,全市計祥麟、聚興、嚴華泰、陳銀記等11家車行,有車60余輛。[743] 然當時「寧垣馬路寬廣之處少,狹窄之處多。普通街道類皆僅容一輛透過,不容二輛並行。城內行駛汽車因種種妨礙,不能迅速。城北猶可快駛,城南則街道既狹,行人亦眾」。如由下關至夫子廟全程僅15里,而汽車須30分鐘始達,「非汽車之不能加速,實地方情形有不得不然之勢」。[744]

可以發現,斯時市內最繁盛的街道,要算是花牌樓、三山街、北門橋、夫子廟,「可是這幾處路面僅有幾尺寬,來往的人肩摩踵接,擁擠不堪。遇著了車輛,就發生讓路的困難」。[745] 即「南京道路甚狹,竟有不能過兩車者。五馬街、中正街之間,道路之狹達於極點」。馬車、汽車等均宜稍待一車已過,其後者方準前行,若有二馬車一去一來,則其間不能行人,「蓋長途(公共,以下同)汽車一通行,則於狹隘街道,禍必日肇」。[746] 也因此,南京1918年已有「金陵長途汽車公司之籌設」;[747] 然直至1924年4月,寧垣汽車公司6輛公共汽車才得通行,路線起下關車站至夫子廟附近的門簾橋,途設三牌樓、鼓樓、東南大學、大行宮等8站,旅客票價每站大洋5分(銅元5枚),全線小洋4角。[748] 但其僅存續3年,亦因「辦理不善,營業車輛復欠完備,業即歇業」。[749]

總的說來,定都前「南京市政皆在因循苟且之中」;[750] 時有「電燈不明,電話不靈,道路不平,火車裝兵」四大特色之稱。[751] 此期,城市道路「歷久失修,類多凸凹不平,車馬行人往來均感不便」,[752] 公共交通難以適應城市化、大眾化的需求,使機械交通處於非主流地位。即「南京行駛汽車以來,

營業不甚發達。合全城公私汽車計算僅有六十餘輛。較之滬上汽車數，懸遠殆如天淵」；[753] 市民出行「除馬車、人力車外，直無較為迅捷之代步」，[754] 進而「馬車、人力車絡繹不絕」。[755] 定都前，全市馬車 450 輛；[756] 人力車則達 5337 輛，「居本市車輛數目之最大多數，亦為市民交通之最重要工具」。[757] 推其總因，當時城市道路建設的滯後，對公共交通近代化進程產生遲滯，使傳統的人畜力工具成為市內交通主幹，南京幾乎可謂「步行城市」。[758]

關乎此，彼時「尚有無數教育家，竭力提倡改造南京，而尤注意於道路」，[759] 由是「時諺所謂水不清、燈不明、路不平者，解決尤急」。[760] 因而，道路規模化建設成為保障城市功能運轉和公共交通發展的前提條件，其亦成為代表新政權的國民政府開展「首都建設」的施政首務。

二、道路拓展與公共交通

城市道路系統的形成和拓展，是公共交通變革的先決條件。後者的嬗變又是道路建設和城市發展的鏡面，從人畜力工具到機械化交通，向市民直觀地展示城市的變遷與進步。譬如「國民政府建都之初，第一個工程便是開闢新路」；[761] 1927 年 6 月，南京市長劉紀文宣告，「本市長奉命接任其職即在改造南京，而改造自非先從修築馬路入手不可」。[762] 嗣後，首都建設委員會和南京市政府「一面規劃道路系統呈經中央核定，一面開築中山路」；[763] 進而「全市測量之舉行，獅子巷馬路之開闢，馬路橋樑之修理，中山大道之興築」[764] 等建設工程全面展開。

具體來講，1929 年 5 月建成的中山路，長度為 1.2 萬公尺、寬度為 400 公尺，[765] 其「路面的廣闊，就是以全國第一大埠的上海和它去相比，也是匹敵不過的」。[766] 當時，號稱世界最長街的美國紐約第五街長 6 英里，而中山大道全線則長 8 英里，「中山門外二英里大道，尚不計焉」。而「中山路告成，則下關與城南之交通大為便利，為首都第一幹線」。[767] 且「中山路的完成僅僅是首都建設的開端，以後首都的建設，不僅是幾條路，我們要有公共汽車……」[768] 即在當局「為提倡交通及便利市民起見，多方規劃公共汽車，促其實現」[769] 的背景下，1930 年前已有南京特別市、關廟、公共、

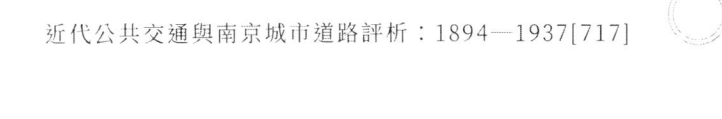

振裕、興華等公司分別行駛公共汽車 7、9、22、25、34 輛，[770] 於城市中川流不息。

不啻如此，由國都設計委員會擬定的《首都計劃》（以下簡稱《計劃》）於 1929 年 12 月公佈施行，對「南京道路系統之規劃詳加研究，使於一定時期之內，交通無往不便」。如其規定，幹路的標準寬度應為 28 公尺，除兩旁各築 5 公尺行人路外，尚餘 18 公尺，以汽車一行占 3 公尺計，備行駛 6 行車輛用；零售商業區道路寬度為 22 公尺，中 12 公尺為車行路面；舊住宅區道路應「與幹路相接，而相接處以在地段中央為宜」，「可免汽車互相衝突之危險，且可保持幹道車輛往來安全之速度」；內街寬度定為 6 公尺，「此種道路規定所有車輛，只向一方進行，不得交互馳駛」；林蔭大道寬度最少 22 公尺，「以便營業及私家車輛行駛，藉以減少商業區內車輛擠擁，城內各處市民往還亦可得一捷徑」。[771] 進而透過對城市道路和歐美交通的考量，提倡「南京交通之設備，應以公共汽車為宜」，對馬車及人力車等交通工具，「政府亦應加以嚴密之取締」，以保城市道路與公眾安全。[772]

與此相應的是，《計劃》對道路系統的規劃，經首都建設委員會審查並由國務會議核定，於 1930 年 10 月正式公佈《首都幹路系統圖》《首都幹路定名圖》；嗣「《首都幹路系統圖》及次要幹路路線，交市府按年修築」。[773] 具如 1931 年，市工務局建築光華門至午朝門馬路，「以利交通」；[774] 1933 年，市路已成 54.90 公里；[775] 翌年，為拓展城西道路，該局與南華建築公司簽訂《中央大學農學院至漢中門道路工程》等合約。[776] 自 1927 年 6 月至 1936 年 6 月止，全市新築道路達 44 條，其中柏油路為 4.73 萬公尺，彈石路 4.03 萬公尺，碎石路 2.48 萬公尺，煤屑路 1139 公尺，總計長度 113.575 公里。[777] 1937 年初，又完成莫愁路、升州路馬路建築，「道路平坦」；[778] 7 月，工務局再應第七屆全國運動大會籌委會函請，計劃延寬三路：中山東路自勵志社至中山門段、苜蓿園至長巷道路及孝陵衛街道。[779]

由上而述，「首都之馬路須有大規模之建築」[780] 已為當局施政大綱的重要內容。至抗戰前夕，全市先後完成幹路 48 條，城內以新街口為中心；最大之幹線，在北為中山北路、中央路、珠江路、廣州路等；東為中山東路、

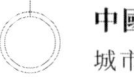

太平路、朱雀路、中興路等；南為中正路、白下路、中華路、建康路等；西為漢中路、莫愁路、上海路等；城外有熱河路、綏遠路、蒙古路、雨花路等；共完成混凝土路面2公里、柏油路面50公里、碎石路面200公里、彈石路面150公里，從而「遞分旁達，經緯網布，構成全市的道路系統」。[781] 即其時南京「自交通便利言之，先以市之中心地為發點，各大道路有如扇骨之展開放射於四方，而此大道之支線亦必為一理想之產物」。[782] 至此，「以言交通，則市內東西南北之幹道，已四通八達」。[783] 誠如時人所論，「新的南京在創造中，新的道路也在不斷建設中。在南京，終年可看見工務局築路的牌示，到處可以看到在破壞舊的，建設新的。這些道路的築成和新南京的繁盛，當然是有密切關係的……」[784]

需要指出的是，道路實際上是汽車產業的互補品。購買汽車後，就會產生對道路的需要。[785] 因而，隨著定都後南京城市道路系統擴張、新建道路逐年增加，導致對道路需求日甚、對路面要求頗高的機械化公共交通日增月長。即「市內重要幹路次第興築，汽車因國都關係，幾觸目皆是」；[786] 全市汽車由1927年的450輛，增至1931年的1158輛，1933年的1378輛。[787] 至1935年，全市登記營業汽車行50家，營業汽車260輛，公共汽車140輛；[788] 翌年，登記車行60家，汽車384輛，[789] 註冊汽車行73家，資本45.5萬元。[790] 其間，江南汽車公司行駛市區公共汽車100輛，設立站點131處，年載客842.4萬人（見表1），該數為當時全市總人口（1935年底南京有101.3萬人）[791] 的8倍強；其市區營業收入亦由1934年的月均2.74萬元升至1937年的月均11.72萬元，[792] 增率近3.3倍。可以概見，伴隨「京市道路日漸闢築，其隨道路進展之交通事業，如汽車、馬車、自由車、人力車行等亦自隨之增加」。[793] 如全市人力車亦由1928年的5334輛，增至1929年的9097輛，1931年的9856輛，1933年的10158輛，1936年的11180輛，8年間增幅1倍餘；[794] 至1937年7月，營業人力車有9676輛。[795] 從而，戰前「南京營業各種車輛中，以汽車及人力車數量為最多」。[796]

表1　江南汽車公司市區公共汽車運營概況（1935年7月至1936年6月）

路線名稱	起訖點	路線長度（公里）	全年乘客數	站數	車輛數
一　路	太子廟—下關京滬車站	12.00	7 176 365（一至四路）	28	25
二　路	太子廟—和平門	11.00		25	15
三　路	中華門—黃埔路	8.00		20	26
四　路	中華門—下關江邊澄平碼頭	13.50	960 232	33	25
陵　園	新街口—靈谷寺	10.38	287 506	18	6
西　郊	新街口—上新河	7.14		7	3

資料來源：南京市政府秘書處統計室編：《南京市政府行政統計報告（民國二十四年度）》，胡開明印刷所，1937年，第303頁。

由此可知，伴隨戰前南京城市道路建設規模化，「幾條主要的幹路次第修成，往年大家認為出門坐車是件苦事，會把小肚子顛得發疼，現在卻到處都是康莊大道，已經平穩得多了」。[797] 其時南京城市空間隨道路系統擴張而展延，道路鋪設所及，交通網絡持續完善，機械公共交通蔚然興起並逐漸成為城市交通之主幹，帶動了城市的文明與繁榮。

三、道路用費與公共交通

由經濟視角觀，「經費不足，無以談改良道路。南京城垣甚大，馬路甚多，改良非易。須籌備充分之經費，始可著手改良」。[798] 但由馬路工程處1912年的「路工清帳」可見，下半年5個月共入路工經費45396元，用於翻修填補和新築道路資金26032元，解交巡警局清道隊薪餉8199元，代收存埠捐及冬季捐3901元，工程處工薪雜款10347元，收支不敷為3084元。[799] 如該處1923年7月至1926年6月間，為整修市區和近郊道路撥款155188元，並籌各方資金作為道路整修補助，公民科學社捐資1566元，市民捐款600元等。[800] 再據其向江蘇省長兼職督辦公署《呈折》中所言，1923—1926年間，修路收入款每年多者5.6萬元，少者4.3萬元，平均每年修路費約5萬元。除增修新路、橋樑約1萬元外，每年翻修舊路經費只剩4萬元。「以四萬元修十萬方之路，每方僅四角，尚須連溝渠、石牙、人行路一併在內，欲其優美，

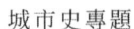

能乎」？即「常是計款修路，為款所迫不得已也」。[801] 繼而，道路經費短絀，不敷建設之用。

不消說，公共汽車、馬車及人力車的奔馳，致使道路損壞日甚，該處《呈折》中一再提及經費緊缺之苦，「南京道路自有長途汽車行駛後，損壞很快，月月需整修。但修路經費拮据，只能求其通行無阻，不能求其特別精良也」。[802] 雖似可由「寧縣入款中，劃出一部分專為建築道路用。南京為江蘇省會，故省庫中亦當每年劃出若干，以備南京道路建築與修理」；[803] 然南京仍「為軍閥盤踞，市政設施率仍清末之舊，無進步之可言」，[804] 道路經費受到掣肘，從而導致機械交通被邊緣化，市內交通仍是人力車、馬車「挽拽車輛，以為陸上交通運輸之工具」。[805]

為徹底改善城市道路和交通運行態勢，當局對道路經費展開持續挹注。具如1928年，南京市府劃全體幹路24線，「中央擔任經費之路命名中央路，各省擔任經費之路以其省命名，將款直接撥付市府」，為築路經費用。[806] 翌年，建成「中山路可說是南京城裡第一大工程」，闢築費達107.01萬元。[807] 基於當時情勢花費百萬新築一路，不僅是南京城市建設的創舉，亦成為近代全國城市道路之圭臬。自1927年至1934年3月，全市已闢幹道有中山、太平、朱雀、中華、雨花、山西、國府、玄武、熱河、大光等30線，共長6.48萬公尺，用費234.40萬元；至1934年底，新闢道路共長13.2萬公尺，建築費為248.8萬元（見表2）。1935年間，全市展寬、翻築舊路28線，用費2.5萬元；又修築舊路5線，用費1.3萬元，「支分條布稱便利」。[808] 是年，因中山路柏油快車道築成已久，「年來車馬數量激增，交通日繁，路面頗多損壞」以及「中央路地當衝要，車馬輻輳，自臨時路面完成後，交通日趨繁重」，工務局分別用費五六萬元翻修其路面，「俾利民行」；[809] 至1937年2月，再用費8.76萬元築成「時屬創舉」的混凝土道路——中興路（今御道街）。[810]

表2　南京市新辟道路建築費及長度統計表（1929至1934年）

單位：元

年份	柏油路	石片路	碎石路	煤灰路	建築費合計	總長度（公尺）
1929	1092162.74	20274.03	—	—	1112436.77	16990.24
1930	134298.18	—	—	—	134298.18	3275.80
1931	221067.53	—	59734.98	—	280802.51	3188.82
1932	196378.70	40214.13	185015.23	—	421608.06	19766.60
1933	58635.91	34514.87	—	—	93150.78	19150
1934	226699.81	159839.15	58438.28	1374.98	446352.22	70040.82
合計	1929242.87	254842.18	303188.49	1374.98	2488648.52	132412.28

資料來源：南京市政府秘書處編譯股編：《南京市政府公報》第159期，1935年，南京市政府秘書處檔案，檔號1001-1-1746。

事實上，當時南京市養路費主要從運輸營業收入中提取，比例是：有路面公路為營收的8%，土路為營收的5%，平均每月每公里分別為11元—19.1元。其次是專營汽車公司交納的專營費和特約長途汽車公司交納的養路費及汽車季捐附加。[811]1930年之前，全市養路經費每月僅5000元；「嗣因新辟馬路逐年增多，省市劃界後市區範圍擴大，戶口激增需要亦廣，養路經費亦以事業拓充」，至1936年初，已遞加至2萬元。[812]如工務局即因「道路修理費一項，事繁款絀，不敷需要」，擬請市長馬超俊指示財政局每月撥足2萬元，當獲照準。[813]而自1935年7月至1936年6月，南京市府建設費支出214.44萬元，占總支出的1/4強；此中的建築工程費、道路修理費分別達42.16萬元、62.25萬元。[814]與上海市區10年（1927—1936）道路工程相比，南京新築柏油路比例高，其總長度為上海的2.96倍，建築經費3/4以上則用於築柏油路。[815]

另需提及的是，「汽車行駛，非有優良之道路不為功，若無優良之道路，縱有百千萬輛之汽車，亦無所顯其效能」。[816]隨著南京當局對道路經費的持續挹注，不僅讓城市優良道路逐而展現，亦為公共交通發展提供良性的物

化環境，使之日興月盛。如1934年，江南、興華兩公司日行公共汽車108輛，市內每5分鐘開車一次，行駛於夫子廟、中華門、國府路、下關江邊等處，行旅稱便。[817] 後至南京淪陷前夕，江南公司市區線計有六路及陵園、西郊二路，日行汽車120輛—140輛，每日乘客人數達12萬人，「當時南京人口約為百萬，即每日有十分之一以上之市民與公司保持接觸」。[818] 約略說來，全市公共汽車由定都初（1928年）的16輛遞增至戰前的304輛，[819] 10年間增長18倍；若與定都前的6輛相較，增幅則達49.7倍。且抗戰前出租汽車業亦發展迅猛，最盛時全市有千輛左右，含400輛「野雞車」（即個體車）。[820] 從而，其時城市「充斥著機械化交通工具的嘈雜聲……在這種道路上，速度和動力問題已經得到解決」。[821] 即不難發現，戰前南京當局對於城市道路經費的挹彼注茲，成為公共交通業達於極盛的重要變量，人暢其行、物暢其流的動態圖像在城市中已然顯現。

四、道路改養與公共交通

從某種意義上說，「交通問題不是避免碰撞的問題，而是改善道路條件的問題」。[822] 既如此，道路改良、養護與公共交通，相依發展。如定都之初，「首都區域遼闊，道路損壞不堪，（當局）一面計劃開闢新幹路，一面仍須修理舊有馬路以維現狀」；自1928年起，由國外陸續購置造路新器具，如 Marteaux Beches、Malaxeur、Betonnier 等，「以縮減人工及增加造路速率，借收完善之效果」。[823] 且因「道路之上汽車往來，其直接承受車輪之壓力者，路面堅硬之鋪築也。路面堅實而能受重也，則路上能負大重而可駛巨車；苟浮滑而軟弱也，則其上雖有極良善之鋪築，經車輪之碾而基土下沉，其面層亦必隨之而碎裂」。[824] 有鑒於此，《計劃》釐定，南京路面現時應用碎石建築，而以瀝青（柏油）敷蓋其上。此種路面若分3層築至20公分厚，所用瀝青選擇得宜，則日均能受行駛2000輛汽車重量，「車輛經過愈多，其厚度自可比例而遞增」。[825]

與此同時，「築路材料之選擇，亦是工程上至要之問題，尤為今日中國各都市工程上最不可不切實研究之問題」。[826]「首都將來汽車增加，原有之碎石路面實難勝交通之繁劇」，工務局擬將碎石路次第改敷柏油路面；[827]

即「本市道路大部分為碎石路，近世汽車發達，碎石路面損壞甚易。查各國重要城市均已廢止碎石路之建築，本市亦擬逐漸改進，其目的一以減少塵埃，二以保路面之耐久」。改敷路面定為國府前獅子巷路及楊公井等處，均以次第改鋪柏油路面，將來計劃再將中山路繼鳳儀門至鼓樓等重要大道，均分別鋪設柏油石子路或柏油路。[828]如隨後建成的獅子巷路，車行道寬16.77公尺、面鋪4分柏油瓜子片，「尚稱適用」；而中山路的快車道寬10公尺，路面分碎磚、水泥混凝土、油石子、土瀝青混凝土4層，厚度達31公分。[829]

因「舊式之板車、大車、手車等，載物過重，且輪輻狹窄，又無彈簧設備，最易損壞路面」，工務局對此類車輛的往來路線做出限定。[830]且由於「鐵車輪最易損壞路面」，該局於《取締損壞馬路車輛章程》第一條、第十條中規定，「鐵輪人力車及馬車一概不準在本市區域內行駛，凡屬鐵輪車票由財政侷限制發給並不再添號」；[831]嗣再督促各車主將所有鐵車輪一律改裝硬橡皮輪胎，以維護路面。[832]1936年2月至4月間，又因「本市各柏油路面以前多系採用路面澆油辦法，以致路基鬆動陷落」，該局「擬改用灌油辦法，以期堅實而臻完善」；[833]並培高中央路及行政院、十廟口等各處路基，並確定全市道路高度，使與各馬路平衡，[834]對道路進行改良與完善。

不僅如此，基於「本市為首都所在，欲期交通發達，尤以汽車輸送為首要……舊有馬路既多加寬，新闢馬路亦漸增加，養路工作尤關重要」[835]的指導思想，市工務局亦「致力於翻築舊路，組織工隊隨時保養」。[836]如1928年初，該局計劃於人口稠密、商業繁盛的東北區及中區東部、中區西部暨下關區4處，先行設置養路工隊。「務將全市馬路及溝渠一律加以修理，俾收整齊平坦之功，而免道路難行之憾」。是年底，道路計已修理者，為儀鳳門、三牌樓、保泰街、十廟口、成賢街、浮橋、碑亭巷、楊公井及唱經樓、北門橋、南門大街至下關等處。[837]自1928年7月至1929年6月，全市修理柏油路、碎石路、石片路、石板路、煤屑路、土路、路基等，長度分別為110974、301211、29295、6292、19286、101546、44684平方公尺。[838]1934年，南京市舊有街道經展寬、翻修舊路者有豐富、綏遠、名士埂等15線，共長10556公尺，計放寬3線、翻修12線。[839]1931—1934年間，全市養路工程達119.6萬平方公尺（見表3）。

表3　南京市養路工程比較表（1931至1934年）

單位：平方公尺

年份	柏油路	石片路	碎石路	煤灰路	磚土路	人行道	合計
1931年	6185.00	87208.30	173786.58	8102.80	7958.00	–	283240.68
1932年	14122.00	81205.99	104085.00	8075.00	1921.00	2638.00	212046.99
1933年	43885.00	113222.50	121549.20	17013.00	3279.00	6337.00	305285.70
1934年	50170.00	148840.80	160916.50	27255.00	3386.00	5080.00	395558.30
合計	114362.00	430477.69	560337.28	60455.80	16544.00	14055.00	1196231.67

資料來源：南京市政府秘書處編譯股編：《南京市政府公報》第160期，1935年，南京市政府秘書處檔案，檔號1001-1-1746。

進一步考察，自1934年11月至1935年9月，南京市修築碎石路、彈石路、柏油路、煤灰路、人行道、磚土路等，長度分別為155457、146945、43344、14536、5255、4790平方公尺；[840] 再據1935年7月至1936年6月統計，全市修築柏油路、彈石路、碎石路、土路、煤灰路等，長度分別為38530、146382、21639、11332、6885平方公尺，裝溝管、清溝分別為8698、81199公尺。[841] 且，工務局於1934年11月增設燕子磯、孝陵衛、上新河3個郊外道路養路隊；[842] 嗣因「本市幹路次第開闢，致養路工作日益繁重，現有養路工隊不敷分配」，其計劃翌年底前擴充養路工隊。[843] 簡言之，自1927年6月至1936年6月，全市所修柏油路、彈石路、碎石路、煤屑路、石板路、土路、水泥混凝土路等，長度分別達319286、835942、1007254、95053、5986、27288、4782平方公尺，修疏溝渠、裝溝管分別為880958、29411公尺。[844]

可以確定的是，「道路樣式尤為其重視之處，交通之便利，固不可疏忽」。[845] 即「汽車乃交通之利器，汽車發達，道路亦隨之而進。換言之，道路建築實助汽車事業之進行也」。[846] 從而，伴隨當局對道路改良和養護的不斷關注，公共交通隨之共生共長。如全市1929年已有汽車（含公共汽車）870輛、馬車480輛、人力車7000輛，各種車輛合計價值約170萬；[847] 1931年，汽車、

人力車又分別增至 1158 輛、8220 輛；[848]1933 年 8 月至 12 月，新登記汽車達 399 輛。[849] 至此，全市汽車由 1928 年的 144 輛增至 1929 年的 764 輛、1932 年的 1021 輛、1934 年的 1674 輛、1936 年的 2119 輛，[850]8 年間增率達 13.7 倍。很顯然，如闕失對城市道路的持續改良和養護，公共交通特別是機械交通工具的快速發展是無法實現的。

綜論而言，「觀路政之良窳，可以瞻國勢之盛衰，與夫人民自治之能力，學術文明之進化，尤息息相關也」。[851] 作為衡估城市生產力水平提高的重要標誌，完備的城市道路展示著都市文明與進步。不難發現，隨著抗戰前南京城市道路的規模化建設，「道路平了，電燈明了，電話靈了，飲水清了，新的南京在建設中，新南京的生活也逐漸地能夠使人安居下去了」。[852] 而正是由於道路系統拓展、道路經費挹注及道路改良養護等關鍵因素，使當時城市道路建設取得顯著進展，舒緩此前行路維艱、人車不能暢行的局面，為公共交通特別是機械交通的傳入、利用及發展提供必要支撐，更成為該業日興月盛須臾不可缺少的重要變量。由此，它可以說明的是，城市道路建設在成為公共交通發展的必由進路的同時，不僅裨益於南京城市近代化進程的交嬗演替，亦間接折射出近代中國城市變革轉型的獨特形態。

中國經濟史學的話語體系構建
史料專題

史料專題

西夏遊牧經濟探研 [853]

高仁 [854]

內容提要：西夏的遊牧經濟與匈奴、鮮卑、吐蕃、回鶻等一脈相承，是中國古代少數民族畜牧經濟發展史上重要的一環。牧民們常結為部落組織，住在「帳」「包」等便攜式的居室，攜牲畜移動，或追逐水草，或躲避災害，過著非定居的生活。西夏遊牧民的季節遷移模式類同於今黃河上游的藏民，秋季進行分工，一部分人留在秋牧場為牲畜搶膘，一部分人返回冬場打草，在十月（農曆）進入冬場後，將牲畜聚集，設「冬欄」餵食以渡過冬荒，在二月出冬場，七八月游至最遠。同諸多政權常透過劃定遊牧區域的方法來管理遊牧民一樣，西夏也為部族劃定「地界」，並為了適應脆弱多變的自然生態，西夏劃分「地界」既細緻又靈活，且有臨時劃界的機制。

關鍵詞：西夏　畜牧　遊牧

遊牧經濟於公元前 8 世紀左右產生，是人類利用農業資源匱乏之邊緣環境（通常處於乾旱區和半乾旱區），利用草食動物的食性來牧養牲畜的一種經濟模式。[855] 應該說，遊牧經濟是一種粗放型的經濟，利用土地的效率很低，因此自中國建立王朝國家以來，遊牧經濟即漸漸趨於消亡，當下中國境內更是很難再找到遊牧經濟的存在。然而在中國古代歷史中，其影響卻不容低估，其不僅為廣大乾旱地區、半乾旱地區所普遍採用，諸多的少數民族還以其為基礎建立了強大的政權，與以農耕為主的中原王朝分庭抗禮。

西夏以党項人為主體，包括漢、羌、吐蕃等在內的多民族政權，對11—13世紀的中國歷史進程產生了重大影響。雖然其在建國後，努力發展多元的經濟結構，但以遊牧為主的畜牧經濟始終在國民經濟中占據著極為重要的地位。

中國經濟史學的話語體系構建
史料專題

「遊牧」一詞雖然在西夏史的研究中經常出現，但關於其經營與管理的具體狀況，則研究有限，僅吾師杜建錄先生《西夏經濟史》[856]，楊蕤《西夏地理研究》[857]，岡崎精郎、青山《唐古特的遊牧與農耕——以西夏崩潰時期的問題為起點》[858] 等著作或文章中略有討論。杜師認為西夏遊牧經濟較為普遍，在鄂爾多斯、阿拉善、祁連山、焉支山等地皆廣泛存在；岡崎精郎更指出，西夏總體的發展趨勢是由遊牧轉為農耕、由遷移轉為定居；而楊蕤先生的觀點相反，認為西夏部族遷移過短，且有明顯的地域性，因而西夏的畜牧不屬於「遊牧」的範疇。前人研究對西夏的遊牧經濟有了初步的涉獵，但討論並不充分，且在觀點上存在著較大分歧。

目前研究存在不足，除了眾所周知的「資料稀少」原因外，就是前人在研究中，並沒有認識到遊牧經濟的具體形態。而事實上，「遊牧學」是人類學中一個重要的研究方向，其自 20 世紀 50 年代就在國內外展開，時至今日，已形成較為成熟的體系，有著較多的研究成果。而本文中，筆者對現存漢文、西夏文史料進行再次整理、校譯，力圖豐富基本的史料，在此基礎上，結合人類學有關遊牧人群經濟形態、生活方式、組織形式的理論以及調查案例，充分借鑑前人研究成果，對西夏的遊牧經濟作更進一步的探討。

一、文獻中所見西夏的「遊牧」

西夏是否廣泛存在著遊牧？這需要從「遊牧」本身所具有的特點來看。據蘇聯學者哈扎諾夫總結，遊牧經濟具有諸多的特點，如季節性遷徙、產品結構單一、無圈牧養、非商品化等。[859] 後世學者亦有所補充，如「各有分地」的區域性、開放性、非自足性等。[860] 然而，區別於其他方式的畜牧，遊牧最為本質的特點就是「移動」，它「使得遊牧與其他各種人類經濟模式中的牲畜飼養有本質上的不同」。遊牧人群在牧養牲畜時之所以發生移動，不僅是為了讓牲畜在各種季節皆能得到適宜的環境資源（主要是水草）與外在資源（如貿易和掠奪），也是逃避各種風險的手段。[861] 而透過其基本特徵，從文獻中看，西夏境內的確普遍存在著遊牧。

西夏的畜牧對自然水草有著較強的依賴性，如慶曆六年（西夏天授禮法延祚九年，1046）在元昊數次請求下，宋朝在保安、鎮戎二軍置榷場，然而，

元昊「繼言驅馬羊至,無放牧之地,為徙保安軍榷場於順寧砦」。[862]西夏的官畜管理亦系如此,在唐宋的律法中,常常會有為牲畜給料的規定,如:「諸系飼,給豆、鹽、藥者……牛日給大豆五升,月給鹽四兩、藥一啥。」[863]而在西夏法典——《天盛改舊新定律令》(下文簡稱《天盛律令》)中就見不到此類條文。事實上,依賴自然水草放牧,必須適時轉移牲畜,以滿足它們對草、水的需求,這是遊牧之所以發生遷移的最基本動因。[864]

文獻中也有所反映,西夏境內的廣大部民的確普遍處於「逐水草」的移動狀態。如成書於西夏中後期、仁宗執政時代的辭書《文海》中,對「牧」字有所解釋,其意即為「管理牲畜,尋找水草」。[865]再如,遼開泰二年(西夏貞觀十三年,公元 1013 年),「党項諸部叛者皆遁黃河北橫敘山,其不叛者葛黨、烏迷兩部因據其地,今復西遷」,並且「诘之,則日逐水草」。[866]「逐水草」雖然是其託詞,但其也來源於現實的情況。

躲避災害與風險是遊牧移動的又一個重要動因。當然,除了自然災害以外,還有諸多來自社會方面的風險。如北宋元祐七年(西夏天祐民安三年,公元 1092 年)二月,「折可適統兵八千九百餘人入生界,討蕩韋州監軍司賊眾」。[867]此次興師動眾但收穫不大,雖然「燒蕩了族帳千餘帳」,但估計也不過是些空帳,「斬首止於七十級,而生獲正副首領二人、馬一百匹、駱駝三十頭、牛羊約三十餘頭口」。之所以會如此,正如折可適自己所陳述,「其餘賊馬與耕牧人口已知覺遁走」,[868]「軍回僅二百餘裡,如行無人之境,蕃眾無人敢近官軍」。[869]由此可見,西夏的遊牧部落在躲避戰爭之時,具有非常靈活的移動性。折可適出兵系至「生界」,又燒蕩了諸多的族帳,所俘又皆為牲畜,其雖言「耕牧人口」,應當主要還是部落牧民。

西夏的牧人畜牧時,常常會因為遷徙移動而沖入各種權力界限內,有時還會引發衝突。一種情況是牧人闖進官牧地之中,《天盛律令》對此種情況有所規定:「若天旱,官牧場中諸家主之尋牧草者來時,一年以內可安家,不許耕種。逾一年不去,則當告於局分而驅逐之。」[870]另一種情況就是在西夏的國界上與它國發生糾紛,據《續資治通鑒長編》載,皇祐五年(西夏福聖承道元年,公元 1053 年)七月,「藺氈世居古渭州,密邇夏境。夏人

牧牛羊於境上，藺氈掠取之，夏人怒，欲攻之，藺氈懼力不敵，因獻其地，冀得戍兵以敵夏人」。[871]而在北宋崇寧四年（西夏貞觀五年，公元1105年），陶節夫占領延安，執行蔡京倒行逆施的做法，造成「夏人欲款，拒弗納」；又將「放牧者執殺之」，[872]最終釀成激烈的衝突。我們在此不討論此事件的性質，但陶節夫之所以能夠四處執殺牧人，想必那些牧人定然是在非定居的狀態下、非固定的場所內遊蕩放牧了。[873]

在西夏，不僅廣大的部族遷徙遊牧，西夏的官畜也常常是移動牧養的。《天盛律令》中對於官牧地有這樣的保護規定：「諸牧場之官畜所至住處，昔未納地冊，官私交惡，此時官私地界當分離，當明其界劃。官地之監草者當與掌地記名，年年錄於畜冊之末，應納地冊，不許官私地相混。」[874][875]這一條文所反映的，並不是前人所認為的，西夏的牧場有明確的界劃，因而不屬於遊牧，[876]相反，「至」字顯示出官畜也同樣是移動牧養。也正因為如此，官畜每至一新的「住處」，才會和這裡原有的牧民發生牧地的糾紛，並且在「官私交惡」的情況下，就會有「明其界劃」的問題。

另外，西夏的牧場也不是一成不變的。如《天盛律令》卷19《派牧監納冊》一門，該門的內容已全部佚失，但其中存有一條目名稱，漢譯本中譯為「牧場註銷過群牧司」。[877]雖然該條的內容佚失非常可惜，但透過該條目名稱可以推斷，其應當是關於註銷牧場需要在群牧司履行相關手續的內容。這一條目顯然向我們透露，西夏的牧地並不如唐宋的「監」一樣，而是可以根據時宜廢置。

西夏牧民經常遷徙的生活狀態在史籍中還留下了一個重要痕跡，那就是他們普遍的部落組織，以及在部落中普遍使用「帳」或者「包」的居住形式。

部落制與鄉里制是西夏境內並存的兩個重要的基層組織，分別對應著畜牧人口與農耕人口。西夏境內存在很多的部落，據史籍記載，他們「散處西北」，[878]「種落不相統一」，[879]與「党項、吐蕃風俗相類」，或「入州城者」，或「居深山僻遠」[880]的生戶、熟戶。西夏政府透過向部落首領發放銅印，以示認可其地位，來籠絡部落民眾。今天出土的西夏首領銅印很多，分佈西

夏的全境。[881] 據筆者整理，傳世史籍中出現的党項、西夏部落大約有 740 餘個。毫不誇張地說，凡是史料涉及的地方，幾乎都有部族的存在。

部落是一種社會階序化、權力集中化程度較低的政治組織。據研究，氏族產生於舊石器時代晚期，而由氏族組成的部落則於新石器時代晚期出現。部落制在早期是適應於原始社會漁獵、採集的生產方式。[882] 公元前 1000 年左右，專業化的遊牧產生，而遊牧民族也都會無一例外地選擇部落的組織形式。與此同時，其與遊牧經濟還存在著強烈的共生性，一旦遊牧人群定居，則部落組織也隨即瓦解了。事實上，部落就是一種適應於非定居、流動性生活狀態，而以血緣為紐帶，集生產、軍事於一體的組織。[883] 西夏境內廣泛存在著「部落」，正說明諸多的牧民處於一種非定居的生活狀態。

同樣，為適應於遷徙流動，部落中普遍以「帳」或者「包」為其住所。而所謂的帳，就是《党項傳》裡提到的「織牦牛尾及羖毛以為屋」。[884] 這種帳是西夏境內的部族極為常用的一種住所。西夏境內及周邊的部族多如牛毛，而宋軍突入夏境後襲擊的目標就是族帳，史書中某將「燒蕩族帳」幾千幾百的記載隨處可見。而「包」則見於《蒙古秘史》中，阿沙敢不向蒙古宣稱，「我們阿拉篩（阿拉善）營地有撒帳房和駱駝的馱包」，[885] 其中的「撒帳房」和「馱包」，應當就是類似於蒙古包的帳房。事實上，無論是帳還是包，其居住的舒適程度遠遠不能夠和定居的房屋相比，但因拆裝方便，便於移動，故被經常遷徙的遊牧人群普遍接受，並成為他們的象徵符號。這種居室在西夏普遍出現，體現了牧民普遍非定居的生活狀態。而相比較之下，那些被納入宋境的部族，經過宋朝的改造，「各家須有窖藏斛豆及木柵屋舍，何由拆移搬運」？[886] 顯然，這些部族放棄了遊牧而轉向農耕，漸漸處於定居的生活狀態。

據研究，牧民們使用的「帳」和「包」是有相當大區別的。今天藏民的帳篷，組織粗陋，架設簡單，重量甚輕，容積亦小，僅用數頭牛或馬，即可攜帶家用移牧；而蒙古包則不然，組織精緻，架設繁雜，重量甚重，容積亦大，移動須用數量可觀的駱駝或牛馬，不如前者靈便。而遊牧人群具體採取哪種形態的居室，主要是由遷移的距離和頻率來決定的。前者每次遷移的距

離短，但頻率很高；而後者正好相反，距離長，頻率低。[887] 西夏境內廣泛存在的、以「牦牛尾及羖毛」製成的「帳」，顯然類同於前者。事實上，西夏的疆域大體上屬於乾旱地區，生態脆弱，水草較為分散，並且多崎嶇的山地，[888] 小規模的部落組織與頻繁的遷移應當就是西夏境內遊牧的普遍特點，這是在特定歷史條件、自然環境中形成的。

事實上，西夏所占領的廣大疆域中，絕大多數地區自古以來就是遊牧民族活動的場所。比如河西走廊，在漢代時，就是月氏、烏孫、匈奴等遊牧民族繁衍生息之地，後來匈奴擊走大月氏，烏孫又西遷，這裡成為匈奴渾邪王和休屠王的駐牧地。匈奴在漢軍的軍事打擊下退出了河西走廊，此後羌族、鮮卑族先後在河西盤踞過一段時期。在西夏入主以前，這裡還有吐蕃潘羅支、甘州回鶻，也都是遊牧民族所建立的政權。西夏滅亡後，雖然河西走廊經過元、明、清三代的經營，遊牧經濟的比重越來越小，農耕的規模越來越大，但是，當地不少居民仍保留著遊牧的生產方式。比如裕固族，自明代遷入河西走廊開始，就一直從事著遊牧，直到1949年前，大部分人口都還過著帶著帳篷和畜群四季遷轉的遊牧生活，並廣泛存在著部落組織。[889] 再如，黃土高原地區雖然屬於農牧的過渡地帶，一直是農牧混合經營的經濟模式，但歷史上從來不乏遊牧民族活動的痕跡，如秦漢時期的羌族、氐族，魏晉隋唐的吐蕃、吐谷渾等，元代時，不少的蒙古族也至此遊牧。[890]

二、西夏「遊牧」的季節移動模式

遊牧人群的遷移通常有一定的規律。據研究，不同的遊牧群體常常會因氣候、地形、植被、畜產、水源、農區、市鎮、社會結構、國家權力及人力配置等諸多內外因素的影響而形成不同的遷移模式。[891] 但毫無疑問，四季更替而引起的氣候變化是對遊牧人群影響面最寬、程度最大，且最穩定的一個因素。世界上任何遊牧的人群，都躲不開四季的變化，並隨著四季交替，週期性地循環移動。西夏的遊牧民同樣也不會例外。

季節性的遷移是因為過寒的溫度難以生長牧草並對牲畜和牧人造成傷害，而過熱的氣候又影響牲畜的生長、繁殖。四季中，冬天寒冷而夏天炎熱，與此相應，北方寒冷而南方暑熱（北半球），低處濕熱而高處涼爽。不同的

季節中，牧人會為牲畜尋找牧草與溫度最適宜的地區來畜牧，也就是史書中提到的「夏遷涼土，冬逐暖處」。[892] 通常來說，在寒冷的冬季時，遊牧人群要麼向南遷移，要麼尋找低谷的背風地帶以避過冬荒；相應地，在炎熱的夏季，要麼向北方移動，要麼遷移到山坡。由此諸多的遊牧人群形成了最基本的規律性移動。[893]

透過文獻中的一些描述，我們可以看到西夏牧民在一年四季是如何遷徙移動的。《天盛律令》卷19《校畜磨勘門》的一段內容提供了一條重要的線索：

校畜者往時，令牧場牲畜一併聚集，不許與冬欄分離，當往官畜所在處檢校。[894]

這是一條官牧場檢校官畜的規定，但它所包含的訊息卻無疑是解決問題的關鍵。條文中提到的校畜，是由群牧司等機構派遣人員「往至」各地的牧場中檢校，這在《天盛律令》中被稱為「大驗」，政府規定其開始的時間在每年的十月一日。那麼，在西夏曆法中，十月是一年的什麼時節？西夏曾使用過多部曆法，既使用過宋朝的《儀天曆》《崇天曆》，又「自為曆日，行於國中」。[895] 但在與《天盛律令》同一時期的百科全書作品《聖立義海》中對十月有著這樣的描繪：「十月屬亥，五行屬水，牧白鶴季，北方寒降……地始凍，結冰凌，天降霜……夜長晝短。」[896] 而於乾祐年間（1170—1193）刊刻出版的民間詩集《月月樂詩》中也有類似的描述：「糧食滿倉，人們在一年的操勞後開始休息……黑風驟起，鹿兒狂鳴。風兒摔打著草叢，野山羊隱沒入林中。」[897]《聖立義海》將十月歸為「牧白鶴季」，十一月為「冬季中月」，臘月為「冬季尾月」，這樣看西夏的十月也就是初冬，與農曆的時令並沒有差太多，十月一日，也就是自晚秋至初冬之際。

從條文中看，入冬以後，西夏牧場中的牲畜處於「一併聚集」的狀態。事實上，在遊牧人群中，冬季是一個很少移動的季節。冬季氣溫低，植被少，牧民通常都會考慮避免冬季給牲畜帶來的損害。即使是亞歐草原上南北長距離遷移的民族，在冬季南遷後，也常常會找一個山谷或者是山南坡避風的地方安置。[898] 而漢代的西羌則通常從山上下來後，直接在河谷、山谷地帶過冬。[899] 西夏境內雖然包含著諸多的地理單元，其遊牧生產可能也不盡相同，但

在冬季，牧民會將所有的牲畜聚集一處以避寒，這是毫無疑問的，也因此會有《天盛律令》中「一併聚集」的狀態。除了《天盛律令》以外，在傳世文獻中也有所體現，如李憲在元豐四年（西夏大安七年，公元 1081 年）攻占蘭州之後，十月又「引兵至汝遮谷」，見「賊眾數萬，牛羊駝畜充滿川谷」。[900] 可見牧民也是在十月，將牲畜聚集在地勢較低的平地或山谷。這時候再也不會出現「官畜所至住處」，[901] 與牧民、農民爭地的場景了。

西夏政府一年一度的「大験」之所以定在初冬的十月一日，就是按照遊牧的時節規律而安排的。首先，因為只有在冬季，所有的牧人、牲畜才會聚集一處，西夏「使校驗者往牲畜處驗畜」，顯然操作起來會比較方便；其次，初冬的牲畜經秋牧場回來，正值膘肥體壯之時，反而經歷一冬，會有相當數量的牲畜死亡，因此，無論是交納畜產還是賠償，初冬皆是最佳時間；最後，冬季往往是牧人最為清閒的時候，這時候檢驗牲畜並不會延誤生產。無獨有偶，漢代的匈奴也有九月「大會」的習俗。史載，九月「秋，馬肥，大會林，課校人畜計」，[902] 其內容也同樣是校畜。匈奴的「大會」比西夏略早數日，大體處於晚秋之際，大概是因為在「大會」之後，就要開始劫掠或者進犯了。[903] 事實上，匈奴與西夏在檢驗時間上的相近，恰恰就是由遊牧經濟特有的時令因素所決定的，並不是巧合。相比之下，唐代「群牧使以諸監之籍合為一，以仲秋上於（太僕）寺」，[904] 在八月就已經檢驗完畢了，與匈奴和西夏的做法截然不同。

過冬不僅是嚴寒的問題，同時也還要應對草料稀少的問題。許多遊牧的人群為了應對這一問題，會選擇在秋季依靠茂盛的草地及大範圍地移動為牲畜「搶膘」，而入冬以後就屯聚，僅在冬場附近尋找一些殘存的枯草來為牲畜補充營養。這種做法非常原始，但在世界各地的遊牧人群中，還是非常普遍的。[905] 不過，西夏牧民過冬的方式較為特別，西夏牧場在冬季會設有「冬欄」。「冬欄」說明，除了秋季「搶膘」以外，西夏牧民還採用類似於圈養的方式，透過餵食來為牲畜補充營養，以熬過寒冷的冬季。當然，「冬」字也說明，這種做法只是在冬季嚴寒時期所特有的，其他季節並不如此。

可是，牧民餵食「冬欄」牲畜的草料從何而來？從《天盛律令》中看，西夏政府每年都會向農戶徵收粟草、麥草以及糠麩，[906]但政府並不會將這些草料補充給牧民，即使是對領取過官畜的「官牧人」也是如此。因為如果有的話，《天盛律令》的條文中肯定會有牧民領草的規定，但目前並沒有見到。相反，條文中倒是常常有群牧司、馬院等領取牲畜草料的規定。這樣看，從民間徵收的草料很有可能是補貼給了它們。事實上，西北地區歷史上普遍採用「積茭之法」、以牛皮乘草等處理、儲存牧草的方法，[907]而《西夏諺語》中又有著「牧人睡，草堆摧」[908]之類的訓言，均反映了西夏的牧人秋季需要儲草來備冬這一現實。

秋天儲草對於牲畜過冬固然非常重要，但是秋天也正值草熟之際，是外出放牧的大好時機，所有的遊牧人群都不會放過這個讓牲畜上膘的機會，西夏也不例外。如宋將劉昌祚在北宋元豐七年（西夏大安十年，1084）與西夏交戰時就曾擔心：「戎騎乘秋儲集之時，加之邊吏伺候滅裂，萬一逢賊，誤國不細。」[909]然而，秋季儲草一般來說是收集冬場附近的牧草並加以處理儲存，而「搶膘」則需要帶著畜群到遠處追逐茂盛的水草，那麼牧人是如何兩者兼顧的呢？

20世紀上半葉，在青海東南一帶（即党項民族的發源地）生活的藏民所經營的模式給我們提供了一個解釋西夏牧民打草、放牧兩不誤的典型案例。據研究，這裡的牧民入秋之際，從距離冬牧場最遠的夏場遷至秋場，開始進行秋季的放牧。而此時一個牧團的成員會進行分工，少部分人留在秋場中為牲畜搶膘，而多數人則回到冬牧場，收集場中的牧草並處理、晾曬，也就是所謂的「打草」。由於牧團人員分流造成的人手短缺，常常使得牧民的打草工作從清晨一直持續到半夜，並且常常會從冬牧場周圍的村落中僱傭牧助以補充人力。[910]而在西夏，牧民很有可能就是採取這樣的運作模式以達到搶膘、儲草兩不誤的目的。不過顯然，這種操作模式有一個先決條件，就是牧民需要有一個固定的冬牧場。而事實上，群牧司所管轄下的諸牧場都由群牧司選派的頭監來負責管理的，而頭監坐鎮的地方極有可能就是冬牧場的所在。另外，這種模式多發生在山地，因此垂直移動的牧民秋場與冬場水平上的距離不會過長。不過，由於青藏高原的海拔較高，藏民在冬場停留的時間都在

半年以上（從十月初至次年四月底），因此其秋務之繁忙可想而知。但西夏疆域的海拔並沒有青藏高原那麼高，西夏牧民出冬場也較早，秋務可能並不會像藏民那樣繁忙，但無論如何，「牧人睡，草堆摧」之類的格言也在時刻告誡著牧人在秋天儲草之時，不可以懶惰。

　　冬季結束後，牧民一般會離開冬場，開始一年的遊牧生活。從西夏的《月月樂詩》中看，牧民們從一月份開始，就做好了出冬場的準備，「聰明的人早就準備好餵養牦牛和羊群的青稞嫩葉，綿母羊咩咩叫著，小羊羔大聲喊著……正要出發踏上自己那遙遠而永恆的路程，旅人在大步邁進，他的衣服已無禦寒之物……」而二月裡「旅人走著，穿著輕便的靴鞋與衣衫……」[911]看來，到了二月，牧人一般就會走出冬場。這在《天盛律令》的條文中也有所反映，如《校畜磨勘門》中規定：

　　在黑水地方內一班牧者，因地程遙遠，依本律令時日，校畜者當由監軍、習判中一人前往校驗，完畢時，令執典冊、收據種種及一局分言本送上，二月一日以內當來到京師。[912]

　　群牧司所管轄的諸牧場在十月一日開始由三司主持「大驗」，大概很早就可以結束，而黑水監軍司因其地方遙遠，自行檢驗，可能會有所延遲，法典規定在「二月一日」以前結束，應當就是怕監軍司耽誤了牧民出冬場而影響生產。事實上，西夏牧民出冬場的時間和中國境內其他遊牧民族頗為一致，如蒙古草原上的牧民通常就是在二月走出冬場，開始一年的遷徙生活。[913]

　　春季，初出冬場的牲畜往往比較虛弱，且山上的草木還沒有長起來，牧人通常會在離冬場不太遠的低地放牧，而隨著牲畜體力的恢復，草木也越來越茂盛，牧人則越走越遠，遷徙也越來越頻繁，而最遠的移動大體就是在盛夏入秋之時。前文提及的「夏人牧牛羊於境上」，宋朝的蕃官藺氈「掠取之」而引發的衝突，[914]就發生在宋曆的七月，即盛夏入秋之際。

　　入秋之後，牧團又開始了分工，一部分人為牲畜搶膘，而另一部分人至冬場打草，開始了新一輪的循環。大體來說，以上就是党項、西夏部族在一年四季遊牧的移動模式。

三、西夏遊牧「地界」的劃分

從文獻中來看,那些散處西北,「種落不相統一」,[915] 與「党項、吐蕃風俗相類」,或「入州城者」,或「居深山僻遠」的生戶、熟戶,一般來說都有一個固定的居地,比如「渭北党項拓跋公政等一十三府連狀稱管渭北押下帳幕放牧,今十五年,在鹽州界」。[916]「環州定邊寨、鎮戎軍乾興寨相望八十餘裡,二寨之間有葫蘆泉,今屬賊界,為義渠、朝那二郡之交,其南有明珠、滅藏之族」。[917] 再如「慶州之西七十里即馬嶺寨,北十餘裡即背漢蕃部殺牛族,有強壯人馬二千餘,皆負險而居」。[918]

不僅如此,西夏政府還對牧民的畜牧區域進行了劃定,不允許隨意越界。如《天盛律令》規定,「邊境地遷家、牲畜主當在各自所定地界中牧耕、住家,不許超過」;「不允遷家、牲畜主越地界之外牧耕、住家」。[919] 再如「諸牧場之官畜所至住處,昔未納地冊,官私交惡,此時官私地界當分離,當明其界劃」。[920]

有部分學者認為,党項、西夏的部族遷移範圍很小,有固定的牧區,因此它們不屬於遊牧民。[921]

然而,這一觀點與諸多史實相違背。事實上,劃定牧區並不是定居人口的特長,反而是遊牧民族政權慣行的做法。[922] 比如史載匈奴「逐水草遷徙,毋城郭、常處、耕田之業,然亦各有分地」,[923] 而突厥「移徙無常,而各有分地」。[924] 這些「各有分地」的記載過於簡略,而13世紀出使蒙古的約翰·普蘭諾·加賓尼的描述就十分詳細清楚了:

除了他(大汗)指定的地方以外,沒有一個人膽敢駐紮在任何別的地方。只有他才能指定首領們應該駐紮在什麼地方,而首領們則規定千夫長的地方,千夫長規定百夫長的地方,百夫長規定什夫長的地方。[925]

由此可見,西夏政府地界劃分之細緻嚴密以及執行之嚴格。而清朝在治理蒙古地區時,亦對牧區有嚴格的規定:「越自己所分地界,肆行遊牧者,王罰馬百匹,扎薩克貝勒、貝子、公七十匹,臺吉五十匹,庶人犯者,本人及家產均罰取,賞給見證人。」[926] 可見,上至王公貝勒,下至庶民,都有

其各自劃定的遊牧區。此外，據調查，近代以來仍處於遊牧狀態的哈薩克族以及裕固族，每個氏族部落也都有自己的春夏秋冬牧場，別的氏族不得隨意侵占。[927]

而相比較而言，中原農耕地區對於牧地的立法就完全不同了。如宋代的《慶元條法事類》中規定：「諸官牧草地，放私畜產踐食者，一，笞四十，二，加一等；豬、羊五，笞四十，五，加一等，並罪止杖六十（失者，聽贖）。」[928] 而《天聖令》中則規定：「諸牧地，常以正月以後一面以次漸燒，至草生始遍。其鄉土異宜，及彼境草短不須燒處，不用此令。」[929] 反而多是牧地牧草的保護、肥力的保養等規定，完全不見有關於牧地邊界劃分的規定。

長期以來，人們對遊牧經濟都存在一種根深蒂固的誤解，那就是認為遊牧人群終年過著「逐水草而居」的遊牧生活，沒有一個固定的區域來放牧。如前所述，遊牧人群的移動是有規則的，那就是大體是在春、夏、秋、冬四季的牧場上循環移動，甚至於許多牧民每年的遊牧路線都是固定不變的。那麼，如果一個區域內，能夠有滿足一年四季的牧草，四季皆有著適宜的自然條件（比如谷地、山坡、河流或水井），一個遊牧群體就能夠在這個區域內完成一年四季的遷移。並且通常根據畜群的規模，牧民「逐水草」在百里或數百里的範圍內就可以完成。[930]

不僅如此，遊牧社會中也同樣存在著土地的所有權，只不過一塊牧地的所有權常常屬於整個部落，由部落的首領分配、管理牧地，而遊牧民所擁有的更多是對牧地循環使用的權利，而不僅僅是居住的權利。[931]

關於遊牧的區域性，早有學者做過精闢的總結：

遊牧生活並不是無序的行為，牧民不但保持像中原農民春種秋收，日出而作，日落而息的週期性生活節律，而且有著與農民耕地相似的一片往復遊牧的草場。各有分地雖沒有像耕地那樣明確的所屬關係，但無論是習慣上形成的，還是以制度性的形式確定下來的，每一個部落都有一片相對固定的草場，牧民四季營地的安置與逐水草的遊牧生活基本均在這片草場範圍之

內……各有分地是草原牧民的空間占用形式。數千年來，正由於草原上存在各有分地的規則，草原才保持著以和平為主的歷史進程。[932]

也正是基於這一點，統治階級為遊牧民劃分地界，一則可以解決因為遊牧而產生的牧地衝突，二則可以對他們實施有效的管轄。既不會影響牧民的生產，也不會使其喪失遊牧的特徵。相反，這其實體現的是國家對於畜牧經濟、遊牧人口的管理。

那麼，西夏政府如何為遊牧人群劃分地界呢？從之前的條文來看，在西夏的邊地中，牲畜主如果越界而最終造成了嚴重後果，「邊檢校、邊管依前述法判斷」。[933] 可見，諸多的「牲畜主」其實是隸屬於「軍溜」，由「邊檢校、檢主」等管制的，所以他們才負有連帶的責任。這樣看，西夏一個軍溜通常就會被劃入一個固定的區域。「西賊首領各將種落之兵，謂之『一溜』」，[934] 一個軍溜大體就是被納入國家軍事體制之內的部落。而西夏以部落為單位劃分草場的做法，與前文提及的蒙古大汗指定首領的牧地，裕固族、哈薩克族諸部落各有牧地，並沒有什麼不同。

西夏除了為各個部落劃定固定畜牧區域，也常常會臨時劃界。如「諸牧場之官畜所至住處，昔未納地冊，官私交惡，此時官私地界當分離，當明其界劃……不許官私地相混」。[935] 顯然就是一種處理官、私畜遊牧地界糾紛的臨時劃界機制。從中可以看出，西夏政府劃定地界十分靈活、有效。事實上，西夏境內生態脆弱，水草較為分散而多變，部落組織規模較小而遷移的頻率較高，而這種臨時劃界的機制，可能就是為應對這種客觀情況而產生的。

此外，關於遊牧的地界，還有一點特別值得一提。一個遊牧群體可以在一個區域內完成一年四季的循環遷移，這是在一般的情況下。但遊牧仍有諸多的不確定因素，如牧草長得不好，或者遇到雪、旱災害等，牧民就無法再繼續這種模式了，只有離開所劃定的區域才能夠生存。清朝雖然嚴格限制牧民越界的行為，但若「蒙古扎薩克、王、貝勒、貝子、公、臺吉等」，因「本旗地方無草，欲移住相近旗分及卡倫內者，於七月內來請」，[936] 也是予以通融的。

也正因為如此，西夏政府雖然嚴禁牧民越界，以防「敵人入寇者來，（牧民和牲畜）入他人之手」，[937] 但牧民若在劃定的牧場中遇到自然災害，西夏政府也有著完善的應對機制。《天盛律令》中有一條規定能夠充分反映這一問題：

諸牧場所屬官地方內之原家主家中另外有私地者，不許於官地內安家，皆當棄之。地方無有，及若所得甚小，[938] 或草木不生，或未有淨水，不可灌，[939] 又原家實舊等者，可於安家處安家。彼牧場其他諸家主等，不許於牧官畜處，於水境過處墾耕，原有已耕地舊田地當耕，當依邊等法入交納散黍中。彼地方內之牧人、雜家主等於妨害官畜處新耕時，大小牧監不告於局分，不令耕舊田地，牧監、牧人等叨擾時，一律有官罰馬一，庶人十三杖。若天旱，官牧場中諸家主之尋牧草者來時，一年以內可安家，不許耕種。逾一年不去，則當告於局分而驅逐之。一年以內驅逐，及逾一年而不依法驅之時，有官罰馬一，庶人十三杖。[940]

上段引文系筆者對照西夏文原始圖版，參考漢譯本的譯文重新翻譯的，糾正了其中若干詞句，但該條文仍艱澀難懂，需加以解釋。大體說來，從「原家主」「彼牧場」「彼地方」等概念來看，這一條文應當是牧場每新至一處之後，與原來在此地生產、居住的居民產生土地使用權的糾紛，用以協調矛盾的規則。條文中提到了以下幾類人：一是牧場中官地內的「原家主」，顯然指的就是牧場遷來以前，在此地耕作的居民，若他們還有其他私地，那麼其在已被圈為官地中的土地就當無償放棄。而如果他們在官地外「地方無有」或太小，或者條件很惡劣，「草木不生」「未有淨水」等，那麼其可以在官地內安家並生產。二是「其他諸家主」，也就是雖然在牧場之中，但其地並未圈為官地，他們只要不在官地內新開墾土地，不妨害官畜的牧養並繳納賦稅，則任其自便。三是因災害遊牧至官地的牧民，可以收留一年，一年以後必須遷走。

從這一條文中，可以清楚地看到，牧場中有明確的「官地」與「私地」的地界劃分，《天盛律令》也很明顯在極力保護官畜對官地的使用權限，但對待侵犯官地者並不是無條件地驅逐，而是有條件地收容、適當地調和以及

妥善地安置。尤其是對因遇到旱災的牧民予以一年的安置，可以很大程度上減少畜牧因自然災害而受到的損失。除了牧地以外，其他畜牧資源也是一樣的，如「官地方水源泉有諸人鑿井者，則於不妨害官畜處可鑿井」，但「若於妨害處鑿井及於不妨害處鑿井而牧人護之等，一律有官罰馬一，庶人十三杖」。[941] 看來，官方並沒有壟斷官地的水源，只要不妨礙官畜牧的生產，官地內也是允許其他人鑿井使用的。事實上，西夏這一政策上的鬆動並不是因為其管理上有所疏漏，而是因為這種富於彈性的牧地使用規則能夠更好地適應遊牧經濟中諸多的不確定因素。

綜上來看，西夏對牧地邊界及權限的「三令五申」，正體現了透過劃定區域界限來管理遊牧民，正是遊牧政權的常規做法。西夏為各個遊牧的部落劃分牧場，並有著為牧地糾紛臨時劃界的機制，但在牧場之中，官私地界並非不容任何程度的動搖，而是對「侵犯」官地者在一定程度上、一定條件下予以容忍與資源的共享。這種做法非常適用於遊牧多變的環境，能夠兼顧到所有方面的利益，從而體現出西夏對遊牧人群管理較為成熟的一面。

四、尾論

總體來看，遊牧經濟是西夏畜牧業最主要的經濟模式，牧民們常結為部落組織，住在「帳」「包」等便攜式的居室內，攜牲畜移動，或追逐水草，或躲避災害，過著非定居的生活。西夏遊牧民的季節遷移模式類同於今黃河上游的藏民：秋季進行分工，一部分人留在秋牧場為牲畜搶膘，一部分人返回冬場打草，在農曆十月進入冬場後，將牲畜聚集，設「冬欄」餵食以渡過冬荒，在二月出冬場，七八月遊牧至最遠。與其他遊牧政權透過劃定遊牧區域的方法來管理遊牧民一樣，西夏也為部族劃定「地界」，並為了適應脆弱多變的自然生態，西夏劃分「地界」既細緻，又具有靈活性，且有臨時劃界的機制。

事實上，西夏系由有著深厚遊牧傳統的党項民族所建立，遊牧不僅是西夏畜牧業最主要的生產方式，還對西夏的政治制度、社會組織、戰爭方式都產生了深刻的影響。甚至可以說，西夏的遊牧經濟也是中國古代西北地區畜牧經濟發展歷史中的一個重要面向。

城鄉生活空間與明遺民生計——來自浙西地區的例證[942]

孫杰[943]

內容提要：生計方式是影響明遺民日常生活的重要問題。遺民生計與居處環境之間的關係十分密切，就浙西地區而言，明遺民主要靠耕作、授徒、醫卜、出賣書畫等途徑謀生。對拒絕進入城市的明遺民來說，耕作是最好的選擇。授徒謀生的最佳地點是城中，但遺民往往在城外甚至山中授徒，因而常只能以文化水平較低的蒙童為教授對象，獲取微薄的收入。醫卜的最佳地點則是城中的市場，但遺民多選擇在市鎮或者遊走四方以行醫賣卜。以出賣書畫為生的明遺民若不願入城生活，將脫離城市中的消費市場，經濟生活會更為困苦。

關鍵詞：明清之際　遺民　生計　城鄉　浙西地區

有關明遺民的討論中，遺民的生計問題近年來頗受關注。[944] 明遺民的生計狀況與其日常生活、行為方式、政治抉擇甚至思想觀念等密切相關，是不容忽視的問題。誠如趙園所言，生計問題存在著「大語境」，治生具有多種意義，它常常是遺民保全氣節、「矢志」與「行義」的條件。[945] 本文著眼於生計與城鄉空間，在概括遺民具體謀生方式的基礎上，進一步嘗試分析生活空間與生計的關聯。為便於討論，本文將以浙西地區的明遺民史料為主，兼及江南其他地區的史料。[946]

一、「逃」與「窮」：遺民的避世與困頓

毫無疑問，明遺民的面貌是複雜而多樣的。明遺民的一種面貌是，在心態與行為方式上都表現出消極、自我邊緣化的傾向，另一種面貌則是蟄伏民間、伺機而起，並且胸懷開闊、氣節高尚。[947] 但若論遺民的日常生計問題，第一種面貌對其有著頗為直接的影響。

明代中後期的士人將詩文酬唱等雅事作為日常生活的重要內容，明亡之後的士人延續了這一生活方式。錢塘人王翔（字雲翼）在明亡後，「日與故

舊諸老人賦詩操琴弈以為樂,暇則泛小舟往來南屏、西泠之間」。[948] 不過值得注意的是,這裡特別點出了王翔的交遊對像是「故舊諸老人」。可以推測,這些人的身份應當與王翔類似,同屬於遺民群體。表面上看,他們聚在一起所從事的泛舟西湖、詩文唱和、操琴對弈等文雅活動,與明代中期以來頗為流行的普通文人聚會並無不同,但實際上是為了抒發感懷故國的情思。

本質上說,王翔等人的生活方式是一種非常緩和的避世。同為避世,許多明遺民選擇了更為醒目的形式。其中,非常引人注意的是逃禪(隱於僧道)。有學者統計,僅謝正光所編著的《明遺民傳記索引》就收錄了 160 多位逃禪的遺民,而陳垣在《明季滇黔佛教考》中提及滇黔兩地的逃禪遺民就有 26 人,因此,「可以想見,逃禪是異族統治下士子避世的最佳途徑之一」。[949]

一些看似瘋癲的行為方式,也是出於避世的目的。烏程人朱國禎(1557—1632)曾提到元明之際歙縣人唐桂芳(1308—1381)的「佯狂」。據稱:「(唐桂芳)以教官家居,扁其居曰三峰精舍。有當道若舊交來見,酒酣,必大噱起舞,太守李公訥喜之,繪為圖。嘗私謚淵明為酒聖陶先生,王無功為酒賢,自稱酒狂。凡歲時令節,以圖像祭享。設酒漿,陳俎豆,舉觴浮之。不至沉醉不止,或披衣哭泣,歌笑自放。識者謂有托而逃,蓋佯狂雲。」[950] 唐氏沉溺於酒、哭笑無常等表現,在明眼人看來是一種「佯狂」「有托而逃」的避世行為。明清之際,士人這種瘋癲的舉動更為常見。平湖人姚世靖(字子清),「甲申後,息意仕進,隱居南溪書屋。家素封,性風華,溺志狎邪,沉痼不返,所謂有托而逃也。年方四十,貧困以終」。[951] 所謂「有托而逃」,點出了姚氏「狎邪」「沉痼」以避世的實質。又如,在崇禎末年國勢日蹙的局面下,富陽人朱萬式(字一甫)「語及時事,輒張髯裂眥」,明亡之後,「遂屏處一樓,終日僵臥,或觀書不及數紙即擲去,拍案罵人,夜輒狂飲,比醉,瞪目箕踞,歌自為詩,歌罷輒大哭」,完全是一副瘋瘋癲癲的模樣。明亡之時,朱萬式才 31 歲,且南明政權尚未覆滅,江南各地抗清義軍此起彼伏,但他已經預知恢復故國無望,遂隱居不出,「唯落拓放棄,不類生人」。晚年以後,他「益頹唐不可收拾,人皆以懶目之,遂自號懶翁。樓居幾四十年,服明諸生服,竟獲完髮以終」。[952]

古代不為帝王所用的賢豪多選擇避世，即所謂「有托而逃」。明清之際遺民許多不同尋常的舉止與之相似，他們的諸種表現，雖然是明中期以來士林風氣的延續，但更是明清之際特殊的政治現實壓力的產物。[953] 以明亡為界，士人此前、此後的避世舉動，其本質差異正在於是否以亡國為主要誘因。明亡之後的避世行為，不但寄託著故國之思，往往還帶有逃避政治迫害的意味。如富陽人孫高的例子：「孫高字孟騫，別號春山，居慶善裡龍門山中，為崇禎季年選貢。鼎革後，禮部尚書胡兆龍奏薦遺佚，特徵不起，遂浪跡江湖，以詩酒自娛，詩多寄託，慷慨悲歌，有古烈士風。恐文字構禍，盡削其稿。年八十二卒。」[954] 在明清鼎革後，孫氏浪跡江湖、以詩酒為事的表現尚不算特別，但這些表現乃因他以遺民自居，不為官府所用，故能讓人看出明亡的直接影響。進一步說，他對清初的文字之獄極為忌憚，以至於不惜盡削文稿，更明顯反映出政治壓力的影響。

為了躲避政治迫害，很多遺民不惜以沉溺於詩酒等方式自我掩飾。眾所周知，「以聲色自晦」是歷來就有的政治策略。比如對於五代南唐人韓熙載（902—970）沉溺於聲色的表現，後來人多以韓氏「不欲為江南相，而以聲色自浣」來解釋。[955] 據稱，南唐後主李煜非常賞識韓氏，有意命其為相，但韓氏「知宋必並唐，故以聲色自晦。語僧德明雲：『吾之為此，正欲避國家入相之命。』」[956] 一些明遺民的策略也大致如此。據黃容《明遺民錄》卷4載，海寧查繼佐（1601—1676）「亂後以聲色自汙」。[957] 正是借助遠離政治的姿態，來實現躲避政治迫害的目的。

不過，遠離政治甚至世俗雖能保全自己，卻常讓生計變得異常艱難。呂留良（1629—1683）在提到自己的摯友、石門人勞以定（字仲人）時稱：

仲人生業甚厚，適邁世變，即散家財厚其知交戚屬。凡貧士有一技之長，賙恤不倦。待以舉火者甚眾。或浪遊湖山，則畫船歌妓，雜沓如雲。酒闌，自調三弦，與客倚和，一時稱絕。已而棄去曰：「是近於狹邪。」乃學彈琴，選奇材自制。聞某寺鐘樓懸紐桐木最良，構樓以易之，琴成，費已數百金。吳越琴師無不造其門者，洞究神妙，皆嘆謝不如。已而曰：「豪矣，非我志也。」買橫山造精舍，思深隱其中，賓客復從之。溪船筍輿，沿道爭役，但

日詣橫山者，即坐往不論直也。以定曰：「此將及我，不可居。」乃復出。既出，而山中果亂。因毀損其舊第，築幽室，植花竹，貯經籍其間，約予同讀以老，蓋至是而仲人生業略盡矣。越一年而病卒。宗族富貴皆以仲人所行為痴，其後人亦自以為戒，然仲人絕世聰明人也。當時即有問之者曰：「公即不取富貴，何必爾？」仲人嘻然曰：「是非若所知也。」[958]

　　勞氏明亡以後的雅緻生活，如放浪於湖山之間、沉溺於琴弦之樂、賞鑒古玩書畫、構建園林等，是明代後期典型的文人生活狀態。一方面，經濟上的寬裕是勞氏能夠經營雅緻生活乃至接濟貧士、親朋的前提。另一方面，勞氏散財於親朋、制琴等看似玩物喪志的舉動，大概誠如其自稱的「非爾所知」，頗有一番深意。散財既是為了構築雅緻生活，也可能是受王朝覆滅的刺激而追尋灑脫不羈，但更可能是一種自我保護的方式。這是因為鼎革之際，江南以富足著稱的大族往往要面臨被各方勢力（如明朝抗清義師、清軍或遊兵）搜刮的危險。比如，錢塘人江浩（字道闇）在甲申後遂棄諸生，先隱居河渚，後祝發為僧，攜一僕入黃山，「時有遊兵入山，以浩武林大姓，家必富，械浩去，索其資。浩曰：『吾在山，瓢笠之外無餘物，義又不可入城取物餉若，惟若死生之。』主帥問其名，禮而釋之」。[959]因此，上述勞氏揮霍錢財的行為，雖然在其族人甚至後人看來是痴人之舉，但卻可能恰是「絕世聰明人」的做法。

　　總體而言，明遺民的生計狀況也是複雜多樣的。趙園在閱讀了大量的遺民傳狀文字後發現，「其中就有家道未落者的依舊豪縱，也有文人的故態依然，固有自甘枯槁奄奄待盡者，亦自有沉湎聲色豪興不稍減者」。[960]上述勞以定這類遺民曾以家貲豐厚著稱，但也多迫於壓力而散財。更何況，像勞氏那樣「生業甚厚」的人畢竟是少數，多數士人要面臨貧窮的窘境。眾所周知，明代中期以後士人群體的日常生活趨於貧困化。在經歷了「明清鼎革」的巨大歷史震盪之後，以遺民自居的士人，其生計艱難的問題表現得更加明顯。這正是此一特殊時期的士人群體普遍關注治生問題的現實背景。

中國經濟史學的話語體系構建
史料專題

明亡之後，遺民生計的變化及其艱難化，平湖人李天植（1591—1672）的例子堪稱典型。全祖望據李氏從曾孫李錫楨提供的材料，撰成《蜃園先生神道表》，稱：

先生諱天植，字因仲，浙之平湖乍浦人也……少而蕭散，其於世事泊如也。嘗曰：「無慾則心清，心清則識朗，識朗則力堅；無慾則心真，心真則情摯，情摯則氣厚。」時時以誨學者，亦頗耽清言。登崇禎癸酉鄉薦，浦上之以科名起者，自先生始。三上公車。癸未，其子諸生觀卒，自以為有隱慝，痛自刻責，遂絕意仕進，改名確，字潛夫。彭仲謀（按即彭孫貽）作先生傳，以為國難後始改名者，非也。既洊遭喪亂，遣妾遣婢殆盡，尚有田四十餘畝，宅一區，並家具一切，分畀所後子震與其女。髡其發，別其妻，徑入陳山。自是足不至城市，訓山中童子以自給，其自署曰「村學究」「老頭陀」。

居山十年，陳山之僧開堂，先生避喧，始返其蜃園，復與妻居，賣文取食，不足，則與其妻為棕鞋、竹笴以佐之。時有好事者約為月給供先生米，力辭不受。有司慕其高，訪之，逾垣而避。其所賦詩，皆吊甲申以來殉節者。蜃園者，乍浦勝地，可以望見海市者也。

又十年，先生益困，不復能保其園，乃復以妻委之婿家，而身寄食於僧寺。戚友憐之，相與贖蜃園而歸之。於是先生復與妻居，則年已七十矣。所後子震，亦稟先生教，棄諸生，顧以謀食走四方。二老相對，時時絕食，嘆曰：「吾本為長往之謀，顧蠟屐未能，乘桴又未能，至於今日，悔之無及，待死而已。」有饋之食者，非其人終不受。或問以身後，曰：「楊王孫之葬，何必棺也。」

又十年，蜃園但存二楹，雙耳失聰，又苦下墜，終日仰臥。客至，以粉版相問答。魏凝叔（按即魏禧）自江西來，造其廬，相對而泣。臨別以銀五錢贈之，五反不受。凝叔固以請曰：「此非盜跖物也。」乃納之。凝叔固屬曹侍郎倦圃（按即曹溶），糾同志復為繼粟之舉，且謀其身後。徐昭法（按即徐枋）聞之曰：「李先生不食人食，聽其餓死，可矣。」俄而使至，則言先生果堅拒絕受。凝叔嘆曰：「吾淺之乎，為丈夫也。」

嗚呼！信夫凝叔之淺也。但知為先生謀食，而不知為先生謀施食之人。夫倦圃，新朝之貴人也。先生肯食其食，亦何待凝叔？故昭法之在吳中能食之者，唯一退翁禪師，余莫能也。昭法聞凝叔之舉，而卜先生之必不食，其可謂相知以心者矣。不數月，先生死。其時有鄭嬰垣者，亦乍浦人也，孤子絕俗，與先生稱金石交。前數年凍死雪中，而先生亦竟以餓死。仲謀又言先生能豫知死日，賦詩而逝，意以為禪定之功也。予謂先生披緇而未嘗談空，蓋其靜極而明，何必從蔥嶺得力乎？

先生生於萬曆十有九年九月二十八日，卒於康熙十有一年二月初九日，其年八十有二。娶黃氏，葬於牛橋之西。其所著《蠶園集》，自震死乏嗣，十不存一，惟《續修乍浦九山志》，世間尚有傳者。其銘曰：餓死事小，失節事大。

正叔之言，先生不愧。百年宰木，護茲遺蛻。[961]

全祖望這篇文字的描述重點，完全放在明亡之後李天植的生活狀況上。明亡之時，李天植已經五十多歲，其在此之後生活的艱難，在這裡得到最全面的展現。在第一個階段（明亡之初），李氏遣散奴僕，放棄田產，告別妻兒，剃髮入山，靠擔任村野的塾師謀生。第二階段，李氏返回居所蠶園，重新與妻子共謀生計，靠賣文、手製棕鞋與竹筥養家餬口。第三階段，李氏的生活更加困難，不得不出賣居所，孤身一人寄食於僧寺。在親朋的幫助下，贖回居所，與妻子艱難過活，但炊米時常不繼，子嗣也不得不四出謀食。第四階段，居所破敗，李氏病重，直至餓死。

對於李天植放棄仕進並改名為李確的時間，彭孫貽認為是在明亡以後，而全祖望認為當在明亡之前。細加揣摩，彭氏的意思是李氏因受明亡的刺激而潛退，而全祖望則將李氏一系列消極的表現歸因於如下幾點：第一，李氏本來就崇尚「無慾」。第二，李氏在崇禎六年（1633）中舉，此後三次參加會試而不中，或許有些心灰意冷。同時，時間逼近明清易代，世事紛擾，李氏參加科考的機會也因而不可避免地被剝奪了。第三是兒子的夭折，讓時值中年的李氏蒙受了巨大的打擊。最後一點是最關鍵的，它令李氏下定決心放

棄仕途,轉而徹底蟄伏。不過必須指出,導致李氏拋離妻子、田產而入山,並以遺民身份自處的原因,則無疑是明王朝的滅亡。

儘管李確的貧困更像是「自虐式的苦行以及自我戕害」或者說「蓄意的自懲」,[962] 但他的例子確實表明,在經歷了明亡的巨變之後,士人若以明遺民自居,則意味著謀生更為艱難。全祖望在上文中提及,在明亡以後,李氏「遣妾遣婢殆盡,尚有田四十餘畝,宅一區,並家具一切,分界所後子震與其女」。這恰恰從反面說明了李氏在明亡之前的經濟生活狀況:妾婢之外,李氏還擁有田地、宅屋、家具等財產。而且可以推測,以李氏所擁有的科舉功名(即舉人頭銜),他必定還享有賦役優免權。但在下定決心走遺民生活的道路以後,他拒絕了清王朝的功名,也就放棄了這類特權。只不過,李氏的做法更為極端,直接放棄了一切財產。

有學者指出,李天植屬於「寧餓死也不接受他人(包括他遺民)接濟的一類」,有著「極端的潔癖」。[963] 仁和人沈蘭先(1618—1680)大概就是此一類型的遺民。明亡後,在生活極為困頓的情況下,他也絕不輕易接受別人饋贈的粟米。不過,這只令他生活得更加艱難而已。他困頓原因,首先與放棄功名有關。全祖望根據前人傳聞,撰成《沈甸華先生墓碑銘》云:

沈先生諱蘭先,字甸華,其後更名昀,字朗思,浙之仁和人也。曾祖某、祖某、父某,世為學官弟子。年十六,受知於提學黎元寬。時山陰劉忠正公(按即劉宗周)講學蕺山,先生渡江往聽講。向來杭士有讀書社、小築社、登樓社,皆以詞章之業為尚,先生亦與焉。至是,始為正學,而應先生潛齋(按即應謙)和之。

甲申之變,年二十七,即棄諸生。其學以誠敬為本,刻苦清厲以自守,推而至於事物之繁、天地古今之變,則以適於世用者為主。其言無一不切於人心,力排佛老曰:「其精者傍吾儒,其異者不可一日容也。」聞四方之士有賢者,即書其姓氏,冀得一見之。然不肯妄交,於取與尤介。授徒自給,三旬九食以為常。曾連日絕粒,采階前馬蘭草食之。有聞之者,饋米數鬥,先生不受,其人固請,則固辭。時先生餓甚,宛轉辭謝益困,遂僕於地,其人皇駭而去。先生良久始蘇,笑曰:「其意良可感,然適以困老夫耳。」嘗

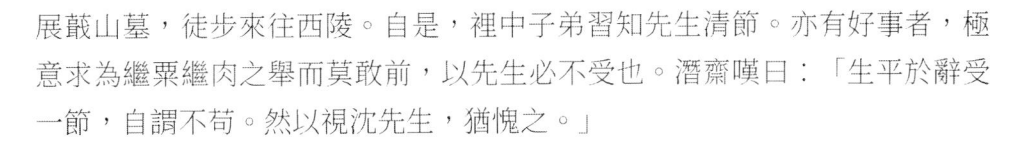

展蕺山墓，徒步來往西陵。自是，裡中子弟習知先生清節。亦有好事者，極意求為繼粟繼肉之舉而莫敢前，以先生必不受也。潛齋嘆曰：「生平於辭受一節，自謂不苟。然以視沈先生，猶愧之。」

以末世喪禮不講，重輯《士喪禮說》，薈萃先儒之論，定其可行者以授弟子陸寅。又輯《四子略》《五子要言》《家法論》《升降編》《言行錄》《居求編》，疏通簡要，不涉殘明講學習氣。蕺山身後，弟子爭其宗旨，各有煩言。先生曰：「道在躬行，但縢口說，非師門所望於吾曹也。」疾革，門人問曰：「夫子今日之事何如？」先生曰：「心中並無一物，惟知誠敬而已。」夜半卒，卒年六十有三，無以為殮。潛齋經紀其喪，不知所出，涕泣不食。或問之，曰：「吾不敢輕受賻襚，以玷先生也。」潛齋弟子姚敬恆趨前問曰：「如某可以殮先生乎？」潛齋曰：「子篤行，沈先生夙所許，殆可矣。」於是，姚生遂殮先生，而葬之於湖上之某原。[964]

沈蘭先及其父祖都以讀書為業，他在十六歲時成為生員。明亡之前，沈氏的日常生活主要是參與杭州的文社（如讀書社、小築社、登樓社等），從事詩文酬唱等各種文藝社交活動（即上文所稱「詞章之業」）。在赴山陰聽劉宗周講學之後，他轉而與應撝謙等著力於實踐性命之學。明清易代之後，沈氏繼續以聖學為宗，潛心於經學與理學方面的著述。

著眼於沈蘭先的生計狀況，我們需要特別注意其在甲申之後「棄諸生」的舉動。明亡以後，沈氏放棄了自己的生員身份，同時過著授徒自給的困苦生活，而這兩者實際上是一種因果關係。明亡前後沈氏生活的巨大反差，根本上就是放棄科舉之途的結果。

總而言之，「明亡」這一事實，造就了眾多的遺民。這些曾經依賴仕進維持生活的士人放棄了科舉之途，謀生也變得相當不易。有關遺民的大量傳記性文字，多將放棄功名與生活困頓放在一起論說，正提醒我們要充分注意到這一點。為了維持生計，遺民不得不採用科舉仕進之外的治生手段。

二、遺民的生計手段

學界對明遺民生計的總結，主要包括耕田或灌園、授徒、賣文或賣畫、為商賈、賣卜、行醫、入幕等方面。根據《明遺民錄彙輯》收錄的浙西明遺民傳記資料，我們可以大致瞭解這一地區遺民的生計狀況。

表1 浙西地區明遺民生計方式統計簡表

生計方式	賣書畫	授徒	耕作	醫卜	賣文	工商	不詳
統計數	21	19	14	11	3	3	98

資料來源：據謝正光、范金民合編的《明遺民錄彙輯》（南京大學出版社，1995年）相關內容統計而來。

表1「不詳」一欄高達98例，不過透過相關描述大致可以瞭解到，其中有些人是逃禪者，有些是舊有家貲豐厚者，有些人依靠友朋接濟而生活。有明確記載的逃禪遺民至少有20多例，不再贅述。舊有家貲豐厚者，如嘉興人、崇禎庚辰進士高承埏（1603—1648），他在嘉興城被清軍攻破以後去官歸隱，「誓墓不出，隱居竹林村窩，聚書八十楹，多至七萬餘卷」。[965]據魏建功《皇明遺民傳》卷1載，高氏「藏書八十楹，與項氏萬卷樓爭富，雖干戈俶擾，不輟吟哦」。[966]高承埏的祖上多有仕宦者，其父高道素為萬曆己未（1619）進士，官至工部郎中，家貲相對殷實，高氏擁有如此豐富的藏書正是以之為基礎。可以推斷，高氏在明亡隱居村野後的生活，仍能得到舊有家貲的保障。一些遺民靠友人的接濟生活，如據魏建功《皇明遺民傳》卷4載，陸圻（1614—1667？）的外甥、錢塘人徐介（1626—1698）生活貧寒，獨身隱居三十年，「棄田舍，寄寢食於諸好友」。[967]又據魏建功《皇明遺民傳》卷6載，嘉善人董升（字盡人），「才敏，為文頃刻數千言，所交皆四方士。家極貧，郡邑長吏重其人，所贈有至千金者，輒散之昆季朋友。以五經分授邑人，多有成業者」。[968]透過「以五經分授邑人」可推斷，董氏的經濟來源部分來自授徒，而據「郡邑長吏……所贈有至千金者」則又可知，董氏也接受友朋的接濟。

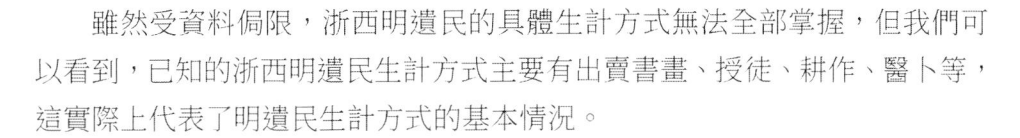

雖然受資料侷限，浙西明遺民的具體生計方式無法全部掌握，但我們可以看到，已知的浙西明遺民生計方式主要有出賣書畫、授徒、耕作、醫卜等，這實際上代表了明遺民生計方式的基本情況。

（一）授徒

透過教授生徒獲取束脩，是明代士人較為常見的「本業治生方式」。[969]對明遺民來說，雖然授徒是許多人的謀生方式，但這種方式往往不能保障基本生活。[970] 其具體原因，容後文再述。

授徒謀生的遺民，如朱一是（崇禎十五年，1642年舉人）、朱茂晥（一作朱茂晼，1607—1672）。據與朱一是頗有往來的海寧同鄉範驤、陸嘉淑稱，朱一是本為諸生，擅長科舉時文，「歲論一二書懸國門，紙湧貴，海內儒生率以欠庵意向為指南」，但在明亡後，朱氏徙居嘉興之梅會裡，「披緇衣授徒」，且主持文社。[971]又據嘉興人朱彝尊（1629—1709）稱，其叔父朱茂晥於崇禎初年補縣學生員，但他主動放棄了功名，甲申以後便不再參加科考，「居室三楹，書籍、釜鬵、鹽豉、蒜果，雜置几案，客過，親自執爨，集中詩所雲『三十即悼亡，所苦米鹽並，有時賓客至，手自調吳羹』是也」。而其主要生活來源是授徒所得，「先後授徒三十餘年，弟子著錄者百人」。[972]

當然，謀生只是遺民選擇授徒的目的之一。例如，仁和人柴紹炳（1616—1670）便以傳授「實學」作為授徒的重要目的。據蕭山人毛奇齡（1623—1716）《柴征君墓狀》載：

君諱紹炳，字虎臣……為仁和生。入國朝，君集同社生，更相砥礪。其社名登樓，君與陸行人兄弟（按即陸培及其兄長陸圻）主之。方行人通籍時，君為序其文，各以氣節相矜高。至是，行人赴水死，君欲應，漳浦黃宗伯（按即黃道周）檄召不得。乃屏居南屏，以理學經術授生徒，不入城……忾然謂：「明亡寡實學，大率通籍致身，並以八比相惑溺，即究心章句，喋喋談性命，何益？」遂於理講外，更肆力於象緯、輿地、律歷、禮制、農田、水庸以及戎兵、賦役之事，與及門子弟共相砥礪。曰：「毋使後世襲經生空言，徒誤人國也。」時東西各郡尚社事，每立社，必推君為首，君謝之去……君家無長物，四方名公卿遇有饋餉，悉麾去不受……[973]

柴紹炳離開杭州城，隱居於南屏，憑藉授徒生活。他最初以「理學經術」教授生徒，後來改變教學內容，與弟子共同探究「實學」。所謂「理學經術」，應當與科舉考試比較相關；而所謂「實學」，則是指天文地理、農田水利、曆法禮制、賦役軍事等方面的學問。值得注意的是，柴氏雖然有意矯正明代以來的空疏風氣，引導弟子講求「實學」，但卻不能放棄教授應對科舉的「八比」，而只能在「理講」之外添加「實學」。這是因為，絕大多數生徒求教的目的是應對科舉考試，而要想吸引生徒，就不能不講授與科舉最相關的「理學經術」。

秀水人蔣之翹（1604—1667）的授徒生涯頗為不順，就是因為他的講授無法滿足生徒應對科考的需求。蔣氏的好友沈起（1612—1682）在《處士蔣石林墓誌銘》中稱，明清鼎革之際，居於秀水之聞溪裡的蔣氏「資業傾廢，遷處不常，漸至貧困」，因而不得不靠授徒為生。在授徒過程中，「生徒艷於時尚，處士必先教以經史及先輩名文。生徒相顧疑慮，謂不足以取富貴，相率遁去，而處士益困」。[974] 當時生徒所追逐的「時尚」，應當就是作為科舉考試內容的詩文（試帖詩、律賦、八股文之類），生徒們大概希望借之「取富貴」。在這種情況下，蔣氏堅持原則，把經史與前賢名文作為首先要講授的內容，導致自己的生計都成了問題。

（二）耕作

對士人來說，耕作的合理性不言而喻。士人雖以讀書為本分，但耕作與讀書緊密聯繫在一起，甚至也可以視為本業。這是因為，「耕讀傳家」是中國古代的傳統觀念。因此，許多明遺民也希望靠耕田來謀生。

一些遺民親自耕田，自給自足。據黃容《明遺民錄》卷4載，嘉興人徐白（字介白）本來是待補貢生的生員，但他在明亡後放棄生員身份，奉母至蘇州天平山之上沙隱居，「有園數畝，無子女，不蓄僮僕。手一鑱，種蔬藝果，捃拾自給。暇則坐小樓，作晝吟詩……故舊相尋，掃落葉汲泉烹之，清談終日，使人忘世。三十餘年不出山，人謂之石隱」。與徐白交善的趙瀚（字砥之），「亦需次當貢，棄而耕於野，盡亡其世業，家無儲粟，晏如也……與白先後卒，年俱七十餘矣」。[975]

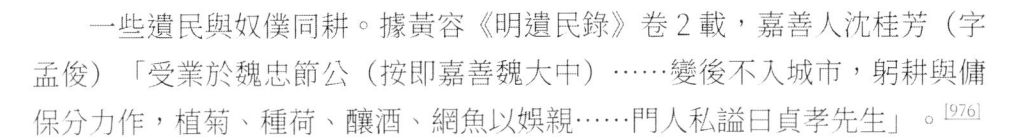

一些遺民與奴僕同耕。據黃容《明遺民錄》卷2載，嘉善人沈桂芳（字孟俊）「受業於魏忠節公（按即嘉善魏大中）……變後不入城市，躬耕與傭保分力作，植菊、種荷、釀酒、網魚以娛親……門人私謚曰貞孝先生」。[976]

一些遺民靠家人耕田而過活。據黃容《明遺民錄》卷6載，秀水人屠廷楣（字爾際，一字爾濟，號東蒙）「初為秀水諸生，亂後隱居鹿乾草堂，五十餘年不入城市……有子，親稼穡之勞，以養其親，故得悠悠於竹樹柴門之下」。[977]但據朱彝尊《屠東蒙詩集序》稱，屠氏「少補學官弟子，兵後棄去，躬耕於郊野，自食其力，口不言貧。漢、魏塘之交有寺曰白蓮，其東偏曰橘鶴樓，暇則鼓枻曳杖以登，青士（按即周篔）恆與期。又方外大梅亦能作韻語，三人往來靡間，飯冬舂烹菽乳，大梅年老而聾，則相對畫紙，詩成撫掌，或留連信宿不去」。朱氏還提及，因為屠廷楣兩個兒子「悉治農務」，所以他的文集由其外甥胡典刊刻。[978]因此，也有可能是屠氏與其子嗣共同耕田。

（三）賣文或賣畫

明代中後期以來，商品經濟的領域不斷拓展，其中詩文書畫在16世紀已成為文化商品，對士人生活產生了直接的影響。對此，許多學者以李詡的記述為證。[979]李氏《戒庵老人漫筆》曾雲：

嘉定沈練塘齡間論文士無不重財者，常熟桑思玄（按即桑悅）曾有人求文，托以親昵，無潤筆。思玄謂曰：「平生未嘗白作文字，最敗興，你可暫將銀一錠四五兩置吾前，發興後待作完，仍還汝可也。」唐子畏（按即唐寅）曾在孫思和家有一巨本，錄記所作，簿面題二字曰「利市」。都南濠（按即都穆）至不苟取。嘗有疾，以帕裹頭強起，人請其休息者，答曰：「若不如此，則無人來求文字矣。」馬懷德言，曾為人求文字於祝枝山（按即祝允明），問曰：「果見精神否？」（俗以取人錢為精神。）曰：「然。」又曰：「吾不與他計較，清物也好。」問何清物，則曰：「青羊絨罷。」[980]

商品化之於士人生活的影響，在生計手段方面表現明顯。詩文書畫成為商品，具體來說，士人謀生的方式不再僅僅是耕讀相伴（如耕種土地或收取田租），經由科舉考試而進入仕途，還包括賣文賣畫等商業化行為。對浙西地區許多明遺民來說，出賣詩文與書畫所得至少是重要經濟來源之一。

一般情況下，出賣詩文只是遺民生計的一部分而非全部。例如，前述李天植在生命的第二階段，「賣文自食」，但並不能滿足基本生活所需，因而還要與妻「為棕鞋、竹筥以佐之」。又如，據黃容《明遺民錄》卷9載，嘉興人繆永謀（字天自，更名泳，字潛初）在明亡以後，絕意於仕進，不羨慕眾親朋以科名起家顯貴，而推崇宋代遺民謝翱（1249—1295）、林景熙（1242—1310）的為人，「賣文授徒，得脯脡以養親」，父子兩人得以隱居。[981]

表2展示了浙西地區著名的明遺民畫家，這些人中多有以出賣書畫謀生者。

表2　浙西地區著名明遺民畫家一覽表

姓名	生卒年	字號	籍貫	繪畫（藝事）	備註
陳梁	不詳	則梁、個亭	海鹽	山水	幼曾飯依蓮池大師，甲申後為生壙，稱個亭和尚，僧服茹素
丁元公	不詳	原躬、釋願庵、釋淨伊	嘉興	人物、佛像	性孤潔，晚為僧
范風仁	不詳	梅隱、梅影	嘉興	篆刻、畫梅	鴛隱詩社成員，隱於禾之東隅，以名節自勵
黃子錫	1612—1672	復仲、號廉農，麗農山人	秀水	山水	廣東按察使承吳之子。寓居苕溪，與兄寅錫種瓜偕隱
黃宗炎	1616—1686	晦木、立溪、扶木、鷓鴣先生	余姚	畫、刻印	崇禎丙申（1643）後，提槖籠遊海昌、石門間。或以古篆為人鎸石印，或用李思訓、趙伯駒畫法寫以自給，浙西傳為黃高士畫，爭購之
金堡	1614—1680	道隱、今釋	仁和	書、畫	崇禎庚辰（1640）進士。後為僧，名今釋，兩都破時，入粵，仕總憲。粵事壞，老於浙
陸嘉淑	1619？—1689	子柔、冰修、辛齋	海寧	山水	因父殉難遂不應試。康熙十八年（1679）薦鴻博，辭不就
呂留良	1629—1683	莊生、用晦、晚村	崇德	畫、篆刻	著書講學，名重一時。遊歷海昌，賣畫及篆刻自給
彭孫貽	1615—1673	仲謀、羿仁、茗齋	海鹽	山水、蘭	明諸生，甲申之變，父兄死節，隱居奉母，素衣蔬食，不交人事
錢德震	不詳	虞林、武子	海寧	書法	高尚不出，嗜古好奇，工書法

錢棻	卒年七十	仲芳、滌山、八還道人	嘉善/山陰	山水	崇禎十五年（1642）舉人。中丞士晉子，史可法招致幕下不就，著書大滌山
錢士章	卒年八十五	章玉、赤霞子	山陰	山水	寄籍仁和，爲仁和諸生，甲申後隱西湖赤霞山，屢征不起
錢士馨	不詳	稚拙、稚農	平湖	書、畫	崇禎十五年（1642）貢生，曾受知於吳偉業。甲申後不仕，已任俠往來河朔，窮老以死
沈齡	不詳	延年、遺民	嘉善	工繪事	隱居不出
閔聲	不詳	毅夫、雪簧	烏程	書法	適李自成之變，遂肥遁。書法逼真二王，轍跡所至，紙爲之貴
項聖謨	1597—1658	孔彰、易庵、胥山樵、逸居士、松濤散仙、大西山人、兔烏叟	秀水	山水、花卉、人物	祖父項元汴、父項德達，皆爲名收藏家、書畫家。幼承家學，工畫善詩。曾入國子監讀書。明亡後，家貧志潔，借硯田以隱，每鬻畫以自給，鬱鬱而終
徐士俊	不詳	徐翽、三有野君	仁和	書畫	隱居不出，詩文著述，爲浙中耆宿
徐柏齡（齡）	卒年七十二	節之、節庵、殷長	嘉興	山水、花鳥	崇禎三年（1630）舉人，黃道周死難後，匿於羅陽之天關山。亂定歸里，自晦不出
查繼佐	1601—1676	伊璜、敬修、興齋、束山釣叟	海寧	書法、梅	崇禎六年（1633）舉人，甲申後闢講堂於鐵冶山下，人稱敬修先生
朱一是	不詳	近修、恆海、欠庵	海寧	山水	崇禎十五年（1642）舉人，甲申後避地梅里。披緇衣授徒，以詩文雄視一世
朱茂曙	1607—1672	子衡、安度先生	秀水	山水、竹石	朱彝尊之父。甲申後棄諸生，隱居鄉里。晚幾鰥居，隱於棋酒

資料來源：本表主要依據付陽華的《明遺民畫家研究》附錄一《明遺民畫家成員列表》（河北教育出版社，2006年，第144—167頁）以及謝正光、範金民合編的《明遺民錄彙輯》（南京大學出版社，1995年）中的相關內容整理而成。

（四）行醫與賣卜

有關浙西地區明遺民以行醫（或曰「賣藥」）、賣卜為生的記載很多。其中一些人在明亡之前就從事與行醫有關的行業。如據魏建功《皇明遺民傳》卷3載，嘉興人朱扉（字開仲）「好覽方書，知醫，旁通釋氏……視一切世務無足以動其心，然語及君親，輒唏噓不止。見人有疾若己疾」。[982] 朱氏早年間對方書、醫術的興趣，成就了他在明亡後的生計。又如，據魏建功《皇明遺民傳》卷6載，錢塘人李元素（字無垢）曾在弘光朝入太醫院為醫士。明亡以後，他以二童子自隨，來到嘉興梅會裡，榜其門曰「太醫李無垢總理內外大小十二科方脈」。後來，他受到同裡醫者的嫉恨與排擠，不得不移寓萍橋僧舍。[983]

一些人則在明亡後把行醫作為謀生方式的一種。據毛奇齡所述，仁和人柴紹炳以授徒為主要生計方式。授徒之外，柴氏還可能兼以行醫為生，如黃容《明遺民錄》卷6就說他「壯年謝去舉子業，間為醫」；孫靜庵《明遺民錄》卷37則說他在隱居南屏山以後，「授徒賣藥自給」。[984]

還有一些人「隱於醫」，可能是以行醫為方式或掩飾，尋求一種隱居生活。據黃容《明遺民錄》卷3載，桐鄉人顏俊彥（字開眉），崇禎中進士，司理廣州，持法平允，以艱歸里。明亡以後，他棄官披緇，但仍家居，隱於醫。[985]

賣卜的例子，如嘉善人殳丹生（字彤寶）。據黃容《明遺民錄》卷9載，殳丹生曾於崇禎末年在陳龍正家坐館，同時攻取舉業。明亡以後，他拋棄科舉功名，居無定所。據稱他曾在蘇州吳江盛澤市寓居，「隱於卜」。[986] 又如嘉興人吳統持（字巨手）。據孫靜庵《明遺民錄》卷11載，吳氏在明亡次年母親過世後，放棄嘉興府生員的資格，隱居於嘉興鴛湖，「坐臥一危樓，粥不繼」，後來「賣卜四方」。[987]

（五）為工商

眾所周知，明代中後期以來，士商相混的現象越來越常見。所謂士商相混，不但包括「棄儒就賈」，也包括「棄商就儒」。這些現象也出現在明清鼎革之際。

「棄儒就賈」的士人，如秀水人蔣之翹。前文提到，蔣氏為謀生而授徒，但在授徒的過程中，他不能滿足生徒應付科舉的需求，生徒紛紛離去，自己變得愈加貧困。《處士蔣石林墓誌銘》雲：「旋始變計，志圖貿易。念先世以貿絲為業，遂操作於權衡之中。凡貿易之術，主客往來，主人務為權辭詭說，曲致殷勤，以誘致群客。處士恥之，立言必誠必信，欲以移易風俗。未幾，巨商大客皆散去就他賈，而處士益大困，朝夕所需，為之不給。」在這種情況下，蔣氏被逼出售自己的藏書，但仍堅持「非天下名流能通群籍者，我不輕授也」的原則。康熙初年，曹溶（1613—1685）回到秀水，以重金買下了蔣氏的藏書，蔣氏才「得免於困……閉關不與世往還」。[988] 基於蔣之翹經商的經歷，朱彝尊稱他「甲申後隱於市」；[989] 楊象濟（1825—1878）亦雲，「吾裡蔣石林布衣，當鼎革之際，隱居闤闠，鬻絲自給」。[990]

錢塘人應撝謙的弟子姚宏任（字敬恆，別字思誠）則是「棄商就儒」的典型例子。據全祖望《姚敬恆先生事略》（簡稱《事略》，下同）雲：

《李二曲集》中別輯前代講學諸君，有出於農工商賈之中者，共為一卷，以勉學者。以予近所聞，近日應潛齋（按即應謙）高弟有日凌嘉印、沈文剛、姚敬恆，皆拔起孤露之中，能成儒者。凌、沈之名尤重，見於沈端恪公（按即沈日福）所為傳，而敬恆躬行，與相鼎足，顧未有知之者。

敬恆，諱宏任，別字思誠，杭之錢塘人也。姚氏，故杭之右姓。敬恆少孤，其母賢婦也。敬恆不應科舉，隱於市廛，稍營十一之息以養家。其母一日見敬恆貿絲，銀色下劣，慍甚，曰：「汝亦為此惡行乎？吾無望矣。」敬恆皇恐，長跪謝，願得改行。乃受業於應先生潛齋，每日朗誦《大學》一過，潛齋雅愛之。一言一行，服膺師說，泊然自晦，凡事必歸於厚。沈甸華（按即沈蘭先）之卒也，潛齋不食二日，敬恆問曰：「朋友之喪而若此，無乃過歟？」潛齋喟然嘆曰：「為其無以為喪也。」敬恆曰：「請為先生任之。」殯葬皆出其

手。潛齋不肯輕受人物，惟於敬恆之饋不辭，曰：「吾知其非不義中來也。」然敬恆不敢多有所將，每時其乏而致之，終其身無倦。潛齋之歿，敬恆執喪如古師弟子之禮。姚江黃先生晦木（按即黃宗炎）於人鮮可其意者，獨見敬恆而許之，曰：「是《獨行傳》中人物也。」

嘗游於閩，閩督姚公（按即姚啟聖）盛延之，訪以海上事。敬恆對曰：「遊魂不日底定矣。但閩中民力已竭，公當何以培之？」閩督肅然頷之。然敬恆以學道故，所營十一之息無甚增益而勤施，漸不可支，遂以此落其家。

晚年以非罪陷縲絏。憲使閱囚入獄，敬恆方朗誦《大學》，憲使異之，入其室，見其案上皆程、張之書也，呼與坐而語之，大驚，即日釋之。然敬恆卒以貧死。其平生但事躬行，不著書，故鮮知者。[99]

姚氏本來是杭州的世家大族，但姚宏任少年喪父，不應科舉，從事販賣絲織品等利潤微薄的商業活動。後來姚氏決定改行，拜應撝謙為師，研習《大學》等儒學經典。姚氏不但時常接濟應撝謙，而且主動操辦前述明遺民沈蘭先的喪事。姚氏的仁義品行，得到黃宗炎的讚賞。

細細揣摩，上引全祖望對姚宏任的描述，完全把姚氏作為一個「儒者」，但這可能是一種後來者的追述，有意模糊了姚氏從商人到士人的身份轉變。首先，全氏「隱於市廛」「稍營十一之息」等說法似乎表明，姚氏的志向本不在經商，且不屑於贏利。但姚氏的母親批評他使用劣銀的故事卻又透露出，姚氏在經商過程中大概多少要使用一些賺取利潤的小伎倆。其次，姚氏在痛下決心放棄從商而受業於應撝謙的時候，可能已經積累了一定的家貲，也可能他在這之後並未完全放棄從事商業活動，否則很難進行接濟應氏、應承沈蘭先喪事等活動。另外，《事略》末尾提到，姚宏任因為「學道」且「勤施」而家道中落，最終貧困而死。但「所營十一之息無甚增益」也反映出，姚氏後來的經濟來源主要是經商所積攢的家貲，以及在其基礎上的經營。

《事略》又稱，姚宏任後來曾經到福建遊歷，且受福建總督姚啟聖（1624—1683）的邀請討論平定臺灣之事。姚宏任認為平定臺灣並非難事，更應該關注的是恢復福建百姓民力的問題。憑藉這種見識，他贏得了姚啟聖的讚譽。這一段記載，雖然展現了作為「儒者」的姚宏任關心百姓疾苦，但

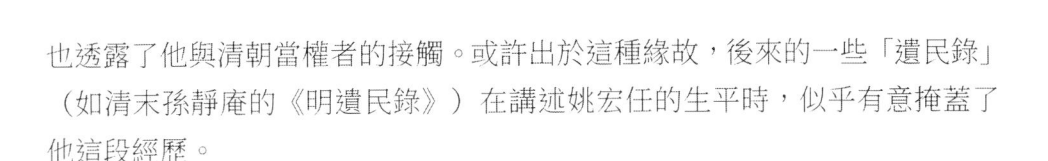

也透露了他與清朝當權者的接觸。或許出於這種緣故，後來的一些「遺民錄」（如清末孫靜庵的《明遺民錄》）在講述姚宏任的生平時，似乎有意掩蓋了他這段經歷。

三、城鄉生活空間與遺民生計

臺灣學者王汎森曾以劉宗周的弟子、紹興人陳洪綬（1599—1652）的詩文為例，提及應當注意明亡後士人生計與城鄉的關係，特別是畫家脫離城市，難以出售自己的書畫作品而生活艱難的問題。[992] 陳氏曾在劉宗周等師友殉國後至紹興城外的薄塢隱居，後來又不得不下山回到紹興城中的青藤書屋賣畫維持生計。[993] 回城之後，陳氏作《思薄塢》云：

薄塢去城廿里餘，秦望之前天柱裡。東有奉聖天衣寺，西有雲門若耶水。漁樵鐘磬悅耳目，松篁泉石供素紙。長槍米賈隔三家，草橋酒店遠二里。將家自全於其中，種菜曳柴命兒子。禿翁無書便好遊，索句草鞋隨意指。有時入寺僧作飯，有時遊山客留止。酒錢少而米錢稀，然亦未曾饑渴死。出於故人遠寄將，答之詩畫頗歡喜。老媼捨我幾畝山，結個茅庵晨夕啟。留我唸佛寫佛經，塢中男女祈福祉。去冬總管欲識面，親朋勸我無去理。破衲光頭難拗違，親朋又勸出山是。總管為我慘淡謀，賣畫養生必城市。今年三月故移家，將軍令嚴夜禁始。昨聞斬木自外來，今見揭竿從中起。斬頭陷胸如不勝，白日閉門避蛇豕。露刃譏察滿窮巷，僧家俗家難依倚。每思山中雪夜好，又思山中月夕美。山中雨窗訪道人，山中晴川掇香芷。只今不敢當街行，唯恐觸之多凶否。夕陽在山便縛人，抱頭鼠竄眠屋底。摩雲鸞鶴垂天飛，投入網羅待笞矢。薄塢薄塢何時還，禿翁清福薄如此。[994]

這首詩是陳氏由薄塢返回紹興城中以後寫作的。在詩中，陳氏對比了自己在山中生活與城中的不同：山中的生活雖然清貧但卻自在，城中則是一片社會動盪、混亂不堪的景象。然而，陳氏卻不能不返回城中生活，除了因為「總管」敦促自己出山，更是為了生計。在山中，陳氏只能靠老婦捨給的幾畝山田結個草廬，種菜撿柴、訓課子女，過著僅僅是「未曾饑渴死」的清貧生活。作為畫家的陳氏要養活一家老小十幾口人，需要以出售自己的書畫為經濟來源，而當時的書畫市場主要在城市中（賣畫養生必城市）。

正如陳洪綬的情況，對明遺民來說，在城與在鄉絕不僅僅體現自己喜好城市或鄉村的文化態度，也絕不僅僅是一種參與或逃離政治的政治態度，還實實在在地影響到了自己的日常生活。就最後一點而言，不同的生計方式意味著必須接受在城或在鄉的社會環境限制。

（一）不入城市：以耕作為生計

耕作是宣稱不入城市的明遺民的主要生計方式。前文提到，士人靠耕田謀生所具有的不言而喻的合理性，源自「耕讀傳家」的悠久傳統。不過，對遺民來說，以耕田為生計尚具有特別的意義。由於耕作的地點多在郊野，遺民得以遠離作為政治重心的城市而生活，儘量避免與新朝政權發生關係，既利於保護自身的安全，也利於保全氣節。[995]

正因為這樣，這類遺民才更容易做到「不入城市」。前述嘉善人沈桂芳、秀水人屠廷楫均以耕作謀生計。兩人在甲申以後都不再進入城市。沈氏大概是因為「躬耕與傭保分力作，植菊、種荷、釀酒、網魚以娛親」，所以能夠衣食無憂。屠氏則可能是自己「躬耕於郊野，自食其力」；或者他的兩個兒子「親稼穡之勞，以養其親，故得悠悠於竹樹柴門之下」。海寧人沈兆昌（字聞大）於順治二年、三年間（1645—1646），在海寧城外構築居室，「蒔藥種蔬，讀書其中」，大概也是以耕作謀生於城外。[996]

又如，嘉興人巢鳴盛（1611—1680）在明亡後不入城市，以耕作自給。據邵廷采（1648—1711）稱，明亡後江南地區許多士人便不再進入城市，其中能夠做到始終如此的遺民有三人，即嘉興巢鳴盛、李天植以及長洲徐枋（1622—1694）。[997]邵氏又雲：「嘉興巢鳴盛，字端明，崇禎丙子舉人。乙酉後，不入城市。時群盜四起，鏐鐵銀鍐之器無得留者，於是繞屋種匏，小大十餘種，杯杓之外，室內所需器皿莫非匏者，遠近仿效，『檇李匏樽』乃名海內。自為長歌詠之。」[998]巢鳴盛曾以「長歌」讚詠自己製作的「匏器」（葫蘆製成的器皿），朱彝尊提到其中一首，即《題匏杯》：「回也資瓢飲，悠然見古風。剖心香自發，刮垢力須攻。不識金銀氣，何如陶冶工。尼丘蔬水意，樂亦在其中。」[999]朱彝尊認為，巢氏詩中所謂「剖心刮垢」，大概是以匏「自喻」。

邵廷采只提到巢氏種植匏瓜，但沒有提到他的謀生方式。對此，黃容的《明遺民錄》卷4有較為詳細的描述。明清鼎革之際，巢鳴盛寓居杭州某野寺中，觀望時事。在潞王不戰而降，江東拒守兵潰後，巢氏乘漁舟由海道回到嘉興。在家鄉，巢氏「家田側，構數椽，門戶不出，鄰里罕見其面。隔溪築一小閣，可望先人丘壟。屋外植短籬，旁環繞栽橘百本，親荷鋤種菜以自給。妻錢氏篝燈紡績，泊如也。立家訓，首以勉忠孝、敦廉恥為教。事兄如父。課子弟，雖成人必嚴」。[1000] 由此看來，明亡後巢氏大致居於田間，與妻子過著男耕女織的自足生活。

　　巢鳴盛曾專門撰寫過一部題名《老圃良言》的農書，其篇首雲：「生世業緣，芟除殆盡。村居荒僻，只鄰並一二老圃相與往還，嘗為余言種植之事，大要有十。依法試之，罔有不效。嘉蔬美果，實叨其惠。因述為《老圃良言》，以告世之從事灌園者。」[1001] 這部書篇幅很短，總字數不足千字，但「絕不是文人弄筆之作」。[1002] 因為據巢氏自己的說法，書中所言「下種、分插、接換、移植、修補、保護、催養、卻蟲、貯土、澆灌」十點有關種植蔬菜瓜果的內容，既是他從老農那裡聽聞而來，而且他也曾親身試驗，並收到良好效果。

　　巢氏撰寫農書並非偶然，是他日常從事農業生產活動的副產品。明清鼎革之際，隱居田間的許多士人結合自己的農業實踐，撰寫了一些農書，包括耕作、蠶桑、園藝等方面的著作。比如，桐鄉人張履祥（1611—1674）就與巢鳴盛有著相似的經歷。明亡之初，張履祥曾與徐善（1634—1693）、何汝霖（1618—1689）等圖謀恢復明室。到了順治四年（1647），清廷統治局勢趨於穩定，張履祥遂決意隱居。此後，張氏在鄉間以授徒與耕作為主要活動。他在僱人種田的同時，也不時躬耕田間，後在《沈氏農書》的基礎上撰寫《補農書》。《楊園先生年譜》（見於《楊園先生全集》與光緒《桐鄉縣誌》）稱，「先生歲耕田十餘畝」，「在館必躬親督課。草履箬笠，提筐佐饁。其修桑枝，則老農不逮也。種蔬蒔藥，畜雞鵝羊豕無不備。先生自奉甚儉，終身布衣蔬食，非祭祀不割牲，非客至不設肉，然蔬食為多。惟農工以酒肉餉。雖佳辰令節，未嘗觴酒豆肉以自奉」。[1003] 與巢、張類似的情形，又如華亭人盛國

芳（字香樾）《老圃志》、江都人徐石麒（字又陵）《花傭月令》等也都約撰於明亡後隱居期間。[1004]

相反的情況是，一些遺民因為沒有田土或者不擅長耕作，只得選擇其他生計方式。前文提及，沈蘭先在明亡後過著極為困苦的生活。據沈氏好友孫治（1618—1683）《亡友柴汪陳沈四先生合傳》雲：「（沈蘭先）與弟蘭或自為師友，秉志不仕，家貧益甚。欲躬耒耜以事親，然苦無郭外田。於是所至教授，以束脯奉親，親亦安貧，樂其以道養也。」[1005] 沈氏靠授徒為生的原因，正是其在城外無田可耕。又比如，太倉人陸世儀（1611—1672）曾雲：「自甲申、乙酉以來，教授不行，養生之道幾廢。乙酉冬季學為賈，而此心與賈終不習。因念古人隱居，多躬耕自給，予素羼弱，又城居不習田事，不能親執耒耜。」[1006] 陸氏稱，在社會動盪、授徒謀生不順利的情況下，昧心從事商業活動，是因為自己曾長期居處城內而不熟悉耕作。

當然，所謂耕田，除了自給自足，還可以參與市場貿易活動。明中葉以來，江南的蠶桑業日益發達，商品化程度不斷提高。一些遺民以蠶桑業謀生，如據黃容《明遺民錄》卷 6 載，湖州人徐行（字周道）「棄諸生，專精桑之術」。[1007] 經營蠶桑業，若與市場發生關係，則很可能要到城市中去。

（二）賃屋市廛與訓徒山中：以授徒謀生

士人若以授徒為職業，最好的教授地點應當在城內。海寧人黃永（字山甫）並非遺民，據道光《海寧州志》載，黃氏「少失怙，母口授經史。遭外氏中落，母病瞀，棲托無所，乃賃屋市廛。永外授生徒，內兼井臼，身受饑寒而甘脆無缺，浣中裙，滌廁牏，裡黨皆親見之。至四十餘方娶，侍奉有人，乃就延聘」。[1008] 黃氏在市場旁租賃居所，一方面是因其租價便宜，另一方面大概與方便招收生徒、照顧家中母親有關。

明遺民則多在城外甚至山中授徒。前引全祖望《蜃園先生神道表》提到，平湖人李天植「國變後，家產蕩然，遂與妻別，隱陳山，絕跡不入城市，訓山中童子以自給，自署曰『村學究』『老頭陀』」。所謂「山中童子」，大概是指文化水平較低的蒙童。透過全祖望的論述可以推斷，李天植靠「訓山中童子」所得收入，僅能勉強自給。李氏若不在山中而在城中招收生徒，其

授課層次與所得收入或許會得到不小的提高。相比之下，前文提到的柴紹炳「居西湖南屏山，以理學經術授生徒，不入城」，則應當是以水平較高的生徒為教授對象，其講學地點雖然選在杭州城外西湖邊的南屏山，但就杭州而言，較為清淨的湖山之間是明遺民授徒的絕佳地方。

前文提到，士人若以授徒為生，只有在授課內容上滿足應對科考的需求，才能吸引更多生徒。否則，將存在招徒困難的麻煩。但像柴紹炳這樣的名士（按：柴氏為「西泠十子」之一，至少在錢塘附近頗有聲望）想要招收生徒，並不是什麼難事。與「西泠十子」頗有交往的錢塘理學名士應撝謙也是如此。約成書於康熙年間的《郭西小志》記敘了應撝謙明亡後的生活狀況，「乙酉後，閉門不復出，唯以教授生徒自給，常館於郭西薛氏。後遷吳山承天觀，從游甚眾」。[1009] 應撝謙以授徒為生，教授的地點包括自己家中、吳山的承天觀，他還曾在杭城郭西的薛氏家中擔任家塾教師。而馮景《應處士傳》則稱，應氏家住平安坊威乙巷「隘屋短垣，僅蔽風雨，家無僮，自啟閉」，但由於他聲名在外，無論是在家中還是在地處杭州城內的吳山承天觀授徒，「負笈者遠至，成就人材甚多，舉止雅飭，見者不問而知應先生弟子也」。[1010]

（三）賣藥/賣卜市中：以醫卜謀生

古代有意於隱居的文士有一種隱於醫卜的傳統，明清之際尤其如此。康熙三十四年（1695），長洲名醫張璐（1617—1698）提道：「餘生萬曆丁巳（按即萬曆四十五年，公元1617年），於時風俗雖漓，古道未泯，業是道者，各擅專科，未嘗混廁而治也。甲申世變，黎庶奔亡，流離困苦中，病不擇醫，醫隨應請，道之一變，自此而始……壬寅（按即康熙元年，公元1662年）已來，儒林上達，每多降志於醫，醫林好尚之士，日漸聲氣交通，便得名噪一時。於是醫風大振，比戶皆醫，此道之再變也。」[1011]

在康熙朝之前，已經有不少明遺民選擇「醫隱」或「卜隱」。但透過「提囊行市」「賣藥市中」「賣卜市中」等當時關於行醫賣卜的典型說法也可以推測，靠醫卜謀生的最佳地點是市場。例如，蘭溪人範路（字遵甫）流寓嘉興，賣藥於市門，朱彝尊引周筼之說，「遵甫潛心性命之學，不關佛氏……晚開靈蘭館，賣藥長水市，乍愚乍智，人莫測其所詣云」。[1012] 曾寓居桐鄉

語溪的江南名醫、鄞縣生員高鬥魁（1623—1671）精通醫術，但因為家世顯貴，以讀書為業。明亡以後，為了接濟黃宗羲、黃宗炎兄弟等遺民友人，他「提囊行市，所得輒以相濟」。[1013] 奉天府左衛人張翼星（字三明）精於理學，尤長於《易》，「家貧不仕，隱於卜肆，日獲百錢以自給。衣履常不完，盛夏猶峨冠氈笠，晏如也。從弟元錫，官總制，屢迎，不一往。有所遺，擇其小且劣者受之」。[1014] 陳去病《明遺民錄》則稱，張翼星「日張卜肆於市以自給，度得百錢，輒閉門不復過求」。[1015] 又如，前述嘉善人戈丹生曾在蘇州吳江盛澤市寓居，「隱於卜」。

「西泠十子」之一的陸圻在甲申以後的行醫經歷，全祖望在《陸麗京先生事略》中稱：

乙酉之難，大行（按即陸培，為陸圻之弟）裡居自經死。先生匿海濱，尋至越中，復至福州，剃髮為僧，母作書趣之歸。時先生尚崎嶇兵甲之間，思得一當，事去乃返。雅善醫，遂藉以養親，所驗甚多。有人病亟，夢神告之曰：「汝病在腸胃，得九十六兩泥可生也。」且以告其友，友默然良久曰：「嗟乎，此陸圻先生也。圻字分之為斤為土，其姓為六之諧音，合之乃九十六兩土也。」即迎先生至，下藥立愈。由是吳越之間，爭求講山先生治疾，戶外屨無算。[1016]

黃容《明遺民錄》卷4也提到，陸圻「後為醫，提囊三吳間，屢著奇效」。又據魏建功《皇明遺民傳》卷4載，甲申後，陸氏「賣藥海寧之長安市，犉飯冷菜，捫虱而談，相對者忘其穢也」。[1017] 可以推斷，陸氏曾在海寧縣長安市行醫，也曾奔走於吳越各地行醫謀生。陸圻為當時的名士，時人傳言他醫術屢有奇效，使得他可以「藉以養親」。可能由於與抗清勢力有所關聯（其弟陸培殉明，友人陳潛夫參加浙東抗清活動，他自己也可能參與抗清活動），他才需要「自穢」來掩飾身份。

出於隱晦的考慮，以醫謀生的明遺民多不入城中行醫，他們往往選擇在市鎮或者遊走四方。如應撝謙在《東江沈公（按即沈謙）傳》中提到，自己曾在仁和縣臨平鎮賣筮。[1018] 而錢塘人汪沨（字魏美）則不入城市，四處遊走行醫。汪氏的摯友、著名明遺民魏禧在《高士汪沨傳》中雲：「（汪沨）

常獨自提藥囊往來山谷間，宿食無定處。渢故城居，母老，思見渢，時兄澄、弟泓亦棄諸生服，奉母徙城外，渢間來見。家人欲跡之，不可得。」明亡以後，汪氏不入城市，曾游天臺，居石樑左右，後返河渚，徙居孤山，游匡廬、黃山、白岳，與異人高士游處。[1019]

魏建功《皇明遺民傳》卷 2 稱，與朱彝尊過往甚密的上海人李延罡（初名彥貞，字我生，一字期叔，後名延罡，字辰山）寓居平湖，「從徐孚遠學。晚而隱於醫，居平湖佑聖宮，自稱道士……受醫業於季父中梓……有延之治疾者，數百里必往視，或酬以金，輒從西吳書估舟中買書……暇則坐輕舟載花郭外，飲客以酒，必自遠致山肴海錯」。[1020] 孫靜庵則稱他「年二十，走桂林為永曆帝某官。晚為道士，隱於醫」。[1021]

鳳陽人徐逸度（以字稱）在南京陷落以後，同崑山人李遂初南來杭州，隱居於杭州東郭之艮山，賣藥自給。[1022] 光緒《杭州府志》則雲，遂初老人字逸度，家金陵，明亡後，挈妻子來杭，隱於艮山，「賣藥自給，晦跡匿名」。[1023] 翟灝（？—1788）《艮山雜誌》卷 1 載，「師古齋，前明遺老李逸度遁跡所也。逸度，號遂初老人，所存詩有前後梅花二百詠」。翟氏引及李逸度《詠梅百首自序》，其中雲：「昔在丁亥，余自金陵徙錢塘，僦居艮山沙河間。崇墉在門，清流繞岸，野陌參差，卉木羅布，良足娛也。」又引及《詠百梅律自序》：「丙寅正月中旬，默坐空齋，幽懷抑鬱，不覺怃然曰……余羈棲武林郭外四十年，今春秋七十有三矣。老態何堪，孤蹤徒託。感古賢之難企，慨時事之轉非。」[1024] 遂初老人與徐逸度應當為同一人。

錢塘人張中發（字自志），明亡後「入山醫隱。學使見，不可；禮請，避去」。仁和人羅孫善（字嵩庵）也放棄生員資格，「醫隱」。[1025] 據稱，羅氏當時「奉母徙錢塘石墩村……家日窘，授徒養母，以醫活人」，兼用授徒與行醫兩種方式謀生。[1026] 賣卜為生的遺民，有錢塘人張白牛（失其名，字存王）。張氏在明亡後「避居留下，賣卜自給，足跡不入城。破屋二間，敗幾缺足，穴壁倚之以讀書」。[1027] 史料雖僅稱他們行醫或賣卜，而未言具體地點，但推測當在城市之外的市場之中。

（四）賣畫養生必城市：賣文與賣書畫

前引陳洪綬《思薄塢》一詩說「賣畫養生必城市」，而陳氏的生活經歷也證明，以出售書畫為生的遺民需要居於城市之中。但限於史料，我們很難討論浙西地區遺民出賣書畫的具體地點。從一些史料推斷，這類遺民中不少人享有較高聲望，靠受人請求而作書畫便能謀生，似乎不必至城市中售賣作品。據稱，黃宗炎「或用李思訓、趙伯駒畫法鬻之以自給，浙西傳為黃高士畫，爭購之」。[1028] 又如，黃容《明遺民錄》卷3載，秀水人項聖謨（字孔彰）明亡後為山人，「以畫名家，世多珍秘之」。而據魏建功《皇明遺民傳》卷4稱，項氏「善畫，客有以酒餉者，越數日，索其壇，已為遊兵所擊碎，聖謨遂畫一空壇償之。中作桃柳三兩枝，或斜倚，或倒垂，豐姿婉約。國亡隱居以終」。[1029]

然而，認為遺民的書畫作品受到追捧，更可能是後世撰寫遺民傳記者的一種臆想。當時靠書畫謀生的遺民，其生活狀況似乎並不理想。全祖望《鷓鴣先生（按即黃宗炎）神道表》稱：

丙申（按即順治十三年，公元1656年），再遭名捕，伯子（按即黃宗羲）嘆曰：「死矣！」故人朱湛侯、諸雅六救之而免。於是盡喪其資，提藥籠游於海昌、石門之間以自給。不足，則以古篆為人鎸花乳印石。又不足，則以李思訓、趙伯駒二家畫法為人作畫。又不足，則為人制硯。其賈值皆有定，世所傳《賣藝文》者是也。[1030]

黃宗炎曾從事行醫、刻石、賣畫與制硯等多種活動來謀生，但仍嫌不足，很可能是因為「生意」冷清，所以才會有為了招攬生意而明碼標價的《賣藝文》的產生。

所謂《賣藝文》，即呂留良於順治十七年（1660）所作之文。該文稱：

東莊（按即呂留良）有貧友四：為四明鷓鴣黃二晦（按即黃宗炎），檇李麗山農黃復仲（按即黃子錫），桐鄉殳山朱聲始（按即朱洪彝），明州鼓峰高旦中（按即高鬥魁）。四友遠不相識，而東莊皆識之。

城鄉生活空間與明遺民生計——來自浙西地區的例證 [942]

東莊貧，或不舉晨爨，四友又貧過東莊，獨鼓峰差與埒，而有一母、四兄弟、一友、六子、一妾，乃以生產枝梧其家，而以醫食其一友，友為鵾鶋也。鵾鶋貧十倍東莊，而又有一母、五子、二新婦、一妾。居剡中化安山，有屋三間，深一丈，闊才二十許步，床、灶、書籍、家人屯伏其中，烈日霜雪，風雨流水，繞攻其外。絕火動及旬日，室中至不能啼號。鼓峰雖以醫佐之，不給也。而又有金石玩好之性，喜鑿印章，結構撫摹秦漢，間作南唐圖書記，或摹松雪（按即趙孟頫）朱文筆法，高雅可愛。至其精論六書，則斯邈俗吏，茫昧古法，殆不可與語。東莊謂「賣此頗可得飽腹」，謀之鼓峰雲：「鵾鶋技不止此。若其可以玩世者，則又善畫，畫李思訓、趙伯駒二家法，精緻微妙，出是亦可得錢。」因憶及黃麗農畫，亦兼南北宗，尤妙董巨（按即董源、巨然）神理，下筆秀潤生動，直坐元四家於廡下。麗農固自秘，郡人亦無識者。年來困益甚，子女十數人，有子之妾四。麗農少壯故豪奢，旦夕遂至不堪。責逋者環坐戶外，輒恟哭欲自引絕，責逋者多驚散去。然少間又欣然弄筆，都不復憶也。吾友賣畫，此當與結伴。而鵾鶋意又欲賣文與詩，謂：「此事可吾輩共計耳。」然吾姊丈聲始（按即朱聲始）淵源程朱，所作文不減歐九（按即歐陽修），為雜著小品，奇詭要裹淳蓄，出入蒙莊（按即莊子）、史遷（按即司馬遷）、昌黎（按即韓愈）間，而獨不喜作詩，是亦有不能共計者。顧其人別無藝能，於經紀為尤拙。隨意至友人處，坐講今古，竟日不倦。其家具食，食之；否，亦論難泉湧，了不知餓，便至昏黑。家有二幼子，一弱女。早喪母，唯一房老與俱，則腸鳴如雷矣。桐鄉人皆以為痴行。且饑欲死，出其長，但文耳。而其文又可傳而不可賣。鵾鶋曰：「姑試之。安必其無一遇也？」因約聲始竟賣文，余友共賣文與詩，麗農、鵾鶋共賣畫，鵾鶋、東莊共賣篆刻，東莊獨賣字。鼓峰掀髯曰：「終不令子單行。」鼓峰小楷類《樂毅論》及《東方朔畫像贊》，行書逼米海岳（按即米芾），間追顏尚書（按即顏真卿）。於是鼓峰、東莊共賣字，既以自食，且以食友。約成，草於吳孟舉（按即吳之振）之尋暢樓。孟舉書畫故奇艷，涉筆成趣，得天然第一，謂：「吾手獨不堪賣耶？然如子家不貧何？」曰：「請以字佐鼓峰、東莊，以畫佐鵾鶋、麗農，吾出藝，而諸君共收其直，可乎？」眾曰：「幸甚！」東莊乃脫稿，而屬孟舉書。[1031]

迫於生計，呂留良、黃宗炎、高鬥魁、黃子錫、朱洪彝等數人約定一起賣文、賣詩、賣畫、賣字、賣篆刻。同時，幾人共同約定了潤格：

鸝鴣：石印每方二錢；金印、銅、鐵印每方三錢；玉印、瑪瑙印每方五錢；水晶印、磁印每方四錢；犀、象、琥珀、蜜蠟、玳瑁印每方五錢；北宗山水每扇面三錢；詩、律一錢；古風三錢；長律每十韻加二錢；壽文一兩；募緣疏一兩；祭文五錢；碑、記、書、序各一兩；雜著五錢。

麗農：南北宗山水每扇面三錢，冊頁三錢，單條五錢，全幅一兩，每尺三錢，堂幅二兩。詩文同鸝鴣。

殳山：文每篇一兩。

鼓峰：小楷每扇面二錢，行書一錢；帷屏每扇幅三錢，錦軸每幅八錢；齋匾每字一錢，柱聯每對一錢。詩文同鸝鴣、麗農。

東莊：石印每方三錢；小楷每扇面三錢，冊頁三錢，手卷每尺三錢；行書每扇面二錢，冊頁、手卷同，單條三錢；草書每扇面三錢，冊頁、手卷同。詩文同鸝鴣、麗農、鼓峰。

孟舉：小楷每扇面二錢；行書每扇面一錢；柱聯每對一錢；畫竹每扇面一錢；寫生每扇面一錢；著色二錢。[1032]

有學者的分析很有道理：「初一看，《賣藝文》所開潤格之低是令人驚訝的，治印、扇面、冊頁、單條等均不過三錢，寫一篇壽文、祭文或碑記亦不過一兩銀子。這樣的潤格，僅為鄭板橋所定潤格的三分之一左右，但考慮到近百年間米價、物價上漲的因素（據《李煦奏摺》《閱世編》等資料，終康熙一朝，米價一直維繫在每石八九錢至一兩一之間，荒年曾賣到二兩左右不等，但只是暫時上漲，不久就回落了。到乾隆中後期，米價在一兩左右的基礎上大約漲了有一半以上，也就是一兩五錢左右），以及畫家的名望地位，《賣藝文》所定潤格還是符合實際的，是經過周密考慮的。呂留良輩制定這樣的潤格，想來主要出於以下原因：他們鬻書賣畫是為了養家，而非求名。」[1033]

城鄉生活空間與明遺民生計——來自浙西地區的例證

然而，即便僅以養家謀生為目的，呂留良輩「賣藝」的做法還是受到時人的批判。呂氏在《反賣藝文》中說：

> 庚子（按即順治十七年，公元1660年）作《賣藝文》，錢牧齋（按即錢謙益）見而嘆曰：「昔之《西園畫記》也，今為《汐社許劍錄》《玉山草堂雅集》矣。」剡中黎洲先生德冰（按即黃宗羲）擎拳獨立，排拓二百年之詩文，於九流百家之術，無不貫穿。予欲廣《賣藝文》以位先生，而以吳自牧之詩畫、算數、聲音之技附之。鐘山民部黃半非、射山陸辛齋聞之，喜而見過。黃民部者亦賣文字，自作駢語小引，久不見售。辛齋則思賣而無伴，於是皆欲寄賣於吾文。更有一二循例請附者，則不之許也。
>
> 有傳黎洲為人作《賣藝文》，引用為例曰：「子法甚隘，而黎洲道廣耶？」予曰：「不然。必有為言之也。」未幾，黎洲寄示此文，果以徇故人之子請者，又一例也。或又曰：「子之徒益夥矣。某郡若某某，某鄉若某某，皆援例賣藝，方以子為貨殖之祖，可無虞其孤另而難行也。」已，有工挾薦牘請見，曰：「某某致語東莊，工甚精，幸厚遇之，庶幾賣藝初意。」予始怪且笑，已復自痛其立說不善，害一至於斯也。季布髡鉗，子胥鼓簫，相如滌器，豫州種菜結耗，柴桑乞食，中散力鍛、步兵哭喪、織簾鷺履、負薪補鍋之徒，趣有所托而志有所逃，不極其辱身賤行不止也。然未聞人奴、市乞、擔糞、踏歌、操作之賤工，有竊儗於諸子者。且吾經年不見一買主，而賣之如故，此豈較良楛短長，趨時變，爭長落者哉？
>
> 富家熟客持金錢，按吾文價價請。此不直吾友一笑也。何則？藝固不可賣，可賣者非藝，東莊諸人以不賣為賣者也。且吾寧與人奴、市乞、擔糞、踏歌、操作之賤工伍耳。人出丐販之下，而欲假篡於豪賢，此人奴、市乞輩之所不為者。今有人墮落坎壈，灰頭炭嗌，沿門號索，其唾罵不顧者常也。雖不能飯而嘆憫焉，長者也。從而摹效其形狀以為嬉戲者，此輕薄兒無人心者耳。夫至沿門號索，而猶不免於輕薄者之嬉戲，予之所以滋悔也。因以黎洲、鵬鶋、鼓峰、孟舉、自牧約不復賣藝為一例，聲始已得食，所賣不賣俱無與為一例，麗農、半非、辛齋浮沉客路，勢不能自止，竊儗嬉戲，亦不暇

計也,聽其自賣為一例。嗚呼!知予之賣藝也非炫奇,則其不賣也亦非高價以絕物,吾知後之哀其賣者,又不如哀其不賣者之痛深也。[1034]

對於呂留良的這段表述,本文特別關注其所體現的遺民生計艱難。對此,趙園強調的是,士人牴觸商賈的觀念,造成了士人身處艱難時世而在謀生問題上的尷尬。[1035] 對呂留良等遺民來說,最無法忍受的是被認作「貨殖之祖」。當時甚至有工匠帶著薦牘來依附遺民,使得遺民感受到了人格侮辱。

不過我們更想要強調的是,拋卻思想觀念上的「潔癖」,遺民必須要面臨的實際問題是:能否僅靠出賣詩文與書畫來謀生?呂留良等遺民的生活為什麼會異常艱難?可以推想,其中一個主要原因是他們以賣文與賣書畫為生,書畫市場以城市為主,但他們又不願在城中生活,所以自己的書畫作品在城外缺乏消費市場。這一問題,透過呂留良所說的「經年不見一買主」也能反映出來。不願入城與以出賣書畫謀生的兩難恐怕是不少明遺民要面臨的窘境。

(五) 為工商

前文述及,士人對商賈心存鄙夷,所以直接以工商謀生似乎是極少數明遺民的做法。[1036] 仁和人徐繼恩(字世臣)的例子,可供我們略作討論。魏建功《皇明遺民傳》卷6載:

> 天啟中,魏忠賢亂政,繼恩惡之,作《宦者論》。稍長,補諸生,中壬午(按即崇禎十五年,公元1642年)副榜。弘光中舉明經,首繼恩。繼恩為文刺馬士英,士英怒,趣官旗逮繼恩,大行陸培爭止之。由是繼恩聲稱益藉甚,四方士過杭者,皆爭造繼恩,巷為之咽。先是,文社大起,婁東張溥、漳浦黃道周並屬繼恩為長,為社名「登樓」,又名「攬雲」,聚臨安名士於其中,主東南壇坫者凡三十年。

> 及國亡,焚書埋筆札,鬻殺市盆簝漿酪,間或鞣馬牛之皮,與鞄者雜作。有故人為方伯,欲就見之,不得,請以百金為壽,拒之。諸暨孝廉錢某,執贄造講《易》,繼恩倚市門口授之去。[1037]

在明亡前後,徐氏曾為貢生,因譏諷馬士英而出名。他在交遊方面顯得非常活躍,曾與杭州乃至吳越士人組織文社。明亡以後,他的主要活動是坐

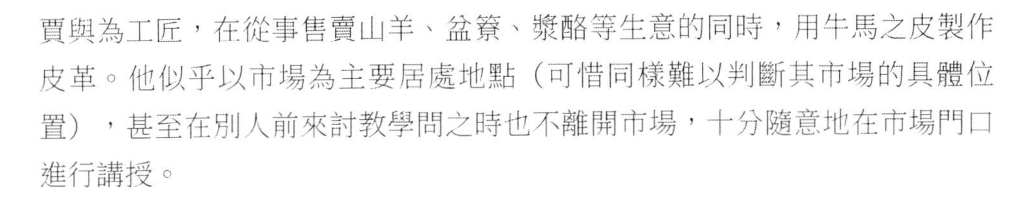

賈與為工匠，在從事售賣山羊、盆簪、漿酪等生意的同時，用牛馬之皮製作皮革。他似乎以市場為主要居處地點（可惜同樣難以判斷其市場的具體位置），甚至在別人前來討教學問之時也不離開市場，十分隨意地在市場門口進行講授。

四、結語

一些關於明遺民生活經歷的研究表明，遺民要接受來自經濟、政治與社會等各方面的挑戰。[1038] 但在遺民漫長的日常生活中，他們首先需要面對生計艱難造成的困擾。在翻檢明遺民的傳記資料後，我們會對遺民生活的窮厄有一種深切的感受。「明亡」造成了士人生活的巨變。隨著時間的推移，遺民們將因為放棄功名、士紳身份而失去諸如進入仕途、享受賦役優免權等謀生的渠道或有利條件。雖然晚明士人的治生方式本來就不再以仕進為主而呈現多樣性，但可以肯定，「明亡」令遺民這一特殊群體的生計變得尤為艱難，從而進一步促進了士人治生多樣性的發展。

總體而言，浙西地區明遺民的生計方式以出賣書畫、授徒、耕作、醫卜等為主。遺民的居處環境與其生計狀況是互相影響的，儘管兩者並非絕然對應的關係。對拒絕進入城市的明遺民來說，耕作是最好的選擇。除了傳統士人的耕讀傳統，遺民尚可借助耕作遠離作為政治重心的城市，以此來保障自己的安全與氣節。授徒的最佳地點是城中，但明遺民多在城外甚至山中授徒，因而往往只能以文化水平較低的蒙童為教授對象，收入非常微薄。不少明遺民選擇「醫隱」或「卜隱」，雖然醫卜的最佳地點是城中的市場，但為了做到隱晦，他們多不願進入城市行醫賣卜，而是選擇在市鎮或者遊走四方謀生。以出賣書畫為生的明遺民若不願入城生活，將脫離城市中的消費市場，經濟生活會更為艱難。

中日民間經濟外交的博弈——以1926年中國實業代表團的赴日訪問為例

於文浩[1039]

內容提要：本文基於中日兩國史料，主要從民間經濟外交的視角，對1926年中國實業代表團赴日訪問的背景、過程和內容進行了梳理，總結了代表團出訪日本的意義和民間經濟外交的特點。本文認為，代表團利用民間經濟外交的手段，與日方的侵華言論以及旨在經濟侵略的親善空論，作了一定程度的鬥爭努力，促進了日本人民對中國人民的瞭解，對其維護國家權力的民間經濟外交意識應予以肯定。其特點主要表現為不平衡性。日方是占有主動性的，中方卻處於被動地位，造成這種特點的主要原因在於中日雙方在政治勢力上的差異。

關鍵詞：民間經濟外交　中國實業代表團　博弈

引言

近代中國民間經濟外交的研究，起步較晚，尤其是專題研究更少，這與民間經濟外交的重要性極其不符。民間經濟外交活動與所處時代的國內外政治、經濟形勢密切相關，體現了商人團體為了維護自身和國家經濟利益所付出的外交努力，這種外交努力又反映了當時的政治傾向、經濟發展狀況以及社會、民族意識。作為政府外交的補充方式，其在國內外重大事件中涉及得較多，在維護國家主權、民族利益方面，發揮了不可忽視的作用。因此，對近代民間經濟外交進行研究，不僅對於近代商人研究和經濟史研究具有重要的意義，而且對於還原當時的外交全貌，瞭解其運行的機制、機理同樣具有深遠的作用。本文以1926年中國實業代表團的赴日訪問為案例，對中國商人團體跨出國門的民間經濟外交進行考察，在搞清楚訪日的背景、過程和內容的基礎之上，總結民間經濟外交的意義和特點。

中日民間經濟外交的博弈——以 1926 年中國實業代表團的赴日訪問為例

一、1926 年中國實業代表團的赴日訪問緣起

1926 年 5 月 20 日至 6 月 15 日,由上海總商會率領的中國實業代表團一行 58 人,首次對日本進行了為期 20 天的大規模訪問。正如其組織者上海總商會所言:「非特在本會歷史上為空前未有,即在全國商業歷史上,恐亦為空前未有之舉。」[1040] 在日本訪問期間,中國實業代表團積極展開民間經濟外交活動,公開抨擊日本政府的侵華政策,在日本朝野與中國各界引起了震動。

中國實業代表團的首次赴日訪問雖然成行於 1926 年 5 月,但其源頭則可追溯到一年前的五卅運動。鑒於中國各地掀起了抵制英日貨運動,日本為削弱五卅運動對中日政治、經濟關係的影響,由日本東京、大阪、神戶、名古屋、橫濱、廣島及福井 7 地的商業會議所的 15 名代表組成的「上海地方實業視察團」於 1925 年 8 月 15 日抵達上海,對紡織業進行了為期 10 天的考察。日本商業會議所對於上海總商會在其考察期間給予的關照,取得考察成功一事,在表示感謝的同時希望能夠做一回報。[1041]

1926 年 3 月底,日本商業會議所向上海總商會發出了邀請函,以「稍答去夏日本商會聯合會代表留滬時備承優待贊助之雅意,一方面更可以增進兩國人民敦睦親密之感情」為由,希望中國實業界選派赴日代表參觀大阪電氣博覽會。[1042] 為切實推動邀請上海總商會赴日訪問工作,4 月 14 日,日本商業會議所聯合會在東京、大阪、京都、名古屋、神戶以及橫濱六大會議所協議會上,就促進訪日活動以及歡迎方法等進行了具體商討。並指示上海的日本人商業會議所代替日本商業會議所聯合會,正式向上海總商會發出歡迎上海總商會視察團來日訪問的邀請。[1043] 因此,日本商會會長田邊輝雄致函總商會,表示「貴會長暨團員諸君赴日,庶遊蹤所經,全日任何機關,均可妥為接洽,隨時介紹」。並附有日本商會聯合會要求「所有團員及隨員人數,所搭船隻,起程日期以及預計在日勾留日數,均請詳細電達,東京遊歷程序,即由本會排列,務期滿意」。[1044]

對於日方的邀請,上海總商會「分函本地各業團體,請派代表前往,同時又函致京津奉漢四商會,請推人加入,共同組織赴日參觀團」。[1045] 在上

海總商會的籌備之下，中國實業家赴日參觀團成員共計 58 名，網羅了中國工商各業的代表人物。由虞洽卿擔任團長，還有中華基督教青年會總幹事、上海商業儲蓄銀行董事于日章，上海招商局局長謝中笙，上海寧邵商輪公司總經理袁覆登，證券物品交易所理事郭東泉等來自電氣、航運、紡織、機器、銀行等 20 多個行業的知名人士。[1046]

為順利組團出訪，上海總商會進行了緊鑼密鼓的各項安排。擬定了參觀簡章，宣稱此次訪問的宗旨為「本總商會應日本全國商會聯合會之邀請，參觀大阪電氣博覽會及其他工廠，以考察所得，振興本國實業為宗旨」。[1047]

對於上海總商會的上述組織活動，日本外務省得訊後，還特電駐滬日本商務官加藤日吉：「屆時陪同該團赴日，以表誠懇，而駐滬日本商會，特派書記長安原美佐雄與大阪府立商品陳列所駐滬員岡崎正男，隨同招待。」[1048]

臨行前，總商會對此次代表團訪日的目的，由先前的「考察所得，振興本國實業」轉變為「以國民外交之手腕，喚醒日本商民」，[1049]「為廢除不平等條約之合作」，「掃除障礙，實行親善」，[1050] 敦促日本撤廢「二十一條」，歸還旅大，以及謀求中日間貿易合作，處理貿易糾紛之目的。對於赴日參觀團上述宗旨的改變，是因為 5 月，接連有「五四」「五七」「五九」及「五卅」等國恥紀念日，很容易激起人們的反日情緒，如果代表團在此敏感時期訪日，極易引起人們的懷疑和反對。因此，訪日目的的轉變既可獲得輿論的同情而如期訪日，實現考察、觀摩日本實業的初衷，同時也有助於中國工商界擺脫中日間不平等條約的束縛，擴大對日貿易，發展本國實業，可謂一舉兩得。因此，「中國實業代表團的赴日之旅從一開始就注定不是一次簡單的民間商業交往，而具有『國民外交』的意義」。[1051]

而對於日本來講，此次邀請上海總商會為代表的中國實業界訪日既有其政治目的，又有其經濟目的。

從政治上看，第一次世界大戰結束後，日本在國際關係中處於十分孤立的境地，圍繞中國問題，日美在遠東的矛盾急劇上升。中國人民把反帝政治鬥爭和經濟抵制結合起來，使日本政府和資本家憂心忡忡。由於日本實業界對華經濟活動受政府鼓勵和直接支持，實際上構成日本侵華政策的一部分，

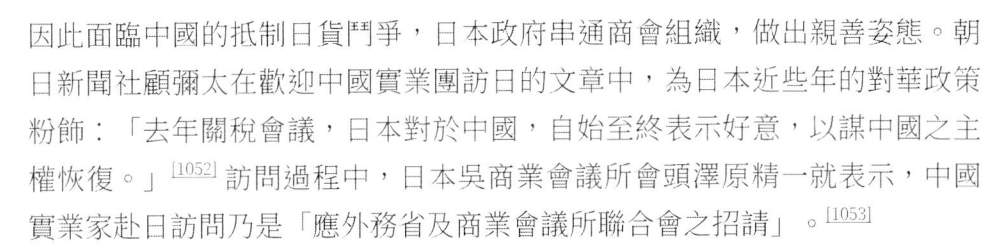

因此面臨中國的抵制日貨鬥爭，日本政府串通商會組織，做出親善姿態。朝日新聞社顧彌太在歡迎中國實業團訪日的文章中，為日本近些年的對華政策粉飾：「去年關稅會議，日本對於中國，自始至終表示好意，以謀中國之主權恢復。」[1052] 訪問過程中，日本吳商業會議所會頭澤原精一就表示，中國實業家赴日訪問乃是「應外務省及商業會議所聯合會之招請」。[1053]

經濟上的原因，正如中國國聞社隨團赴日記者張振遠分析的那樣：「感於歐美各邦之抵抗，益覺能從中日親善入手，則其生產過剩之貨品有發展銷路之希望，此為第一種原因。」其次，「則以去年五卅抵制、罷工，雙管齊下，幾受極大之打擊，虞洽卿氏設法先予日廠上工，得無損失」。[1054] 尤其是在日本方面，「為應付關東大震災而越來越多的入超，試圖提倡國貨，擴大輸出」。[1055] 日本對華貿易中的主要商品——日紗在整個20世紀20年代的輸入值和量都大大低於前一個10年，尤其自1922年之後，更是在戰期驟降的基礎上又出現大幅度的下降。1924年，日紗輸華貨值僅為10年前的56.95%。[1056] 1916—1920年間，日對華貿易出超年均為176296千日元，而1926—1930則降為130571千日元。[1057] 日對華貿易順差在中國對外貿易逆差中比重減少，其重要原因是中國自身工業（尤其是所謂「進口替代」工業）的發展壯大以及一些國際因素，如美國對華貿易在20世紀20年代後期開始急速增長。由此可見，20世紀20年代後半期，中國對日貿易在中國國際收支中的負作用呈減弱趨勢。[1058]

日本外務省認為：「此次中國實業家組成如此大規模的考察團來日訪問，乃是中日通商史上空前之事。」而且「中日兩國具有代表性的實業家的交歡，均將直接或間接地促進兩國經濟關係的發展」。[1059] 此次中國實業代表團來日訪問，從日本商業會議所聯合會發出的邀請之初，外務省就給予了種種支持及參與，並由矢田總領事負責與上海的日本人商業會議所聯絡，為支持中國實業家代表團赴日一事，做了直接及間接的支援工作。認為不但可借此機會改善中國南方的反日情緒，而且可以促進兩國國交。[1060] 因此，為擴大對華貿易，扭轉貿易逆差，緩解中國的反日情緒，恢復震災後的經濟發展，日本政府以及商人組織達成一致，做出了邀請中國實業代表團訪問日本的舉動。

二、赴日訪問的經過

中國實業代表團於1926年5月20日乘坐上海丸輪,從上海港啟程赴日,於6月15日返滬,行程共計27天,在日訪問25天。抵日後,先後參觀了長崎、神戶、大阪、奈良、京都、名古屋、東京、日光、橫濱、廣島等地,受到日本官紳商學各界隆重熱情的歡迎。中國代表團在訪問過程中為爭取國家利權及呼籲日本人民加深對華理解作出了種種努力。

(一) 為取消對華不平等條約,謀取平等之努力

日方把這個代表團視為中國最強有力的實業家團體,在政治、經濟以及中日關係方面都寄予厚望,出場交涉的層次也越來越高,從大城市商會會頭直至內閣首相,規格之高猶如接待國賓。實業代表團啟程赴日的同日,《大阪朝日新聞》稱此次中國實業界訪日之舉,「確為一掃從前舊嫌,為中日兩國有力者不可多得之機會」。[1061] 但事實情形並不如朝日新聞推測的那樣,在日訪問期間,團員們向日本各界宣傳了中國民眾要求取消中日間不平等條約,以及尖銳批評日本侵華政策的態度。

5月21日上午11時,代表團抵達訪日第一站——長崎,長崎市長錦織干,商業會議所副會長高見松太郎,華商會會長陳世望以及日華商業學校、高商學校留日學生等數百人到岸歡迎。以後每到一地,不僅日本實業界人士躬自迎送,且政界人士及社會知名人士也紛紛到場,車旅費全由日方團體與個人贈送。在長崎招待宴會上,高見松太郎致詞稱:「東亞文明,非由我等東亞人種建設不可也……借此好機會,推誠實現兩國親善提攜之事實,實屬當務之急。」虞洽卿作答詞表示:「本團此行,一方面固為實業上之觀摩,同時亦負有增進邦交之使命……本團與政治無關,則從人民方面而言……即由兩國人民相當努力,以表示親善之誠意也。」[1062] 即表明此次訪問欲透過兩國民間經濟外交方式,以達到促進兩國關係的願望。這是代表團訪日後第一階段表現出來的表面融洽的情況。

5月22日下午,代表團抵達神戶,神戶商業會議所舉辦了歡迎晚餐會。會長鹿島房次郎在晚宴上的致詞中,將此次實業團赴日訪問之舉視為「實為

親善之初步」，表示「如雙方商民有誠意之聯絡，不難合作」，希望「彼此能組織中日商聯會協議辦法」。虞洽卿推出「良以中日兩國在歷史、地理、文化、種族上種種關係，有親善之必要」的同一論調，並對日本輿論界將中國的抵制日貨運動視為仇日的觀點，進行了反駁：「雖然政治上之誤會，為政府所釀成，希望政府之如何如何，不若人民自為之主也，蓋政府為少數人之組織，而人民則多數人也，故撤除親善之障礙，應視雙方人民之誠意與否，合作與否。」一針見血地指出了日本政府對華的不平等政策乃是導致中日不能親善的障礙，並為謀求中日商貿發展的平等待遇大聲疾呼：「聞貴國待遇僑胞小買賣，不甚盡善，希望貴會有所建議而圖改善，至於僑商，如遇商業糾葛，須貴會公平調解，在滬日僑當亦為同樣之調解。」[1063] 自 5 月 22 日之後，「親善」氣氛在中國代表一方遂逐漸消失，進入申明政治原則的第二階段。

5 月 24 日，中國實業代表團從神戶乘電車到達日本著名的工商業中心——大阪。大阪商業會議所稻畑勝太郎會頭以美國引進歐洲的資本和技術而躍居經濟發達國家之列為例，大談中日合作之利：「貴國地方廣大，天物豐富，比美國更優。貴國若欲產業上發展，敝人想就是資本及技術的進口最為要緊。所以敝人想對此方面，將來兩國之諒解提攜，最為緊切。」且聲稱：「敝人不是政治家，所以政治上的事不敢說。」[1064] 對於掃除親善之障礙，虞洽卿直言不諱地指出，「親善之障礙，為不平等條約」：「（一）本國境內可容他國海陸軍自由上岸否，則日軍權為國家之保障，不可也。（二）本國境內可容領事裁判權否，則日司法獨立為一國之神聖，更不可也。（三）本國境內可容他國租界否，則日領土主權為國之要素，是萬不可也。（四）本國內河可容他國自由行駛否，則日航權攸關交通主權，絕不可也。（五）關稅可受人束縛否，則日關稅主權絕對自由，不可也。」並指出：「查敝國進口貨物總額，貴國占十分之六，大阪出品又占多數，彼此商業既巨，出入亦大，或因國際關係而有誤會，則首受較巨之損失者，為貴埠商人，故貴埠諸公所負親善之責任，較為重大。」[1065]

從上述內容可以清晰看出，虞洽卿為爭取取消中日間的不平等條約，號召日本人民應督促其政府剷除中日間的親善障礙。此態度與其在長崎、神戶

時的「欲先觀日本朝野之意向」[1066]的態度相比，向日本提出取消不平等條約的要求更加堅決了。

5月25日到達堺市商業會議所，日方在歡迎詞中極力標榜其對中親善，抨擊西方的立場，為排除中國市場上與之競爭的西方，還提出共存共榮意見，具體言道：「於本市之特產品等，請為稍加注意，以為將來貢獻彼此通商貿易繁榮之地步……東洋和平之關鍵，全宜注目於中日親善問題，宜從高處著眼，互相提攜……熱烈提倡共存共榮主義，同時排斥西洋文明之缺陷的自利自愛主義。此蓋負有全世界和平關鍵之使命，所期望無已者也。」虞團長在答謝詞中首先針對中日貿易的重要性做了回顧：「日本對中華輸出額平均四億元左右，得當對外總輸出額百分之二十七……專就貿易一項說，中國同日本便有這樣的密切。」緊接著，首次提出親善不是口頭禪的意見，認為：「中日親善雲者，決不可作為口頭禪，亦先由兩國國民，具有充分的交誼與誠意，以為實行親善之基礎。」對於「從前所謂中日親善，多系政府方面標的政策」，表示：「今次則由我們兩國人民有深切的感悟，互相提攜，我們今次組織團體來游貴國，即欲實現此國民親善之理想。」明示了此次訪日的目的。[1067]

5月26日虞洽卿、于日章二人出席大阪每日新聞社主辦的中日問題演講會。虞洽卿發表了題為《中日親善》的講演，首先指出：「近十餘年來，中日感情日漸惡劣，其中重大原因，貴國人士知之甚詳，若二十一條在中國人民，至今絕端反對，並其他條約中之不平等各點，最近數年來難發生親善之鼓吹，迄今仍未見若何功效，其故安在。」指出親善的初步即為掃除障礙：「親善之初步，當然系解釋一切誤會，排除一切障礙物……中國方面，就鄙人所知，大有此種決心，倘日本方面，無此決心，親善二字，此後可勿容再提及之。」並列舉掃除障礙後的相互提攜意見：「親善豈僅解釋誤會，排除障礙物乎？尤須知彼知己，對內可以彼此扶持提攜，對外可以一致抵禦。」以實例列舉中日經濟關係為「中國今日固有需要日本扶持之處，鄙人以為日本需要中國之處尤多」：「貴國之最大商場，在中國，亦在他國乎？貴國製造，亦能暢銷於歐美各國乎？貴國所需各種原料最多部分，由何方面得來？非從中國乎？諸君果願將貴國之原料最大來源，並最大商場，讓與他人乎？貿易發達之最重要素為好感，諸君承認乎？倘日本失去此來源及商場，貴國前途

中日民間經濟外交的博弈——以1926年中國實業代表團的赴日訪問為例

將何如？」號召：「攜手經營一切有利於兩國之種種事業，更能維護東亞和平。」[1068] 虞洽卿的上述言論不但表明了中國人自立自強的決心，還從中日相互經濟利益出發，呼籲日本改善兩國關係，真正進行親善。

繼虞洽卿之後，于日章做了題為《今日之中日兩國國民》的演講。首先表明了代表團的地位為「幾乎可以代表中國全國商業聯合會」。表明了代表團訪日的三個目的，其一是「為參觀電氣博覽會，是敝團目的之一。」其二是「敝團團員大多數，皆居中華實業界之從事者地位，或個人為貿易及其他實業上之事，有與日本接洽的必要。今日貴國實業異常發達，今特來考察其發達原因實況，供中國參考」。其三是「增進貴國民與中國民之真正友誼，及完成兩國親善之實」。[1069] 在此基礎上，還就二十一條的問題發表了慷慨激昂的講演，對於中日親善做了提案：第一，「希望貴國實業界錚錚諸子組織一小團體，光臨敝國，實地調查，研究其問題之所在，彼往我來，遂能互相瞭解，互相依賴，徐達真正親善之域」。第二，「較第一提案尤為重要，即現在兩國青年，為兩國新時代之繼承者，務必予以機會，使之相交相知相解」。最後，就兩國親善的必要性及可能性做了倡導性發言，表示只有加強兩國人民之間的相互瞭解，才能有效地促進中日親善。[1070]

作為日本全國性輿論媒體的《大阪朝日新聞》曾在代表團赴日訪問當日，刊登了對代表團於改善中日關係方面充滿期待的文章，認為代表團此次訪日不僅象徵「兩國的友誼因相互的親善而復活」，且「開國民外交之端，舉兩國親善之實」。[1071] 然而，日方沒有想到虞、余二人的演講不但沒有達到其邀請代表團訪日的預期目的，反而惡化了「親善」，於是，大阪朝日新聞社於27日召開懇談會，與代表團就中日親善的問題進行了意見的交換。懇談會上，雙方代表擺明觀點，強硬爭論，進入了訪日活動中強硬抗辯的第三階段。

參加此次懇談會的中方代表有虞洽卿、于日章、郭東泉、郭外峰4人。日方代表有大阪商業會議所會頭稻畑勝太郎，鐘紡社長實業同志會長武藤山治，大阪商業會議所書記長高柳松一郎，法學博士今井嘉幸，貴族院議員森

309

平兵衛,貿易同盟長二川仁三郎,大阪朝日新聞專務下村宏等各界名流30人。[1072]

首先,虞洽卿就二十一條的問題做了發言。表示「中國國民受二十一條之刺激,深而且巨,極思解決二十一條問題」。雖然「此種問題固為政府與政府之間條約,由兩國政府間解決之」,但「此種問題,與中華國民有絕大的關係,可否由兩國國民間研究一種變體的解決方法,取消二十一條中殘存之條文」。提出兩個議題:「(一)取消中華與日本間所含二十一條之不平等條約,重新締結互惠的通商條約,以示範於列國。(二)為增進中日兩國親善起見,盡力於經濟的提攜,共同協力抵制歐美貨物。」[1073]

接下來,于日章做了發言,強調:「日本可否審察一般中華國民思想,首先廢止一切不平等條約以示好感於中華國民。在國際上,中華與美國之關係,至親且密,若提議於美國,可望援助取消一切不平等條約。不過與其提議於美國,不如首先與兄弟之邦之貴國之協議,中華以為英法國有覺悟,而日本首先能容納中華希望,故不開國際會議。」日本眾議院議員馬場義興表示:「我等要研究者,二十一條與日本存立上有無關係,而日本一般輿論,以為日本取消此種條約,日本將瀕於滅亡之境。諸君或已理解此種事實,或未詳加考察。總之,日本人中確有此見解。其中情形,非短時間所能說明,請諸君研究之。」即以二十一條關係日本存亡為由,拒絕中方要求取消不平等條約的要求。[1074]

大阪商業會議所書記長高柳松一郎對於中國人民要求收回旅大,而日本人將來或現在反對返還旅大於中國的原因,狡猾地回應道:「因日清戰後,日本已將旅大退還中國,不意中華再將旅大讓與俄國。日本人以最大犧牲,遂能由俄國人手中收回旅大,有此種歷史,若無確實保障,日本斷然反對退還旅大。」大阪朝日新聞社專務下村宏稱:「中華國民之希望廢止不平等條約,明治初年日本亦有此經驗。但經長期的全國上下之努力,方達到目的。如中華國民不改造內政,增進國際信用,欲一時解除一切不平等條約,是一種夢想。」法學博士今井嘉幸提出:「無條件撤廢二十一條,非中日相互的利益。二十一條以外之不平等條約,大部分為英人所有,欲除去此種條約,非驅逐

英人勢力不可。」即轉換取消二十一條問題的指向,並假意應允:「若僅日人首先撤廢不平等條約,他國不追隨之,亦無何等效力。日本正有考察時機之必要,即到一定時機勸誘列國共同解決之。」[1075] 即日方對中方提出的合理要求,以上述種種無理理由予以拒絕,尤其是對日本政府的對華侵略政策做了種種美化。由此可見,代表團希望其督促日本政府取消不平等條約的願望是不現實的。

對於此次的懇談會,有評論指出:「這場辯論生動地證明了中日兩國實業界在國民外交問題上的立場和出發點截然相反,前者反對本國政府對日妥協,後者從實利出發與政府侵華政策結成一體。這樣的『國民外交』,其實是中國資產階級愛國團體與日本侵華政府及其幫兇的較量,是愛國主義與侵略國策的較量。」[1076]

為了緩和感情,擴大經濟利益的好處,在代表團接下來的訪問日程中,日方還堅持請代表團遊覽島國風光,參觀各工廠企業,處處給予特別優待。

5月30日,在京都召開了日華懇談會。中方的代表仍為虞洽卿、于日章、郭東泉以及郭外峰4人。日方除了濱岡會頭、稻垣副會頭、大澤副會頭外,還有末廣法學博士以及3位特別議員。席間,虞洽卿就造成兩國感情交惡的原因作了分析,認為是「因政府間的原因所造成的」,並且還對「兩國的貿易造成了損失,帶來了障礙」。雖然「兩國政府進行了交涉,但並未取得任何成效。因此,兩國實業家應為促進相互的通商貿易關係而進行徹底的意見交換」。對於政治方面的問題,「最為影響中國國民的當為二十一條,如廢止二十一條,將消除兩國民間的惡感」。至此,日方一直鼓吹的所謂「親善」態度,再度露出了其真實用意。日方代表末廣指出:「二十一條的大多內容均已解決,剩下的僅為滿鐵問題、漢冶萍問題及旅大租借問題。」[1077] 而對於中國急於解決的旅大問題,則表示:「如在中國沒有建立起穩固有力的中央政府之前,日本將旅大歸還的話,則面臨再被外國奪走的危險……有鑒於中國的現狀,日本絕對有必要維持旅大繼續租借的狀態。」[1078]

對此有評論認為:「末廣氏的解釋代表了日本相當一部分人士支持其政府繼續強占旅大,以抵制蘇俄共產主義運動的觀點。它口口聲聲反對蘇俄帝

國主義,卻不惜犧牲中華民族的利益以謀求日本所謂的『獨立生存』,其實,它才是真正的帝國主義。」[1079] 對此,虞洽卿反駁道:「對此問題,中國正致力於防止來源於俄國的赤化,尤其是伴隨著國民自覺意識的日益進步,旅大問題已成為阻礙兩國國交的嚴重問題,因此希望雙方不斷地進行問題解決辦法的研究,以便於早日解決。」[1080]

(二) 為謀求平等之再接再厲

5月31日,名古屋商業會議所在該會議所舉行歡迎會,為了取得諒解,促成貿易洽談,日本實業界一改前態,表面迎合中方觀點,以達成其民間經濟外交之目的。

上原野會頭在歡迎詞中說:「凡排日問題及排貨問題之起,每皆基於兩國意志之欠疏通。」並號召兩國國民不應為政府外交所左右,「常互相瞭解其真意,洞悉其利害損失,即看出相互相提攜之一點,始可得兩國真實親善之實現」。為進一步提升親近感,還將中日區別於歐美:「吾人對於歐美人無隔意者,為學彼而親彼起見,然彼等對於吾東洋人,每為人種的差別待遇,確有東西不能相混合之勢,此則我中日兩國民應深自省覺者也。」為實現所謂的中日「經濟提攜」,提出「我日本之對於西洋物質文明,較貴國或有一日之長,欲期生產工業之發展,則原料物質,尚感不足。我日本不可不待供給於貴國,同時貴國以其豐富之物質,應用科學努力以圖經濟上之發展,又可利用我日本。此吾人所最欣喜者也,其用意在中日兩國相依相輔,以增大其經濟力。」[1081]

對此,中國代表團並不為其巧辯所迷惑,虞恰卿在答謝詞中,首先對於親善表示歡迎後,直接指責日本的侵略行徑:「曾聞貴國參謀本部,計劃每逢十年作一戰爭……貴國每於一次戰爭結束,即獲得最厚報酬,無怪乎當時野心政治家及武力派與吾輩所見之不同也。」在嚴正指出日本侵華國策給中國帶來的嚴重後果,勢必影響兩國民間正常關係的基礎上,告誡日本侵略不會為其帶來長遠利益。提議「貴國今日有力之實業家,似比從前野心政治家及武力派,較有先見之明者也……似宜由日本今日有力之實業家,自動地敦促貴國政府,取消在華不平等條約,以為歐美各國倡。」[1082]

中日民間經濟外交的博弈——以 1926 年中國實業代表團的赴日訪問為例

6月2日,代表團抵達東京,受到日本政界元老、政府高級官員和社會名流等千餘人的熱烈歡迎。東京商業會議所副會頭稻茂登三郎致歡迎詞。首先從地理位置、歷史關係等方面重提親善的老調,並以經濟利益親善為主,主張「至於中日兩國之親善……非以經濟上利害共通之連鎖緊相結」。並視與實業團的接觸為經濟提攜的良機,稱「欲實現如斯密接不離之親善提攜,則兩國國民必深相交相知相瞭解為最必要之事,尤其與有力者如貴團各位,促膝開懷,歡談暢敘,為可釀成兩國民間進於完全理解益相密接親善提攜之機運。」[1083]

虞團長由東京無線放送局向東京市民發表演說。對於此次來訪受到日本各界的歡迎表示感謝,並對日本發達之快表示羨慕,以親身實例,列舉中日關係之深後話鋒一轉,「近十數年來,因種種誤會,中日兩弟兄國,竟演出鬩牆之惡劇」,「不願漁人得利,唯有鷸蚌息爭,日本全國人民,以為然乎」?號召中日兩國人民當為和平做出貢獻。[1084]儘管虞洽卿在演說中並沒有提及不平等條約的問題,只是把增進兩國人民友誼的願望傳達給了日本民眾。東京的各大媒體紛紛發表社論,稱此次代表團的來訪系「增加兩國國民之親善關係之特別機會」,「於兩國邦交關係上劃一新紀元,予東方之將來以一線之新曙光」等。[1085]

6月3日,東京府市及商業會議所聯合在帝國旅館舉辦茶會,歡迎代表團一行。日方來賓中不僅有實業界權威澀澤榮一以及各界名流,還有商工大臣片岡直溫、前內閣總理清浦奎吾等近 400 人。儀式非常隆重,以國賓規格相待。

首先由東京府知事平塚廣義致歡迎詞。對於雙方的往來冠以親善之名,大談雙方往來之益。「蓋為促進相互之親善,及經濟上之密切關係,宜使兩國民間互相理解,互相接近……以解釋各種誤會」。雖然主張中日兩國非提攜協調不可之意見,但對於中方所說之障礙,卻無任何具體解決辦法上的提示,僅言道:「然而具體的方策,雖有種種根本上應有相互完全瞭解之趨勢,敝人確信如兩國民間至毫無誤解,衷心依賴時,無論如何障礙可以容易除去,以達到真心親善協調之地步。」[1086]接下來,商工大臣片岡直溫重點就中日

313

兩國在通商貿易上的關係和中日貿易的重要性發表了演說，表示：「中日兩國之急務，須注全力於經濟的發達，促進各自之富力，今中日兩國民誠心誠意，請求經濟的提攜，即為達此目的之一捷徑。」[1087]

針對上述空談親善，而無任何具體措施的日方言論，虞洽卿在答謝詞中表示：「中日親善之說久矣，如何兩國近尚在觀望徘徊未解決，則因兩國國民尚無直接關係故也。」並再次嚴正提出親善應取消不平等條約，「只因政治上有種種誤會，乃發生一種不平等態度，此次敝團同人來東，希望將兩國間所締結不平等條約及其他障礙物，足為兩國親善之障礙者，一律掃除，則國交當日益親密」。為此，還列舉數例以表示中國人民對日本友好之意。「例如先年東京橫濱大震災，敝國人民一致請求政府，暫時無限制以開放米禁，雖輸物不多，而誠意可見。又去年上海五卅案件，因中日為兄弟之邦，全國民意對於日本工廠案，認為家事，就地解決。而英國案則移京辦理，迄今尚未解決。諒為諸君所洞悉，敝人可擔保敝國人民至今已明白兩國關係之深，實有共存共榮之道。」最後重申，堅定抱定宗旨，努力進行之意。[1088]

6月4日，在外務省官邸，日本外務大臣為代表團舉行招待會。日本內閣總理大臣若槻禮次郎及商工、大藏、農林、鐵道等各省長官，東京府知事、市長及其他人員百餘人到場歡迎。中國方面，時任中華民國駐日本公使的汪榮寶等也出席助興。從歡迎陣容上也可看出日本政府對代表團的重視程度。[1089]

首先，由總理大臣若槻禮次郎發表歡迎詞，與日本實業界想法相同，將經濟提攜視為親善最為重要之要素，言道：「中日親善有種種要素，其最重要者莫過於對經濟提攜。近來兩國民間對於中日共存共榮之旨，漸有徹底的覺悟，因而經濟提攜之機遇，亦因之日昂。」號召「為中日兩國前途及東亞前途計，不得不切望兩國之關係日臻親密，完成共存共榮之本旨」。隨後，外務大臣男爵幣原重喜郎致歡迎詞，表示：「中日兩國各為保全大局利益及促進兩國發達計，兩國之親善協調，最關緊要，是根本方針的問題。」這不但是其本人的意見，亦是日本朝野各政黨一致的意見。同樣，以中國沒有統一為由，主張經濟上的提攜：「原來在中華政界一黨一派之浮沉興廢，非我

中日民間經濟外交的博弈——以1926年中國實業代表團的赴日訪問為例

等日本人所能幹預之，我等不得不思超越國內之政爭問題，以謀為國交之基礎，是先宜是兩國經濟關係。」[1090] 從上述講話中可以看出，日方對掣肘中日親善的不平等條約是避而不談的。

此外，中華民國駐日公使汪榮寶也發表了演說詞。對於障礙之掃除以雙關語而出，稱：「所謂障礙物，系人為的，凡人為之障礙物，可以人力取消之。」並強調了反映國民公意趨勢的國民外交對改善國交的重要性。「最近時變勢遷，由數人私意制定之外交，今一變為國民公意之外交，而外交政策由國民公意之趨向而定方針，此則今日外交進步之現象也」。

對於官方上述言論，虞洽卿表示，「敝團同人以為中日親善，絕不可作為口頭禪」，並明示其理由為：「國民與國民的交際，設使毫無誠意及友誼，則二者之間隔閡更多，親善障礙即更加一層。兩國國民果能瞭解東亞在世界大勢中之地位，及兩國互助之必要，有徹底覺悟與一致意見，然後再加以熱烈的誠意，為友誼的懇談。」並對「如何消除以往之親善障礙，如何計劃現在之親善實行」作了追問，即表現出其強調親善不可為口頭禪的理念。[1091]

6月5日，日華實業協會及日華懇談會在澀澤子爵府邸聯合舉辦宴會，日方各政要及商界有力實業家共82人出席。首先由日華實業協會會長澀澤榮一子爵致歡迎詞：「現在國際經濟競爭激烈，各國工商業進步亦快，貴國擁有巨大富源，而敝國工業頗有一日之長。若能相互提攜，則東亞富源儘量發展，決不至於外人橫奪……宜注重商業道德。所謂商業道德如何，即孔子謹守之恕道是也。雙方果能謹守恕道，不至互相侵犯，則親善之道。」[1092]

虞洽卿鄭重聲明：「敝團此次來貴國觀光，系完全國民運動，毫無政府關係。」對於宣揚了幾十年而並未見行動的「中日親善」論調，表示：「中日親善四字，十數年來，已熟聞之矣……敝團同人以為中日親善，固須鼓吹喚醒兩國人民，使知親善之重要，然徒注重鼓吹，而不於鼓吹之外，加以實力……恐非惟無濟於事。」對於日方的在商言商論，反駁道：「在貴國一部分人士之意見，以為在商言商，只須討論如何增進中日兩國之貿易，不必涉及政治，敝國人民原來亦有此項主張，然從歷年經驗所得，大有可考慮之處，特舉出二要點如下，作為討論之資料。」其一是「貿易與政治二者不能分離，

因政治而發生之惡感,影響貿易,今欲去貿易上之影響,俾貿易能發展而不先設法改變政治上之方針及辦法,將所有障礙物除去,減少惡感,並商定一切應有之合作事業增進好感」。其二是「貴國輿論,頗有以敝國內亂不已為憂,且忠告敝國人民須及早組織一強有力之政府,統一全國,進行一切建設事業」,但是「要知敝國政治上有兩種困難。(一)即不平等條約之束縛,如領事裁判權、租界、關稅協定、陸海軍自由上陸等將敝國束縛,毫無動彈餘地,固不待言,且足為國內軍閥戰爭之背景。貴國四十年前,亦曾飽受此種痛苦,貴國人民對敝國之取消不平等條約運動,非唯有充分之同情,且推己及人,或有襄助此運動早日成功之義舉。中國人民竭誠歡迎,無論如何中國人民對諸不平等條約,早已決心取消,不達目的不止,凡首先助我成功者,我必親之善之。(二)即中國人民千百年來深中在商言商四字之毒,完全放棄其在政治上之義務,以致今日軍閥橫行,秩序擾亂……然今日最可幸者,即敝國人民確已黃粱夢醒,國家思想,澎湃全國,無論何界人民,皆承認『天下興亡,匹夫有責』。中國輿論,今日影響國內之政治,國際間之問題,其力雖小,其效果頗可觀。」並當著汪榮寶的面奉勸日方:「要知中國政府系完全過渡的,不能代表人民。貴國如欲明了敝國實情,宜就人民方面注意考察。」[1093]

澀澤榮一對此表示:「虞團長的言論甚長,且含義甚多,似已超出經濟範圍而談政治,不知實業家只能涉及經濟範圍之討論,關於重大之政治問題,絕非今日短促時間所能答覆,遲日約期再談何如。」[1094] 即中國代表團重申了中日關係惡化是由於日本對華政治方針及措施造成的,中國人民不再放棄政治上的義務,不問政治。但是,隨後舉行的三次懇談會表明,日方並沒有將虞的這番話放在心上。

6月5日上午,雙方在明治大學舉行了第二次懇談會。日方以大學教授和博士為主,中方以中國實業代表團推出的虞洽卿、于日章、郭東泉、郭外峰等12人為主,進行了交談。中方代表認為,中日雙方對對方所抱惡感,「若不設法除去,欲求中日兩國之親善,猶之緣木求魚,而不可得也」。除去此種惡感之道,「即為取消中日兩國間之一切不平等條約是也。日本若能取消對於中國之一切不平等條約,中國國民對於日本之惡感,可以立時消減」。

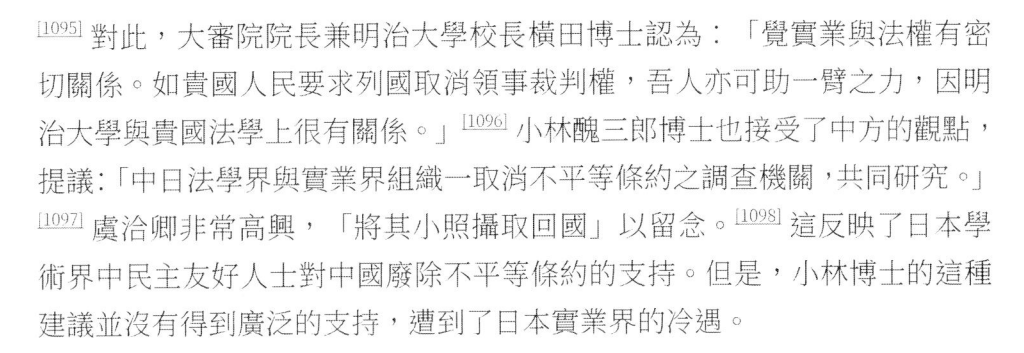

[1095] 對此，大審院院長兼明治大學校長橫田博士認為：「覺實業與法權有密切關係。如貴國人民要求列國取消領事裁判權，吾人亦可助一臂之力，因明治大學與貴國法學上很有關係。」[1096] 小林醜三郎博士也接受了中方的觀點，提議：「中日法學界與實業界組織一取消不平等條約之調查機關，共同研究。」[1097] 虞洽卿非常高興，「將其小照攝取回國」以留念。[1098] 這反映了日本學術界中民主友好人士對中國廢除不平等條約的支持。但是，小林博士的這種建議並沒有得到廣泛的支持，遭到了日本實業界的冷遇。

6月6日的第三次懇談會是由日本商界巨頭主辦的。中方代表有虞洽卿、于日章、謝中笙、袁覆登等11人，日方代表有日華實業協會會長澀澤榮一、副會長玉謙次，三井物產會社安川雄之助等實業界巨頭12人。懇談會上，中方再次提出：「欲求兩國親善，實行經濟提攜，非將國際上之障礙設法解除不可。」但是日方代表卻以三種藉口敷衍拒絕中方的要求。其一，以日本經多年努力才取得不平等條約的改善為例，表示中國欲實現撤廢不平等條約，首先應確立中央政府，建設財政經濟；其二，國際關係複雜，非日本單方面就能取消不平等條約；其三，不平等條約為政府間的事情，兩國實業家應先進行經濟上的提攜為好。[1099]

6月8日，雙方又進行了第四次懇談會。最後，日方提出一方案：「欲謀中日經濟問題之密接，宜網羅兩國之代表實業家新設一專門機關，其宗旨在調停實際商事交易涉及利害問題之紛爭，各舉出同額之仲裁委員，以圖中日兩國之共同繁榮。」[1100] 虞團長認為「此項提案，未敢擅決，擬攜歸敝國報告大眾，俟得同意，再行定奪雲」。[1101] 此提案雖未提及取消中日間不平等條約，但在調停有礙兩國貿易發展的事項方面，邁出了新的一步，並為中方將來再提出取消不平等條約問題留下了餘地。

6月7日下午，虞洽卿、于日章、郭東泉及駐日中華基督教青年會總幹事馬伯援4人還受在日華僑的委託，與日本外務省亞細亞局長木村銳市就改善華工入境及居住營業問題進行商談。因為日本政府自關東大地震之後，經濟受到重創，為維持本國勞動者的生計問題，對華工入境問題做出種種苛刻的限制。代表團抵達東京的當日，駐日華僑聯合會就要求代表團，為改善華

僑待遇，保障華僑往來營業的自由，希望代表團同日本政府進行交涉。[1102]虞洽卿在與木村銳市的交涉中提出，日本應放寬對已經在日居住營業的華僑之家屬投靠的入境限制；對符合日本法令入境的華工給予與日本人同樣的保護，並允許在不同的府縣流動；為了避免不必要的糾紛，可由中國設立一民間機關，對赴日者出示身份證明，並協助處理因不正當入境或被取消居住營業資格者的遣返工作。木村銳市則以中國假借家屬投靠的不正當入境者眾多，以及日本各地方的事情迥異為理由，拒絕放寬對華工的入境限制及在日華僑的往來、營業自由，僅表示關於設立民間機關的建議如有具體方法，可予相當考慮。

6月10日，代表團離開東京，轉經廣島、下關、八幡、長崎回國。途中，不時向日本各界宣傳中國要求取消不平等條約的主張，表達增進兩國人民友誼的真誠願望。[1103]15日，代表團抵達上海匯山碼頭，結束了為期20餘天的赴日訪問。[1104]

三、出訪日本的意義

從上述中國實業代表團赴日訪問的全過程來看，可以說就商業考察的意義而言，此次出訪日本是比較成功的。正如虞洽卿於6月15日接受國聞社記者採訪時表示的那樣：「參觀大阪電氣博覽會，則日本電氣事業之發達可見一斑，陳設各品，多半在日本製造。其餘經過各地，參觀棉、鐵、磁、紙、啤酒、水泥各業製造廠，規模宏大，物品精良，令人讚嘆不已。」[1105]6月17日，謝中笙在招商局的歡迎宴會上，「對此次赴日後考察所得之日本造船廠和航海業，頗多詳述」。[1106]上述意見表明，代表團在日本考察了眾多工廠、公司，開闊了眼界，基本上達到了參觀學習日本實業的目的。

從民間經濟外交在促使日本政府改變對華政策方面來看，代表團對於在輿論上喚醒日本商民，請願該國政府撤廢二十一條以及歸還旅順、大連方面的目的並沒有實現。雖然代表團訪日期間多次為謀求兩國關係的平等，以及真正意義上的親善，做出了種種努力。但是，日本實業界以及政界均以各種理由拒絕撤廢不平等條約，力圖繞開政治問題，為其經濟侵略打基礎，只談

經濟提攜。日本實業界最後雖稍有讓步，也僅僅是同意與中國實業界協商成立聯合的經濟團體。

從日本政府對此次代表團訪日所採取的措施來看，與日本實業界一樣，強調其不會輕易放棄在華的特權和利益，不會取消不平等條約，實現真正意義上的親善。並在此方面，對日本實業界做了「指導」。正如 6 月 17 日，虞洽卿在上海各界舉行的歡迎宴會上所談：「惟政府當局及資本家之迷夢未醒，尚抱侵略主義，以致中日邦交未能盡善。」例如，當外務省得知代表團欲與日本實業界探討有關取消二十一條等不平等條約的問題後，就特意提醒實業界：二十一條的大部分內容已得到解決，而剩下的南滿鐵路、旅大租借問題則是日本付出了重大犧牲的日俄戰爭的唯一成果，因此沒有探討的餘地。強調實業界應繞開與代表團談及二十一條的解決問題，應積極與代表團商談改善兩國合辦企業、促進經濟提攜的具體的經濟問題。[1107] 即表現了日本政府一方面空談中日親善，表面上給予代表團國賓級的待遇，以達到其經濟提攜的目的，另一方面又堅決推行不平等的對華政策。例如，加緊在東北增兵築橋、勒索南潯鐵路的管理權等。

從日本的輿論界來看，也均站在日本侵華政策的一邊，對代表團的合理要求避而不談。例如，當于日章發表二十一條始終沒有得到中國國民的承認這一說法時，《大阪每日新聞》則辯解「民四條約」為正式簽訂的國際條約，「不能因所謂自始即未經國民承認之不成理由的理由，而即廢棄之」；「若中國國民真實希望不平等條件之改修或廢除，必先在其自國方面，有表示尊重國際條約之事實」。[1108] 另一媒體《大阪朝日新聞》則對此表示：「使彼此諒解益形具體化，而除去從來一切之障礙，但與此有連帶發生之一問題，即為中國人民宜如何對日本重大之利害，與以精密之計議，以圖緩和從來對日本之主張。」由此可見，代表團希望日本民眾以及輿論界督促政府取消不平等條約一事，是不現實的。

訪日期間，代表團曾要求日本政府改善中國小商人待遇，切勿隨意阻止華商入境或驅逐回國，放寬華工在日的各種限制。日本外務省亞細亞局局長木村銳市也曾表示，中方如設立民間機關處理華僑入境問題的具體事宜的話，

可予以相當的考慮。回國後，上海總商會就邀請各地旅滬同鄉會商議，設立各團體聯合的機關——「維護赴日華僑各省聯合會」，決定凡有關各同鄉會均可加入。將來赴日者可經同鄉會轉請上海總商會發給證書，免受日方取締，並可望得到該聯合會有限的保護。[1109]但是，該機關的成立以及建議卻沒有得到日本政府的回應，眾多的在日華僑和華工仍因不堪日本政府的苛刻而被迫回國。[1110]雖然訪日期間，日本方面對代表團殷勤接待，大談特談親善，但對於日本虐待華僑之事，代表團成員表示：「即可證日人對我華人毫無誠意，口是心非之一斑。」[1111]但是，在當時中國政府無力保護華僑利益的情況下，實業代表團透過上海總商會成立的這個聯合會，表明中國的商人組織運用民間經濟外交的手段，在維護海外華僑的合法權益方面，有著強烈的民族責任感。

中國實業代表團回國後，國內輿論對此次之行褒貶各異。其中一部分愛國團體有如下嚴詞指責。例如，上海對日外交市民大會、上海學生聯合會致函虞洽卿，質疑代表團訪日的成效，「詰問中日間是否有真正親善之可能」。上海對日外交市民大會還質問，既然代表團承認日方招待的盛情無以復加，如何解釋日軍反而加緊進駐奉天？對此，虞洽卿答道：「國交與個人友誼理本一貫，人果未能以平等待我，在我自無實行親善之可言。德在東時口講指畫，無非從取消中日曆來不平等條約立論，冀以喚醒彼邦民眾。」上海學聯不久復公開信表示：「關於親善之意義與親善之先決條件，均剖之至為詳盡。聆教之下，足證先生對中日邦交之有素而具愛國熱忱，以及希望日人放棄其對我種種不正當舉動，共同攜手，以謀解放之苦心，實為敝會欽佩不已者。」[1112]上海的《民國日報》稱：「此次參觀團在日之行動，其空洞之代名詞，則為親善；而較切實之代名詞，則為經濟提攜。」而經濟提攜如不建立在雙方平等的基礎上，則是「經濟侵略」。對於日本代表於關稅會議上「無殊於歐美列邦」的態度來看，對於「日本誠意以經濟提攜相待，吾勿敢信」。[1113]

虞洽卿認為：「此行僅足謂為國民外交之第一步，初不敢奢望不平等條約立可取消，但不失為取消不平等條約播下一種子。」[1114]對此，陳佈雷也撰文對代表團的訪日影響做出客觀評價：「今次參觀團出發之前後，一般人有以取消二十一條件屬望之者，誠哉未免太誇；其有以棄仇修好種種惡意的

推測詆毀而懷疑之者,則未免近誣。試觀參觀團諸氏在日之言論,吾人固未見其有一言論超越國民的地位而發言,而日人之所以答我者,雖於賓禮重疊、謙詞盈幅之下,亦未忘其日本國家之本位。故參觀團諸氏今回在日,能使日人知我商界之關懷國事,力爭國家主權與獨立,不亞於日人,即此已足與日人以一種新印象。異日東亞國際關係之改善,或由此行播一粒小小之種子,正未可知。」[1115] 從上述評價可知,陳佈雷認為代表團此行,在向日本彰顯商人組織要求國家主權與獨立方面,具有一定的意義。

作為民間組織的赴日代表團,在爭取國家利權,廢除不平等條約方面,做出了應有的努力這一點是值得肯定的。因為取消二十一條、歸還旅大問題,對於中國政府來說,也都是無法做到的。從要求擺脫不平等條約的束縛,為發展經濟,振興民族產業而反對帝國主義這一側面來看,代表團利用民間經濟外交的手段,與日方的侵華言論以及旨在經濟侵略的親善空論,做了一定程度的鬥爭努力,從而促進了日本人民對中國人民的瞭解。其為維護國家權力的民間經濟外交意識應予以肯定。

作為此次代表團赴日的民間經濟對手——日本政商兩界,國內輿論界基本上是持有相同意見的,即對其只談經濟提攜的「中日親善」論,繞開核心的不平等條約撤廢問題,持否定態度。日本政府及實業界在代表團回國後,曾就其所提倡的經濟提攜論做出過努力。例如,澀澤榮一為設立中日聯合經濟團體一事,向外務大臣幣原重喜郎作如下請示:「擬於中日關係委員會之名稱下設一機關,以謀關係兩國貿易商業之發展,及解決爭執問題,以盡所謂民間外交之責任。」[1116] 隨後還有「擬先在上海、廣東、漢口、九江、宜昌、長沙等處設置中日實業組織,包含全中國經濟團體」。[1117] 但中國人民對此並不持熱情態度。如同《新聞報》所講的那樣,「日人欲舉經濟提攜之實者,宜放棄其傳統的對華經濟政策,督促當局廢除一切不平等條約,以消弭將來破壞經濟提攜之禍根」。如若不然,即便是組織中日聯合的經濟團體,也是無濟於事的。[1118]

四、中日民間經濟外交博弈的特點

從民間經濟外交博弈的視角來看,不平衡性的特點表現得最為突出。日方是占有主動性的,且得到日本政府外交的支持,多帶有維護日商依靠的不平等條約體系而獲取特權和利益的特點。中方由於處在被動地位,且沒有政府外交的後盾支持,更多地帶有維護國家利權、重樹民族威望、實現國家獨立和富強的性質。造成這種特點的主要原因則在於中日雙方在政治勢力上的差異。對於日本實業界來說,由於「一戰」後日本國家經濟實力雄厚,且對外經濟擴張的野心不斷膨脹,這就使得日本實業界試圖透過民間經濟外交手段來間接參與外交事務,同政府對華經濟擴張政策保持步調一致,在維護不平等條約體系的前提下,確保已取得的在華經濟利益。對於當時處於半殖民地半封建社會且國家綜合實力弱小、政治混亂的中國來說,廢除不平等條約一事,雖然是中國政府外交的首要任務,但由於上述侷限性的存在而無法達成目的。在中國實業代表團赴日訪問的過程中,中日實業界透過直接對話的方式,做了一次正面交鋒式的民間經濟外交活動。這次交鋒不僅使中國的商人團體加深了對日本的瞭解和認識,加深了對日本資本主義經濟發展狀況的瞭解,同時還透過直接對話,代表中國人民表達了堅持取消各國強加給中國的不平等條約,建立平等的中日合作關係的強烈要求與願望。而這些本應屬於政府外交的職責,卻由商人團體作出了最為直接的呼籲。

參考文獻

[1] 袁為鵬，中國社會科學院經濟研究所研究員，歷史學博士，理論經濟學博士後，主要從事近代經濟史方向研究。

[2] 關於晚清中國軍事工業創辦與發展的研究，參見王爾敏：《清季兵工業的興起》，《中央研究院近代史研究所專刊》第9期，1963年；王國強：《中國兵工製造業發展史》，黎明文化事業公司，1987年；姜魯鳴：《中國國防經濟歷史形態》，國防大學出版社，1995年；《中國近代兵器工業》編審委員會編：《中國近代兵器工業——清末至民國的兵器工業》，國防工業出版社，1998年；羅爾綱：《晚清兵志》（第5—6卷），中華書局，1999年；曾祥穎：《中國近代兵工史》，重慶出版集團、重慶出版社，2008年；張國輝：《洋務運動與中國近代企業》，中國社會科學出版社，1979年；上海社會科學院經濟研究所編：《江南造船廠廠史（1865—1949）》，江蘇人民出版社，1983年；林慶元：《福建船政局史稿》，福建人民出版社，1986年；（美）T.L.康念德，楊天宏、陳力等譯：《李鴻章與中國軍事工業近代化》，四川大學出版社，1992年；喬偉、李喜所、劉曉琴：《德國克虜伯與中國的近代化》，天津古籍出版社，2001年；沈傳經：《福州船政局》，四川人民出版社，1987年；夏東元：《洋務運動史》，華東師範大學出版社，1996年；樊百川：《清季的洋務新政》，上海書店出版社，2009年；等等。

[3] 向玉成：《中國近代軍事工業佈局的發展變化述論》，《四川師範大學學報》1997年第2期；《江南製造局的選址問題與遷廠風波》，《樂山師專學報》1997年第4期；《論洋務派對大型軍工企業佈局的認識發展過程——以江南製造局與湖北槍炮廠的選址為例》，《西南交通大學學報》2000年第4期；張忠民：《晚清江南製造局的「內遷」——兼論中國工業發展中的戰略縱深》，《清史研究》2013年第3期。另外，卞歷南的《制度變遷的邏輯：中國現代國營企業制度之形成》（浙江大學出版社，2011年，第24—58頁）對近代中國軍事工業創立、發展演變的歷程及海內外研究概況作了完整而扼要的論述，也涉及晚清軍事工業區位的變動。

[4] 張玉法《清末民初的官辦工業》一文曾專門分析清末民初官辦工業（以軍事工業為主體）「沒有全國性的統一計劃」對其成敗的影響，參見中研院近代史研究所編：《清季自強運動研討會論文集》下冊，中研院近代史研究所，1988年，第686—689頁。另可參見朱蔭貴：《中國近代輪船航運業研究》，中國社會科學出版社，2008年，第13頁。

[5] 晚清軍事工廠多以局命名，如江南製造局、天津機器局等，本文為敘述方便，概稱之為某廠或某軍事工廠。

[6] 許滌新、吳承明主編：《中國資本主義發展史》卷2《舊民主主義革命時期的中國資本主義》，人民出版社，1990年，第340、376頁。

[7] 許滌新、吳承明主編：《中國資本主義發展史》卷2《舊民主主義革命時期的中國資本主義》，人民出版社，1990年，第340、376頁。

[8] 李鴻章：《籌議海防折》（同治十三年十一月初二日），載吳汝綸編：《李文忠公全集》卷24《奏稿》，文海出版社，1974年，第16頁。

[9] 向玉成：《中國近代軍事工業佈局的發展變化述論》，《四川師範大學學報》1997年第2期。

[10] 張之洞：《籲請修備儲才折》，載苑書義等主編：《張之洞全集》第2冊，河北人民出版社，1998年，第995頁。

[11] 關於榮祿的軍政經歷及其掌握軍權的過程，參見劉鳳翰：《榮祿與武衛軍》，《中央研究院近代史研究所集刊》第6期，1977年，第4—11頁；劉春蘭：《榮祿與晚清軍事》，碩士學位論文，臺灣政治大學歷史研究所，2002年。

[12] 《榮祿奏請在內地省份建立製造廠並將上海製造局內遷片》，光緒二十三年十月，載《中國近代兵器工業檔案史料》編委會編：《中國近代兵器工業檔案史料》第1冊，兵器工業出版社，1993年，第44頁。又，清廷上諭要求各軍機、王大臣討論此議的時間為光緒二十三年十二月二十五日，上諭中提到的奏片名為《飭山西等省興辦製造局廠並將上海局廠移赴湖南片》。參見中國第一歷史檔案館編：《光緒朝上諭檔》第23冊，廣西師範大學出版社，1996年，第376頁。

[13] 《著劉坤一等在內地煤鐵產區建立或擴充製造局廠之上諭》，光緒二十四年正月初三日，載《中國近代兵器工業檔案史料》編委會編：《中國近代兵器工業檔案史料》第1冊，兵器工業出版社，1993年，第44頁。按：此上諭在中國第一歷史檔案館編：《光緒朝上諭檔》第24冊（廣西師範大學出版社，1996年）中未見；清廷將榮祿奏摺下發給軍機大臣及各地方督撫大員討論的時間是光緒二十三年十二月二十五日，而《中國近代兵器工業檔案史料》第1冊中將這份上諭的發佈時間斷定為正月初三日，不知何據。從情理上推測似過早，故本文采上半年之說。

[14] 《中國近代兵器工業》編審委員會編：《中國近代兵器工業——清末至民國的兵器工業》，國防工業出版社，1998年，第160—161頁。

[15] 湖北兵工廠、湖北鋼藥廠及江南製造局三廠的工人數量，參見《中國近代兵器工業》編審委員會編：《中國近代兵器工業——清末至民國的兵器工業》，國防工業出版社，1998年，第429—431頁。其中江南製造局的工人數量是1905年的數據。

[16]《劉坤一奏江南製造局及煉鋼廠繁重難遷折》，載《中國近代兵器工業檔案史料》編委會編：《中國近代兵器工業檔案史料》第1冊，兵器工業出版社，1993年，第61—62頁。

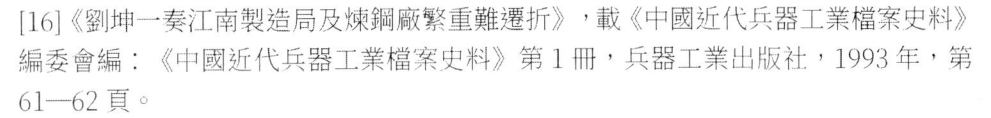

[17]《劉坤一為恭錄江南製造局及煉鋼廠繁重難遷一折之硃批並飭該局遵照之札文》（光緒二十四年六月二十七日），載《中國近代兵器工業檔案史料》編委會編：《中國近代兵器工業檔案史料》第1冊，兵器工業出版社，1993年，第62頁。

[18]《中國近代兵器工業》編審委員會編：《中國近代軍事工業——清末至民國的兵器工業》，國防工業出版社，1998年，第138頁。

[19] 參見魏允恭編：《江南製造局記》卷4，載沈雲龍主編：《近代中國史料叢刊》第41輯，文海出版社，1974年，第477—496頁。

[20] 中國第一歷史檔案館編：《光緒朝上諭檔》第24冊，廣西師範大學出版社，1996年，第462頁。

[21]《榮祿奏請飭各督撫趕製槍炮片》（光緒二十四年十月二十四日），載《中國近代兵器工業檔案史料》編委會編：《中國近代兵器工業檔案史料》第1冊，兵器工業出版社，1993年，第321頁。

[22] 王爾敏：《清季兵工業的興起》，廣西師範大學出版社，2009年，第196頁。

[23] 中國第一歷史檔案館編：《光緒朝上諭檔》第26冊，廣西師範大學出版社，1996年，第192頁。

[24]《劉坤一奏請準江南毋庸另設舊局製造軍火以節經費片》（光緒二十六年十一月二十二日），載《中國近代兵器工業檔案史料》編委會編：《中國近代兵器工業檔案史料》第1冊，兵器工業出版社，1993年，第324頁。

[25] 中國第一歷史檔案館編：《光緒朝上諭檔》第26冊，廣西師範大學出版社，1996年，第352頁。

[26] 張之洞：《張之洞奏請廣軍實折（節錄）》（光緒二十七年六月初五日），載《中國近代兵器工業檔案史料》編委會編：《中國近代兵器工業檔案史料》第1冊，兵器工業出版社，1993年，第45頁。按：上摺系節錄自劉坤一、張之洞會奏《遵旨籌議變法謹擬採用西法十一條折》，為其中之第三條。參見苑書義等主編：《張之洞全集》第2冊，河北人民出版社，1998年，第1435頁。

[27]《〈辛丑條約〉禁止軍火暨製造軍火之器料進口中國之條款（節錄）》（光緒二十七年七月二十五日），載《中國近代兵器工業檔案史料》編委會編：《中國近代兵器工業檔案史料》第1冊，兵器工業出版社，1993年，第325頁。

[28] 張之洞：《致京榮中堂》（光緒二十五年十二月三十日），載苑書義等主編：《張之洞全集》第10冊，河北人民出版社，1998年，第7897頁。

[29] 賀新城：《中國、日本軍事近代化改革比較研究》，《軍事歷史》2013年第2期。

[30] 張之洞：《籌辦移設製造局添建槍炮新廠折》（光緒二十九年二月十九日），載苑書義等主編：《張之洞全集》第3冊，河北人民出版社，1998年，第1566 頁。

[31]《劉秉璋奏四川機器局製造未精擬請停鑄洋槍並在上海購辦應用折》（光緒十三年十二月初五日），載《中國近代兵器工業檔案史料》編委會編：《中國近代兵器工業檔案史料》第1冊，兵器工業出版社，1993年，第146頁。

[32]《左宗棠奏請設海防全政大臣統籌海防之政折》（光緒十一年六月十八日），載《中國近代兵器工業檔案史料》編委會編：《中國近代兵器工業檔案史料》第1冊，兵器工業出版社，1993年，第314頁。

[33] 姜鳴：《總理海軍事務衙門考》，《福建論壇》1987年第4期。

[34]《劉樹堂奏籌議擴充製造廠局並先行籌款添購機器折（奏底）》（光緒二十四年正月三十日），載《中國近代兵器工業檔案史料》編委會編：《中國近代兵器工業檔案史料》第1冊，兵器工業出版社，1993年，第250—251頁。

[35]《奕訢等奏議河南省請擴充製造局廠並先行籌款購機一事折》（光緒二十四年閏三月初五日），載《中國近代兵器工業檔案史料》編委會編：《中國近代兵器工業檔案史料》第1冊，兵器工業出版社，1993年，第252頁。

[36] 袁世凱：《欽遵懿旨敬陳管見折》（光緒二十四年十二月初一日），載廖一中、羅真容整理：《袁世凱奏議》上冊，天津古籍出版社，1987年，第18頁。

[37] 劉鳳翰：《晚清新軍編練及指揮機構的組織與變遷》，《中央研究院近代史研究所集刊》第9期，1980年，第203頁。

[38] 藤新才：《良弼、鐵良與清末政局》，《文史雜誌》1994年第3期。

[39] 宮玉振：《鐵良南下與清末中央集權》，《江海學刊》1994年第1期。

[40] 文公直：《最近三十年軍事史》，載沈雲龍主編：《近代中國史料叢刊》第64輯，文海出版社，1974年，第40頁。

[41]《奕劻等奏訂練兵處辦事簡要章程折》（光緒二十九年十一月初六日），載《中國近代兵器工業檔案史料》編委會編：《中國近代兵器工業檔案史料》第1冊，兵器工業出版社，1993年，第327頁。

[42] 吳劍杰編著：《張之洞年譜長編》下卷，上海交通大學出版社，2009年，第765頁。

[43] 張之洞：《籌辦移設製造局添建槍炮新廠折》（光緒二十九年二月十九日），載苑書義等主編：《張之洞全集》第3冊，河北人民出版社，1998年，第1560—1568頁。

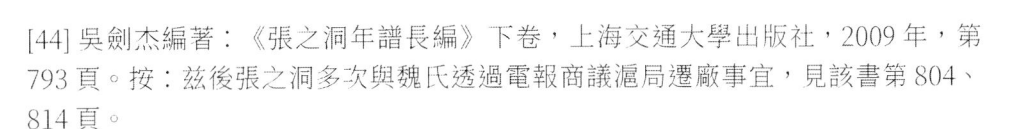

[44] 吳劍杰編著：《張之洞年譜長編》下卷，上海交通大學出版社，2009年，第793頁。按：兹後張之洞多次與魏氏透過電報商議滬局遷廠事宜，見該書第804、814頁。

[45] 吳劍杰編著：《張之洞年譜長編》下卷，上海交通大學出版社，2009年，第814頁。

[46] 張之洞：《會籌江南製造局移建新廠辦法折》（光緒三十年四月十八日），載苑書義等主編：《張之洞全集》第3冊，河北人民出版社，1998年，第1602—1613頁。

[47] 吳劍杰編著：《張之洞年譜長編》下卷，上海交通大學出版社，2009年，第792頁。

[48] 按：據張之洞推測，江南製造局遷廠被阻系出於袁世凱之攬權，他趁機欲將南廠經費挪作建設「北方大廠」之用。

[49] 參見宮玉振：《鐵良南下與清末中央集權》，《江海學刊》1994年第1期；何漢威：《從清末剛毅、鐵良南巡看中央和地方的財政關係》，《中央研究院歷史語言研究所集刊》第68本第1分，1997年；劉增合：《八省土膏統捐與清末財政集權》，《歷史研究》2004年第6期。

[50] 中國歷史博物館編，勞祖德整理：《鄭孝胥日記》（二），中華書局，1993年，第689頁。

[51] 吳劍杰編著：《張之洞年譜長編》下卷，上海交通大學出版社，2009年，第809頁。

[52] 清練兵處籌餉之艱難及各省對中央籌款不無敷衍之處，參見沈桐生輯：《光緒政要》卷30，載沈雲龍主編：《近代中國史料叢刊》第35輯，文海出版社，1974年，第1961—1963頁。

[53]（美）斯蒂芬·R. 麥金農著，牛秋實、於英紅譯：《中華帝國晚期的權力與政治：袁世凱在北京與天津1901—1908》，天津人民出版社，2013年，第50—60頁。

[54] 鄭孝胥雲：「余與廣雅商兌換官錢票事，計鐵路月需二十萬串，約銀十六萬兩，若盡易諸官局，是湖北每歲坐收銀幾二百萬也。」可見湖北官錢局獲利豐厚，湖北財政充裕。參見中國歷史博物館編，勞祖德整理：《鄭孝胥日記（二）》，中華書局，1993年，第753—754頁；宋亞平：《湖北地方政府與社會經濟建設：1890—1911》，華中師範大學出版社，1995年。

[55] 張之洞：《會籌江南製造總局移建新廠辦法折》，載苑書義等主編：《張之洞全集》第3冊，河北人民出版社，1998年，第1602—1604頁。

[56] 何漢威：《書評：陳峰〈清代財政政策與貨幣政策研究〉》，《漢學研究》2009年第3期。

[57]《鐵良奏遵旨查明江南製造局應否移建各情形折》（光緒三十一年正月十八日），載《中國近代兵器工業檔案史料》編委會編：《中國近代兵器工業檔案史料》第1冊，兵器工業出版社，1993年，第304—305頁。

[58]《鐵良奏遵旨查明江南製造局應否移建各情形折》（光緒三十一年正月十八日），載《中國近代兵器工業檔案史料》編委會編：《中國近代兵器工業檔案史料》第1冊，兵器工業出版社，1993年，第305—306頁。

[59]《練兵處奏議鐵良奏江南製造局應否移建各情形一事折（奏底）》（光緒三十一年五月十三日），載《中國近代兵器工業檔案史料》編委會編：《中國近代兵器工業檔案史料》第1冊，兵器工業出版社，1993年，第307—309頁。

[60] 劉鳳翰：《晚清新軍編練及指揮機構的組織與變遷》，《中央研究院近代史研究所集刊》1980年第9期。

[61] 張之洞：《致蘇州端撫臺》（光緒三十年八月初七發），載苑書義等主編：《張之洞全集》第11冊，河北人民出版社，1998年，第9204頁。

[62]《端方奏請統辦膏捐以充湘鄂槍彈廠經費折》（光緒三十年十二月），載《中國近代兵器工業檔案史料》編委會編：《中國近代兵器工業檔案史料》第1冊，兵器工業出版社，1993年，第310頁。按：整理者將這一奏摺時間定為光緒二十九年十二月，實誤，茲根據內容作了更正。

[63] 張之洞：《致京鐵寶臣尚書》（光緒三十一年三月二十二日午刻發），載苑書義等主編：《張之洞全集》第11冊，河北人民出版社，1998年，第9314頁。

[64]《練兵處奏湘鄂兩省會籌添建槍彈廠應毋庸議折（奏底）》（光緒三十一年正月），載《中國近代兵器工業檔案史料》編委會編：《中國近代兵器工業檔案史料》第1冊，兵器工業出版社，1993年，第311頁。按：整理者將該折時間定為光緒三十年正月，實誤，茲根據內容作了更正。

[65] 關於四川總督錫良及其繼任者趙爾豐不顧練兵處的反對意見，堅持川省軍事工廠改擴建工作的史實，參見《錫良奏請派員出洋購機習藝以拓充四川機器局折》（光緒二十九年十二月初三日）、《練兵處奏議川督請派員出洋購機習藝一事折（奏底）》（光緒三十年二月初十日）、《趙爾豐奏四川機器局修建炮廠彈廠片》（光緒三十四年二月二十一日），載《中國近代兵器工業檔案史料》編委會編：《中國近代兵器工業檔案史料》第1冊，兵器工業出版社，1993年，第150—153頁。另參見中研院近代史研究所編：《海防檔》丙編《機器局（二）》中所錄外務部所收護理川督文附片稿：《川省機器局添建砲彈各廠撥款購機暨預籌常年經費》，藝文印書館，1957年，第484頁。

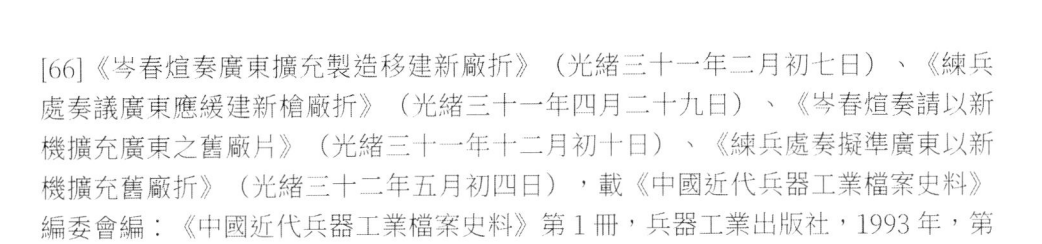

[66]《岑春煊奏廣東擴充製造移建新廠折》（光緒三十一年二月初七日）、《練兵處奏議廣東應緩建新槍廠折》（光緒三十一年四月二十九日）、《岑春煊奏請以新機擴充廣東之舊廠片》（光緒三十一年十二月初十日）、《練兵處奏擬準廣東以新機擴充舊廠折》（光緒三十二年五月初四日），載《中國近代兵器工業檔案史料》編委會編：《中國近代兵器工業檔案史料》第1冊，兵器工業出版社，1993年，第202—205頁。

[67] 練兵處向兩江總督下達的於江南製造局辦理咨文原檔未見，但其具體內容見於《周馥奏江南製造局裁汰冗員精求造法以應急需折》（光緒三十一年），載《中國近代兵器工業檔案史料》編委會編：《中國近代兵器工業檔案史料》第1冊，兵器工業出版社，1993年，第71頁。

[68]《周馥奏將江南製造局鼓鑄銅元歸併江寧辦理片》（光緒三十年）、《周馥奏將江南製造局船塢劃出改照商塢辦法辦理折》（光緒三十一年）、《周馥奏江南製造局裁汰冗員精求造法以應急需折》（光緒三十一年），載《中國近代兵器工業檔案史料》編委會編：《中國近代兵器工業檔案史料》第1冊，兵器工業出版社，1993年，第70—72頁。

[69]《張士珩呈報遵飭籌議江南製造局炮廠添機加造新式炮位之稟文》（光緒三十四年五月二十九日）、《江南製造局呈報籌議擴充槍廠加造槍枝之稟文》（約光緒三十四年）、《江南製造局龍華分局擴充無菸藥廠需添機器廠屋清單》（宣統三年四月初十日），載《中國近代兵器工業檔案史料》編委會編：《中國近代兵器工業檔案史料》第1冊，兵器工業出版社，1993年，第72—77頁。

[70]《中國近代兵器工業》編審委員會編：《中國近代兵器工業——清末至民國的兵器工業》，國防工業出版社，1998年，第142—143頁。

[71] 端方為將金陵製造各局歸道員張士珩派員經理事致張士珩之札文（光緒三十三年十月初一日）、《端方奏金陵製造局停造老毛瑟槍子添購機器改造新式槍子折》（光緒三十三年十二月初六日），載《中國近代兵器工業檔案史料》編委會編：《中國近代兵器工業檔案史料》第1冊，兵器工業出版社，1993年，第88—89頁。

[72]《張人駿就金陵機器局歸併江南製造局後之機器及經費事致江南製造局總辦張士珩之札文》（宣統二年七月初九日），載《中國近代兵器工業檔案史料》編委會編：《中國近代兵器工業檔案史料》第1冊，兵器工業出版社，1993年，第89—90頁。

[73]《軍咨處陸軍部為金陵機器局未可輕議裁撤事致兩江總督張人駿電》（宣統二年七月二十一日）、《朱恩紱為請暫緩定議金陵機器局辦法事致陸軍部電》（宣統二年八月十七日），載《中國近代兵器工業檔案史料》編委會編：《中國近代兵器工業檔案史料》第1冊，兵器工業出版社，1993年，第92—93頁。

參考文獻

[74]《袁世凱就在德州設立北洋機器製造局情形及費用事致民政部之咨文》（光緒三十三年四月二十二日），載《中國近代兵器工業檔案史料》編委會編：《中國近代兵器工業檔案史料》第1冊，兵器工業出版社，1993年，第274—275頁。

[75]《中國近代兵器工業》編審委員會編：《中國近代兵器工業——清末至民國的兵器工業》，國防工業出版社，1998年，第173—174頁。

[76]《清實錄·附宣統政紀》第60冊，中華書局，1987年，第286—287頁。

[77]《朱恩紱奏整頓製造軍械局廠辦法折》（宣統二年十二月十三日），載《中國近代兵器工業檔案史料》編委會編：《中國近代兵器工業檔案史料》第1冊，兵器工業出版社，1993年，第356頁。又，原折亦見於《清實錄·附宣統政紀》第60冊，中華書局，1987年，第829—832頁。

[78]《陸軍部奏請將各製造軍械局廠收歸陸軍部管理折（奏底）》（宣統二年十二月）、《陸軍部為派員接收江南製造局事致該局總辦張士珩之照會》（宣統三年四月），載《中國近代兵器工業檔案史料》編委會編：《中國近代兵器工業檔案史料》第1冊，兵器工業出版社，1993年，第357—358、364頁。

[79] 姜魯鳴：《中國國防經濟歷史形態》，國防大學出版社，1995年，第220頁。

[80] 李鴻章：《籌議海防折》（同治十三年十一月初二日），載吳汝綸編：《李文忠公全集》卷24《奏稿》，文海出版社，1974年，第16頁。

[81] 向玉成：《江南製造局的選址問題與遷廠風波》，《樂山師專學報》1997年第4期。

[82] 何漢威：《清季中央與各省財政關係的反思》，《中央研究院歷史語言研究所集刊》2001年第72本第3分；劉增合：《地方游離於中央：晚清地方財政形態與意識疏證——兼評陳鋒教授〈清代財政政策與貨幣政策研究〉》，《中國社會經濟史研究》2009年第1期。

[83] 本文系國家社會科學基金青年項目「清代中期長江中游流通與市場整合研究」（16CZS042）階段性成果。文章的修改得到魏明孔研究員、王文成研究員、張海英教授的指導，特此致謝。

[84] 趙偉洪，中國社會科學院經濟研究所助理研究員，中國史學博士，理論經濟學博士後，主要從事中國經濟史方向的研究。

[85] 趙偉洪：《乾隆時期長江中游米穀市場的空間格局》，《中國經濟史研究》2017年第4期。

[86]（日）安部健夫：《米穀需給の研究——〈雍正史〉の一章としてみた》，《東洋史研究》第15卷第4號，1957年。

[87]Evelyn Sakakida Rawski，Agricultural Change and the Peasant Economy Of South China，Harvard University Press，Cambridge，Massachusetts，1972.

[88]（日）岸本美緒：《清朝中期經濟政策的基調——一七四〇年代食糧問題を中心に》，《近きに在りて》第 11 號，1987 年。中譯版載劉迪瑞譯：《清代中國的物價與經濟波動》，社會科學文獻出版社，2010 年，第 263—294 頁。

[89]全漢昇：《乾隆十三年的米貴問題》，載氏著：《中國經濟史論叢》（二），中華書局，2012 年，第 650—671 頁。

[90]江太新：《清代糧價變動及清政府的平抑糧價》，《平準學刊》第 5 輯下冊，1989 年；（日）則松彰文：《清代中期の經濟政策に関する一試論——乾隆十三年（一七四八）の米貴問題を中心に》，《九州大學東洋史論集》第 17 號，1989 年；常建華：《乾隆早期廷議糧價騰貴問題探略》，《南開學報》1991 年第 6 期；高王凌：《活著的傳統——十八世紀中國的經濟發展和政府政策》，北京大學出版社，2005 年。Helen Dunstan，State or Merchant？ Political Economy and Political Process in 1740s China，Harvard University Press，2006；（澳）鄧海倫：《乾隆十三年再檢討——常平倉政策改革和國家利益權衡》，《清史研究》2007 年第 2 期。

[91]Peter C.Perdue，Exhausting the Earth：State and Peasant in Hunan 1500—1850，Harvard University Press，Cambridge，1987，p.236. 鄧永飛：《米穀貿易、水稻生產與清代湖南社會經濟》，《中國社會經濟史研究》2006 年第 2 期。

[92]《清高宗實錄》卷 147，乾隆六年七月，中華書局，1985 年，第 1124 頁。

[93]《清高宗實錄》卷 175，乾隆七年九月，第 1157 頁。

[94]《清高宗實錄》卷 197，乾隆八年七月，第 539 頁。

[95]《清高宗實錄》卷 148，乾隆六年八月，第 539 頁；卷 174，乾隆七年九月，第 233 頁；卷 175，乾隆七年九月丁醜，第 246 頁。

[96]《清高宗實錄》卷 162，乾隆七年三月壬申，第 44 頁；卷 174，乾隆七年九月丁巳，第 228 頁；卷 175，乾隆七年九月，第 259 頁；卷 176，乾隆七年十月乙未，第 268—269 頁。

[97]《清高宗實錄》卷 173，乾隆七年八月，第 225 頁。

[98]《乾隆八年五月二十七日江西巡撫陳弘謀奏摺》，載中國第一歷史檔案館藏，宮中檔硃批奏摺，檔號：04-01-35-1125-028。

[99]中國人民大學清史研究所主編：《康雍乾時期城鄉人民反抗鬥爭資料》下冊，中華書局，1979 年，第 572—575 頁。

[100]《清高宗實錄》卷 189，乾隆八年四月己亥，第 429 頁。

[101] 乾隆十六年九月二十五日，署理湖廣總督印務湖北巡撫恆文奏摺，載臺北故宮博物院編輯委員會編：《宮中檔乾隆朝奏摺》第1輯，臺北故宮博物院，1982年，第771頁。

[102] 臺北故宮博物院編輯委員會編：《宮中檔乾隆朝奏摺》第1輯，臺北故宮博物院，1982年，第85、87、463、627、771、813頁。

[103] 《乾隆十七年三月初十日湖南布政使周人驥奏摺》，載臺北故宮博物院編輯委員會編：《宮中檔乾隆朝奏摺》第2輯，臺北故宮博物院，1982年，第415頁。

[104] 《乾隆十六年九月二十五日署理湖廣總督印務，湖北巡撫恆文奏摺》，載臺北故宮博物院編輯委員會編：《宮中檔乾隆朝奏摺》第1輯，臺北故宮博物院，1982年，第771頁。

[105] 《乾隆十七年三月初四日江西巡撫鄂昌奏摺》，載臺北故宮博物院編輯委員會編：《宮中檔乾隆朝奏摺》第2輯，臺北故宮博物院，1982年，第382頁。

[106] 《清高宗實錄》卷405，乾隆十六年十二月己未，第320—321頁。

[107] 《乾隆十七年十月初六日安寧奏摺》，載臺北故宮博物院編輯委員會編：《宮中檔乾隆朝奏摺》第4輯，臺北故宮博物院，1982年，第76頁。

[108] 《乾隆四十三年八月二十五日湖南巡撫李湖奏摺》，載臺北故宮博物院編輯委員會編：《宮中檔乾隆朝奏摺》第44輯，臺北故宮博物院，1982年，第630頁。

[109] 《乾隆四十三年八月二十四日湖北巡撫陳輝祖奏摺》，載臺北故宮博物院編輯委員會編：《宮中檔乾隆朝奏摺》第44輯，臺北故宮博物院，1982年，第617頁；《乾隆四十三年十月二十八日湖北巡撫陳輝祖奏摺》，載臺北故宮博物院編輯委員會編：《宮中檔乾隆朝奏摺》第45輯，臺北故宮博物院，1982年，第293頁。

[110] 《乾隆四十三年十二月十七日署江西布政使按察使瑞齡奏摺》，載臺北故宮博物院編輯委員會編：《宮中檔乾隆朝奏摺》第46輯，臺北故宮博物院，1982年，第242頁。

[111] 《清高宗實錄》卷1231，乾隆五十年五月癸酉，第516—517頁；卷1236，乾隆五十年八月戊寅、甲申、乙酉，第607、618、619、621頁。

[112] 《乾隆五十年八月二十一日、十一月初九日江西廣饒九南道穆克登奏摺》，載中國第一歷史檔案館藏，宮中檔硃批奏摺，檔號：04-01-35-1180-025、04-01-06-0003-007。

[113] 雖然乾隆後期的災歉導致湖北省也加入到需米行列中來，但長江中游作為糧食輸出區的定位仍沒有變。

[114] 王業鍵：「The Secular Trend of Price during the Ch』ing Period（1644～1911）」，《香港中文大學中國文化研究所學報》1972年第2期；阮明道：《吳氏經商帳簿研究》，《四川師範學院學報》1996年第6期。

[115] 陳春聲、劉志偉：《貢賦、市場與物質生活——論18世紀美洲白銀輸入與中國社會變遷之關係》，《清華大學學報》2010年第5期。

[116] 巫仁恕：《激變良民：傳統中國城市群眾集體行動之分析》，北京大學出版社，2011年，第174—175頁。

[117] 中國人民大學清史研究所主編：《康雍乾時期城鄉人民反抗鬥爭資料》下冊，中華書局，1979年，第574頁。

[118]《清高宗實錄》卷165，乾隆七年四月，第93頁。

[119]《清高宗實錄》卷170，乾隆七年七月辛未，第166頁。

[120] 鄧亦兵：《清代前期抑商問題新探》，《首都師範大學學報》2004年第4期。

[121] 中國第一歷史檔案館編：《乾隆朝上諭檔》第2冊，乾隆十一年六月二十七日，廣西師範大學出版社，2008年，第109—110頁。

[122]《清高宗實錄》卷237，乾隆十年三月戊戌，第51—52頁。

[123] 中國第一歷史檔案館編：《乾隆朝上諭檔》第2冊，乾隆十一年六月二十七日，廣西師範大學出版社，2008年，第109—110頁。

[124] 中國第一歷史檔案館編：《乾隆朝上諭檔》第2冊，乾隆十三年十一月二十三日，廣西師範大學出版社，2008年，第256—257頁。

[125] 劉翠溶：《清代倉儲制度穩定功能之檢討》，載陳國棟、羅彤華主編：《經濟脈動》，中國大百科全書出版社，2005年，第317—346頁。

[126]《清高宗實錄》卷61，乾隆三年正月庚午，第7—8頁。

[127]《清高宗實錄》卷189，乾隆八年四月己亥，第429頁。

[128]《清高宗實錄》卷209，乾隆九年正月壬寅，第690頁；卷211，乾隆九年二月癸酉，第714—715頁；和衛國：《乾隆前期納谷捐監研究》，載朱誠如、王天有主編：《明清論叢》第7輯，紫禁城出版社，2006年。

[129] 李鴻章等修：《光緒朝大清會典事例》卷190《戶部·積儲》，中文書局影印版，第5b頁。

[130]《清高宗實錄》卷311，乾隆十三年三月，第97、98、100頁。

[131]《清高宗實錄》卷319，乾隆十三年七月辛丑，第243頁。

[132] 李鴻章等修：《光緒朝大清會典事例》卷190《戶部·積儲》，中文書局影印版，第5b頁；《清高宗實錄》卷337，乾隆十四年三月庚午，第640頁。

[133]《乾隆十七年十一月十二日署理湖南巡撫範時綬奏摺》,《乾隆十七年十一月廿二日暫署江西巡撫鄂容安奏摺》,載臺北故宫博物院編輯委員會編:《宫中檔乾隆朝奏摺》第4輯,臺北故宫博物院,1982年,第304、388頁。

[134] 張海英:《明清江南地區與其他區域的經濟交流及影響》,《社會科學》2003年第10期。

[135] 龔勝生:《清代兩湖農業地理》,華中師範大學出版社,1996年,第86頁;載湖南省地方志編纂委員會編:《湖南通鑒》,該書收入《湖湘文庫》編輯出版委員會編:《湖湘文庫》乙編第4號,湖南人民出版社,2008年,第368頁。

[136] 張建民:《清代江漢—洞庭湖平原堤垸農業的發展及其綜合考察》,《中國農史》1987年第2期。

[137] 乾隆《會昌縣誌》卷16《土物》。

[138] 參見謝美娥:《清代前期湖北的人口、商業化與農業經濟變遷》,花木蘭文化出版社,2009年。

[139] 龔勝生:《清代兩湖農業地理》,華中師範大學出版社,1996年,第130—134、139—145頁。

[140]《乾隆十七年十一月二十日湖南按察使沈世楓奏摺》,載臺北故宫博物院編輯委員會編:《宫中檔乾隆朝奏摺》第4輯,臺北故宫博物院,1982年,第364頁。

[141] 同治《房縣誌》卷11《風俗》。

[142]《乾隆十七年十二月初五日湖北巡撫恆文奏報民數谷數折》,載臺北故宫博物院編輯委員會編:《宫中檔乾隆朝奏摺》第4輯,臺北故宫博物院,1982年,第519頁。

[143]《乾隆十九年二月二十一日湖廣總督開泰奏摺》,載臺北故宫博物院編輯委員會編:《宫中檔乾隆朝奏摺》第7輯,臺北故宫博物院,1982年,第640頁。

[144] 曹樹基:《明清時期的流民和贛北山區的開發》,《中國農史》1986年第2期。

[145] 乾隆《贛州府志》卷2《地理志·物產》。

[146] 乾隆《廣信府志》卷2《地理·物產》。

[147] 曹樹基:《明清時期的流民和贛南山區的開發》,《中國農史》1985年第4期;曹樹基:《明清時期的流民和贛北山區的開發》,《中國農史》1986年第2期。

[148] 同治《新城縣誌》卷1,嘉慶十年《大荒公禁栽菸約》。

[149] 姜長青,中國社會科學院經濟研究所副研究員,經濟學博士後,主要從事中華人民共和國財政史研究。

[150] 毛澤東:《毛澤東選集》第3卷,人民出版社,1991年,第1082頁。

[151] 房維中、金冲及主編：《李富春傳》，中央文獻出版社，2001年，第363頁。

[152]《人民日報》1948年5月31日，第2版。

[153]《人民日報》1948年5月31日，第2版。

[154]《東北解放區財政經濟史資料選編》第1輯，黑龍江人民出版社，1987年，第146頁。

[155]《人民日報》1949年9月29日，第5版。

[156] 房維中、金冲及主編：《李富春傳》，中央文獻出版社，2001年，第365頁。

[157] 中央文獻研究室編：《陳雲年譜》中卷，中央文獻出版社，2000年，第15—16頁。

[158]《人民日報》1950年1月3日，第2版。

[159] 鞍鋼史志編纂委員會編：《鞍鋼志》，人民出版社，1991年，第15頁。

[160]《毛澤東在東北局高級幹部會議上的講話》，1950年3月3日。

[161] 中央文獻研究室編：《陳雲年譜》中卷，中央文獻出版社，2000年，第47頁。

[162] 中央文獻研究室編：《陳雲年譜》中卷，中央文獻出版社，2000年，第135—136頁。

[163] 中國企業史編輯委員會編：《中國企業史·現代卷》上卷，企業管理出版社，2002年，第201頁。

[164] 陳雲：《陳雲文選（1949—1956）》，人民出版社，1984年，第46頁。

[165] 中央文獻研究室編：《陳雲年譜》上卷，中央文獻出版社，2000年，第547頁。

[166] 中央文獻研究室編：《劉少奇年譜》下卷，中央文獻出版社，1996年，第221頁。

[167] 中央文獻研究室編：《劉少奇年譜》下卷，中央文獻出版社，1996年，第222頁。

[168] 中央文獻研究室編：《劉少奇年譜》下卷，中央文獻出版社，1996年，第223頁。

[169] 中央文獻研究室編：《周恩來年譜（1949—1976）》上冊，中央文獻出版社，1997年，第27頁。

[170] 中央文獻研究室編：《周恩來年譜（1949—1976）》上冊，中央文獻出版社，1997年，第45頁。

[171] 中央文獻研究室編：《毛澤東年譜（1949—1976）》第1卷，中央文獻出版社，2013年，第637頁。

[172] 中央文獻研究室編：《周恩來年譜（1949—1976）》上冊，中央文獻出版社，1997年，第339—340頁。

[173]《開展技術革新運動,把勞動競賽向前推進一步》,《人民日報》1954 年 4 月 18 日,第 2 版。

[174] 王雷,內蒙古民族大學政法與歷史學院講師,歷史學博士,理論經濟學博士後,主要從事遼金經濟史、制度史的研究。

[175] 趙少軍,遼寧省文物局館員,歷史學碩士,主要從事東北地區考古、歷史及文物保護的研究。

[176]《金史》卷 48《食貨志三》,中華書局,1975 年,第 1073 頁。

[177] 參見(宋)範成大撰,孔凡禮點校:《攬轡錄》,載氏撰:《範成大筆記六種》,中華書局,2002 年,第 12 頁。

[178]《金史》卷 48《食貨志三》,中華書局,1975 年,第 1073 頁。

[179]《金史》卷 48《食貨志三》,中華書局,1975 年,第 1074 頁。

[180] 劉森:《宋金紙幣史》,中國金融出版社,1993 年,第 239 頁。

[181] 彭信威:《中國貨幣史》,上海人民出版社,1958 年,第 375 頁;喬幼梅:《中國經濟通史·遼夏金經濟卷》,經濟日報出版社,1998 年,第 446 頁;穆鴻利:《關於金代交鈔的產生和演變的初步探討》,《中國錢幣》1985 年第 1 期。

[182]《金史》卷 48《食貨志三》,中華書局,1975 年,第 1073 頁。

[183] 王德厚:《金代交鈔淺議》,載陳述主編:《遼金史論集》第 2 輯,書目文獻出版社,1987 年,第 323 頁。

[184]《金史》卷 48《食貨志三》,中華書局,1975 年,第 1078 頁。

[185]《金史》卷 12《章宗本紀四》,中華書局,1975 年,第 282、283 頁;《金史》卷 48《食貨志三》,中華書局,1975 年,第 1082 頁。

[186] 金朝一共實行了五次限錢法,其中,金章宗時期先後於明昌五年、承安三年、泰和七年、泰和八年共頒布了四次限錢法;宣宗貞祐三年,又頒布了第五次限錢法。參見王雷、趙少軍:《金代限錢法及相關問題研究》,載魏明孔、趙學軍主編:《中國經濟發展道路的歷史探索——首屆中國經濟史博士後論壇論文精選集》,九州出版社,2015 年,第 95—109 頁。

[187]《金史》卷 14《宣宗本紀上》,中華書局,1975 年,第 310 頁;《金史》卷 48《食貨志三》,中華書局,1975 年,第 1084 頁。

[188]《金史》卷 4《熙宗本紀》,中華書局,1975 年,第 78 頁。

[189]《宋史》卷 434《蔡幼學傳》,中華書局,1977 年,第 12899 頁。

[190]《宋史》卷 403《賈涉傳》,中華書局,1977 年,第 12207 頁。

[191]《宋史》卷 39《寧宗本紀三》,中華書局,1977 年,第 760 頁。

[192]《宋史》卷39《寧宗本紀三》，中華書局，1977年，第760頁。

[193]《宋史》卷173《食貨志上一》，中華書局，1977年，第4182頁。

[194]《宋史》卷374《胡銓傳》，中華書局，1977年，第11587頁。

[195]《元史》卷1《太祖本紀》，中華書局，1976年，第17頁。

[196]《金史》卷14《宣宗本紀上》，中華書局，1975年，第304頁。

[197]《金史》載：「五月庚申，招撫山西軍民，仍降詔諭之。是日，中都破，尚書右丞相兼都元帥定國公承暉死之。」參見《金史》卷14《宣宗本紀上》，中華書局，1975年，第309頁。

[198]《金史》卷112《完顏合達傳》，中華書局，1975年，第2468頁。

[199]《金史》卷15《宣宗本紀中》，中華書局，1975年，第330頁。另有《金史·完顏賽不傳》記載：「興定元年二月，轉簽樞密院事。時上以宋歲幣不至，且復侵盜，詔賽不討之。」見《金史》卷113《完顏賽不傳》，中華書局，1975年，第2480頁。

[200]《金史》記載，興定元年正月癸未，宋賀正旦使朝辭，宣宗曰：「聞息州透漏宋人，此乃彼界饑民沿淮為亂，宋人何敢犯我？」高琪請伐之以廣疆土。上曰：「朕但能守祖宗所付足矣，安事外討？」高琪謝曰：「今雨雪應期，皆聖德所致。而能包容小國，天下幸甚，臣言過矣。」四月，遣元帥左都監烏古論慶壽、簽樞密院事完顏賽不經略南邊，尋復下詔罷兵，然自是與宋絕矣。參見《金史》卷106《術虎高琪傳》，中華書局，1975年，第2344頁。

[201]《金史》卷46《食貨志一》，中華書局，1975年，第1030頁。

[202]《金史》卷13《衛紹王本紀》，中華書局，1975年，第298頁。

[203]《金史》卷13《衛紹王本紀》，中華書局，1975年，第296、297頁。

[204]《金史》卷14《宣宗本紀上》，中華書局，1975年，第301、302頁。

[205]《金史》卷14《宣宗本紀上》，中華書局，1975年，第302頁。

[206]《金史》卷106《術虎高琪傳》，中華書局，1975年，第2342頁。

[207]《金史》卷106《術虎高琪傳》，中華書局，1975年，第2345頁。

[208]《金史》卷111《康錫傳·贊》，中華書局，1975年，第2461頁。

[209]《金史·宣宗本紀上》記載，貞祐元年九月，「壬戌，授胡沙虎中都路和魯忽土世襲猛安」。參見《金史》卷14《宣宗本紀上》，中華書局，1975年，第302頁。

[210]《金史》卷109《陳規傳》，中華書局，1975年，第2404頁。

[211]《金史》記載，貞祐三年，「七月，改交鈔名為『貞祐寶券』」。見《金史》卷48《食貨志三》，中華書局，1975年，第1084頁。

[212]《金史》卷48《食貨志三》,中華書局,1975年,第1084頁。

[213]《金史》卷48《食貨志三》,中華書局,1975年,第1084頁。

[214]《金史》記載:「詔酒稅從大定之舊,余皆不從。」見《金史》卷48《食貨志三》,中華書局,1975年,第1084、1085頁。

[215]《金史》卷48《食貨志三》,中華書局,1975年,第1085頁。

[216]《金史》卷48《食貨志三》,中華書局,1975年,第1085頁。

[217]《金史》卷48《食貨志三》,中華書局,1975年,第1085頁。

[218]《金史》卷48《食貨志三》,中華書局,1975年,第1086頁。

[219]《金史》卷48《食貨志三》,中華書局,1975年,第1086頁。

[220] 程妮娜:《金代政治制度研究》,吉林大學出版社,1999年,第126、127頁。

[221]《金史》卷48《食貨志三》,中華書局,1975年,第1086、1087頁。

[222]《金史》卷48《食貨志三》,中華書局,1975年,第1087頁。

[223] 陳瑞臺:《金代紙幣制度探析》,《內蒙古大學學報》1986年第3期;張婧:《金代交鈔研究》,博士學位論文,中央民族大學,2008年,第100—102頁;黃澄:《金代後期貨幣制度研究》,《學理論》2009年第21期。

[224]《金史》卷48《食貨志三》,中華書局,1975年,第1086頁。

[225] 張婧:《金代交鈔研究》,博士學位論文,中央民族大學,2008年,第101頁。

[226]《金史》卷48《食貨志三》,中華書局,1975年,第1087頁。

[227]《金史》卷48《食貨志三》,中華書局,1975年,第1087頁。

[228]《金史》卷48《食貨志三》,中華書局,1975年,第1084頁。

[229]《金史》卷48《食貨志三》,中華書局,1975年,第1084頁。

[230] 王雷:《試論金代的通貨膨脹:過程、程度及實質》,載魏明孔主編:《歷史上的經濟轉型與社會發展——第二、三屆全國經濟史學博士後論壇論文精選集》,九州出版社,2017年。

[231]《金史》卷48《食貨志三》,中華書局,1975年,第1087頁。

[232]《金史》卷48《食貨志三》,中華書局,1975年,第1087、1088頁。

[233]《金史》卷93《完顏守純傳》,中華書局,1975年,第2062頁。

[234]《金史》卷106《術虎高琪傳》,中華書局,1975年,第2346頁。

[235]《金史》卷106《術虎高琪傳》,中華書局,1975年,第2345頁。

[236] 關於高琪被誅殺的時間,《金史·術虎高琪傳》記載為興定三年十二月,《金史·宣宗本紀中》亦記載,興定三年十二月,「丁巳,右丞相高琪下獄」及「十二月,誅高琪」,故高琪被誅當在興定三年十二月無疑。《金史·守純傳》則記載「守純欲發丞相高琪罪」為興定四年九月,這個時間顯然有誤,勘其當為興定三年九月。參見《金史》卷15《宣宗本紀中》,中華書局,1975年,第348頁。

[237] (金)劉祁撰,崔文印點校:《歸潛志》卷1,中華書局,1983年,第6頁。《金史》亦有記載,「時丞相高琪擅威福柄,擢為左司都事。純甫審其必敗,以母老辭去。既而高琪誅,復入翰林,連知貢舉」。參見《金史》卷126《李純甫傳》,中華書局,1975年,第2734—2735頁。

[238] 董春林,成都師範學院史地與旅遊系教授,歷史學博士、博士後,主要從事宋代政治文化史方向的研究。

[239] 參見(日)梅原郁著,鄭梁生譯:《宋代的內藏與左藏——君主獨裁制的財庫》,《食貨月刊》1976年第6卷第1、2期;李偉國:《論宋代內庫的地位和作用》,載氏著:《宋代財政和文獻考論》,上海古籍出版社,2007年,第192—215頁;汪聖鐸:《兩宋財政史》,中華書局,1995年,第9—11頁;黃純艷:《宋代財政史》,雲南大學出版社,2013年,第3—5頁;等等。

[240] 董春林:《「量出制入」與宋代地方財政困境——以宋代內藏財政為線索》,《蘭州學刊》2015年第2期。

[241] 這裡主要指三邊地區某一處的糧草囤積並不取決於該處的和糴糧草,而多數是根據諸路豐稔情況市糴之後以應付某路的急需。程民生即指出,西北地區的物資的吞吐在時間上、空間上、品種上有著調節機制,輸入物資是援助國防軍費,而不是援助地方經濟,但輸出物資卻是該地區經濟實力的體現。見氏著:《宋代地域經濟》,河南大學出版社,1992年,第255頁。且不說該地區如何體現經濟實力,地區之間的物資調節即表明這裡的和糴軍儲是異地互援的,並不是一般意義上的和糴糧草服務於本地。另外,財政危機造成的糴本不足,也是和糴難以實行的原因。朱家源、王曾瑜曾指出,由於宋朝前中期出現了曠日持久的財政危機,無力支付充足的糴本,故置場和糴逐步衰落了。參見氏著:《宋代的和糴糧草》,《文史》第24輯,中華書局,1985年,第142頁。

[242] (宋)李燾:《續資治通鑑長編》卷161「慶曆七年十二月庚午」條,中華書局,2004年,第3895頁。

[243] (清)徐松:《宋會要輯稿》食貨36之8,上海古籍出版社,2014年,第6788頁。

[244] 史載:「皇祐二年,知定州韓琦及河北轉運司皆以為言,下三司議。是時雖改現錢法,而京師積錢少,恐不足以支入中之費,帝又出內藏庫錢帛百萬以賜三司。

久之，入中者浸多，京師帑藏益乏，商人持券以俟，動彌歲月，至損其直以售於蓄賈之家。」參見（元）脫脫等撰：《宋史》卷184《食貨志下六》，中華書局，1977年，第4492頁。

[245]（宋）李心傳：《建炎以來朝野雜記》卷17《內藏庫》，中華書局，2000年，第384頁。

[246] 範學輝：《三司使與宋初政治》，載姜錫東、李華瑞主編：《宋史研究論叢》第6輯，河北大學出版社，2005年，第46頁。

[247]（宋）蔡惇《官制舊典》雲：「王安石為相，自著《周禮義》以符合新法，故持冢宰掌邦計之說，謂宰相當主財計，遂與三司分權，凡賦稅、常貢、征榷之利，方歸三司；摘山、煮海、坑冶、榷貨、戶絕、沒納之財，悉歸朝廷。」參見徐自明：《宋宰輔編年錄校補》卷7，中華書局，1986年，第427頁。榷貨入中金銀現錢本為入納內藏的內容，坑冶課利也多為內藏所有，這些錢物在王安石變法之後被部分轉給由朝廷主管的元豐庫管理。

[248] 沈松勤：《北宋文人與黨爭》，人民出版社，1998年，第33頁。

[249]（宋）王應麟：《玉海》卷186，江蘇古籍出版社、上海書店，1987年，第3404頁。

[250] 南宋人章如愚曾說：「今日財計有三所：內之庫，天子財也；南庫，宰相財也；戶部，天下財也。」參見氏著：《群書考索》後集卷64《內庫類》，上海古籍出版社，1992年影印本，第12頁。梅原郁先生認為，這裡的「南庫」應該指南宋時的左藏南庫，自孝宗乾道至淳熙之間，左藏南庫作為第三財庫，曾經補助戶部的財政。參見氏著：《宋代的內藏與左藏——君主獨裁的財庫》，《食貨月刊》1976年第6卷第1、2期。

[251]（宋）李燾：《續資治通鑒長編》卷216「熙寧三年冬十月甲子」條，第5254頁。

[252]（宋）李燾：《續資治通鑒長編》卷213「熙寧三年七月癸醜」條，第5181頁。

[253] 賈玉英：《宋代提舉常平司制度初探》，《中國史研究》1997年第3期。

[254] 宋人雲：「置提舉司，位敘資級視轉運判官，遂與提點刑獄、轉運、發運副使及使定為遷格。」參見（清）徐松輯：《宋會要輯稿》職官42之18，上海古籍出版社，2014年，第4079頁。

[255]（日）梅原郁著，鄭梁生譯：《宋代的內藏與左藏——君主獨裁的財庫》，《食貨月刊》1976年第6卷第1、2期。

[256] 陳均：《皇朝編年綱目備要》卷24「紹聖三年春正月」條，中華書局，2006年，第594頁。

[257] 宋哲宗曾下詔：「鄜延、涇原、熙河、環慶路見管軍賞銀絹不多，慮緩急闕用，特於內藏庫支發銀絹共二百萬匹兩，赴逐路經略司封樁，專充準備邊事及招納之用。內鄜延、涇原路各六十萬匹兩，熙河、環慶路各四十萬匹兩，仰戶部交割，計綱起發前去。」後來，內藏庫闕銀，「以絹七十萬匹貼支，上止令應副五十萬，以封樁夏國歲賜絹二十萬貼支，因諭曾布等曰：『內藏絹才百萬，已竭其半。』」參見（宋）李燾：《續資治通鑑長編》卷505「元符二年元月丁卯」條，第12043頁。

[258]（清）徐松輯：《宋會要輯稿》職官27之26，上海古籍出版社，2014年，第3724頁。

[259]（清）徐松輯：《宋會要輯稿》，上海古籍出版社，2014年，第7305頁。

[260]《宋史》載：「南渡，內藏諸庫貨財之數雖不及前，然兵興用乏，亦時取以為助。」見《宋史》卷179《食貨下一》，第4373頁。

[261]（宋）李心傳：《建炎以來朝野雜記》卷17《左藏南庫》，第382頁。

[262]（宋）李心傳：《建炎以來系年要錄》卷193「紹興三十一年冬十月癸醜」條，中華書局，2013年，第3759頁。

[263]（清）徐松：《宋會要輯稿》食貨51之7，上海古籍出版社，2014年，第7144頁。

[264] 本文為國家社會科學基金青年項目（批準號：17CZS028）、中國博士後科學基金面上資助項目（批準號：2017M610142）階段性成果之一。

[265] 熊昌錕，中國社會科學院經濟研究所助理研究員，中國史學博士，理論經濟學博士後，主要從事近代經濟史方向的研究。

[266]（日）百瀨弘著，南炳文譯：《清代西班牙銀圓的流通》，載劉俊文主編，欒成顯、南炳文譯：《日本學者研究中國史論著選譯》第6卷，中華書局，1993年，第449—486頁。

[267] Richard Von Glahn,「Foreign silver coins in the market culture of nineteenth century China」, International Journal of Asian Studies, 2007, 4（1）, pp.51-78.

[268] 陳春聲：《清代廣東的銀圓流通》，《中國錢幣》1985年第1期。

[269] 張寧：《墨西哥銀圓在中國的流通》，《中國錢幣》2003年第4期。

[270] 鄒曉昇：《銀圓主幣流通與上海洋厘行市的更替》，《史學月刊》2006年第8期。

[271] 鄭備軍、陳銓亞：《中國最早的金融投資市場：寧波錢莊的空盤交易（1860—1920）》，《浙江大學學報》2011年第3期；陳銓亞、孫善根：《晚近寧波的航運與金融》，《寧波大學學報》2013年第5期。

[272]《宋史》卷167《職官七》，中華書局，1977年，第3971頁。

[273]（寶慶）《四明志》卷6《市舶》，復旦大學圖書館古籍部藏，索取號：0656。

[274]《宋史》卷487《外國三》，中華書局，1977年，第9651頁。

[275]《宋史》卷489《外國五》，中華書局，1977年，第9672頁。

[276]（寶慶）《四明志》卷6《市舶》復旦大學圖書館古籍部藏，索取號：0656。

[277]（明）張萱：《西園聞見錄》卷56《防倭》，明文書局，1991年，第162頁。

[278]（明）王在晉：《越鐫》卷21《通番》，載四庫禁毀叢刊編輯委員會編：《四庫禁毀書叢刊》第104冊，北京出版社，1997年，第498頁。

[279] 光緒《鄞縣誌》卷2《風俗》，光緒三年（1877）刻本。

[280]（清）徐兆昺：《四明談助》卷29《東城內外》，寧波出版社，2000年，第945—946頁。

[281]《寧波錢業會館碑記》，中國錢幣博物館藏拓片。

[282] 中華人民共和國杭州海關譯編：《近代浙江通商口岸經濟社會概況——浙海關、甌海關、杭州關貿易報告集成》，浙江人民出版社，2002年，第411頁。

[283]（美）馬士著，張匯文等譯：《中華帝國對外關係史》第1卷，上海書店，2000年，第404頁。

[284]《寧紹錢業之今昔觀（上）》，《中行月刊》1933年第7卷第2期。

[285] 全宗：總理各國事務衙門；冊：道鹹籌辦夷務始末補遺；件：寧波府士民請在給夷款內還被索洋銀（抄檔），中研院近代史研究所檔案館藏外交部門檔案，檔號01-01-011-02-003。

[286] John Elliot Bingham, Narrative of the Expedition to China, from the Commencement of the War to its Termination in 1842, Vol.2 (Wilmington: Scholarly Resources, 1843), p.258.

[287]《寧紹錢業之今昔觀（上）》，《中行月刊》1933年第7卷第2期。

[288]《甬江錢業對於革除現水之意見》，《申報》1918年9月24日，第10版。

[289]《甬江吸收現洋之影響》，《申報》1918年3月21日，第10版。

[290]《浙海關十年報告（1922—1931年）》，載茅家琦、黃勝強等主編：《中國舊海關史料（1859—1948）》第158冊，京華出版社，2001年，第117—118頁。

[291] 中華人民共和國杭州海關譯編：《近代浙江通商口岸經濟社會概況——浙海關、甌海關、杭州關貿易報告集成》，浙江人民出版社，2002年，第208頁。

[292]《土價日貴》，《申報》1878年7月10日，第2版。

[293]《甬江小志》,《申報》1903年7月7日,第3版。
[294]《甬江市情》,《申報》1903年7月11日,第2版。
[295]《棉花市價又高》,《申報》1905年12月18日,第10版。
[296]《甬江消息》,《申報》1876年8月26日,第2版。
[297] 民國《鄞縣通志》己編《食貨志》「金融」,1951年鉛印本,第219頁。
[298]《浙海關十年貿易報告(1892—1901)》,載茅家琦、黃勝強等主編:《中國舊海關史料(1859—1948)》第155冊,京華出版社,2001年,第514—515頁。
[299] 永祚:《上海金融季節》,《銀行週報》1919年第3卷第18號。
[300] 茅普亭:《舊時寧波的經濟動脈——錢莊》,載中國人民政治協商會議寧波市委員會文史資料研究委員會編印:《寧波文史資料》第4輯,1986年,第48—49頁。
[301] 民國《鄞縣通志》己編《食貨志》「金融」,1951年鉛印本,第77頁。
[302]《甬上商情》,《申報》1874年9月23日,第3版。
[303](清)段光清:《鏡湖自撰年譜》,中華書局,1960年,第122頁。
[304] 清同治五年,允和錢莊「過帳簿」過出、過入款項全部記錄,載張介人、朱軍:《清代浙東錢業史料整理和研究》,浙江大學出版社,2014年,第128—132頁。
[305]《錢莊破壞市面》,《申報》1907年10月21日,第12版。
[306]《核定洋拆》,《申報》1891年10月25日,第2版。
[307]《嚴禁高抬洋拆》,《申報》1906年11月3日,第17版。
[308]《甬江錢業之壟斷》,《申報》1909年11月22日,第12版。
[309]《甬江空盤》,《申報》1876年5月22日,第2版。
[310]《再述錢市情形》,《申報》1875年12月21日,第2版。
[311]《甬江空盤》,《申報》1876年5月22日,第2版。
[312]《寧郡年景》,《申報》1877年2月10日,第2版。
[313]《嚴究錢業買賣空盤》,《申報》1906年10月21日,第9版。
[314] 筆者將在洋銀和銀錠、制錢競爭的文章中,專門討論「套利資本」的問題,茲不贅述。
[315] 浙江巡撫何桂清鹹豐六年三月初四日奏浙江試辦捐釐情形折,載中國第一歷史檔案館藏軍機處錄副奏摺,檔號03-4441-051。
[316] 羅玉東:《中國釐金史》,文海出版社,1979年,第263頁。

[317]《浙省新定籌餉百貨捐厘章程》，載全國圖書館文獻縮微複製中心編：《國家圖書館藏清代稅收稅務檔案史料彙編》第 59 冊，全國圖書館文獻縮微複製中心，2008 年，第 29160—29161 頁。

[318] 羅玉東：《中國厘金史》，文海出版社，1979 年，第 255 頁。

[319]《浙江諮議局第一屆常年會議事錄》，載杭州文史研究會、民國浙江史研究中心、浙江圖書館編：《辛亥革命杭州史料輯刊》第 6 冊，國家圖書館出版社，2011 年，第 133 頁。

[320] 浙江清理財政局編：《浙江清理財政局說明書》，載北京圖書館出版社古籍影印室編：《清末民國財政史料輯刊》第 10 冊，北京圖書館出版社，2007 年影印，第 362 頁。

[321] 浙江通省絲茶牙厘總局輯：《茶餉章程》，上海圖書館古籍部藏，索書號：416589。

[322] 羅玉東：《中國厘金史》，文海出版社，1979 年，第 267、269—270 頁。

[323]《推廣龍圓說》，《申報》1901 年 9 月 27 日，第 1 版。

[324]《訪查絲捐搭收本洋記》，《申報》1876 年 4 月 26 日，第 3 版。

[325] 支那省別全志刊行會編：《新修支那省別全志》第 13 卷《浙江省》，東亞同文會，1941 年，第 831 頁。

[326]《光緒四年浙海關貿易報告》，載陳梅龍、景消波譯編：《近代浙江對外貿易及社會變遷：寧波、溫州、杭州海關貿易報告譯編》，寧波出版社，2003 年，第 132 頁。

[327]《金蘭會約》，載張介人、朱軍：《清代浙東錢業史料整理和研究》，浙江大學出版社，2014 年，第 44 頁。

[328]《立甲十議》，載張介人、朱軍：《清代浙東錢業史料整理和研究》，浙江大學出版社，2014 年，第 10—11 頁。

[329]《應家棚歷年甲乙記》，載張介人、朱軍著：《清代浙東錢業史料整理和研究》，浙江大學出版社，2014 年，第 11—12 頁。

[330] 根據《光緒十七年陳房記來往帳》相關數據整理，載張介人、朱軍：《清代浙東錢業史料整理和研究》，浙江大學出版社，2014 年，第 30—32 頁。

[331]《「源潤錢莊」錢清帳簿》，載張介人、朱軍：《清代浙東錢業史料整理和研究》，浙江大學出版社，2014 年，第 191—192 頁。

[332] 趙德馨主編：《張之洞全集》第 4 冊「奏議」，武漢出版社，2008 年，第 203 頁。

[333] 宗舜年：《調查浙省徵收丁糧銀錢折算情形清折》，載盛宣懷檔案，上海圖書館藏，索取號：011760。

[334]《私鑄洋銀》，《申報》1876年10月10日，第2版。

[335]《示用銀圓》，《申報》1900年3月13日，第2版。

[336]《浙海關十年報告（1892—1901年）》，載茅家琦、黃勝強等主編：《中國舊海關史料（1859—1948）》第155冊，京華出版社，2001年，第514—515頁。

[337] 本文是中央大學基本科學研究業務費項目「市場與社會——17—19世紀湘東米穀市場與社會建構」（批准號：T2013221024）、香港特別行政區大學教育資助委員會第五輪卓越學科領域計劃項目「中國社會的歷史人類學」（批准號：AoE/H-01/8）、國家社科基金項目「明清河海盜的生成及其治理研究」（批准號：12BZS084）階段性成果。本文曾提交「邊陲社會與國家建構」研討會（香港科技大學，2012年11月25—26日）。

[338] 陳瑤，廈門大學歷史系助理教授，歷史學博士，主要從事明清社會經濟史研究。

[339] 吳智和：《明代漁戶與養殖事業》，《明史研究專刊》1979年第2期；（日）中村治兵衛：《中國漁業史の研究》，刀水書，1995年；閆富東：《清初廣東漁政述評》，《中國農史》1998年第1期；張建民：《明代湖北的魚貢魚課與漁業》，《江漢論壇》1998年第5期；尹玲玲：《明代的漁政制度及其變遷——以機構設置沿革為例》，《上海師範大學學報》2003第1期；楊培娜：《「違式」與「定例」——清代前期廣東漁船規制的變化與沿海社會》，《清史研究》2008年第2期；梁洪生：《捕撈權的爭奪：「私業」「官河」與「習慣」——對鄱陽湖區漁民歷史文書的解讀》，《清華大學學報》2008年第5期；魯西奇、徐斌：《明清時期江漢平原裡甲制度的實行及其變革》，《中央研究院歷史語言研究所集刊》2013年第84本第1分，等等。

[340] 參見陳序經：《疍民的研究》，商務印書館，1946年；傅衣凌：《王陽明集中的江西「九姓漁戶」》，《廈門大學學報》1963年第1期；歐陽宗書：《海上人家：海洋漁業經濟與漁民社會》，江西大學出版社，1998年；賴青壽：《九姓漁戶》，福建人民出版社，1999年；楊國安、徐斌：《江湖盜、水保甲與明清兩湖水上社會控制》，《明代研究》2011年第17期，等等。

[341] 王雲：《近十年來京杭運河史研究綜述》，《中國史研究動態》2003年第6期；胡夢飛：《近十年來國內明清運河及漕運史研究綜述（2003—2012）》，《聊城大學學報》2012年第6期。

[342] 參見魯西奇、潘晟：《漢水中下游河道變遷與堤防》，武漢大學出版社，2004年。

[343] 參見張建民：《明代湖北的魚貢魚課與漁業》，《江漢論壇》1998年第5期；尹玲玲：《明代的漁政制度及其變遷——以機構設置沿革為例》，《上海師範大學

學報》2003 年第 1 期；徐斌：《明代河泊所的變遷與漁戶管理——以湖廣地區為中心》，《江漢論壇》2008 年第 12 期；徐斌：《明清河泊所赤歷冊研究——以湖北地區為中心》，《中國農史》2011 年第 2 期；楊國安、徐斌：《江湖盜、水保甲與明清兩湖水上社會控制》，《明代研究》2011 年第 17 期；魯西奇、徐斌：《明清時期江漢平原裡甲制度的實行及其變革》，《中央研究院歷史語言研究所集刊》2013 年第 84 本第 1 分，等等。

[344]（日）中村治兵衛：《中國漁業史の研究》，刀水書，1995 年，第 112、149、155、160—178 頁。

[345] 魯西奇、徐斌：《明清時期江漢平原裡甲制度的實行及其變革》，《中央研究院歷史語言研究所集刊》2013 年第 84 本第 1 分。

[346] 張建民：《明代湖北的魚貢魚課與漁業》，《江漢論壇》1998 年第 5 期。

[347] 嘉靖十二年《長沙府志》卷 4《建置》。按：另說為洪武三年（1370）立，參見嘉靖三十三年《湘潭縣誌》卷下《建置》。

[348] 尹玲玲：《明清長江中下游漁業經濟研究》，齊魯書社，2004 年，第 89 頁。

[349] 嘉靖《衡州府志》之《衡志圖》，上海古籍出版社，1981 年。

[350] 弘治《衡山縣誌》卷 3《公署》，江蘇古籍出版社，2003 年，第 54 頁。

[351] 萬曆《衡州府志》卷 3，載（日）中村治兵衛著：《中國漁業史の研究》，刀水書，1995 年，第 147 頁。

[352]（日）中村治兵衛著：《中國漁業史の研究》，刀水書，1995 年，第 149 頁。

[353] 尹玲玲：《明清兩湖平原的環境變遷與社會應對》，上海人民出版社，2008 年，第 51—53 頁。

[354] 尹玲玲：《明清長江中下游漁業經濟研究》，齊魯書社，2004 年，第 90、93 頁。

[355] 嘉靖三十三年《湘潭縣誌》卷下《建置》。

[356] 同治《長沙縣誌》卷 8《賦役》，岳麓書社，2010 年，第 97 頁上。

[357] 康熙十九年《湘潭縣誌》卷 3《賦役》，岳麓書社，2010 年。

[358]《湖南省例成案》，香港科技大學華南研究中心藏，據日本東京大學東洋文化研究所刊本影印。

[359] 陳瑤：《清前期湘江下游地區的米穀流動與社會競爭》，《廈門大學學報》2012 年第 4 期。

[360]（清）趙申喬：《查湘潭罾戶布椿攔河檄》，載氏撰：《趙恭毅公自治官書類集》卷 11《牌檄》，上海古籍出版社，1995 年，第 142 頁。

[361]《湖南省例成案》之《刑律賊盜》卷 1《嚴禁失主豪蠹紳衿男婦聘定河道各款》。

[362]《湖南省例成案》之《刑律賊盜》卷1《嚴禁奸惡船戶偷竊客貨》。

[363] 楊國安、徐斌：《江湖盜、水保甲與明清兩湖水上社會控制》，《明代研究》2011年第17期。

[364] 閻富東：《清初廣東漁政述評》，《中國農史》1998年第1期；楊培娜：《「違式」與「定例」——清代前期廣東漁船規制的變化與沿海社會》，《清史研究》2008年第2期；常建華：《清順康時期保甲制的推行》，《明清論叢》第12輯，故宮出版社，2012年，第321—350頁。

[365]《湖南省例成案》之《兵律關津》卷10《飭查船隻編列號次》。

[366]（清）邁柱：《編查漁船保甲疏》，《清經世文編》卷75《兵政六·保甲下》，中華書局，1992年，第1856頁；楊國安、徐斌：《江湖盜、水保甲與明清兩湖水上社會控制》，《明代研究》2011年第17期。

[367] 楊國安、徐斌：《江湖盜、水保甲與明清兩湖水上社會控制》，《明代研究》2011年第17期。

[368]《湖南省例成案》之《兵律關津》卷10《飭查船隻編列號次》。

[369]《湖南省例成案》之《兵律關津》卷3《漁魚實力編號委員抽驗》。

[370]《湖南省例成案》之《兵律關津》卷12《嚴飭編查船隻》。

[371]《湖南省例成案》之《兵律關津》卷6《巡緝江湖匪船》。

[372]《湖南省例成案》之《兵律關津》卷6《委員抽查保甲章程》。

[373]《湖南省例成案》之《兵律關津》卷6《嚴飭巡緝匪類》。

[374]《湖南省例成案》之《兵律關津》卷6《特飭關會巡緝奸匪》。

[375]《湖南省例成案》之《兵律關津》卷3《漁魚實力編號委員抽驗》。

[376]《湖南省例成案》之《兵律關津》卷12《一切大小船隻編列號次於船艄粉書州縣村莊船戶姓名繕給印照以憑查驗》。

[377]《湖南省例成案》之《兵律關津》卷3《漁魚實力編號委員抽驗》。

[378]《湖南省例成案》之《兵律關津》卷3《漁魚實力編號委員抽驗》。

[379]《湖南省例成案》之《兵律關津》卷12《一切大小船隻編列號次於船艄粉書州縣村莊船戶姓名繕給印照以憑查驗》。

[380]《湖南省例成案》之《兵律關津》卷3《漁魚實力編號委員抽驗》。

[381]《湖南省例成案》之《兵律關津》卷12《一切大小船隻編列號次於船艄粉書州縣村莊船戶姓名繕給印照以憑查驗》。

[382]《湖南省例成案》之《兵律關津》卷4《委員抽驗長衡等八府州編號船隻》。

[383]《湖南省例成案》之《兵律關津》卷12《一切大小船隻編列號次於船艄粉書州縣村莊船戶姓名繕給印照以憑查驗》。

[384] 關於埠頭、船行、牙行的已有研究表明，清前期全國其他商業較為繁榮之處也普遍設有埠頭、船行、牙行等商業機構，兼有保護商旅安全、參與市場管理等功能。參見方行、經君健、魏金玉：《中國經濟通史清代經濟卷》，經濟日報出版社，2000年，第1324—1325頁；邱澎生：《國法與幫規：清代前期重慶城的船運糾紛解決機制》，載邱澎生、陳熙遠合編：《明清法律運作中的權力與文化》，聯經出版事業股份有限公司，2009年，第275—344頁；林紅狀：《從地方文獻看清代重慶的船行埠頭》，《圖書館工作與研究》2012年第3期；燕忠紅：《清政府對牙行的管理及其問題》，《清華大學學報》2012年第4期。

[385] 乾隆二十二年《湖南通志》卷49《風俗》，載四庫全書存目叢書編纂委員會編：《四庫全書存目叢書》史部第217冊，齊魯書社，1996年，第86頁。

[386]《湖南省例成案》之《兵律關津》卷12《一切大小船隻編列號次於船艄粉書州縣村莊船戶姓名繕給印照以憑查驗》。

[387] 乾隆二十一年《湘潭縣誌》卷4《山川》，江蘇古籍出版社，2002年，第47頁。

[388] 乾隆二十一年《湘潭縣誌》卷4《山川》，江蘇古籍出版社，2002年，第47頁。

[389]《新屋堂勝祖房大宗公支》，載十四世紹湘，羅德坤修：《湘潭鼓磉洲羅氏八修族譜》，1914年，上海圖書館家譜閱覽室藏。

[390]《河埠任事表》，載周毓鰲主修：《湘潭陽塘周氏八修族譜》卷26《雜紀》，美國猶他家譜學會藏。

[391]《河埠任事表》，載周毓鰲主修：《湘潭陽塘周氏八修族譜》卷26《雜紀》，美國猶他家譜學會藏。

[392]《湖南省例成案》之《刑律賊盜》卷3《嚴飭緝拿賊匪》。

[393]《湖南省例成案》之《兵律關津》卷11《各屬江湖商漁船隻逐一查造冊結編號給予印照於船尾粉白大書某號某船姓名》。

[394] 如《湖南省例成案》之《兵律關津》卷8《近河各州縣設立巡船分地撥役巡緝各章程》《嚴飭巡查江湖匪船》，卷12《嚴飭編查船隻》。

[395] 楊培娜：《「違式」與「定例」——清代前期廣東漁船規制的變化與沿海社會》，《清史研究》2008年第2期；魯西奇、徐斌：《明清時期江漢平原裡甲制度的實行及其變革》，《中央研究院歷史語言研究所集刊》2013年第84本第1分。

[396] 本文為國家社科基金重大項目「中國舊海關出版物的整理與研究」（批準號：11 & ZD092）階段性研究成果。

[397] 伍伶飛，中國史博士，密歇根大學中國訊息研究中心博士後，主要從事歷史經濟地理和海洋史方向的研究。

[398] 為行文方便，本文有時也將近代海關船鈔簡稱為船鈔。

[399] 航路標識以燈塔為主，為了行文方便，本文一般以燈塔代指航路標識。

[400] 船鈔性質未定時期，時間從1843年至1868年3月，是指1843年英國全權談判代表璞鼎查等西方人士對船鈔功能的預期與清政府主導下的船鈔實際用途出現背離，以致這個時期船鈔的性質存在模糊性。

[401] 黃序鵷：《海關通志》，共和印刷局，1921年，第752—770頁。

[402] （日）高柳松一郎著，李達譯：《中國關稅制度論》，上海商務印書館，1927年，第254頁。

[403] 賈士毅：《民國續財政史》，上海商務印書館，1932年，第582頁。

[404] （英）萊特著，姚曾廙譯：《中國關稅沿革史》，生活讀書新知三聯書店，1958年，第37頁。

[405] 賈士毅：《民國財政史》上冊，上海商務印書館，1917年，第689頁；財政部財政年鑒編纂處編：《財政年鑒》，上海商務印書館，1935年，第418頁；吳兆莘：《中國稅制史》，上海書店，1989年，第202頁。

[406] 顧宇輝：《船鈔稽考》，載上海中國航海博物館編：《國家航海》第1輯，上海古籍出版社，2011年，第34—47頁。

[407] 參見任智勇：《三成船鈔與同文館》，《中國社會科學院近代史研究所青年學術論壇（2008年卷）》，社會科學文獻出版社，2009年。

[408] 江濤：《近代福建沿海助航標誌探析》，碩士學位論文，福建師範大學，2012年。

[409] 李芳：《晚清燈塔建設與管理》，碩士學位論文，華中師範大學，2011年。

[410] 陳勇：《晚清海關洋稅的分成制度探析》，《近代史研究》2012年第2期。

[411] 王瑞成：《何為「洋稅分成」：〈晚清海關洋稅的分成制度探析〉一文辨正》，《中國經濟史研究》2016年第2期。

[412] 陳勇：《洋稅為何分成：對〈何為「洋稅分成」〉一文的回應》，《中國經濟史研究》2016年第2期。

[413] 顧宇輝：《船鈔稽考》，載上海中國航海博物館編：《國家航海》第1輯，上海古籍出版社，2011年，第34—47頁。

[414] 江濤：《近代福建沿海助航標誌探析》，碩士學位論文，福建師範大學，2012年。

[415] 江濤：《近代福建沿海助航標誌探析》，碩士學位論文，福建師範大學，2012年。

[416]《為附送有關船鈔使用之兩件節略由》（1870年12月31日第25號通令），載海關總署舊中國海關總稅務司署通令選編編輯委員會編：《舊中國海關總稅務司署通令選編》第1卷，中國海關出版社，2003年，第121頁。

[417]「Tonnage Dues：application of.」（1870年12月31日第25號通令），載中華人民共和國海關總署辦公廳編：《中國近代海關總稅務司通令全編》第1卷，中國海關出版社，2013年，第358頁。

[418]「Tonnage Dues：application of.」（1870年12月31日第25號通令），載中華人民共和國海關總署辦公廳編：《中國近代海關總稅務司通令全編》第1卷，中國海關出版社，2013年，第359頁。

[419]《為附送有關船鈔使用之兩件節略由》（1870年12月31日第25號通令），載海關總署舊中國海關總稅務司署通令選編編輯委員會編：《舊中國海關總稅務司署通令選編》第1卷，中國海關出版社，2003年，第122頁。

[420] 中英《五口通商章程·海關稅則》，載王鐵崖編：《中外舊約章彙編》第1冊，生活·讀書·新知三聯書店，1957年，第50頁。

[421]「Tonnage Measurement Instructions」（1877年2月19日第15號通令），載中華人民共和國海關總署辦公廳編：《中國近代海關總稅務司通令全編》第2卷，中國海關出版社，2013年，第70頁。

[422]「Tonnage Measurement Instructions」（1877年2月19日第15號通令），載中華人民共和國海關總署辦公廳編：《中國近代海關總稅務司通令全編》第2卷，中國海關出版社，2013年，第60—61頁。

[423] 中英《五口通商附粘善後條款》，載王鐵崖編：《中外舊約章彙編》第1冊，生活·讀書·新知三聯書店，1957年，第38頁。

[424] 中美《五口通商章程：海關稅則》，載王鐵崖編：《中外舊約章彙編》第1冊，生活·讀書·新知三聯書店，1957年，第52頁。

[425] 中法《五口通商章程：海關稅則》，載王鐵崖編：《中外舊約章彙編》第1冊，生活·讀書·新知三聯書店，1957年，第60頁。

[426] 此條款有爭議，「上海法國領事聲稱，『凡大法國船，從外國進中國只須納船鈔一次』條款者，即無論法國船在中國沿海各口岸持續從事航運多少年，海關徵收船鈔不得超過一次之謂也」，參見《為船鈔歷史沿革及稅率由每噸關平銀0.4與0.1兩改為每噸國幣0.65與0.15元並取消甲板船鈔事》（1933年3月14日第4584號通令），載海關總署舊中國海關總稅務司署通令選編編輯委員會編：《舊中國海關總稅務司署通令選編》第3卷，中國海關出版社，2003年，第217—218頁。

[427] 中英《天津條約》，載王鐵崖編：《中外舊約章彙編》第 1 冊，生活·讀書·新知三聯書店，1957 年，第 100 頁。

[428] 「Tonnage Dues payable by French Vessel carrying Chinese Produce Coastwise」（1863 年 2 月 16 日第 7 號通令），載中華人民共和國海關總署辦公廳編：《中國近代海關總稅務司通令全編》第 1 卷，中國海關出版社，2013 年，第 46 頁。

[429] 「Forwarding new set of Tonnage Dues Regulations」（1870 年 12 月 31 日第 16 號通令），載中華人民共和國海關總署辦公廳編：《中國近代海關總稅務司通令全編》第 1 卷，中國海關出版社，2013 年，第 321 頁。

[430] 《為船鈔歷史沿革及稅率由每噸關平銀 0.4 與 0.1 兩改為每噸國幣 0.65 與 0.15 元並取消甲板船鈔事》（1933 年 3 月 14 日第 4584 號通令），載海關總署舊中國海關總稅務司署通令選編編輯委員會編：《舊中國海關總稅務司署通令選編》第 3 卷，中國海關出版社，2003 年，第 219 頁。

[431] 《為船鈔歷史沿革及稅率由每噸關平銀 0.4 與 0.1 兩改為每噸國幣 0.65 與 0.15 元並取消甲板船鈔事》（1933 年 3 月 14 日第 4584 號通令），載海關總署舊中國海關總稅務司署通令選編編輯委員會編：《舊中國海關總稅務司署通令選編》第 3 卷，中國海關出版社，2003 年，第 219 頁。

[432] 《為船鈔歷史沿革及稅率由每噸關平銀 0.4 與 0.1 兩改為每噸國幣 0.65 與 0.15 元並取消甲板船鈔事》（1933 年 3 月 14 日第 4584 號通令），載海關總署舊中國海關總稅務司署通令選編編輯委員會編：《舊中國海關總稅務司署通令選編》第 3 卷，中國海關出版社，2003 年，第 220 頁。

[433] 財政部財政年鑒纂處編印：《財政年鑒》，1948 年，第 418 頁。

[434] 《船鈔改征銀幣》，《航業月刊》1933 年第 2 卷第 9 期。

[435] 《為奉令調整船鈔徵收率仰遵照辦理並佈告周知由》（1945 年 10 月 1 日第 6732 號通令），載海關總署舊中國海關總稅務司署通令選編編輯委員會編：《舊中國海關總稅務司署通令選編》第 5 卷，中國海關出版社，2007 年，第 41 頁。

[436] 《為奉令改訂船鈔徵收率仰遵照辦理並佈告周知由》（1947 年 2 月 14 日第 7001 號通令），載海關總署舊中國海關總稅務司署通令選編編輯委員會編：《舊中國海關總稅務司署通令選編》第 5 卷，中國海關出版社，2007 年，第 358 頁。

[437] 《為奉部令重行改訂船鈔徵收率仰遵照辦理由》（1947 年 11 月 14 日第 7177 號通令），載中華人民共和國海關總署辦公廳編：《中國近代海關總稅務司通令全編》第 36 卷，中國海關出版社，2013 年，第 562 頁。

[438]《為奉部令重行改訂船鈔徵收率仰遵照辦理由》（1948年9月9日第7371號通令），載中華人民共和國海關總署辦公廳編：《中國近代海關總稅務司通令全編》第36卷，中國海關出版社，2013年，第435頁。

[439]《為奉部令重行改訂船鈔徵收率仰遵照辦理由》（1948年9月9日第7371號通令），載中華人民共和國海關總署辦公廳編：《中國近代海關總稅務司通令全編》第36卷，中國海關出版社，2013年，第435頁。

[440]財政部財政年鑒編纂處編印：《財政年鑒》，1948年，第418頁。

[441]「Correspondence between H.B.M.』s Plenipotentiary and the British Merchants」，The Chinese Repository，Vol.12，1843，p.45.

[442]Roy M.MacLeod，「Science and Government in Victorian England：Lighthouse Illumination and the Board of Trade，1866-1886」，Isis，Vol.60，No.1，1969，pp.4-38.

[443]R.H.Coase，「The Lighthouse in Economics」，Journal of Law and Economics，Vol.17，No.2，1974，pp.357-376.

[444]「Tonnage Dues：application of.」（1870年12月31日第25號通令），載中華人民共和國海關總署辦公廳編：《中國近代海關總稅務司通令全編》第1卷，中國海關出版社，2013年，第344頁。

[445]聶寶璋編：《中國近代航運史資料》第1輯，上海人民出版社，1983年，第82頁。

[446]王鐵崖編：《中外舊約章彙編》第1冊，生活·讀書·新知三聯書店，1957年，第118頁。

[447]《奏報南北各海口外國船鈔項下酌提三成銀兩委員解京交納情形》（1863年），臺北故宮博物院藏軍機處檔折件，檔號：090091。

[448]「Tonnage Dues：application of.」（1870年12月31日第25號通令），載中華人民共和國海關總署辦公廳編：《中國近代海關總稅務司通令全編》第1卷，中國海關出版社，2013年，第344頁。

[449]《船鈔之一成於每季徵收後記入總稅務司帳戶C》（1865年1月6日第1號通令），載海關總署舊中國海關總稅務司署通令選編編輯委員會編：《舊中國海關總稅務司署通令選編》第1卷，中國海關出版社，2003年，第35頁。

[450]（英）魏爾特：《關稅紀實》，中國海關出版社，2009年影印，第77頁。

[451]《七成船鈔按月收取並按季匯出》（1868年3月13日第2號通令），載海關總署舊中國海關總稅務司署通令選編編輯委員會編：《舊中國海關總稅務司署通令選編》第1卷，中國海關出版社，2003年，第55頁。

[452]（英）魏爾特著，陸琢成等譯：《赫德與中國海關》上冊，廈門大學出版社，1993年，第378頁。

[453]「Tonnage Dues：application of.」（1870年12月31日第25號通令），載中華人民共和國海關總署辦公廳編：《中國近代海關總稅務司通令全編》第1卷，中國海關出版社，2013年，第362頁。

[454]「Tonnage Dues：application of.」（1870年12月31日第25號通令），載中華人民共和國海關總署辦公廳編：《中國近代海關總稅務司通令全編》第1卷，中國海關出版社，2013年，第351頁。

[455]「Tonnage Dues：application of.」（1870年12月31日第25號通令），載中華人民共和國海關總署辦公廳編：《中國近代海關總稅務司通令全編》第1卷，中國海關出版社，2013年，第362頁。

[456]「Tonnage Dues：application of.」（1870年12月31日第25號通令），載中華人民共和國海關總署辦公廳編：《中國近代海關總稅務司通令全編》第1卷，中國海關出版社，2013年，第358頁。

[457]「Tonnage Dues：application of.」（1870年12月31日第25號通令），載中華人民共和國海關總署辦公廳編：《中國近代海關總稅務司通令全編》第1卷，中國海關出版社，2013年，第358—359頁。

[458]「Tonnage Dues：application of.」（1870年12月31日第25號通令），載中華人民共和國海關總署辦公廳編：《中國近代海關總稅務司通令全編》第1卷，中國海關出版社，2013年，第359頁。

[459]「Tonnage Dues：application of.」（1870年12月31日第25號通令），載中華人民共和國海關總署辦公廳編：《中國近代海關總稅務司通令全編》第1卷，中國海關出版社，2013年，第363頁。

[460]「Tonnage Dues：application of.」（1870年12月31日第25號通令），載中華人民共和國海關總署辦公廳編：《中國近代海關總稅務司通令全編》第1卷，中國海關出版社，2013年，第363頁。

[461]「Tonnage Dues from Chinese Vessels：7/10ths to be received for A/c.C.」（1877年5月4日第25號通令），載中華人民共和國海關總署辦公廳編：《中國近代海關總稅務司通令全編》第2卷，中國海關出版社，2013年，第91頁。

[462]（英）魏爾特：《關稅紀實》，中國海關出版社，2009年影印，第77頁。

[463]（英）魏爾特：《關稅紀實》，中國海關出版社，2009年影印，第77—78頁。

[464]「Tonnage dues：total amount to be brought to account in Account C；remittances of Account C balances；instructions」（1917年4月9日第2653

參考文獻

號通令），載中華人民共和國海關總署辦公廳編：《中國近代海關總稅務司通令全編》第15卷，中國海關出版社，2013年，第160頁。

[465] (英) 魏爾特：《關稅紀實》，中國海關出版社，2009年影印，第78頁。

[466] 《各海關華洋各稅收支考核底簿》，載全國圖書館文獻縮微複製中心編委會編：《國家圖書館藏清代稅收稅務檔案史料彙編》，2008年影印，第6453頁。

[467] 《各海關華洋各稅收支考核底簿》，載全國圖書館文獻縮微複製中心編委會編：《國家圖書館藏清代稅收稅務檔案史料彙編》，2008年影印，第6503頁。

[468] 《金臺夕照》，《申報》1899年5月6日，第2版。

[469] 《奏報湖北省江漢關宣統元年奉撥傾鎔火耗銀兩業已解清》（1910年），臺北故宮博物院藏軍機處檔折件，檔號：186483。

[470] 《公電》，《申報》1914年4月11日，第3版。

[471] 《新訂常關稅法之施行細則》，《申報》1917年2月7日，第10版。

[472] 劉大鈞：《海關稅政征銀圓提案》，《全國財政會議日刊》1928年第6期。

[473] 《中華民國二十一年及二十二年兩會計年度財政報告》，《申報》1935年5月14日，第9版。

[474] 《船鈔改征銀幣》。

[475] 《各海關華洋各稅收支考核底簿》，載全國圖書館文獻縮微複製中心編委會編：《國家圖書館藏清代稅收稅務檔案史料彙編》，第6447、6457、6521、6431、6437、6481、6471頁。

[476] 汪裕鐸：《規定匯款手續費》，《交行通信》1935年第7卷第6期。

[477] (英) 魏爾特：《關稅紀實》，中國海關出版社，2009年影印，第78頁。

[478] 本文系教育部人文社會科學研究青年基金項目「近代中國貿易網絡的研究——以舊海關源匯數據為中心的分析（1873—1942）」（項目號：13YJC770051）和國家自然科學基金青年項目「近代中國城市體系研究——基於舊海關埠際貿易和子口稅貿易OD數據的分析（1859—1947）」（項目號：41401149）階段性成果之一。感謝南開大學王玉茹教授和山西大學晉商學研究所的羅暢在糧價數據方面提供的幫助，同時感謝南開大學歷史學院劉煦、王希、江潘婷和蔡慧靜四位同學在海關數據輸入方面的工作。

[479] 王哲，上海財經大學城市與區域科學學院助理研究員，中國史博士，經濟學博士後，主要從事歷史經濟地理方向的研究。

[480] 目前來看，歷史研究中所獲得的數據，還無法完全符合「大數據」的嚴格定義，在數據量、數據的實時性和數據傳播速度方面均存在較大差異，但本文主旨並不在於此，故不再贅述。

[481]Ian Spence，「No Humble Pie：The Origins and Usage of a Statistical Chart」，Journal of Educational and Behavioral Statistics，Vol.30，No.4，2005，pp.353-368.

[482]Patricia Costigan-Eaves，Michael Macdonald-Ross，「William Playfair（1759-1823）」，Statistical Science，Vol.5，No.3，1990，pp.318-326.

[483]Paul Fine，et al.，「John Snow』s Legacy：Epidemiology without Borders」，Lancet，Vol.381，No.9874，Apr.2013，pp.1302-1311.

[484]Sandra Hempel，「Obituary：John Snow」，Lancet，Vol.381，No.9874，2013，pp.1269-1270.

[485]Stephanie Snow，「John Snow：The Making of a Hero」，Lancet；Vol.372，No.9632，2008，p.22.

[486]「The Graphic Works of Charles Joseph Minard」，http：//www.datavis.ca/gallery/minbib.php，November，13，2016.

[487]Edward R.Tufte，The Visual Display of Quantitative Information. Cheshire：Graphics Press，2001，p.40.

[488]Data-ink ratio=（data-ink）/（total ink used to print the graphic）；Edward R.Tufte，The Visual Display of Quantitative Information.Cheshire：Graphics Press，2001，p93.

[489]B.H.McCormick，「Visualization in scientific computing」，ACM SIGBIO Newsletter，Vol.10，No.1，1988，pp.15-21.

[490]（美）斯蒂爾·伊利斯基等著，祝洪凱、李妹芳譯：《數據可視化之美——透過專家的眼光洞察數據》，機械工業出版社，2011年，第70頁。

[491] 牟振宇：《數字歷史的興起：西方史學中的書寫新趨勢》，《史學理論研究》2015年第3期。

[492] 王加勝等：《南沙群島歷史事件時空演化的可視化表達》，《地理科學》2015年第5期。王占剛等：《歷史事件時空過程描述及其可視化研究》，《計算機工程》2014年第11期；謝麗：《民國時期和田河流域洛浦墾區墾荒、撂荒地的空間分佈格局——基於歷史資料的訊息可視化重建》，《地理學報》2013年第68卷第2期。

[493] 潘威等：《GIS進入歷史地理學10年回顧》，《中國歷史地理論叢》2012年第1期。

[494] 中國人口地理訊息系統：http：//cpgis.fudan.edu.cn/cpgis/default.asp，2016 年 11 月 13 日。

[495] 王均等：《歷史地理數據的 GIS 應用處理——以清時期的陝西為例》，《地球訊息科學》2003 年第 1 期。

[496] 初建朋、侯甬堅：《基於 GIS 技術建立明清時期山西省人口耕地資料數據庫》，《唐山師範學院學報》2004 年第 2 期；陳剛：《超媒體地理訊息技術在六朝建康歷史地理研究中的應用芻議》，《南京曉莊學院學報》2004 年第 3 期；

[497] 史磊、孔雲峰、焦中輝：《基於 GIS 的歷史地理數據的管理與可視化——以〈中國曆代戶口、田地、田賦統計〉一書為例》，《湘潭師範學院學報》2008 年第 2 期。

[498] 參見範毅軍：《傳統市鎮與區域發展——明清太湖以東地區為例 (1551—1861)》，聯經出版事業股份有限公司，2005 年。

[499] 如臺灣歷史文化地圖，http：//thcts.ascc.net/，2016 年 11 月 13 日。

[500] 範毅軍：《試論地理訊息系統在歷史研究上的應用》，《古今論衡》1999 年第 2 期；範毅軍、廖泫銘：《歷史地理資訊系統建立與發展》，《地理資訊系統季刊》2008 年第 2 卷第 1 期。

[501] Jean Colson，et al.，「Annual Review of Information Technology Developments for Economic and Social Historians」，The Economic History Review，Vol.48，No.2，1995，pp.370-395.

[502] James E.Everett，「Annual Review of Information Technology Developments for Economic and Social Historians，1996」，The Economic History Review，Vol.50，No.3，1997，pp.543-555.

[503] Nils Hybel，「The Grain Trade in Northern Europe before 1350」，The Economic History Review，Vol.55，No.2，2002，pp.219-247.

[504] Christian Henriot，「Regeneration and Mobility：The Spatial Dynamics of Industries in Wartime Shanghai」，Journal of Historical Geography，Vol.38，No.2，2012，pp.167-180.

[505] Greet De Block，Janet Polasky，「Light Railways and the Rural-Urban Continuum：Technology，Space and Society in Late Nineteenth-Century Belgium」，Journal of Historical Geography.Vol.37，No.7，2011，pp.312-328.

[506] 彭凱翔：《從交易到市場：傳統中國民間經濟脈絡試探》，浙江大學出版社，2015 年，第 132—133 頁。

[507] James Kai-sing Kuang，Chicheng Ma，「Can Cultural Norms Reduce Conflicts？Confucianism and Peasant Rebellions in Qing China」，Journal

of Development Economics』,Vol.111,2014,pp.132-149.李楠:《鐵路發展與移民研究——來自 1891—1935 年中國東北的自然實驗證據》,《中國人口科學》2010 年第 4 期。

[508] 王玉茹、張瑋:《國際經濟史學研究的新趨向——從第十五屆世界經濟史大會談起》,《山東大學學報》2010 年第 2 期。

[509]「The Historical GIS Research Network」,http://www.hgis.org.uk/resources.htm#map_servers,November,13,2016.

[510]http://web.stanford.edu/group/spatialhistory/cgi-bin/site/index.php,November,13,2016.

[511]https://www.microsoft.com/en-us/download/details.aspx?id=38395,November,13,2016.

[512] 參見中國社會科學院經濟研究所編:《清代道光至宣統間糧價表》,廣西師範大學出版社,2009 年。

[513] 清代糧價資料庫,http://140.109.152.38/DBIntro.asp,2017 年 6 月 6 日。

[514] 謝美娥:《清代臺灣米價研究》,稻鄉出版社,2008 年,第 101 頁。

[515] 陳計堯、王業鍵:《兩次世界大戰之間中國糧食貿易網絡,1918—1936》,《中央研究院近代史研究所集刊》2003 年第 39 期。

[516] 王玉茹、羅暢:《清代糧價數據質量研究——以長江流域為中心》,《清史研究》2013 年第 1 期;羅暢:《兩套清代糧價數據資料的比較與使用》,《近代史研究》2012 年第 5 期。

[517] 社會經濟調查所編:《上海米市調查》,載張研、孫燕京編:《民國史料叢刊》卷 664,大象出版社,2009 年,第 327 頁。

[518] 社會經濟調查所編:《無錫米市調查》,載張研、孫燕京編:《民國史料叢刊》卷 664,大象出版社,2009 年,第 369 頁。

[519]http://cpgis.fudan.edu.cn/cpgis/default.asp,2016 年 11 月 13 日。

[520]Carol Shiue,Wolfgang Keller,「Markets in China and Europe on the Eve of the Industrial Revolu-tion」,The American Economic Review,Vol.97,No.4,2007,pp.1189-1216;Lillian Li,「Grain Prices in Zhili Province,1736-1911:A Preliminary Study」,in Thomas Rawski,Lillian Li ed.,Chinese History in Economic Perspective.Berkeley:University of California Press,1992,p.7;陳春聲:《清代中葉嶺南區域市場的整合》,《中國經濟史研究》1993 年第 2 期;馮穎杰:《「裁厘改統」與民國時期市場整合——基於上海、蕪湖、天津三地糧價的探討》,《經濟學季刊》2012 年第 1 期;顏色、

劉叢：《18世紀中國南北方市場整合程度的比較——利用清代糧價數據的研究》，《經濟研究》2011年第12期。

[521]（日）岸本美緒：《「The Price of Rice: Market Integration in Eighteenth-Century China」書評》，《中國文化研究所學報》2011年第53期。

[522] http://yugong.fudan.edu.cn/Ichg/Chgis_index.asp，2016年11月19日。

[523] 本地圖使用的1820年府界，來自《清時期全圖（一）》，載譚其驤主編：《中國歷史地圖集》清代，中國地圖出版社，1987年，第3—4頁。

[524] 本地圖使用的1820年府界，來自《清時期全圖（一）》，載譚其驤主編：《中國歷史地圖集》清代，中國地圖出版社，1987年，第3—4頁。

[525] 鄧亦兵：《清代前期內陸糧食運輸量及變化趨勢——關於清代糧食運輸研究之二》，《中國經濟史研究》1995年第3期。

[526] 郭松義：《清代糧食市場和商品糧數量的估測》，《中國史研究》1991年第4期。

[527] 張學渝、李伯川：《雲南明清時期五百餘年旱災史研究》，《雲南農業大學學報》2012年第6期。

[528] 王水喬：《清代雲南米價的上漲及其對策》，《雲南學術探索》1996年第5期。

[529]（美）李中清著，秦樹才、林文勛譯：《清代中國西南的糧食生產》，《史學集刊》2010年第4期。

[530]（美）李中清著，秦樹才、林文勛譯：《中國西南邊疆的社會經濟：1250—1850》，人民出版社，2012年，第185—200頁。

[531] 本地圖使用的1820年府界，來自《清時期全圖（一）》，載譚其驤主編：《中國歷史地圖集》清代，中國地圖出版社，1987年，第3—4頁。

[532] 陳春聲：《18世紀廣東米價上升趨勢及其原因》，《中山大學學報》1990年第4期。

[533] 陳春聲：《清代中葉嶺南區域市場的整合——米價動態的數理分析》，《中國經濟史研究》1993年第2期。

[534]（美）珀金斯著，宋海文等譯，伍丹戈校：《1368—1968年間中國農業的發展》，上海譯文出版社，1984年，第212—213頁。

[535] 王哲：《源—匯數據在近代經濟史中的使用初探——以19世紀末長江中下游諸港的子口稅貿易數據為例》，《中國經濟史研究》2013年第2期。

[536] 吳承明：《論清代前期中國國內市場》，載氏著：《中國的現代化：市場與社會》，生活·讀書·新知三聯書店，2001年，第148頁。

[537] 陳計堯、王業鍵：《兩次世界大戰之間中國糧食貿易網絡，1918—1936 年》，《中央研究院近代史研究所集刊》2003 年第 39 期。

[538] 鄭友揆、韓啟桐編：《中國埠際貿易統計（1936—1940）》「說明」，中國科學院出版社，1951 年，第 ii 頁。

[539] Dwight H.Perkins，Agricultural Development in China，1368-1968，Chicago：Aldine Publishing Company，1969，pp.151-153.

[540] 李伯重：《中國全國市場的形成，1500—1840 年》，《清華大學學報》1999 年第 4 期；李伯重：《十九世紀初期中國全國市場：規模與空間結構》，《浙江學刊》2010 年第 4 期。

[541] 本文為中國博士後科學基金第 59 批面上資助項目（批準號：2016M590370）階段性成果之一。感謝匿名評審專家提出的修改意見。本文曾作為第三屆量化歷史研究國際年會、第二屆全國經濟史學博士後論壇的參會論文，感謝與會專家學者對本文提出的意見。

[542] 余開亮，上海社會科學院經濟研究所助理研究員，歷史學博士，理論經濟學博士後，主要從事經濟史方向的研究。

[543] 郭松義：《清代糧食市場和商品糧數量的估測》，《中國史研究》1994 年第 4 期；鄧亦兵：《清代前期的糧食運銷和市場》，《歷史研究》1995 年第 4 期；鄧亦兵：《清代前期內陸糧食運輸量及變化趨勢——關於清代糧食運輸研究之二》，《中國經濟史研究》1994 年第 3 期；鄧亦兵：《清代前期沿海糧食運銷及運量變化趨勢——關於糧食運銷研究之三》，《中國社會經濟史研究》1994 年第 2 期；鄧亦兵：《清代前期周邊地區的糧食運銷——關於糧食運銷研究之四》，《史學月刊》1995 年第 1 期。

[544] 目前學界使用的糧價數據主要有：王業鍵整理的「清代糧價資料庫」（http：//mhdb.mh.sinica.edu.tw/foodprice/）和中國社會科學院經濟研究所整理出版的《清代道光至宣統間糧價表》（廣西師範大學出版社，2009 年）。由於收集渠道和保存方式不同，這兩套數據各有優劣，在使用時可根據研究特點進行選取。關於各自特點、存在的問題及在使用時應注意的事項，參見羅暢：《兩套清代糧價數據資料的比較與使用》，《近代史研究》2012 年第 5 期。

[545] 較早的代表性研究成果主要有：Thomas G.Rawski & Lillian M.Li，et al.，Chinese history in economic perspective，Berkeley：University of California Press，1992；陳春聲：《市場機制與社會變遷——18 世紀廣東米價分析》，中山大學出版社，1992 年；謝美娥：《清代臺灣米價研究》，稻鄉出版社，2008 年；謝美娥：《販運者多：十八世紀湖北的糧價與糧食市場（1738—1797）》，明文書局，

2012年；（美）馬立博著，王玉茹、關永強譯：《虎、米、絲、泥：帝制晚期華南的環境與經濟》，江蘇人民出版社，2011年；（美）李中清著，林文勛、秦樹才譯：《中國西南邊疆的社會經濟：1250—1850》，人民出版社，2012年。

[546] 詳見余開亮：《清代晚期地方糧價報告研究——以循化廳檔案為中心》，《中國經濟史研究》2014年第4期；余開亮：《糧價細冊制度與清代糧價研究》，《清史研究》2014年第4期；胡鵬、李軍：《兩套清代糧價數據資料綜合使用之可行性論證與方法探討——基於文獻學和統計學方法的分析》，《中國社會經濟史研究》2016年第2期；胡鵬、李軍：《農曆抑或公曆？數據形式對數理分析結果的影響——以清代中後期直隸小麥市場整合分析為例》，《中國經濟史研究》2016年第4期；呂長全、王玉茹：《清代糧價奏報流程及其數據性質再探討》，《近代史研究》2017年第1期。

[547] 詳見朱琳：《清代淮河流域的糧價、市場與地方社會》，經濟科學出版社，2016年；朱琳：《回顧與思考：清代糧價問題研究綜述》，《農業考古》2013年第4期；馬國英：《1736—1911年間山西糧價變動趨勢研究——以貨幣為中心的考察》，《中國經濟史研究》2015年第3期；馬國英：《1736—1911年間山西糧價變動情況及影響因素研究》，《首都師範大學學報》2016年第3期；趙偉洪：《乾隆時期江西省米穀流通與市場整合》，《中國社會經濟史研究》2016年第4期；羅暢、李啟航、方意：《清乾隆至宣統年間的經濟週期——以開封、太原糧價數據為中心》，《經濟學季刊》2016年第2期。

[548] 如王業鍵、黃瑩珏：《清中葉東南沿海的糧食作物分佈、糧食供需及糧價分析》，《中央研究院歷史語言研究所集刊》1999年第70本；陳春聲：《清代中葉嶺南區域市場的整合——米價動態的數理分析》，《中國經濟史研究》1993年第2期。

[549] Lillian M.Li,「Integration and Disintegration in North China』s Grain Markets, 1738-1911」, The Journal of Economic History, Vol.60, No.3, 2000, pp.665-699.

[550] 如 Carol H.Shiue & Wolfgang Keller,「Markets in China and Europe on the Eve of the Industrial Revolution」, The American Economic Review, Vol.97, No.4, 2007, pp.1189-1216；顏色、劉叢：《18世紀中國南北方市場整合程度的比較——利用清代糧價數據的研究》，《經濟研究》2011年第12期；趙偉洪：《清乾隆朝湖南省米穀流通與市場整合》，《中國經濟史研究》2015年第1期。

[551] 對清代糧價研究數理分析方法的總結，可參見朱琳：《數理統計方法在清代糧價研究中的應用與發展》，《中國經濟史研究》2015年第1期。

[552] 吳承明：《利用糧價變動研究清代的市場整合》，《中國經濟史研究》1996年第2期。

[553]Wolfgang Keller & Carol H.Shiue,「The Origin Of Spatial Interaction」,Journal of Econometrics,Vol.140,No.1,2007,pp.304-332.

[554] 而此前的研究也闡述了地理因素在糧食市場中的決定性作用。參見顏色、劉叢：《18世紀中國南北方市場整合程度的比較——利用清代糧價數據的研究》，《經濟研究》2011年第12期。

[555] 大米市場包括的南方11個省份為廣東、廣西、貴州、四川、湖北、湖南、江西、安徽、江蘇、浙江、福建；小麥市場包括的北方4個省份為河南、山東、山西、陝西，以及長江流域的四川、湖北、湖南、江西、安徽、江蘇，直隸因數據缺失嚴重未列入研究範圍。

[556] 復旦大學歷史地理研究中心：中國歷史地理訊息系統（CHGIS），http://yugong.fudan.edu.cn/views/chgis_download.php#1820list，2016年8月30日。

[557]Fan I-chun,Long-distance trade and market integration in the Ming-Chíng Period 1400-1850,Thesis（Ph.D.）,Stanford University,1993,p.130.

[558] 鄧亦兵：《清代前期內陸糧食運輸量及變化趨勢——關於清代糧食運輸研究之二》，《中國經濟史研究》1994年第3期。

[559] 廖聲豐：《淺論清代前期運河地區的商品流通——以運河榷關稅收考察為中心》，《中國經濟史研究》2014年第1期。

[560]Fan I-chun,Long-distance trade and market integration in the Ming-Chíng Period 1400-1850,Thesis（Ph.D.）,Stanford University,1993,p.133.
廖聲豐：《清代常關與區域經濟研究》附表十一，人民出版社，2010年，第356—362頁。

[561] 參見中央氣象局氣象科學研究院編：《中國近五百年旱澇分佈圖集》，地圖出版社，1981年。

[562] 本文系國家社科基金後期資助項目「近代中國民族企業一體化戰略研究（1895—1937）」（項目號：15FJL016）階段性成果。

[563] 趙偉，蘇州科技大學人文學院歷史系講師，歷史學博士後，主要從事中國近現代經濟史研究。

[564] 方顯廷在《中國之棉紡織業》（商務印書館，1934年）一書中考察過中國「紗廠集合之趨勢」，嚴中平在《中國棉業之發展》（商務印書館，1943年）一書中也討論過棉紡織業的民族資本「集中現象的發生」。具有代表性的論文是杜恂誠的《抗戰前上海民營企業的資本集中》（《上海經濟研究》1997年第9期），專著方面則是馬俊亞的《規模經濟與區域發展——近代江南地區企業經營現代化研究》（南京大學出版社，2000年）等。

[565] 吳應圖：《資本問題》，上海中華書局，1929 年，第 46 頁。

[566] 代表性專著有鐘祥財：《中國近代民族企業家經濟思想史》，上海社會科學院出版社，1992 年。

[567] 代表性論文有江滿情：《論劉鴻生的同業合併思想及其實踐》，《安徽史學》2006 年第 3 期。

[568] 張謇：《為南通保坍會及墾地致陳省長函》，載張怡祖編：《張季子九錄·自治錄》卷 4，文海出版社，1965 年，第 19 頁。

[569] 榮德生：《樂農自訂行年紀事》，載上海大學、江南大學《樂農史料選編》整理研究小組選編：《榮德生文集》，上海古籍出版社，2002 年，第 31 頁。

[570] 榮德生：《先兄宗敬紀事述略》，載上海大學、江南大學《樂農史料選編》整理研究小組選編：《榮德生文集》，上海古籍出版社，2002 年，第 316—317 頁。

[571] 盧作孚：《一樁事業的幾個要求（代序）》，載《民生實業公司十一週年紀念刊》編輯委員會編：《民生實業公司十一週年紀念刊》，民生實業股份有限公司，1937 年，第 4 頁。

[572] 上海社會科學院經濟研究所編：《劉鴻生企業史料》中冊，上海人民出版社，1981 年，第 15 頁。

[573] 上海市紡織工業局等編：《永安紡織印染公司》，中華書局，1964 年，第 11 頁。

[574] 《資力集合論》，《東方雜誌》第 9 卷第 2 號，1912 年 8 月 1 日，《內外時報》第 14 頁。

[575] 潘念祖：《提倡工廠的積極辦法》，《申報》1919 年 6 月 23 日，第 11 版。

[576] 龍：《述大規模生產事業》，《錢業月報》第 3 卷第 5 號，1923 年 6 月 15 日，第 17 頁。

[577] 楊端六：《工商組織與管理》，上海商務印書館，1948 年，第 18 頁。

[578] （英）G.M.Colman 著，蔡慶憲譯：《企業的結合》，大東書局，1929 年，第 15 頁。

[579] 王子建：《日本之棉紡織工業》，社會調查所，1933 年，第 31 頁。

[580] 《日本紡織托賴斯之大計劃》，載穆湘玥等撰：《藕初五十自述·附刊·藕初文錄》上卷，上海商務印書館，1928 年，第 14 頁。

[581] 《今後東方紡織業競爭之大勢》，載穆湘玥等撰：《藕初五十自述附刊藕初文錄》上卷，上海商務印書館，1928 年，第 45—46 頁。

[582] 《資力集合論》，《東方雜誌》第 9 卷第 2 號，1912 年 8 月 1 日，《內外時報》，第 16—17 頁。

[583] 龍：《述大規模生產事業》，《錢業月報》第 3 卷第 5 號，1923 年 6 月 15 日，第 21 頁。

[584] 產業鏈整合的目的是要「產生協同運作的效果」。參見白永秀、惠寧主編：《產業經濟學基本問題研究》，中國經濟出版社，2008 年，第 150 頁。

[585] 應遠濤：《大規模的工業生產與合併制度》，《中國工業》第 2 卷第 4 期，1944 年 4 月 15 日，第 20 頁。

[586] 楊端六：《工商組織與管理》，上海商務印書館，1948 年，第 18 頁。

[587] 企業一體化理論是「從組織交易成本角度出發考慮企業的規模（邊界）的問題」。參見劉彪文：《企業成長論》，線裝書局，2010 年，第 20 頁。

[588] 汪孟言：《英人之日本紡織觀》，《紡織週刊》第 5 卷第 6 期，1935 年 2 月 16 日，第 165 頁。

[589] 樂天輯：《名詞淺釋》，《自修》第 221 期，1943 年 6 月 2 日，第 5 頁。

[590] 簡貫三：《論大規模的工業組織》，《申報》1946 年 12 月 23 日，第 9 版。

[591] 著者不詳，蔡慶憲譯：《企業的結合》，大東書局，1929 年，第 8—9 頁。

[592] 龍：《述大規模生產事業》，《錢業月報》第 3 卷第 5 號，1923 年 6 月 15 日，第 21 頁。

[593] 荷利漢（Houlihan，1988）認為產業鏈是從供應商開始，經生產者或流通業者，到最終消費者的所有物質流動。參見芮明杰、劉明宇、任江波：《論產業鏈整合》，復旦大學出版社，2006 年，第 6 頁。

[594] 曾廣勳編：《世界經濟與產業合理化》，上海社會書店，1932 年，第 74 頁。

[595] 一般而言，在一個經濟體系中，商品沿縱向鏈條「移動」——從原材料和零部件到生產，再經過運送和零售。經濟學家認為，處於縱向鏈條前面步驟的是生產過程的上游，處於後面步驟的則是生產過程的下游。參見（美）貝贊可等著，詹正茂等譯：《戰略經濟學》，中國人民大學出版社，2006 年，第 112 頁。

[596] 財政部財務人員訓練所、鹽務人員訓練班編印：《工商管理》，1943 年，第 41、39 頁。

[597] 應遠濤：《大規模的工業生產與合併制度》，《中國工業》第 2 卷第 4 期，1944 年 4 月 15 日，第 20—21 頁。

[598] 馬寅初：《日本工業進步之原因》，載氏著：《馬寅初全集》第 9 卷，浙江人民出版社，1999 年，第 351—353 頁。

[599] 王子建：《日本之棉紡織工業》，社會調查所，1933 年，第 19—20 頁。

[600] 繆甲三：《訪美報告綱要》，載李文瑞主編：《劉國鈞文集·附錄》，南京師範大學出版社，2001年，第23頁。

[601] 陳思新：《吾國紡織業將來之展望》，《紡工》第1卷第2期，1941年4月，第4頁。

[602] 榮德生：《樂農自訂行年紀事》，載上海大學、江南大學《樂農史料選編》整理研究小組選編：《榮德生文集》，上海古籍出版社，2002年，第71頁。

[603] 李國偉：《榮家經營紡織和制粉企業六十年》，載中國人民政治協商會議全國委員會文史資料研究委員會編：《工商史料》第1輯，文史資料出版社，1980年，第6頁。

[604] 薛明劍：《協助榮德生辦理申新三廠的會議》，載上海大學、江南大學《樂農史料選編》整理研究小組選編：《榮德生與企業經營管理》下冊，上海古籍出版社，2004年，第864頁。

[605]《總經理自述》，載茂新福新申新總公司編印：《茂新福新申新總公司卅週年紀念冊》，1929年，第1頁。

[606] 高景嶽、嚴學熙編：《近代無錫蠶絲業資料選輯》，江蘇人民出版社、江蘇古籍出版社，1987年，第357頁。

[607] 上海社會科學院經濟研究所編：《劉鴻生企業史料》上冊，上海人民出版社，1981年，第127頁。

[608] 上海市紡織工業局等編：《永安紡織印染公司》，中華書局，1964年，第43、117頁。

[609] 劉國鈞：《建設紡織公司計劃書》，載李文瑞主編：《劉國鈞文集·論著卷》，南京師範大學出版社，2001年，第41—42頁。

[610] 劉國鈞：《致查秉初》，載李文瑞主編：《劉國鈞文集·函電與其他》，南京師範大學出版社，2001年，第59頁。

[611] 曾廣勛編：《世界經濟與產業合理化》，上海社會書店，1932年，第74頁。

[612] 龍：《述大規模生產事業》，《錢業月報》第3卷第5號，1923年6月15日，第22頁。

[613]《新詞詮》，《中華週報》第42號，1932年8月20日，第1045頁（每一年統一編頁）。

[614]《鐘紡擴大多角經營》，《紡織時報》第1300號，1926年7月16日，第1版。

[615] 上海市紡織工業局等編：《永安紡織印染公司》，中華書局，1964年，第21頁。

[616] 上海社會科學院經濟研究所編：《劉鴻生企業史料》上冊，上海人民出版社，1981年，第282頁。

[617] 榮德生：《樂農自訂行年紀事續編》，載上海大學、江南大學《樂農史料選編》整理研究小組選編：《榮德生文集》，上海古籍出版社，2002年，第151—152頁。

[618] 張謇：《大生崇明分廠十年事述》，載張怡祖編：《張季子九錄》卷5《實業錄》，文海出版社，1965年，第13頁。

[619] 王雲五：《科學管理法的原則》，中國工商管理協會，1930年，第11頁。

[620] 屠哲隱：《工商企業管理》，世界書局，1947年，第8頁。

[621] 張方佐：《棉紡織工場之設計與管理》，崇文印刷所，1945年，第309頁。

[622] 應遠濤：《大規模的工業生產與合併制度》，《中國工業》第2卷第4期，1944年4月15日，第18—19頁；龍：《述大規模生產事業》，《錢業月報》第3卷第5號，1923年6月15日，第18—19頁；新德：《聯合企業之利益》，《申報》1926年8月20日，第18版。

[623] 上海社會科學院經濟研究所編：《榮家企業史料》上冊，上海人民出版社，1962年，第253頁。

[624] 盧作孚：《民生公司的三個運動》，載氏著：《中國的建設問題與人的訓練》，上海生活書店，1935年，第166頁。

[625] 上海社會科學院經濟研究所編：《劉鴻生企業史料》上冊，上海人民出版社，1981年，第104頁。

[626] 上海社會科學院經濟研究所編：《劉鴻生企業史料》中冊，上海人民出版社，1981年，第16頁。

[627] 應遠濤：《大規模的工業生產與合併制度》，《中國工業》第2卷第4期，1944年4月15日，第19頁。

[628] 屠哲隱：《工商企業管理》，世界書局，1947年，第8頁。

[629] 上海社會科學院經濟研究所編：《劉鴻生企業史料》上冊，上海人民出版社，1981年，第103—104頁。

[630] 上海社會科學院經濟研究所編：《榮家企業史料》上冊，上海人民出版社，1962年，第253頁。

[631] 上海社會科學院經濟研究所編：《劉鴻生企業史料》上冊，上海人民出版社，1981年，第104頁。

[632] 劉鴻生：《救濟新工業應提倡同業合併》，載中國工商管理協會編印：《工商問題之研究》，1931年，第6頁。

[633] 上海社會科學院經濟研究所編：《榮家企業史料》上冊，上海人民出版社，1962年，第254頁。

[634] 榮德生：《樂農自訂行年紀事》，載上海大學、江南大學《樂農史料選編》整理研究小組選編：《榮德生文集》，上海古籍出版社，2002年，第93頁。

[635] 上海社會科學院經濟研究所編：《劉鴻生企業史料》中冊，上海人民出版社，1981年，第17頁。

[636] 新德：《聯合企業之利益》，《申報》1926年8月20日，第18版。

[637] 上海社會科學院經濟研究所編：《榮家企業史料》上冊，上海人民出版社，1962年，第34頁。

[638] 無錫市政協文史資料研究委員會：《無錫永泰絲廠史料片段》，載中國人民政治協商會議江蘇省無錫市委員會文史資料研究委員會編印：《無錫文史資料》第2輯，1981年，第55頁。

[639]「一個交易是在企業內組織（用信中的話說就是是否存在一體化），還是由獨立的簽約者在市場中進行，取決於進行市場交易的成本與在企業內進行交易的成本的比較」。參見（英）羅納德·H.科斯：《企業的性質：起源》，載（美）奧利弗·E.威廉姆森、（美）西德尼·G.溫特編，姚海鑫等譯：《企業的性質——起源、演變和發展》，商務印書館，2008年，第58頁。

[640] 蔣乃鏞：《中國紡織染業概論》，上海中華書局，1946年，第16—17頁。

[641] 周緯編著：《工廠管理法》，上海商務印書館，1931年，第24頁。

[642] 馬寅初：《日本工業進步之原因》，載氏著：《馬寅初全集》第9卷，浙江人民出版社，1999年，第353頁。

[643] 馬寅初：《中國之棉織業問題》，載氏著：《馬寅初全集》第6卷，浙江人民出版社，1999年，第439頁。

[644] 榮德生：《欲紡織業之發展全在認真》，載上海大學、江南大學《樂農史料選編》整理研究小組選編：《榮德生與企業經營管理》上冊，上海古籍出版社，2004年，第43頁。

[645] 無錫國棉三廠編史組：《三十年代的無錫麗新廠》，載中國人民政治協商會議江蘇省委員會文史資料研究委員會編：《江蘇文史資料選輯》第11輯，江蘇人民出版社，1983年，第111頁。

[646] 朱希武：《大成紡織染公司與劉國鈞》，載中國人民政治協商會議全國委員會文史資料研究委員會編：《文史資料選輯》第31輯，文史資料出版社，1962年，第214頁。

[647] 機會主義是交易費用經濟理論的一個基本假設，指的是人或企業為了自身利益的考慮和追求，可能會採用非常微妙的手段或玩弄伎倆。這一行為假設指出，人們單靠契約並不一定能最終完成交易，契約是不完備的。機會主義是依靠市場協議來組織生產所造成的一種成本。參見（美）埃裡克·弗魯博頓、（德）魯道夫·芮切特著，姜建強等譯：《新制度經濟學——一個交易費用分析範式》，格致出版社、上海三聯書店、上海人民出版社，2010年，第5—6頁；王迎軍、柳茂平：《戰略管理》，南開大學出版社，2003年，第239頁。

[648] 盧作孚：《民生公司的三個運動》，載氏著：《中國的建設問題與人的訓練》，上海生活書店，1935年，第166頁。

[649] 上海市紡織工業局等編：《永安紡織印染公司》，中華書局，1964年，第43—117頁。

[650]《新詞詮》，《中華週報》第42號，1932年8月20日，第1045頁（每一年統一編頁）。

[651] 龍：《述大規模生產事業》，《錢業月報》第3卷第5號，1923年6月15日，第21頁。

[652] 馬寅初：《日本工業進步之原因》，載氏著：《馬寅初全集》第9卷，浙江人民出版社，1999年，第358頁。

[653] 範旭東：《久大第一個三十年（續）》，《海王》第17年第3期，1944年10月10日，第17頁。

[654] 中國科學院上海經濟研究所、上海社會科學院經濟研究所編：《大隆機器廠的發生發展與改造》，上海人民出版社，1958年，第25、56頁。

[655] 榮德生：《樂農自訂行年紀事》，載上海大學、江南大學《樂農史料選編》整理研究小組選編：《榮德生文集》，上海古籍出版社，2002年，第93頁。

[656]《郭泉自述：四十一年來營商之經過》，《檔案與史學》2003年第3期。

[657] 上海社會科學院經濟研究所編：《劉鴻生企業史料》上冊，上海人民出版社，1981年，第282頁。

[658] 財政部財務人員訓練所、鹽務人員訓練班編印：《工商管理》，1943年，第39頁。

[659] 屠哲隱：《工商企業管理》，世界書局，1947年，第8—9頁。

[660] 馬寅初：《日本工業進步之原因》，載氏著：《馬寅初全集》第9卷，浙江人民出版社，1999年，第351頁。

[661] 榮德生：《樂農自訂行年紀事》，載上海大學、江南大學《樂農史料選編》整理研究小組選編：《榮德生文集》，上海古籍出版社，2002年，第91頁。

[662] 榮爾仁：《本總公司成立生產部之商榷》，《人鐘月刊》第1卷第4期，1931年12月1日，「言論」第2頁。

[663] 薛明劍：《本社之希望及所負之使命》，《人鐘月刊》第1卷第1期，1931年9月1日，「言論」第4—5頁。

[664] 朱希武：《大成紡織染公司與劉國鈞》，載中國人民政治協商會議全國委員會文史資料研究委員會編：《文史資料選輯》第31輯，文史資料出版社，1962年，第214頁。

[665]《關於大成公司的歷史——摘自大成紡織染公司對書面調查的解答（一九五〇年夏）》，載常州市地方志編纂委員會辦公室、常州市檔案局編：《常州地方史料選編》第1輯《工商業史料專輯》，1982年，第143頁。

[666] 中國科學院上海經濟研究所、上海社會科學院經濟研究所編：《大隆機器廠的發生發展與改造》，上海人民出版社，1958年，第56頁。

[667] 上海社會科學院經濟研究所編：《劉鴻生企業史料》上冊，上海人民出版社，1981年，第290頁。

[668] 上海社會科學院經濟研究所編：《劉鴻生企業史料》上冊，上海人民出版社，1981年，第291頁。

[669] 上海社會科學院經濟研究所編：《榮家企業史料》下冊，上海人民出版社，1980年，第246頁。

[670] 龍：《述大規模生產事業》，《錢業月報》第3卷第5號，1923年6月15日，第21頁。

[671] 劉鴻生：《救濟新工業應提倡同業合併》，載中國工商管理協會編印：《工商問題之研究》，1931年，第6頁。

[672] 嚴中平：《中國棉業之發展》，重慶商務印書館，1943年，第181頁。

[673] 上海糧食局、上海市工商行政管理局、上海社會科學院經濟研究所經濟史研究室編：《中國近代麵粉工業史》，上海中華書局，1987年，第36、44、52頁。

[674] 陳調甫：《永利鹼廠奮鬥回憶錄》，載全國政協文史資料研究委員會編：《化工先導——範旭東》，中國文史出版社，1996年，第68頁。

[675] 本文獲中國政法大學校級人文社會科學研究項目資助（批準號：15ZFQ79001），同時也是中國政法大學教學改革立項項目、北京用友公益基金會資助項目階段性研究成果。

[676] 熊金武，中國政法大學商學院副教授，經濟學博士，經濟學博士後，主要從事經濟史學的研究。

[677] 張琦：《土地制度市場化改革的理論回顧：1978—2008》，《改革》2008 年第 11 期；錢忠好、牟燕：《中國土地市場化改革：制度變遷及其特徵分析》，《農業經濟問題》2013 年第 5 期。

[678] 黨國英：《農村產權改革：認知衝突與操作難題》，《學術月刊》2014 年第 8 期。

[679] 孫中山：《孫中山選集》下冊，人民出版社，1981 年，第 810 頁。

[680] 毛澤東：《毛澤東選集》第 4 卷，人民出版社，1991 年，第 1313—1314 頁。

[681] 於建嶸主編：《中國農民問題研究資料彙編》第 1 卷，中國農業出版社，2007 年，第 580 頁。

[682] 中央檔案館編：《解放戰爭時期土地改革文件選編（1945—1949）》，中共中央黨校出版社，1981 年，第 19 頁。

[683] 熊金武：《習仲勛經濟特區思想研究》，《河北經貿大學報》2015 年第 2 期。

[684] 中國社科院近代史所等編：《孫中山全集》第 9 卷，中華書局，1986 年，第 399 頁。

[685] 鄧小平：《鄧小平文選》第 3 卷，人民出版社，2008 年，第 909 頁。

[686] 於建嶸主編：《中國農民問題研究資料彙編》第 2 卷，中國農業出版社，2007 年，第 1045 頁。

[687] 毛澤東：《毛澤東農村調查文集》，人民出版社，1982 年，第 37 頁。

[688] 毛澤東：《毛澤東文集》第 1 卷，人民出版社，1993 年，第 256 頁。

[689] 於建嶸主編：《中國農民問題研究資料彙編》第 2 卷，中國農業出版社，2007 年，第 1041 頁。

[690] 於建嶸主編：《中國農民問題研究資料彙編》第 2 卷，中國農業出版社，2007 年，第 1043 頁。

[691] 於建嶸主編：《中國農民問題研究資料彙編》第 2 卷，中國農業出版社，2007 年，第 1046 頁。

[692] 參見趙儷生：《中國土地制度史》，武漢大學出版社，2013 年。

[693] Kittsteiner T & Ockenfels A，「Market Design：a Selective Review」，Zeitschrift für Betrieb-swirtschaft，2006，Special Issue 5，pp.121-143.

[694] 參見人民出版社編印：《關於引導農村土地經營權有序流轉發展農業適度規模經營的意見》，2014 年。

[695] 鄧小平：《鄧小平文選》第 3 卷，人民出版社，2008 年，第 372 頁。

[696] 黃英偉，中國社會科學院經濟研究所研究員，管理學博士，理論經濟學博士後，主要從事經濟史方向的研究。

[697]Chinn，L.Dennis，「Income Distribution in a Chinese Commune」，Journal of Comparative Econ omics，Vol.3，No.2，1978，pp.246-265；Putterman，L.，Continuity and Change in China』s Rural Development：Collective and Reform Eras in Perspective，New York：Oxford University Press，1993；Putterman，L.，「Effort，Productivity，and Incentives in a 1970s Chinese People』s Commune」，Journal of Comparative Economics，Vol.14，No.1，1990，pp.88-104；Hsiung，B.，and L.Putterman，「Pre- and Post-Reform Income Distribution in a Chinese Commune：The Case of Dahe Township in Hebei Province」，Journal of Comparative Economics，Vol.13，No.3，1989，pp.407-445；Kung，J.，「Egalitarianism，Subsistence Provision，and Work Incen-tives In China』s Agricultural Collectives」，World Development，Vol.22，No.2，1994，pp.175-187.

[698] 人民公社時期採取三級管理體制，即最高級的為公社，相當於現在的鄉鎮；公社之下為生產大隊，相當於現在的村級組織；最低級的為生產隊，類似於現在的村民小組；生產隊大約由 30 至 40 戶農戶組成。

[699] 林毅夫：《制度、技術與中國農業發展》，上海三聯書店，2005 年，第 6 頁；（美）彭尼·凱恩著，畢健康等譯：《中國的大饑荒（1959—1961）：對人口和社會的影響》，中國社會科學出版社，1993 年。

[700] 辛逸：《試論大公社所有制的變遷與特徵》，《史學月刊》2002 年第 3 期；辛逸：《簡論大公社的分配製度》，《中共黨史研究》2007 年第 3 期；辛逸：《對大公社分配方式的歷史反思》，《河北學刊》2008 年第 4 期。

[701] 雖然其間還經歷了「農業學大寨」等運動，但人民公社的主要制度設置基本沒變。

[702] 參見張樂天：《告別理想：人民公社制度研究》，上海人民出版社，2005 年；羅平漢：《農村人民公社史》，福建人民出版社，2006 年。

[703] 參見辛逸：《農村人民公社分配製度研究》，中共黨史出版社，2005 年；黃英偉：《工分制下的農戶勞動》，中國農業出版社，2011 年。

[704] 徐衛國、黃英偉：《人民公社時期農戶勞動報酬實物化及其影響——以 20 世紀 70 年代河北某生產隊為例》，《中國經濟史研究》2014 年第 4 期。

[705] 關於人民公社生產隊檔案資料的介紹,參見黃英偉:《集體化時期農村經濟檔案論述——以江蘇祖堂大隊為例》,《古今農業》2012年第4期;行龍、馬維強、常利兵:《閱檔讀史:北方農村的集體化時代》,北京大學出版社,2011年。

[706] 人口勞動比能反映家庭人口結構,也決定家庭經濟狀況,特別是在主要靠體力勞動為生的時期。參見(俄)恰亞諾夫著,蕭正洪譯:《農民經濟組織》,中央編譯出版社,1996年。

[707] 在人民公社時期,9歲以下人口通常在分口糧時會進行不同比例的折算,如1—3歲是成年人的50%,4—6歲是成年人的80%等。

[708] K.Griffin and A Saith,「Growth and Equality in Rural China」,Singapore:Koon Wah Printing Pte.Ltd,1981.Li Huai Yin,Everyday Strategies For Team Farming In Collective-Era China:Evidence From Qin Village.China Journal,Vol.54,2005,pp.79-98.

[709] 家庭層次特徵包括家庭成員的年齡、勞動力數量、人口數量、男女性別結構等;生產隊特徵包括所擁有的機械、化肥、種植結構、分配比例等。

[710] 有關分層數據結構和分層模型的簡介,參見郭志剛、李劍釗:《農村二孩生育間隔的分層模型研究》,《人口研究》2006第4期;郭志剛:《對2000年人口普查出生性別比的分層模型分析》,《人口研究》2007年第3期;楊菊華:《多層模型在社會科學領域中的應用》,《中國人口科學》2006年第3期;(美)斯蒂芬·W.勞登布希、(美)安東尼·S.布里克著,郭志剛等譯:《分層線性模型:應用與數據分析方法》,社會科學文獻出版社,2007年;Stephen W.Raudenbush,Anthony S.Bryk,Hierarchical Linear Models:Applications and Data Analysis Methods,London:Sage Publications,Inc.2002.

[711] Stephen W.Raudenbush,Anthony S.Bryk,Y.F.Cheong,R.congdon,and M.Du Toit,HLM6:Hierarchical Linear And Nonlinear Modeling,SSI:Scientific Software International,Inc.2004.

[712] 隨機係數的信度計算公式為:的加權平均數。一般該數值大於0.5即可。

[713] 黃英偉、陳永偉、李軍:《集體化時期的農戶收入:生命週期的影響——以河北省北街2隊為例》,《中國經濟史研究》2013年第2期;黃英偉:《工分制下的農戶勞動》,中國農業出版社,2011年;張江華:《工分制下的勞動激勵與集體行動的效率》,《社會學研究》2007年第5期;李懷印:《鄉村中國記事:集體化和改革的微觀歷程》,法律出版社,2010年。

[714] 農業生產能力用勞動單價表示,勞動單價是扣除成本以後的收益與全隊全年勞動的比值,可以近似看成是農業生產能力。當然這裡面的影響因素很多,比如生產

隊經營狀況、隊長的個人能力、氣候條件、地理條件等。實際上我們可以把它當作一個黑箱，不管裡面到底是什麼，反正結果是我們看到了一個可以衡量生產隊最終生產情況的量。

[715] 在某種程度上說，我們的解釋並不算很成功，因為我們未能解釋的部分更多，但作為嘗試我們得出了一定的結論。

[716] Hsiung, B., and L.Putterman,「Pre-and Post-Reform Income Distribution in a Chinese Commune：The Case of Dahe Township in Hebei Province」, Journal of Comparative Economics, Vol.13, No.3, 1989, pp.407-445；Kung, J,「Egalitarianism, Subsistence Provision, and Work Incentives In China』s Agricultural Collectives」, World Development, Vol.22, No.2, 1994, pp.175-187.

[717] 本文系國家社會科學基金後期資助項目「公共交通與南京城市嬗變研究：1906—1937」（項目號：17FDS043）、中國博士後科學基金一等資助項目「抗戰前新式公共交通與京滬城市社會變遷研究」（項目號：2015M580284）階段性成果。

[718] 李沛霖，南京郵電大學馬克思主義學院副教授、碩士生導師，南京大學中國民國史研究中心副研究員（兼職），復旦大學歷史學系博士後，主要從事近現代經濟史方向的研究。

[719] 孫中山：《建國大綱·修道路》，國民書局，1927年，第115頁。

[720] 陳震異：《大上海建設策》，《東方雜誌》第23卷第18號，1926年9月25日發行，第15頁。

[721] 國都設計技術專員辦事處編印：《首都計劃》，1929年，第64頁。

[722] 虞：《三十年來上海車輛消長錄》，《申報》1932年4月6日，第15版。

[723] 中國科學社編：《科學的南京》，科學印刷所，1932年，第1頁。

[724] 馬超俊、南京市政府秘書處編印：《十年來之南京》，1937年，第75頁。

[725] 關涉近代南京城市道路的研究成果，可參見安嘉華：《政治都市的發展——抗戰前的南京（1927—1937）》，碩士學位論文，中國文化大學，1988年；張平：《南京國民政府建立初期首都市政與城市現代化》，碩士學位論文，南京大學，1997年；王俊雄：《國民政府時期南京首都計劃之研究》，博士學位論文，臺灣成功大學，2002年；唐麗萍：《1927—1937年間的南京都市建設》，《城建檔案》2003年4期；侯風雲：《傳統、機遇與變遷——南京城市現代化研究（1912—1937）》，博士學位論文，南京大學，2006年；佟銀霞：《劉紀文與民國時期南京市政建設及管理（1927—1930）》，碩士學位論文，東北師範大學，2007年；董佳：《國家權力與南京首都建設研究（1927—1937）》，博士學位論文，南京大學，2009年等。此外，

一些學者對公共交通進行初探，如李建飛：《民國時期的南京公共交通》，《南京史志》1997年第1期；吳本榮：《公共交通與南京城市近代化（1894—1937）》，《南京工業大學學報》2009年第1期等。另，筆者亦對相關問題做出研討，拙稿請見：《城市公共汽車事業考辨——以抗戰前「首都」南京為中心》，《歷史教學》2011年第18期；《1930年代中國公共交通之翹楚——江南汽車公司》，《檔案與建設》2013年第11期；《抗戰前南京城市財政與公共交通關聯考議》，《民國檔案》2014年第2期；《民國首都城市公共交通管理略論（1927—1937）》，《學海》2014年第5期；《近代公共交通與城市生活方式：抗戰前的「首都」南京》，《蘭州學刊》2014年第9期；《公共交通與城市人口關係辨析——以民國時期南京為中心的考察》，《史學集刊》2014年第6期，人大複印資料《中國現代史》2015年第3期全文轉載；《近代中國市內鐵路之先行：寧省鐵路—京市鐵路》；《檔案與建設》2015年第6期；《民國時期南京公共交通工具博弈及政府因應》；《暨南學報》2015年第9期等。但由既往成果而論，以筆者目力所及，專事本題之研究，經濟史學界尚未呈現。

[726] 葉楚傖、柳詒徵主編：《首都志》下冊，正中書局，1935年，第844頁。

[727] 南京市政府秘書處編：《新南京》，南京共和書局，1933年，第1頁。

[728] 張鐘汝、章友德等編著：《城市社會學》，上海大學出版社，2001年，第158頁。

[729] 南京市地方志編纂委員會編：《南京公用事業志》，海天出版社，1994年，第7頁。

[730] 南京市地方志編纂委員會編：《南京交通志》，海天出版社，1994年，第306頁。

[731] 南京市政府編：《首都市政》，大成出版公司，1948年，第82頁。

[732] 南京市地方志編纂委員會編：《南京公用事業志》，海天出版社，1994年，第8頁。

[733] 葉楚傖、柳詒徵主編：《首都志》下冊，正中書局，1935年，第844頁。

[734] 行政院新聞局編印：《首都建設》，1947年，第1頁。

[735] 南京市地方志編纂委員會編：《南京市政建設志》，海天出版社，1994年，第23頁。

[736] 南京特別市工務局編：《南京特別市工務局年刊（十六年度）》，南京印書館，1928年，第109頁。

[737] 國都設計技術專員辦事處編印：《首都計劃》，1929年，第90—92頁。

[738] 林一：《南京道路狀況及汽車事業》，《申報》1922年12月23日，第1版。

[739] 林一：《改良南京道路計劃芻議》，《申報》1923年8月11日，第2版。

[740] 倪錫英：《南京》，中華書局，1936年，第38—39頁。

[741] 葉楚傖、柳詒徵主編：《首都志》下冊，正中書局，1935年，第843頁。

[742] 林一：《南京道路狀況及汽車事業》，《申報》1922年12月23日，第1版。

[743] 陸衣言編：《最新南京遊覽指南》，中華書局，1924年，第67—68頁。

[744] 郁毅庵：《南京行駛汽車之近狀》，《申報》1923年10月13日，第2版。

[745] 倪錫英：《南京》，中華書局，1936年，第39頁。

[746] 林一：《改良南京道路計劃芻議》，《申報》1923年8月11日，第2版。

[747] 磊夫：《寧垣長途汽車公司之近聞》，《申報》1924年2月16日，第3版。

[748] 交通鐵道部交通史編纂委員會編印：《交通史路政編》第18冊，1935年，第109—110頁。

[749] 南京特別市政府秘書處編譯股編：《南京特別市政府工作總報告》，南京印書館，1930年，第81頁。

[750] 南京市政府秘書處編：《新南京》，南京共和書局，1933年，第2頁。

[751]《南京市腐敗之一斑》，《晨報》1924年8月4日，第2版。

[752] 南京特別市工務局編：《南京特別市工務局年刊（十六年度）》，南京印書館，1928年，第109頁。

[753] 郁毅庵：《南京行駛汽車之近狀》，《申報》1923年10月13日，第2版。

[754] 磊夫：《寧垣長途汽車公司之近聞》，《申報》1924年2月16日，第3版。

[755]《寧省興辦汽車公司問題》，《申報》1919年3月9日，第7版。

[756] 南京市政府秘書處統計室編：《南京市政府行政統計報告（民國二十四年度）》，胡開明印刷所，1937年，第224頁。

[757] 言心哲：《南京人力車伕生活的分析》，國立中央大學，1935年，第2—3頁。

[758] 美國城市史學家沃納，將機械化交通出現前的城市，簡括為「步行城市」。參見Sam B. Warner，Streetcar Suburbs：The Process of Growth in Boston，1870-1900，Cambridge：Harvard University Press，1962，p.24.

[759] 林一：《南京道路狀況及汽車事業》，《申報》1922年12月23日，第1版。

[760] 王漱芳：《十年來南京市政之回顧》，載馬超俊、南京市政府秘書處編印：《十年來之南京》，1937年，第2頁。

[761] 倪錫英：《南京》，中華書局，1936年，第162頁。

[762]《劉市長就職後各局處之訓話》，《申報》1928年8月6日，第3版。

[763] 行政院新聞局編印：《首都建設》，1947年，第6頁。

[764] 南京特別市政府秘書處編譯股編：《一年來之首都市政》，南洋印刷廠，1928年，第4頁。

[765] 中央黨部國民經濟計劃委員會編：《十年來之中國經濟建設》下篇，南京扶輪日報社，1937年，第9頁。

[766] 倪錫英：《南京》，中華書局，1936年，第37—38頁。

[767] 中國科學社編：《科學的南京》，科學印刷所，1932年，第24頁。

[768] 《劉市長在中山路開路典禮中之演說》，《申報》1929年4月8日，第2版。

[769] 《委任南京特別市公共汽車管理處職員》，1927年，南京市政府財政局檔案，檔號1001-2-12。（本文所列檔案均為南京市檔案館藏，以下不再一一註明。）

[770] 南京市地方志編纂委員會編：《南京公用事業志》，海天出版社，1994年，第62—63頁。

[771] 國都設計技術專員辦事處編印：《首都計劃》，1929年，第65、69、72、167頁。

[772] 國都設計技術專員辦事處編印：《首都計劃》，1929年，第191—192頁。

[773] 葉楚傖、柳詒徵主編：《首都志》下冊，正中書局，1935年，第845頁。

[774] 南京市政府秘書處編譯股編：《南京市政府公報》第91期，南京印書館，1931年，第41頁。

[775] 中央統計處編：《全國公路統計》，正中書局，1935年，第95頁。

[776] 《修築放寬道路工程及郊外六路工程合約》，1934—1935年，南京市政府工務局檔案，檔號1001-3-539。

[777] 中央黨部國民經濟計劃委員會編：《十年來之中國經濟建設》下篇，南京扶輪日報社，1937年，第9—11頁。

[778] 《合約章程及第七年度報告》，1935—1938年，江南汽車公司檔案，檔號1040-1-1548。

[779] 《為奉交第七屆全國運動會函請計劃進行交通路線一案》，1937年，南京市政府秘書處檔案，檔號1001-1-1080。

[780] 南京特別市工務局編：《南京特別市工務局年刊（十六年度）》，南京印書館，1928年，第109頁。

[781] 行政院新聞局編印：《首都建設》，1947年，第6頁。

[782] 陳震異：《大上海建設策》，《東方雜誌》第23卷第18號，1926年9月25日，第15頁。

參考文獻

[783] 劉紀文：《南京市政府成立十週年紀念感言》，載馬超俊、南京市政府秘書處編印：《十年來之南京》，1947年，第1頁。

[784] 倪錫英：《南京》，中華書局，1936年，第49頁。

[785] 劉鳳良主編：《經濟學》，高等教育出版社，1998年，第184頁。

[786] 南京特別市政府秘書處編譯股編：《南京特別市政府工作總報告》，商務印書館，1930年，第79頁。

[787] 建設委員會經濟調查所統計課編：《中國經濟志南京市》，正則印書館，1934年，第94頁。

[788] 《關於車輛人口鄉鎮保甲等統計表》，1936年，南京市政府秘書處檔案，檔號1001-1-1720。

[789] 《公私汽車購儲汽油》，1936年，南京市政府工務局檔案，檔號1001-3-71。

[790] 《南京市工務報告（二十四年四月至二十六年四月）》，1937年，南京市政府工務局檔案，檔號1001-3-515。

[791] 南京市政府秘書處統計室編：《南京市政府行政統計報告（民國二十四年度）》，胡開明印刷所，1937年，第20頁。

[792] 《江南汽車公司營業月報》，1933—1937年，南京市政府工務局檔案，檔號1001-3-85。

[793] 建設委員會經濟調查所統計課編：《中國經濟志南京市》，正則印書館，1934年，第93頁。

[794] 南京市政府秘書處統計室編：《南京市政府行政統計報告（民國二十四年度）》，胡開明印刷所，1937年，第224頁。

[795] 《工務局關於各項工程材料報表等》，1937年，南京市政府秘書處檔案，檔號1001-1-1151。

[796] 《南京市工務報告（二十四年四月至二十六年四月）》，1937年，南京市政府工務局檔案，檔號1001-3-515。

[797] 倪錫英：《南京》，中華書局，1936年，第162頁。

[798] 林一：《改良南京道路計劃芻議》，《申報》1923年8月11日，第2版。

[799] 南京市公路管理處史志編審委員會編：《南京近代公路史》，江蘇科學技術出版社，1990年，第23—35頁。

[800] 南京市地方志編纂委員會編：《南京市政建設志》，海天出版社，1994年，第23頁。

[801] 南京市公路管理處史志編審委員會編：《南京近代公路史》，江蘇科學技術出版社，1990年，第28—29頁。

[802] 南京市公路管理處史志編審委員會編：《南京近代公路史》，江蘇科學技術出版社，1990年，第40頁。

[803] 林一：《改良南京道路計劃芻議》，《申報》1923年8月11日，第2版。

[804] 南京特別市政府秘書處編譯股編：《一年來之首都市政》，南洋印刷廠，1928年，第15頁。

[805]《填報民用馬車調查表》，1937年，南京市政府秘書處檔案，檔號1001-1-1612。

[806]《劉市長向五中全會建議整理首都》，《市政公報》第18期，1928年8月31日。

[807] 中央黨部國民經濟計劃委員會編：《十年來之中國經濟建設》下篇，南京扶輪日報社，1937年，第9頁。

[808] 葉楚傖、柳詒徵主編：《首都志》下冊，正中書局，1935年，第845—846頁。

[809] 南京市政府編印：《南京市政府行政計劃（民國二十四年度）》，1935年，第28頁。

[810] 馬超俊、南京市政府秘書處編印：《十年來之南京》，1937年，第48頁。

[811] 南京市地方志編纂委員會編：《南京交通志》，海天出版社，1994年，第279頁。

[812] 中央黨部國民經濟計劃委員會編：《十年來之中國經濟建設》下篇，南京扶輪日報社，1937年，第9頁。

[813]《準予撥發道路修理費往來文書》，1936年，南京市政府秘書處檔案，檔號1001-1-1121。

[814] 南京市政府秘書處統計室編：《南京市政府行政統計報告（民國二十四年度）》，胡開明印刷所，1937年，第78頁。

[815] 張仲禮等主編：《長江沿江城市與中國近代化》，上海人民出版社，2002年，第615—616頁。

[816] 謹：《汽車有促進市政改善之效能》，《申報》1927年2月5日，第9版。

[817] 建設委員會經濟調查所統計課編：《中國經濟志南京市》，正則印書館，1934年，第86—87頁。

[818]《各種章則辦法程序》，1947年，江南汽車公司檔案，檔號1040-1-1147。

[819] 南京市地方志編纂委員會編：《南京公用事業志》，海天出版社，1994年，第20頁。

[820]《南京市工務報告（二十四年四月至二十六年四月）》，1937年，南京市政府工務局檔案，檔號1001-3-515。

[821]（英）阿諾德·湯因比著，郭小凌等譯，《歷史研究》，上海人民出版社，2010年，第205頁。

[822]（英）阿諾德·湯因比著，郭小凌等譯，《歷史研究》，上海人民出版社，2010年，第204—205頁。

[823] 南京特別市工務局編：《南京特別市工務局年刊（十六年度）》，南京印書館，1928年，第109頁。

[824] 旨顯：《路基之鋪築》，《申報》1923年3月24日，第21版。

[825] 國都設計技術專員辦事處編印：《首都計劃》，1929年，第83—84頁。

[826] 董修甲：《京滬杭漢四大都市之市政》，大東書局，1931年，第51頁。

[827] 南京特別市工務局編：《南京特別市工務局年刊（十六年度）》，南京印書館，1928年，第109頁。

[828] 南京市政府秘書處編印：《南京特別市政府工作報告及計劃概要》，1929年，第6—7頁。

[829] 南京特別市政府秘書處編譯股編：《一年來之首都市政》，南洋印刷廠，1928年，第73、77頁。

[830] 南京特別市工務局編：《南京特別市工務局年刊（十六年度）》，南京印書館，1928年，第109頁。

[831] 南京特別市工務局編：《南京特別市工務局年刊（十六年度）》，南京印書館，1928年，第312—315頁。

[832] 南京市政府編印：《南京市政府行政計劃（民國二十四年度）》，1935年，第37頁。

[833] 南京市政府編印：《南京市政府行政計劃（民國二十四年度）》，1935年，第31頁。

[834] 馬超俊、南京市政府秘書處編印：《十年來之南京》，1937年，第51頁。

[835] 南京特別市工務局編：《南京特別市工務局年刊（十六年度）》，南京印書館，1928年，第109頁。

[836] 中央黨部國民經濟計劃委員會編：《十年來之中國經濟建設》下篇，南京扶輪日報社，1937年，第9頁。

[837] 南京特別市工務局編：《南京特別市工務局年刊（十六年度）》，南京印書館，1928年，第109頁。

[838]《工務統計》第 2 頁，載南京特別市政府秘書處編譯股編：《南京特別市政府工作總報告》，南京印書館，1930 年。

[839] 建設委員會經濟調查所統計課編：《中國經濟志南京市》，正則印書館，1934 年，第 93 頁。

[840] 南京市政府秘書處編印：《一年來之南京市政》，1935 年，第 20 頁。

[841] 南京市政府秘書處統計室編：《南京市政府行政統計報告（民國二十四年度）》，胡開明印刷所，1937 年，第 205 頁。

[842]《南京市政府行政報告（廿三年度）》，1934 年，南京市政府秘書處檔案，檔號 1001-1-1734。

[843] 南京市政府編印：《南京市政府行政計劃（民國二十四年度）》，1935 年，第 31 頁。

[844] 中央黨部國民經濟計劃委員會編：《十年來之中國經濟建設》下篇，南京扶輪日報社，1937 年，第 9 頁。

[845] 陳震異：《大上海建設策》，《東方雜誌》第 23 卷第 18 號，1926 年 9 月 25 日，第 15 頁。

[846] 嵩生：《行人與汽車》，《申報》1922 年 7 月 15 日，第 23 版。

[847] 南京特別市政府秘書處編譯股編：《首都市政公報》第 32 期，訓練總監部印刷所，1929 年，第 26 頁。

[848] 南京社會局編：《南京社會特刊》第 3 冊，文心印刷社，1932 年，第 10 頁。

[849]《南京市政府行政報告（廿二年度）》，1933 年，南京市政府秘書處檔案，檔號 1001-1-1733。

[850]《南京市工務報告（二十四年四月至二十六年四月）》，1937 年，南京市政府工務局檔案，檔號 1001-3-515。

[851] 陳樹棠：《道路建築學》，中華道路建設協會，1934 年，第 1 頁。

[852] 倪錫英：《南京》，中華書局，1936 年，第 164 頁。

[853] 本文系 2015 年國家社科基金重大項目「西夏通志」（批準號：15ZDB031）階段性成果。

[854] 高仁，寧夏大學西夏學研究院講師，寧夏大學民族學博士後，主要從事中國少數民族史、西夏歷史與文獻的研究。

[855]Khazanov，Anatoly M，Madison，Nomads and the Outside World，Wisconsin：The University of Wisconsin Press，1994，p71.

[856] 杜建錄：《西夏經濟史》，中國社會科學出版社，2002 年，第 107 頁。

[857] 楊蕤：《西夏地理研究》，人民出版社，2008年，第167—168頁。

[858]（日）岡崎精郎、青山：《唐古特的遊牧與農耕——以西夏崩潰時期的問題為起點》，《民族譯叢》1981年第1期。

[859] Anatoly M.Khazanov，translated by Julia Crookenden，Madison，Nomads and the Outside World，Wisconsin：The University of Wisconsin Press，1994，p2.

[860] 賀衛光：《中國古代遊牧民族經濟社會文化研究》，甘肅人民出版社，2001年，第122—132頁。

[861] 王明珂：《遊牧者的抉擇：面對漢帝國的北亞遊牧部族》，廣西師範大學出版社，2008年，第20頁。

[862]（元）脫脫等撰：《宋史》卷186《食貨下八》，中華書局，1985年，第4563頁。

[863] 天一閣博物館、中國社會科學院歷史研究所校證：《天一閣藏明鈔本天聖令校證》卷24《廄牧令》，中華書局，2006年，第289頁。

[864] 韓茂莉：《歷史時期草原民族遊牧方式初探》，《中國經濟史研究》2003年第4期。

[865] 史金波、白濱、黃振華：《文海研究》，中國社會科學出版社，1984年，第84頁。

[866]（元）脫脫等撰：《遼史》卷15《聖宗紀六》，中華書局，1973年，第173頁。

[867]（宋）李燾撰：《續資治通鑒長編》卷470，哲宗元祐七年二月庚辰，中華書局，2004年，第11228頁。

[868]（宋）李燾撰：《續資治通鑒長編》卷471，哲宗元祐七年三月甲午，第11244頁。

[869]（宋）李燾撰：《續資治通鑒長編》卷471，哲宗元祐七年三月甲午，第11244頁。

[870] 史金波、聶鴻音、白濱等譯：《天盛改舊新定律令》卷19《牧場官地水井門》，法律出版社，2000年，第598頁。

[871]（宋）李燾撰：《續資治通鑒長編》卷175，仁宗皇祐五年閏七月己醜，第4225頁。

[872]（元）脫脫等撰：《宋史》卷348《陶節夫傳》，中華書局，1985年，第11039頁。

[873] 遊牧經常遷移，從空間上來說，牧民是處於非絕對固定的場所，但其遊牧又有相對固定的範圍，這將在下文討論。

[874]《天盛律令》漢譯本第598頁譯為「標誌」，現據原始圖版改為「草」。參見俄羅斯科學院東方文獻研究所、中國社科院民族學與人類學研究所、上海古籍出版社編：《俄藏黑水城文獻》第10冊，上海古籍出版社，1998—2012年，第365頁。

[875] 史金波、聶鴻音、白濱等譯：《天盛改舊新定律令》卷19《牧場官地水井門》，法律出版社，2000年，第598頁。

[876]「界劃」「各有分地」等並不能夠否定遊牧經濟形態，詳見後論。

[877] 史金波、聶鴻音、白濱等譯：《天盛改舊新定律令》卷19《派牧監納冊門》，法律出版社，2000年，第573頁。

[878]（宋）李燾撰：《續資治通鑒長編》卷35，太宗淳化五年正月甲寅，第768頁。

[879]（宋）李燾撰：《續資治通鑒長編》卷132，仁宗慶曆元年五月己亥，第3144頁。

[880]（元）脫脫等撰：《宋史》卷264《宋琪傳》，中華書局，1985年，第9129頁。

[881] 楊蕤：《西夏地理研究》，人民出版社，2008年，第167—168頁。

[882] 安儉：《中國遊牧民族部落制度研究》，甘肅人民出版社，2005年，第65頁。

[883] 賀衛光：《中國古代遊牧民族經濟社會文化研究》，甘肅人民出版社，2001年，第140頁。

[884]（唐）魏徵撰：《隋書》卷83《党項傳》，中華書局，1997年，第1845頁。

[885] 余大鈞譯註：《蒙古秘史》，河北人民出版社，2001年，第460頁。

[886]（宋）李燾撰：《續資治通鑒長編》卷434，哲宗元祐四年冬十月乙卯，第10467頁。

[887] 韓茂莉：《歷史時期草原民族遊牧方式初探》，《中國經濟史研究》2003年第4期。

[888] 楊蕤：《西夏地理研究》，人民出版社，2008年，第167—168頁。

[889] 裕固族簡史編寫組編：《裕固族簡史》，民族出版社，2008年，第60頁。

[890] 賀衛光：《中國古代遊牧民族經濟社會文化研究》，甘肅人民出版社，2001年，第31—55頁。

[891] 王明珂：《遊牧者的抉擇：面對漢帝國的北亞遊牧部族》，廣西師範大學出版社，2008年，第21頁。

[892]（北齊）魏收撰：《魏書》卷120《西域傳》，中華書局，1997年，第2279頁。

[893] 王明珂：《遊牧者的抉擇：面對漢帝國的北亞遊牧部族》，廣西師範大學出版社，2008年，第21頁。

[894] 史金波、聶鴻音、白濱等譯：《天盛改舊新定律令》卷19《校畜磨勘門》，法律出版社，2000年，第585頁。

[895] 史金波：《西夏社會》，上海人民出版社，2007年，第477頁。

[896]（俄）Е.И. 克恰諾夫著，李範文、羅矛昆等譯：《聖立義海研究》，寧夏人民出版社，1995年，第53頁。

[897]《月月樂詩》，載（俄）Е.И. 克恰諾夫著，李範文、羅矛昆等譯：《聖立義海研究》，寧夏人民出版社，1995年，第14頁。

[898]Jagchid, and Hyer, Mongolia』s Coulture and Society, Boulder, Colorado: Westview Press, 1979, p.26.

[899] 王明珂：《遊牧者的抉擇：面對漢帝國的北亞遊牧部族》，廣西師範大學出版社，2008年，第170頁。

[900]（宋）李燾撰：《續資治通鑒長編》卷317，元豐四年十月丁巳，第7666頁。

[901] 史金波、聶鴻音、白濱等譯：《天盛改舊新定律令》卷19《官地水井門》，法律出版社，2000年，第598頁。

[902]（漢）班固等撰：《漢書》卷94《匈奴傳上》，中華書局，1962年，第3752頁。

[903] 王明珂：《遊牧者的抉擇：面對漢帝國的北亞遊牧部族》，廣西師範大學出版社，2008年，第124頁。

[904]（宋）歐陽修等撰：《新唐書》卷48《百官三》，中華書局，1975年，第1255頁。

[905] 王明珂：《遊牧者的抉擇：面對漢帝國的北亞遊牧部族》，廣西師範大學出版社，2008年，第21—25頁。

[906] 史金波、聶鴻音、白濱等譯：《天盛改舊新定律令》卷15《渠水門》，法律出版社，2000年，第489頁。

[907] 董立順、侯甬堅：《水草與民族：環境史視野下的西夏畜牧業》，《寧夏社會科學》2013年第2期。

[908] 陳炳應譯：《西夏諺語》，山西人民出版社，1993年，第21頁。

[909]（宋）李燾撰：《續資治通鑒長編》卷348，神宗元豐七年八月壬辰，第8351頁。

[910]Robert B.Ekvall, Fields on the Hoof: Nexus of Tibetan Nomadic Pastoralism, Illinois: Waveland Press, 1968, pp.33-35.

[911]《月月樂詩》，載（俄）Е.И. 克恰諾夫著，李範文、羅矛昆等譯：《聖立義海研究》，寧夏人民出版社，1995年，第14頁。

[912] 史金波、聶鴻音、白濱等譯：《天盛改舊新定律令》卷19《校畜磨勘門》，法律出版社，2000年，第588頁。

[913]Herbert Harold Vreeland, Mongol Community and Kinship Structure, New Haven: HRAF Press, 1962, pp.34-44.

[914]（宋）李燾撰：《續資治通鑒長編》卷175，仁宗皇祐五年七月己醜，第4225頁。

[915]（元）脫脫等撰：《宋史》卷191《兵志五》，第4750頁。

[916] 參見（宋）王欽若等編：《冊府元龜》卷977，中華書局，1989年。

[917]（宋）李燾撰：《續資治通鑒長編》卷135，仁宗慶曆二年，第3217頁。

[918]（宋）李燾撰：《續資治通鑒長編》卷132，仁宗慶曆元年，第3142頁。

[919] 史金波、聶鴻音、白濱等譯：《天盛改舊新定律令》卷4《邊地巡檢門》，法律出版社，2000年，第210—211頁。

[920] 史金波、聶鴻音、白濱等譯：《天盛改舊新定律令》卷19《牧場官地水井門》，法律出版社，2000年，第598頁。

[921] 楊蕤：《西夏地理研究》，人民出版社，2008年，第371—374頁。

[922] 額燈套格套：《遊牧社會形態論》，遼寧民族出版社，2013年，第112頁。

[923]（漢）司馬遷撰：《史記》卷110《匈奴列傳》，中華書局，1982年，第2879頁。

[924]（唐）李延壽撰：《北史》卷99《突厥傳》，中華書局，1974年，第3288頁。

[925]（意）約翰普蘭諾加賓尼：《蒙古史》，載（英）道林編，呂浦譯：《出使蒙古記》，中國社會科學出版社，1983年。

[926] 參見（清）會典館纂：《欽定大清會典事例》卷976《理藩院》，中國藏學出版社，2006年。

[927] 杜榮坤：《論哈薩克族遊牧宗法封建制》，《中央民族學院學報》1989年第1期；範玉梅：《裕固族》，民族出版社，1986年，第13頁。

[928]（宋）謝深甫纂，戴建國點校：《慶元條法事類》卷79，黑龍江人民出版社，2002年，第872頁。

[929] 天一閣博物館、中國社會科學院歷史研究所校證：《天一閣藏明鈔本天聖令校證》卷24《廄牧令》，中華書局，2006年，第289頁。

[930] 韓茂莉：《歷史時期草原民族遊牧方式初探》，《中國經濟史研究》2003年第4期。

[931]（美）拉鐵摩爾著，唐曉峰譯：《中國的亞洲內陸邊疆》，江蘇人民出版社，2010年，第47頁。

[932] 額燈套格套：《遊牧社會形態論》，遼寧民族出版社，2013年，第117頁。

[933] 史金波、聶鴻音、白濱等譯：《天盛改舊新定律令》卷4《邊地巡檢門》，法律出版社，2000年，第210頁。

[934]（宋）李燾撰：《續資治通鑒長編》卷132，慶曆元年五月甲戌，第3136頁。

[935] 史金波、聶鴻音、白濱等譯：《天盛改舊新定律令》卷19《牧場官地水井門》，法律出版社，2000年，第598頁。

[936] 參見（清）會典館纂：《欽定大清會典事例》卷976《理藩院》，中國藏學出版社，2006年。

[937] 史金波、聶鴻音、白濱等譯：《天盛改舊新定律令》卷4《邊地巡檢門》，法律出版社，2000年，第210頁。

[938] 漢譯本譯為「及若雖有」，現據原始圖版改。參見俄羅斯科學院東方文獻研究所、中國社科院民族學與人類學研究所、上海古籍出版社編：《俄藏黑水城文獻》第10冊，上海古籍出版社，1998—2012年，第366頁。

[939] 漢譯本譯為「無供給處」，現據原始圖版改。參見俄羅斯科學院東方文獻研究所、中國社科院民族學與人類學研究所、上海古籍出版社編：《俄藏黑水城文獻》第10冊，上海古籍出版社，1998—2012年，第366頁。

[940] 史金波、聶鴻音、白濱等譯：《天盛改舊新定律令》卷19《牧場官地水井門》，法律出版社，2000年，第598頁。

[941] 史金波、聶鴻音、白濱等譯：《天盛改舊新定律令》卷19《牧場官地水井門》，法律出版社，2000年，第598—599頁。

[942] 本文系中國博士後科學基金面上資助項目「明清士人生活與城鄉關係：以浙西地區為中心」（批準號：2014M560470）階段性成果。

[943] 孫杰，浙江師範大學人文學院講師，歷史學博士，歷史學博士後，主要從事明清社會經濟史方向的研究。

[944] 相關討論，如趙園：《明清之際士大夫研究》第6章《遺民生存方式》第4節《生計》，北京大學出版社，2014年，第288—304頁；何宗美：《明末清初文人結社研究》第5章《清初明遺民及遺民結社》第1節《明遺民現象概說·明遺民的生存方式》，南開大學出版社，2003年，第300—308頁；孔定芳：《論明遺民之生計》，《中國經濟史研究》2012年第4期。

[945] 趙園：《明清之際士大夫研究》，北京大學出版社，2014年，第301—304頁。

[946] 本文提到的「浙西」，是學界一般所說的明清時期杭州、嘉興、湖州三府，是明清時期「江南」的重要組成部分。江南地區遺民現象突出，相關史料也比較豐富。關於浙西明遺民的史料，除了收錄於謝正光、範金民合編的《明遺民錄彙輯》（南京大學出版社，1995年）中的數種傳記資料外，還可以參考謝正光編著的《明遺民傳記索引》（新文豐出版公司，1990年）、相關府縣誌中「人物誌·隱逸」等部分。

[947] 王汎森：《清初士人的悔罪心態與消極行為——不入城、不赴講會、不結社》，載氏著：《晚明清初思想十論》，復旦大學出版社，2004年，第239—240頁。

[948] 孫靜庵編著,趙一生標點:《明遺民錄》,浙江古籍出版社,1985年,第133頁。

[949] 孫立:《屈大均的逃禪與明遺民的思想困境》,《中山大學學報》2003年第5期。對於作為遺民生存方式的逃禪,趙園也曾專門討論。參見氏著:《明清之際士大夫研究》第6章《遺民生存方式》第1節《逃禪》,第244—265頁。

[950] (明)朱國禎著,中華書局上海編輯所編:《湧幢小品》卷17「繪圖私謚」,中華書局,1959年,第400頁。

[951] 孫靜庵編著,趙一生標點:《明遺民錄》,浙江古籍出版社,1985年,第78頁。

[952] (清)汪文炳等修纂:《(光緒)富陽縣誌》卷18《人物誌上·明》,載成文出版社編印:《中國方志叢書》華中地方第583號,1983年;據清光緒三十二年刊本影印,第1641—1642頁。

[953] 孫立指出,以往學者在討論遺民逃禪時,多指出晚明士林禪悅之風的影響,如陳垣、趙園、廖肇亨等都指出儒釋兩大群體的交融,但禪悅之風並非決定性因素,因為遺民逃禪多屬迫不得已,而且逃禪有一明顯的政治象徵,即「沙門不禮王者」。正因為這樣,「僧服儒心」乃是逃禪遺民的普遍心態。參見孫立:《屈大均的逃禪與明遺民的思想困境》,《中山大學學報》2003年第5期。

[954] (清)汪文炳等修纂:《(光緒)富陽縣誌》卷19《人物誌上·國朝》,載成文出版社編印:《中國方志叢書》華中地方第583號,1983年;據清光緒三十二年刊本影印,第1650頁。

[955] 明代學者焦竑推測,晚唐詩人韓偓與韓熙載類似,兩人均不欲入相,前者作《香奩集》而以「艷詞」自汙,後者「以聲色自涴」。參見(明)焦竑撰,李劍雄整理:《澹園集》下冊,《澹園續集》卷9《書後·題跋》,中華書局,1999年,第898—899頁。

[956] (清)葉良儀:《餘年閒話》卷3,載《四庫未收書輯刊》第10輯第11冊,北京出版社,2000年;據清康熙四十五年葉士行三當軒刻本影印,第54頁。

[957] 謝正光、範金民編:《明遺民錄彙輯》,南京大學出版社,1995年,第469頁。

[958] (清)呂留良:《呂晚村先生文集》續集卷3《質亡集小序》,載四庫全書編纂委員會編:《續修四庫全書》第1411冊,上海古籍出版社,2002年;據清雍正三年呂氏天蓋樓刻本影印,第238—239頁。

[959] 孫靜庵編著,趙一生標點:《明遺民錄》,浙江古籍出版社,1985年,第245—246頁。

[960] 趙園:《明清之際士大夫研究》,北京大學出版社,2014年,第289頁。

[961] (清)全祖望:《鮚埼亭集(二)》卷13《碑銘》,載四庫全書編纂委員會編:《續修四庫全書》第1429冊,上海古籍出版社,2002年;據清嘉慶九年史夢蛟刻本影印,第65—66頁。

[962] 趙園：《明清之際士大夫研究》，北京大學出版社，2014 年，第 13 頁。

[963] 趙園：《明清之際士大夫研究》，北京大學出版社，2014 年，第 292 頁。

[964]（清）全祖望：《鮚埼亭集（二）》卷 13《碑銘》，載四庫全書編纂委員會編：《續修四庫全書》第 1429 冊，上海古籍出版社，2002 年；據清嘉慶九年史夢蛟刻本影印，第 64—65 頁。

[965]（清）朱彝尊撰：《曝書亭集》卷 72《墓表前進士高公墓表》，世界書局，1937 年，第 831—832 頁。

[966] 謝正光、範金民編：《明遺民錄彙輯》，南京大學出版社，1995 年，第 592—594 頁。

[967] 謝正光、範金民編：《明遺民錄彙輯》，南京大學出版社，1995 年，第 534 頁。

[968] 謝正光、範金民編：《明遺民錄彙輯》，南京大學出版社，1995 年，第 954—955 頁。

[969] 劉曉東：《明代士人本業治生論——兼論明代士人之經濟人格》，《史學集刊》2001 年第 3 期。

[970] 前述仁和人沈蘭先即「授徒自給」，生活艱難。

[971]（清）李稻塍、（清）李集輯：《梅會詩選二集》卷 6《朱一是》，載四庫禁毀書叢刊編纂委員會編：《四庫禁毀書叢刊》集部第 100 冊，北京出版社，1997 年；據清乾隆三十二年寸碧山堂刻本影印，第 355 頁。

[972]（清）朱彝尊著，黃君坦校點：《靜志居詩話》卷 22，人民文學出版社，1998 年，第 715 頁。

[973] 參見（清）毛奇齡撰：《西河集》卷 113《事狀》，清文淵閣四庫全書本。

[974]（清）吳翌鳳編：《清朝文征（下）》卷 39，吉林人民出版社，1998 年，第 1545—1546 頁。

[975] 謝正光、範金民編：《明遺民錄彙輯》，南京大學出版社，1995 年，第 534—535 頁。

[976] 謝正光、範金民編：《明遺民錄彙輯》，南京大學出版社，1995 年，第 348—349 頁。

[977] 謝正光、範金民編：《明遺民錄彙輯》，南京大學出版社，1995 年，第 807—808 頁。

[978]（清）朱彝尊撰：《曝書亭集》卷 36《序》，世界書局，1937 年，第 453 頁。

[979] 余英時：《士商互動與儒學轉向——明清社會史與思想史之一面相》，載氏著：《余英時文集》第 3 卷《儒家倫理與商人精神》，廣西師範大學出版社，2004 年，

第 162—212 頁，特別是第 172 頁；彭勇：《明代士大夫追求潤筆現象試析》，《史林》2003 年第 2 期；範金民：《明清地域商人與江南城市文化》，載氏著：《國計民生：明清社會經濟研究》，福建人民出版社，2008 年，第 654—689 頁，特別是第 684—685 頁；商傳：《走進晚明》，商務印書館，2014 年，第 206 頁。

[980] （明）李詡撰：《戒庵老人漫筆》卷 1《文士潤筆》，中華書局，1982 年，第 16 頁。

[981] 謝正光、範金民編：《明遺民錄彙輯》，南京大學出版社，1995 年，第 1132 頁。

[982] 謝正光、範金民編：《明遺民錄彙輯》，南京大學出版社，1995 年，第 133 頁。

[983] 謝正光、範金民編：《明遺民錄彙輯》，南京大學出版社，1995 年，第 308 頁。

[984] 孫靜庵編著，趙一生標點：《明遺民錄》，浙江古籍出版社，1985 年，第 281 頁。

[985] 謝正光、範金民編：《明遺民錄彙輯》，南京大學出版社，1995 年，第 1181 頁。

[986] 謝正光、範金民編：《明遺民錄彙輯》，南京大學出版社，1995 年，第 40 頁。

[987] 孫靜庵編著，趙一生標點：《明遺民錄》，浙江古籍出版社，1985 年，第 83 頁。

[988] （清）吳翌鳳編：《清朝文征（下）》卷 39，吉林人民出版社，1998 年，第 1545—1546 頁。

[989] （清）朱彝尊著，黃君坦校點：《靜志居詩話》卷 22，人民文學出版社，1998 年，第 701 頁。

[990] 民國《新塍鎮志》卷 8《冢墓·遺民蔣石林先生墓》，載中國地方志集成編輯工作委員會編：《中國地方志集成》鄉鎮志專輯第 18 冊，上海書店，1992 年影印民國鉛印本，第 965 頁。

[991] （清）全祖望撰：《鮚埼亭集（二）》卷 26《狀略》，上海古籍出版社，2002 年，第 200 頁。

[992] 王汎森：《清初士人的悔罪心態與消極行為——不入城、不赴講會、不結社》，載氏著：《晚明清初思想十論》，復旦大學出版社，2004 年，第 220—221 頁。

[993] 吳敢、王雙陽：《丹青有神：陳洪綬傳》，浙江人民出版社，2008 年，第 147—157 頁。

[994] （明）陳洪綬著，吳敢點校：《陳洪綬集》上冊，浙江古籍出版社，2012 年，第 228—229 頁。

[995] 以郭外之田謀生還具有特別的意義。《莊子·讓王》載：「孔子謂顏回曰：『回，來，家貧居卑，胡不仕乎？』顏回對曰：『不願仕。回有郭外之田五十畝，足以給飦粥；郭內之田四十畝，足以為絲麻；鼓琴足以自娛，所學夫子之道者，足以自樂也。回不願仕。』」在後世士人看來，耕田也是一種不仕的象徵。

[996] 黃容：《明遺民錄》卷2，載謝正光、範金民編：《明遺民錄彙輯》，南京大學出版社，1995年，第346頁。

[997]（清）邵廷采著，祝鴻杰校點：《思復堂文集》卷3《明遺民所知傳·徐枋》，浙江古籍出版社，1987年，第214頁。

[998]（清）邵廷采著，祝鴻杰校點：《思復堂文集》卷3《明遺民所知傳·巢鳴盛》，浙江古籍出版社，1987年，第221頁。

[999]（清）朱彝尊著，黃君坦校點：《靜志居詩話》卷19，人民文學出版社，1998年，第580頁。

[1000] 謝正光、範金民編：《明遺民錄彙輯》，南京大學出版社，1995年，第605—606頁。

[1001]（清）巢鳴盛撰：《老圃良言》，載四庫全書編纂委員會編：《續修四庫全書》第976冊，上海古籍出版社，2002年；據清道光十一年六安晁氏木活字印學海類編本影印，第642—644頁。

[1002] 王毓瑚編著：《中國農學書錄》，農業出版社，1964年，第197頁。

[1003]（清）張履祥輯補，陳恆力校釋，王達參校、增訂：《補農書校釋（增訂本）》「張履祥事略」，農業出版社，1983年，第4頁。

[1004] 王毓瑚編著：《中國農學書錄》，農業出版社，1964年，第197—198頁。

[1005]（清）孫治撰：《孫宇臺集》卷15《傳》，載四庫禁毀書叢刊編纂委員會編：《四庫禁毀書叢刊》集部第149冊，北京出版社，1997年；據清康熙二十三年孫孝楨刻本影印，第18頁。

[1006]（清）陸世儀撰：《陸桴亭思辨錄輯要》卷11《修齊類》，載王雲五主編：《叢書集成初編》，上海商務印書館，1936年點斷本，第109頁。

[1007] 謝正光、範金民編：《明遺民錄彙輯》，南京大學出版社，1995年，第535—536頁。

[1008]（清）戰魯村修：《（道光）海寧州志》卷12《孝友》，載成文出版社編印：《中國方志叢書》華中地方第591號，1983年；據清康熙四十年修、道光二十八年重刊本影印，第1585頁。

[1009]（清）姚禮撰輯，周膺、吳晶點校：《郭西小志》卷10，浙江工商大學出版社，2013年，第173頁。

[1010]（清）馮景撰：《解春集詩文鈔》卷12《傳》，載四庫全書編纂委員會編：《續修四庫全書》第1418冊，上海古籍出版社，2002年；據清乾隆盧氏刻抱經堂叢書本影印，第489頁。

[1011]（清）張璐撰:《張氏醫通》1719年序本,上海科學技術出版社,1963年,第1頁。

[1012]（清）朱彝尊著,黃君坦校點:《靜志居詩話》卷22,人民文學出版社,1998年,第674—675頁。

[1013]（清）呂留良撰:《呂晚村先生文集》續集卷3《質亡集小序》,上海古籍出版社,2002年,第235頁。

[1014]（清）李元度著,易孟醇點校:《國朝先正事略》卷48,岳麓書社,1991年,第1200頁。

[1015]謝正光、範金民編:《明遺民錄彙輯》,南京大學出版社,1995年,第673頁。

[1016]（清）全祖望撰:《鮚埼亭集（二）》卷26《狀略》,上海古籍出版社,2002年,第198頁。

[1017]謝正光、範金民編:《明遺民錄彙輯》,南京大學出版社,1995年,第785—787頁。

[1018]張大昌:《臨平記補遺》卷3,載孫忠煥主編:《杭州運河文獻集成》第5冊,杭州出版社,2009年,第166頁。

[1019]（清）魏禧撰:《魏叔子文集外篇》卷17《傳》,載四庫全書編纂委員會編:《續修四庫全書》第1409冊,上海古籍出版社,2002年;據清易堂刻寧都三魏全集本影印,第143—144頁。

[1020]謝正光、範金民編:《明遺民錄彙輯》,南京大學出版社,1995年,第295—296頁。

[1021]孫靜庵編著,趙一生標點:《明遺民錄》,浙江古籍出版社,1985年,第277頁。

[1022]（清）李桓輯:《國朝耆獻類征初編》第63冊,卷476《隱逸十六》,載周駿富輯:《清代傳記叢刊·綜錄類⑦》,明文書局,1985年影印本,第671頁。

[1023]（清）龔嘉儁修,李榕等纂:《（光緒）杭州府志》卷170《人物十三寓賢二》,載成文出版社編印:《中國方志叢書》華中地方第199號,1974年;據民國十一年鉛印本影印。

[1024]（清）翟灝:《艮山雜誌》卷1,載孫忠煥主編:《杭州運河文獻集成》第2冊,杭州出版社,2009年,第665—667頁。

[1025]錢海岳:《南明史》第14冊,列傳第88《隱逸四》,中華書局,2006年,第5221頁。

[1026]（清）龔嘉儁修,李榕等纂:《（光緒）杭州府志》卷142《人物七·義行二》,載成文出版社編印:《中國方志叢書》華中地方第199號,1974年,第2706頁。

[1027]（清）溫睿臨著，中華書局上海編輯所編：《南疆逸史》卷44《列傳》第40「逸士」，中華書局，1959年，第333頁。

[1028]（清）李元度著，易孟醇點校：《國朝先正事略》卷48，岳麓書社，1991年，第807頁。

[1029] 謝正光、範金民編：《明遺民錄彙輯》，南京大學出版社，1995年，第853—854頁。

[1030]（清）全祖望撰：《鮚埼亭集（二）》卷13《碑銘》，上海古籍出版社，2002年，第67頁。

[1031]（清）呂留良撰：《呂晚村先生文集》卷8《雜著》，上海古籍出版社，2002年，第198—199頁。

[1032] 黃苗子：《呂留良賣藝文：清初畫家生活鱗爪》，載氏著：《藝林一枝：古美術文編（增訂版）》，生活·讀書·新知三聯書店，2011年，第206—207頁。

[1033] 顧鳴塘：《〈儒林外史〉與江南士紳生活》，商務印書館，2005年，第124頁。

[1034]（清）呂留良撰：《呂晚村先生文集》卷8《雜著》，上海古籍出版社，2002年，第199—200頁。

[1035] 趙園：《明清之際士大夫研究》，北京大學出版社，2014年，第297—298頁。

[1036] 至少從史料來看，像前述陸世儀直接從事商業活動的例子不多，更何況陸氏也極力表達自己從商的無奈之情。

[1037] 謝正光、範金民編：《明遺民錄彙輯》，南京大學出版社，1995年，第565—566頁。

[1038] 王汎森：《清初士人的悔罪心態與消極行為——不入城、不赴講會、不結社》，載氏著：《晚明清初思想十論》，復旦大學出版社，2004年，第219頁；孫杰：《明清士人生活與城鄉關係：以浙西地區為中心》，浙江大學博士後研究工作報告，2016年，第43—46頁。

[1039] 於文浩，中國社會科學院經濟研究所副研究員，主要從事中日近現代經濟史、區域經濟、能源經濟的研究。

[1040]《歡迎華商赴日參觀團紀盛》，《民國日報》1926年6月18日。

[1041] 亞細亞局第二課：《視察團來朝由來》，《上海総商會本邦視察団來朝顛末》1926年6月，アジア歷史資料センター，Reel No. 調‐0014，第58頁。

[1042]《日本商會請參觀電器展覽會》，《申報》1926年4月1日；《函請參觀日本電氣展覽會》，《申報》1926年4月2日。

[1043] 亞細亞局第二課：《視察団來朝由來》，《上海総商會本邦視察団來朝顛末》1926年6月，アジア歴史資料センター，Reel No. 調-0014，第61頁。

[1044]《日商邀虞洽卿等赴日》，《申報》1926年4月17日；亞細亞局第二課：《視察団來朝由來》，《上海総商會本邦視察団來朝顛末》1926年6月，アジア歴史資料センター，Reel No. 調-0014，第61頁。

[1045]《總商會赴日參觀電會人數》，《申報》1926年4月21日；《奉天總商會商權赴日辦法》，《申報》1926年4月22日。

[1046]《赴日參觀團今日出發》，《申報》1926年5月20日。

[1047]《華商赴日參觀之昨訊》，《申報》1926年5月1日；鄧峙冰：《赴日參觀記》，上海總商會月報營業部，1927年（上海圖書館藏書），第1頁。

[1048]《華商赴日參觀之昨訊》，《申報》1926年5月1日；《日本歡迎實業團電氣博覽》，《申報》1926年5月2日。

[1049]《赴日參觀團之預備會》《申報》1926年5月15日。

[1050]《赴日參觀團今日出發》，《申報》1926年5月20日。

[1051] 周斌：《輿論、運動與外交——20世紀20年代民間外交研究》，學苑出版社，2010年，第152頁。

[1052] 鄧峙冰：《赴日參觀記》，上海總商會月報營業部，1927年（上海圖書館藏書），第167頁。

[1053] 鄧峙冰：《赴日參觀記》，上海總商會月報營業部，1927年（上海圖書館藏書），第107頁。

[1054]《華商參觀團在日之行動》，《申報》1926年6月6日。

[1055]（日）今井清一著，楊孝成等譯：《日本近現代史》第2卷，商務印書館，1992年，第199頁。

[1056] 根據蔡正雅、陳善林等編的《中日貿易統計》（中華書局，1933年，第193頁）相關內容整理算出。

[1057]（日）大藏省管理局編：《日本人の海外活動に関する歴史的調査》，ゆまに書房2001年，第216頁。

[1058] 龔向哲：《民初中國對日貿易論》，南開大學出版社，1994年，第40—41頁。

[1059] 亞細亞局第二課：《上海総商會本邦視察団來朝二関スル外務省措置》，1926年6月，アジア歴史資料センター，Reel No. 調-0014，第225頁。

[1060] 亞細亞局第二課：《上海総商會本邦視察団來朝二関スル外務省措置》，1926年6月，アジア歴史資料センター，Reel No. 調-0014，第226頁。

[1061] 鄧峙冰：《赴日參觀記》，上海總商會月報營業部，1927年（上海圖書館藏書），第169—170頁。

[1062] 鄧峙冰：《赴日參觀記》，上海總商會月報營業部，1927年（上海圖書館藏書），第20—21頁；《赴日參觀團抵東後之言行》，《申報》1926年5月27日；《華商赴日參觀團之報告》，《申報》1926年5月28日。

[1063] 鄧峙冰：《赴日參觀記》，上海總商會月報營業部，1927年（上海圖書館藏書），第26—27頁；《赴日參觀團抵東後之言行》，《申報》1926年5月27日；《民國実業団の歓迎宴》，《朝日新聞》1926年5月23日；《中國實業團已到日》，《順天時報》1926年5月25日。

[1064] 鄧峙冰：《赴日參觀記》，上海總商會月報營業部，1927年（上海圖書館藏書），第31—32頁；《赴日參觀團在大阪之言行》，《申報》1926年6月1日。

[1065] 鄧峙冰：《赴日參觀記》，上海總商會月報營業部，1927年（上海圖書館藏書），第33—35頁；《赴日參觀團在大阪之言行》，《申報》1926年6月1日；《虞和德在大阪演辭》，《順天時報》1926年6月7日。

[1066]《歡迎華商赴日參觀團紀盛》，《民國日報》1926年6月18日。

[1067] 鄧峙冰：《赴日參觀記》，上海總商會月報營業部，1927年（上海圖書館藏書），第36—38頁。

[1068] 鄧峙冰：《赴日參觀記》，上海總商會月報營業部，1927年（上海圖書館藏書），第114—115頁；《虞團長在大每社之演說詞》，《申報》1926年6月1日。

[1069] 鄧峙冰：《赴日參觀記》，上海總商會月報營業部，1927年（上海圖書館藏書），第116頁。

[1070] 鄧峙冰：《赴日參觀記》，上海總商會月報營業部，1927年（上海圖書館藏書），第115—118頁。

[1071]《支那実業家の日本観察》，大阪《朝日新聞》1926年5月20日；袁訪赉：《于日章傳》，青年協會書局，1948年，第111—112頁。

[1072] 亞細亞局第二課：《講演會及懇談會》，《上海総商會本邦視察団來朝來朝顛末》1926年6月，アジア歷史資料センター，Reel No. 調-0014，第147—150頁；鄧峙冰：《赴日參觀記》，上海總商會月報營業部，1927年（上海圖書館藏書），第119—120頁。

[1073] 鄧峙冰：《赴日參觀記》，上海總商會月報營業部，1927年（上海圖書館藏書），第121—122頁；亞細亞局第二課：《講演會及懇談會》，《上海総商會本邦視察団來朝來朝顛末》1926年6月，アジア歷史資料センター，Reel No. 調-0014，第151—154頁。

[1074] 鄧峙冰：《赴日參觀記》，上海總商會月報營業部，1927年（上海圖書館藏書），第123—124頁；亞細亞局第二課：《講演會及懇談會》，《上海總商會本邦視察団來朝來朝顛末》1926年6月，アジア歴史資料センター，Reel No. 調 - 0014，第154—156頁。

[1075] 鄧峙冰：《赴日參觀記》，上海總商會月報營業部，1927年（上海圖書館藏書），第124—127頁；亞細亞局第二課：《講演會及懇談會》，《上海總商會本邦視察団來朝來朝顛末》1926年6月，アジア歴史資料センター，Reel No. 調 - 0014，第156—161頁。

[1076] 郭太風：《邁向現代化的沉重步履》，學林出版社，2004年，第127—128頁。

[1077] 亞細亞局第二課：《講演會及懇談會》，《上海總商會本邦視察団來朝來朝顛末》1926年6月，アジア歴史資料センター，Reel No. 調 - 0014，第163—164頁。

[1078] 亞細亞局第二課：《講演會及懇談會》，《上海總商會本邦視察団來朝來朝顛末》1926年6月，アジア歴史資料センター，Reel No. 調 - 0014，第165—166頁。

[1079] 周斌：《輿論、運動與外交——20世紀20年代民間外交研究》，學苑出版社，2010年，第160頁。

[1080] 亞細亞局第二課：《講演會及懇談會》，《上海總商會本邦視察団來朝來朝顛末》1926年6月，アジア歴史資料センター，Reel No. 調 - 0014，第166—167頁。

[1081] 鄧峙冰：《赴日參觀記》，上海總商會月報營業部，1927年（上海圖書館藏書），第52—54頁。

[1082] 鄧峙冰：《赴日參觀記》，上海總商會月報營業部，1927年（上海圖書館藏書），第54—56頁。

[1083] 鄧峙冰：《赴日參觀記》，上海總商會月報營業部，1927年（上海圖書館藏書）第62—63頁；《東報對參觀團之論調》，《新聞報》1926年6月3日；亞細亞局第二課：《東京二於ケル歡迎》，《上海總商會本邦視察団來朝來朝顛末》1926年6月，アジア歴史資料センター，Reel No. 調 - 0014，第139—141頁。

[1084] 鄧峙冰：《赴日參觀記》，上海總商會月報營業部，1927年（上海圖書館藏書），第64—65頁。

[1085]《華商團在東酬酢》，《時事新報》1926年6月5日；《東報對參觀團之論調》，《新聞報》1926年6月3日。

[1086] 鄧峙冰：《赴日參觀記》，上海總商會月報營業部，1927年（上海圖書館藏書），第66頁。

[1087] 鄧峙冰：《赴日參觀記》，上海總商會月報營業部，1927年（上海圖書館藏書），第67—68頁。

[1088] 鄧峙冰：《赴日參觀記》，上海總商會月報營業部，1927 年（上海圖書館藏書），第 68—69 頁。

[1089]《虞洽卿在日之國民外交運動》，《新聞報》1926 年 6 月 9 日；亞細亞局第二課：《東京二於ケル歡迎》，《上海總商會本邦視察団來朝來朝顛末》1926 年 6 月，アジア歷史資料センター，Reel No. 調－0014，第 96—98 頁。

[1090] 鄧峙冰：《赴日參觀記》，上海總商會月報營業部，1927 年（上海圖書館藏書），第 70—71 頁；《華商參觀團在日之行動》，《申報》1926 年 6 月 6 日；亞細亞局第二課：《東京二於ケル歡迎》，《上海總商會本邦視察団來朝來朝顛末》1926 年 6 月，アジア歷史資料センター，Reel No. 調－0014，第 132—134 頁。

[1091] 鄧峙冰：《赴日參觀記》，上海總商會月報營業部，1927 年（上海圖書館藏書），第 71—73 頁。

[1092] 鄧峙冰：《赴日參觀記》，上海總商會月報營業部，1927 年（上海圖書館藏書），第 80 頁。

[1093] 鄧峙冰：《赴日參觀記》，上海總商會月報營業部，1927 年（上海圖書館藏書），第 82—85 頁；虞洽卿：《對於中日親善之意見》，《上海總商會》第 6 卷第 6 號，1926 年 6 月。

[1094] 鄧峙冰：《赴日參觀記》，上海總商會月報營業部，1927 年（上海圖書館藏書），第 86 頁。

[1095] 鄧峙冰：《赴日參觀記》，上海總商會月報營業部，1927 年（上海圖書館藏書），第 132 頁。

[1096] 鄧峙冰：《赴日參觀記》，上海總商會月報營業部，1927 年（上海圖書館藏書），第 130 頁。

[1097] 亞細亞局第二課：《講演會及懇談會》，《上海總商會本邦視察団來朝來朝顛末》1926 年 6 月，アジア歷史資料センター，Reel No. 調－0014，第 183 頁；鄧峙冰：《赴日參觀記》，上海總商會月報營業部，1927 年（上海圖書館藏書），第 133 頁。

[1098]《歡迎赴日參觀團回國宴會記》，《申報》1926 年 6 月 18 日；《歡迎華商赴日參觀團紀盛》，《申報》《民國日報》1926 年 6 月 18 日。

[1099] 鄧峙冰：《赴日參觀記》，上海總商會月報營業部，1927 年（上海圖書館藏書），第 135—137 頁；《中日經濟提攜之實現》，《申報》1926 年 6 月 10 日；亞細亞局第二課：《講演會及懇談會》，《上海總商會本邦視察団來朝來朝顛末》1926 年 6 月，アジア歷史資料センター，Reel No. 調－0014，第 176—178 頁。

[1100] 鄧峙冰：《赴日參觀記》，上海總商會月報營業部，1927 年（上海圖書館藏書），第 141 頁；亞細亞局第二課：《講演會及懇談會》，《上海總商會本邦視察団來朝來朝顛末》1926 年 6 月，アジア歴史資料センター，Reel No. 調－0014，第 179 頁；《親善団體を組織》，《大阪朝日新聞》1926 年 6 月 9 日。

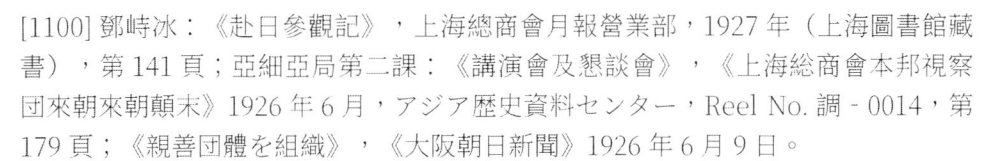

[1101] 鄧峙冰：《赴日參觀記》，上海總商會月報營業部，1927 年（上海圖書館藏書），第 141 頁；亞細亞局第二課：《講演會及懇談會》，《上海總商會本邦視察団來朝來朝顛末》1926 年 6 月，アジア歴史資料センター，Reel No. 調－0014，第 180 頁；《歡迎華商赴日參觀團紀盛》，《申報》《民國日報》1926 年 6 月 18 日。

[1102] 亞細亞局第二課：《在留支那人ノ行動》，《上海總商會本邦視察団來朝來朝顛末》1926 年 6 月，アジア歴史資料センター，Reel No. 調－0014，第 193—197 頁。

[1103]《赴日參觀團報告》，《新聞報》1926 年 6 月 16 日。

[1104]《昨日歡迎赴日參觀團回國詳情》，《申報》1926 年 6 月 16 日。

[1105]《赴日參觀團昨日回滬》，《時事新報》1926 年 6 月 16 日。

[1106]《招商局員款宴謝中笙》，《新聞報》1926 年 6 月 18 日。

[1107] 亞細亞局第二課：《上海總商會本邦視察団來朝ニ關スル外務省措置》1926 年 6 月，アジア歴史資料センター，Reel No. 調－0014，第 230—234 頁。

[1108]《日報答華商團之中日親善論》，《時事新報》1926 年 6 月 6 日。

[1109]《討論維護赴日華僑方法》，《申報》1926 年 6 月 25 日。

[1110]《留日華工紛紛歸國》，《新聞報》1926 年 6 月 26 日。

[1111]《中日親善之障礙》，《時事新報》1926 年 6 月 19 日。

[1112]《本埠新聞》，《申報》1926 年 7 月 2 日。

[1113]《經濟提攜與經濟侵略》，《民國日報》1926 年 6 月 17 日。

[1114]《虞洽卿為對日言論復學生會書》，《申報》1926 年 6 月 18 日。

[1115] 畏壘（陳佈雷）：《赴日參觀團回國》，《上海商報》1926 年 6 月 17 日。

[1116]《籌組中日親善機關之先聲》，《新聞報》1926 年 6 月 25 日。

[1117]《將有中日實業組合出現》，《申報》1926 年 12 月 4 日。

[1118]《為提倡中日經濟提攜者進一解》，《新聞報》1926 年 6 月 11 日。

國家圖書館出版品預行編目（CIP）資料

中國經濟史學的話語體系構建 / 魏明孔 主編 . -- 第一版 .
-- 臺北市：崧燁文化，2019.09
　　面；　公分
POD 版

ISBN 978-957-681-848-6(平裝)

1. 經濟史 2. 文集 3. 中國

552.29　　　　　　　　　　　　　　　　　108009010

書　　　名：中國經濟史學的話語體系構建
作　　　者：魏明孔 主編
發 行 人：黃振庭
出 版 者：崧燁文化事業有限公司
發 行 者：崧燁文化事業有限公司
E - m a i l：sonbookservice@gmail.com
粉 絲 頁：　　　　　網　址：
地　　　址：台北市中正區重慶南路一段六十一號八樓 815 室
8F.-815, No.61, Sec. 1, Chongqing S. Rd., Zhongzheng
Dist., Taipei City 100, Taiwan (R.O.C.)
電　　　話：(02)2370-3310　傳　真：(02) 2370-3210
總 經 銷：紅螞蟻圖書有限公司
地　　　址：台北市內湖區舊宗路二段 121 巷 19 號
電　　　話：02-2795-3656　傳真：02-2795-4100　　網址：
印　　　刷：京峯彩色印刷有限公司（京峰數位）

　本書版權為九州出版社所有授權崧博出版事業股份有限公司獨家發行電子書及
繁體書繁體字版。若有其他相關權利及授權需求請與本公司聯繫。

定　　　價：650 元
發行日期：2019 年 09 月第一版
◎ 本書以 POD 印製發行